宗教人类学

金泽　陈进国◎主编

ANTHROPOLOGY OF RELIGION (Vol.4)

 第四辑

社会科学文献出版社

SOCIAL SCIENCES ACADEMIC PRESS (CHINA)

著者简介

（按文章前后为序）

〔加〕欧大年（Daniel L. Overmyer），不列颠哥伦比亚大学（University of British Columbia）东亚系，荣休教授。

范丽珠，社会学博士，上海复旦大学社会发展学院教授，副院长。

张　原，人类学博士，西南民族大学西南民族研究院副教授。

陈　波，人类学博士，四川大学中国藏学研究所/人类学研究所副教授。

汤　芸，人类学博士，西南民族大学西南民族研究院副研究员。

杨清媚，人类学博士，中国社会科学院社会发展战略研究院助理研究员。

梁永佳，人类学博士，中国农业大学社会学系教授。

王铭铭，人类学博士，北京大学社会学系教授。

张　珣，人类学博士，台湾中研院民族学研究所研究员，副所长，台湾人类学与民族学学会理事长。

王霄冰，汉学博士，中山大学中国非物质文化遗产研究中心教授。

谢燕清，人类学博士，南京大学社会学院社会人类学研究所副教授。

徐天基，宗教学博士，台湾中研院民族学研究所博士后。

杨德睿，人类学博士，南京大学社会学院社会人类学研究所副教授。

〔日〕沟口大助，东京外语大学博士后。

〔日〕新里喜宣，东京大学大学院人文社会系研究科博士课程。

〔日〕小林宏至，日本首都大学人类学专业博士生。

〔日〕阿部朋恒，日本首都大学人类学专业博士生。

〔日〕河合洋尚，社会人类学博士，日本国立民族学博物馆研究员。

〔美〕Jon Bialecki，里德学院（Reed College）教授。

〔美〕Naomi Haynes and Joel Robbins，加利福尼亚大学圣地亚哥分校（University of California, San Diego）教授。

刘　琪，人类学博士，华东师范大学社会发展学院人类学与民俗学研究所讲师。

鞠　熙，民俗学博士，法国图卢兹第二大学宗教人类学博士后，北京师范大学文学院副教授。

孟慧英，宗教学博士，中国社会科学院民族学与人类学研究所研究员。

黄剑波，人类学博士，中国人民大学人类学研究所副教授。

孙璞玉，中国人民大学人类学研究所硕士研究生。

李金花，人类学博士，中国社会科学院世界宗教研究所博士后。

译校者简介

方静文，中国人民大学人类学研究所博士生。

刘正爱，中国社会科学院民族学与人类学研究所副研究员。

边清音，日本国立民族学博物馆博士研究生。

张晶晶，日本首都大学人类学专业博士、中山大学人类学系博士生。

目录
Contents

◎ 本土眼光

◎ 域外视野

◎ 思想交谈

◎　学术评论

Contents

◎ OVERSEAS PERSPECTIVES

◎ THOUGHT DIALOGUES

◎ BOOK REVIEWS

Contents

名家特约
SPECIAL APPROXIMATIONS

Local Religion in North China in the Twentieth Century

The Structure and Organization of Community Rituals and Beliefs

Daniel L. Overmyer

"For these three to five days, Dayidian is a joyful place for all, men, women, old and young...Humans and gods share their joy. "[1]

For many hundreds of years, community festivals for the gods in rural north China have had their own forms of organization and institutionalization in temples and villages, with their own forms of leaders, deities and beliefs. Despite much local variation one can find similar temples, images, offerings and temple festivals everywhere, all supported by practical concerns for divine aid to deal with the problems of everyday life. These local traditions are a structure in the history of Chinese religions; they have a clear sense of their own integrity and rules, handed down by their ancestors. There are Daoist, Buddhist and government influences on these traditions, but they must be adapted to the needs of local communities. It is the villagers who build temples and organize festivals; Daoists and Buddhists and other specialists may be invited to participate if they are available, but only to provide what the people need and want. In the past, and even now in many places, all members of the community have been expected to participate and contribute, regardless of

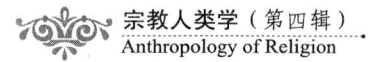
their class or economic status; local leaders and merchants have a special obligation to do so, to support the honor of the community and its gods.

Preparations for a community ritual in Shanxi province introduce us to the organization required:

Several months before the *sai* festival proper begins the Chief Community Head (*sheshou*) invites all the other Community Heads and the accountants (*zhangfangren*) to gather at the temple, where after a meal they begin to decide on assigning tasks for preparations, so the *sai* activities are set. Next, the Community Heads cooperate with the Chief in beginning to raise funds, purchase or make [what is needed], write and deliver invitations, and arrange everything, because everything must be prepared and ready before the festival begins. Many assistants are involved in these activities. About ten days before the ritual begins, with the temple all properly arranged, increasing numbers of workers arrive. When all is as it should be, then all the Community Heads and Incense Elders go to the temple to burn incense for the chief deity and report to him, asking his permission for the villagers to conduct a three-day *sai* to congratulate him on his birthday and offer thanks for his kindness. They also ask the god to forgive them for any sins or mistakes they might commit during the festival. With this the *sai* rituals begin. [2]

In addition to this kind of organization, the local religion on which such community rituals are based shares a common set of theoretical assumptions, its own 'theology', which is based on the belief that the living and the dead, gods, humans and ghosts are all connected by bonds of mutual influence and response. These bonds of mutual obligation are based on a moral universe in which righteousness, respect and destructive behavior eventually bring their own rewards. Promise, efficacious response and gratitude, disrespect, cheating and punishment; all of these are manifested in specific material ways and provide the basic assumptions underlying ritual. The human counterpart and stimulus for the efficacious response of the gods is sincerity, *qiancheng*, in prayers and offerings, sincerity based in faith that the gods really exist and can indeed respond. All of this is reinforced by the beliefs that the gods were once humans, that humans can still become gods, that deities and the dead can appear in dreams and can speak or write through spirit-mediums, and that the dead live in an underworld from which they can be called up or to which their living relatives can go in séances to see how they are. Through *fengshui* and intercession with the gods the natural world is also part of this system of influence and response. Siting of graves and buildings that recognizes and respects the flow of power in the landscape brings blessings; proper worship of the gods can bring rain or stop floods. It is this network of relationships that provides the underlying logic and coherence of local cults.

Local gods manifest flows of power that are believed to be beyond those of ordinary humans; they are present in their images, tablets or paintings, but are not fully encompassed by them, because at festivals they are invited to attend, and are ritually sent off at the end. They are invited to descend and sent back up, so they seem to have an undefined realm in the sky, beyond their earthly incarnations. They must also be ritually implanted in new images, which are powerless before their 'eyes are opened' (*kaiguang*). They need respectful offerings of incense and food to elicit a positive response; the absence of such attention can lead to divine resentment and punishment. Some gods begin as the spirits of powerful, miracle-working persons, others are homeless ghosts desperate to be given a title and place of their own, to be located in the divine-human system. The coherence of this system resonates with patterns of relationships in local society, which are also based on reciprocal responsibility. Here society and religion are transformations of each other.

Chinese local religion is based on family worship of deities and ancestors on home altars but, as is indicated in the above quote, it also involves large-scale rituals participated in by members of the whole village or township community, on the occasion of what are believed to be the birthdays of the gods or to seek protection from droughts, epidemics and other disasters. In all cases these festivals invoke the power of the gods for practical goals, to 'summon blessings and drive away harm'. These three-to-five day celebrations involve weeks or months of preparation, careful organization, the mobilization of large numbers of people, hiring outside specialists such as priests, spirit-mediums, various types of musicians and dramatic performers, coordinating activities with surrounding villages, and erecting temporary sheds for images of gods brought from elsewhere, as well as sheds for operas and food. The major ritual activity is processions carrying images of the gods through the villages involved; the components and routes of these processions need to be arranged in advance. In addition, merchants come from the whole area to display their wares on mats and tables beside the roads and in the temple area. The whole affair can involve tens of thousands of worshipers and onlookers, sometimes crowded so tightly together that one can scarcely move, as I can personally attest from observations in Hebei.

The focus of this book is on these community festivals in all their dimensions—ritual, social and economic—emphasizing their organization and structure and the beliefs and values expressed by them. Since most studies of such festivals have been based on evidence from south China including Taiwan this book is on local traditions in the north, one of the founding areas of Chinese civilization. This is an important distinction, because there are significant differences between aspects of local religion in the south and north, one of which is the gods who are worshiped. In her *Changing Gods in Medieval China, 1127 - 1276* (Princeton, 1990), Valerie Hansen's discussions of local ritual traditions in the Southern Song period include lists of deities venerated, noting differences among southern local and regional gods and those related to Buddhism and Daoism. This last category includes Guanyin, Zhenwu, Lv Dongbin, and the God of Mount Tai; these deities, along with City Gods, Dragon Kings and Tudi Locality Gods are all found in the north as well. However, except for Tianhou, the goddess of sailors and fishermen, none of the local and regional gods Hansen names are found in the north, including the most widespread southern regional gods, Zitong, King Zhang and Wuxian, the "Five Manifestations". In a list of ninety-two gods worshiped in Huzhou (Zhejiang) , none of the local figures are noted in northern sources; not even Guan Gong is mentioned, by any of his titles! Western studies of Song society and culture tend understandably to emphasize the south, because that is where most of our sources are from, but evidence such as this reminds us that for a balanced understanding attention must be given to the north as well.

Until recently Chinese local religion has been ignored or disparaged by both Chinese and Western scholars as a confused congeries of diffuse superstitions, a residual category without any integrity of its own, discussed only in relation to the better-known traditions of Confucianism, Daoism and Buddhism. This long-established attitude is due in part to a distinction between "institutionalized" and "diffused" types of Chinese religions made by C. K. Yang in his 1961 *Religion in Chinese Society*, where he wrote that, "… institutional religion in the theistic sense is considered as a system of religious life having (1) an independent theology or cosmic interpretation of the universe and human events, (2) an independent form of worship consisting of symbols (gods, spirits and their images) and rituals, and (3) an independent organization of personnel… With separate concepts, ritual and structure, a religion assumes the nature of a separate social institution, and hence its designation as an institutional religion. On the other hand, diffused religion is conceived of as a religion having its theology, cultus, and personnel so intimately diffused into one or more secular social institutions that they become a part of the concept, rituals and structure of the latter, thus having no significant independent existence. "[3]

C. K Yang's otherwise excellent study has defined its field for the last fifty years, and I owe much to it myself, but this distinction simply applies to China a sectarian definition of religion derived from Christianity that is not relevant to the mainstream of Chinese religion, which has always been community based, inclusive and non-sectarian. Fortunately, in the last twenty years some scholars have come to understand local religion in a more integral way, with many excellent and detailed studies based on the south. The present study is an attempt to extend and further clarify this understanding with evidence from the north, to demonstrate that local traditions of ritual and belief are important both in their own right and as a foundation of traditional Chinese ideas, values and social relationships. These traditions are persistent and deeply institutionalized in their own ways, and do not deserve misleading comparisons based on the experience of other cultures.

In the north, most festivals had a three-part structure based on inviting, welcoming and seeing off the gods (*qingshen*, *yingshen*, *songshen*), with local variations. For the first step a list of the names of the gods being invited might be read in the *shenpeng*, the 'god shed', set up in the host temple courtyard, with altars arranged. Next a procession was formed of music and martial arts groups, portable tableaus with opera players or children portraying scenes from dramas, bearers of ritual banners and umbrellas, and sedan chairs carried by four or more men, all accompanied by firecrackers, front and rear. This procession first visited every temple in the village, perhaps beginning with that for the Locality God, Tudi, to invite the gods to descend from their seats and enter a sedan chair, to be taken to the host temple to enjoy the offerings and opera performances. (The images involved were smaller 'traveling images', *xingshen*, for use in processions.) Along the way villagers would set up small offering tables with fruit and incense to welcome the gods and benefit from their presence. If other villages were involved, as they often were, the procession would visit their temples as well, and then return to the god shed in the host temple courtyard, where the images would be reverently transferred to the altars, accompanied by incense and offerings from bowing worshipers. In these opening stages of the rituals such worshipers were usually the festival organizers and family heads from the host village.

For the second stage, welcoming the gods, the traveling image of the chief deity of the host temple would be brought out to the god shed to welcome its divine guests, again accompanied by incense, offerings, music, firecrackers, and the recitation of the names of the gods. The ritual proper, *zhengsai*, would then begin, with offerings, music, and the performance of operas for the enjoyment of both gods and people. At the end, the traveling images of the gods would be escorted back to their home temples in another procession. At this point the Community Heads might meet to choose the leader of the festival in the following year, usually by throwing divining blocks to see who received the most positive responses. So the relation between local gods and their devotees were strengthened and the life force (*shengqi*) of the community renewed.

Here are two of the more detailed examples of such festivals that I have learned of, the first a rain-seeking ritual performed in 1941 in Licheng county, Shandong, summarized by Anning Jing from a Japanese report. For this introduction I here omit the romanizations of Chinese terms in Jing's account:

In 1941 it rained only twice before June. In early June the village leaders and elders had a meeting and decided to hold a rainmaking ceremony in mid-June. The dates, the responsibilities of the organizers and the financial contributions from the households were discussed. Three days before the ceremony the villagers adopted a vegetarian diet, and during this time brought their monetary contributions to the Temple to the Jade Emperor [sic] in the village, where the ceremony was to be held. Ritual objects to be used in the ceremony, such as a sedan chair, banners and drums, were prepared, and the names and duties of the main players were written on a poster pasted on a temple wall. The tasks and chores assigned to them were: 1. financial management, 2. composition of the petition, 3. invitation to the god, 4. preparation of the god's sedan chair, 5. use of firecrackers, 6. serving boiled water (to people in ritual procession), 7. fetching water (and fish from the White Spring to the temple) in a bottle, 8. burning paper money (in front of the sedan chair), 9. burning paper money and kneeling by the altar (for three days and nights), 10. upholding the umbrella (over the god in the sedan chair), 11. kneeling by the altar, 12. following the god's procession and kneeling (on the way and at the White Spring), 13. handling the accouterments (such as pairs of dragon-head standards, tiger emblems, crescent axes, long knives, swords, clubs in the procession), 14. god's inspection tour after the rain, 15. Ritual Master's participation in the procession, 16. handling the instruments (such as drums), 17. handling the banners and streamers, 18. collecting monetary contributions, 19. temporary chores.

The most important task before the ceremony was the composition of the petition to the god for rain. This was assigned to five people known to be good writers, including the village school principal. After purifying themselves and changing into formal dresses [sic], they went down on their knees while accomplishing their task. In the petition they informed the god of the suffering the villagers were enduring during the drought, pleaded for rain, and promised to thank the god with richer offerings if rain fell. [4]

The largest and most complex north China community ritual I have learned of so far is the 'Fan Drum Roster of the Gods' ceremony performed in Quwo district, Shanxi, described by Huang Zhusan and Wang Fucai in Chinese and expertly summarized by David Johnson. [5] This ritual is described in detail in the chapter of the present book on the leadership and organization of such ceremonies. During the first decades of the twentieth century it involved scores of performers over a period of three days, following a locally produced written text that provides both ritual instructions and the names of over 500 gods to be invoked, an elaborate arrangement of eight altars made of tables stacked on top of each other, and dances and processions led by hereditary ritualists representing twelve *shenjia*, translated by Johnson as 'godly families', but perhaps better understood as 'specialists [in rituals] for the gods'. The description of this ceremony is sixty-nine pages long! This ritual complex began on lunar 1/15 (the fifteenth day of the first lunar month), but preparations for it began on 12/8 with a planning meeting of lineage and community heads and *shentou*, 'heads of the gods', the leaders of the '*shenjia*'. Of this

whole process we are told, "In the preceding year you must assign responsi-
bilities and arrange and inspect the ritual implements and offerings for the al-
tars. No mistakes are allowed. " These sentences remind us again of the disci-
pline and planning needed for such large-scale activities.

David Johnson has written eloquently about Shanxi *sai* festivals he has in-
vestigated:

> In addition to being old, the *sai* were also extremely large. The
> sponsoring community... was completely mobilized, since the tasks were
> many and the costs high. In addition to the rituals... theatricals and food
> offerings... there was also a huge procession, and often several smaller
> processions, which could wind for miles through the country-
> side. Thousands of spectators came from nearby villages and towns...[6]

In another article Johnson adds:

> ...the religious life of the Chang-tzu (Zhangzi) region is extremely
> rich and complex, even in the 1930s after generations of economic and
> social decline....
>
> The *sai*... were religious ceremonies in which the villagers asked
> their gods for blessings and protection. They were the product of centu-
> ries-long local development that had brought them to an extremely high
> degree of complexity and elaboration .... For Chang-tzu County alone I
> have the names of twenty-six *sai*, which probably involved over 100 vil-
> lages.... This means that on average, there was a *sai* somewhere in [this
> county] about once every two weeks.... This *density* of ritual life is re-
> markable... one begins to see that the whole countryside... was saturated
> with public ceremonial.... Because both ritual and opera were involved,
> and because the *sai* were so ancient and presented on such a grand
> scale, they must have been overwhelmingly the most important influence
> shaping the symbolic universe of the common people. It is quite impossi-

ble to understand what the Chang-tzu villagers and (presumably) their counterparts elsewhere in north China, thought and felt about the world of politics, about Chinese history and traditions, about the world of gods and demons, or about any of the grand matters of life and death, without a close familiarity with the *sai* and their analogues...[7]

Given its assumptions and beliefs, the whole of Chinese local religion had its own forms of organization, structure and inner logic, forms that are particularly apparent in village temple festivals.

This book is based on studies and reports concerning Han traditions of villages and townships in the northern provinces of Hebei, Shanxi, Shandong and Henan, the main sources of evidence at this point, though some studies of local temples and rituals in Shanxi and other areas in the north will be referred to. In this area there are also some people of Manchu and Mongolian origin, as well as communities of Muslims and Roman Catholic Christians, but they will not be discussed here except for some evidence of possible Manchu influence on Han spirit-medium practices. The period covered here is also due in part to the availability of the evidence, from the late nineteenth century to about 1965, with an additional chapter on new developments from 1980 to 2005. The deeper historical background is referred to where it is available and relevant to the temples, deities and rituals being discussed. Suffice it to say here that a section of this book on the history of such traditions before the Qing refers to communal ritual activities as early as the Han period, with more evidence available from the Song on. As Valerie Hansen and Kanai Noriyuki have discussed, it was during the Southern Song period that community rituals began to develop the forms summarized above; since there is some early evidence for these forms being present in the north as well, what began in the south also influenced the north, but evidence for this is sparse. From the Ming period there are still remnants of a few northern local temples and stone inscriptions, but for the most part local histories and records engraved on stone tablets commenting on the repair of temples take us back to the nineteenth century, as do some accounts by Western travelers and missionaries. More detailed descriptions did not emerge until the 1930s, for north China primarily in Japanese studies commissioned by the occupation administration after Manchuria was invaded in 1931. Some Chinese and Western-language studies for the pre-war period are also of value. Beyond these materials, the most useful are Chinese and Western-language books and articles based on the fieldwork that became possible in the 1980s and 1990s, after the destruction of the 'Cultural Revolution' period, 1966 – 76. Thanks to some written materials and stone inscriptions that survived, as well as the memories of old villagers, we now have detailed evidence for some communities that extends back to 1937 – 38, when the invading Japanese army prohibited large-scale festivals and destroyed some temples. In the 1980s, due in part to new economic liberalization, some local traditions revived, including those of temple festivals. Such activities are still technically illegal, but in many areas local officials have permitted and even supported them in the name of community economic development. Temple festivals can attract tens of thousands of worshipers, onlookers and merchants, so now, as earlier, they are lively trade fairs as well.

Two other types of collective observances that are not discussed here are pilgrimages and carnivals. Pilgrimage is defined by the *Shorter Oxford English Dictionary* as "A journey made by a pilgrim; a journey made to a sacred space as an act of religious devotion". [8]

There were and are many such pilgrimages to regional and national temples in China, and of course such pilgrimages cannot always be clearly distinguished from festivals for the gods or saints of local communities, because such festivals can involve participants from surrounding villages, and home communities celebrate the birthdays or death days of their patron gods or saints, whatever their appeal to those from other areas. People worship and petition at both pilgrimages and local festivals for similar reasons. The chief differences between the two are the central role of a journey in pilgrimages, the size of the area from which participants are attracted, and the role of pilgrimage societies in organizing the long trips that may be involved. A more immediate reason that Chinese pilgrimages are not discussed here is that there is already an excellent book on this topic by Susan Naquin and Chu-fang Yu, who share the basic definition of pilgrimage cited above. Their book makes it clear that pilgrimage in China is also characterized by extensive planning and organization both by the host temples and those visiting them. [9]

I mention carnivals here simply because I have read a new book by a Chinese scholar that interprets temple festivals as carnivals, following the work of Mikhail Bakhtin in his *Rabelais and His World* (Cambridge, Mass., Harvard University Press, 1968). In this interpretation, carnivals are celebrations of irreverence, inequality and the inversion of social roles. In his *Kuanghuan yu richang—Ming Qing yilai de miaohui yu minjian shehui* [*Carnivals in Daily Life: The Temple Fairs and Local Society Since Ming and Qing Dynasties* (sic)], Zhao Shiyu emphasizes the entertainment function of such festivals with their "wild dancing and joyous singing", exorcistic processions and operas, as well as the participation in them of those from different social classes, occupations and ethnic groups. He emphasizes that women joined in these public events. [10] Entertainment is of course an important function of local festivals, but as is discussed throughout the present book, they include as well wide array of rituals, with elaborate organization and types of leaders, and are a reaffirmation of the order of local society, so interpreting them as carnivals is incomplete and misleading.

Overmyer's contribution to this volume is for the period up to 1965; Fan Lizhu will discuss some local traditions that have revived from about 1980 to 2005, though of course be some overlap in our discussion is unavoidable. This means that most of the material dealt with by Overmyer will be discussed in the past tense, though with some references to activities after 1965.

Village individuals and families participate in ritual activities not directly related to community-wide ceremonies, such as seasonal festivals, funerals, weddings, *fengshui*, divination and prayers and vows to the gods for healing and childbirth, but these activities are not discussed in this book except as they are related to collective festivals based on temples. Of course, there is no clear line between these categories, because during temple festivals the power of the gods is believed to be especially present, so such festivals are good times for people to invoke divine power for healing and the birth of children, as well as to consult diviners. Since seasonal festivals, particularly that for the lunar New Year, are also believed to be times of heightened divine presence, many temple-based rituals are carried out on these occasions as well.

The most important sources for this book are the positive contributions of earlier studies in Chinese, Japanese and Western languages noted above, and four volumes of reports from local scholars in four areas of Hebei that Fan Lizhu, Overmyer and Hou Jie (Nankai University in Tianjin) have solicited, organized and edited. They have been published in Tianjin, and will be referred to below as appropriate. In 2001—2003 Fan Lizhu did fieldwork in a Hebei village, and both of us have observed temples and festivals in and around Baoding, Gu'an, Xianghe and Handan in that province. All of the sources used in this book are based on fieldwork, except those for periods earlier than the late Qing.

A clear understanding of the geographical, economic and social contexts is vital for the topic of this book, as it is for the study of any religious practice. The geographical setting of most of the rituals discussed here is the north China plain, which is hot in summer and cold in winter, with alkaline soils and low rainfall. Crop irrigation, if it exists at all, is from village wells; the rivers are not of much help because they carry so much silt that their beds are raised above the surrounding countryside and must be contained by dikes. This relative lack of water means that the major crops are those that can grow on dry fields, such as wheat, millet, sorghum (*gaoliang*) and corn. It also explains why rituals imploring the gods to send rain have long been so common in this region and why famines have been frequent. As for the physical and social structure of villages on this vast flat expanse; they consist of close groups of houses built on a raised area, surrounded by their fields, with a multi-surnamed population of families who owned and cultivated their own land, though usually not much more than twenty *mou* or about three acres. Since few families owned more than 100 *mou* there were no sharp distinctions between economic classes; even the landlords had to work in their fields. Families of different surnames living in one small community meant that lineages were not strong enough to maintain lineage shrines and cross-village organizations, so at best they owned small burial plots and took part only in intra-village activities. The old imperial government encouraged villages to manage themselves and collect and hand over their own taxes. Village leaders were chosen from among men of good reputation from landowning families; these leaders were responsible for settling disputes, dealing with local government, organizing crop protection and planning for collective ceremonies. All these factors tended to strengthen the local protective deities and their temples as focal points of village identity and activity. This social context defines north China local religion, and keeps us from wandering off into vague discussions of 'popular' and 'elite' and relationships with Daoism and Buddhism. It is only in close relationship to this specific social context that these issues can be usefully discussed. (As to the term 'religion' I follow the *American Heritage Dictionary* definition of its original sense as Latin *religio*, a 'bond between man and the gods', which is entirely appropriate for the Chinese case.)

The discussion here of the historical background of community religion in the north includes noting the antiquity of some of the deities still worshiped, evidence for earlier collective rituals in this area, and changing government policies toward local religion, particularly since the end of the Qing dynasty in 1911. In earlier periods local officials sometimes enforced laws against spirit-mediums, sects and large processions, but they shared the same basic worldview as the common people, and so could worship deities approved by the state and perform rain-seeking rituals during droughts. However, near the end of the nineteenth century some intellectuals, influenced by Western ideas, began rejecting local religious practices as superstitious, and advocated turning local temples into schools. After the founding of the Republic of China in 1911 the government carried out anti-superstition campaigns, and in some

areas temples were destroyed and public festivals prohibited. During the war-
lord period between 1911 and 1927, many more temples were destroyed or
turned into barracks or granaries. The Japanese invasion and occupation of
much of north China from 1937 – 45 did much more damage, particularly in
areas where Chinese resistance fighters used temples as bases. (Temples
were the biggest buildings around) . Of course, much more destruction took
place in the civil war that continued until 1949, and then in many political
campaigns mounted by the government of the People's Republic, culminating
in the ' Cultural Revolution ' . This was part of a sustained effort to destroy
traditional culture. According to the laws of that government the local traditions
being discussed here are all technically illegal since they are not classified as
one of the legitimate ' five religions ' : Buddhism, Daoism, Islam and Prot-
estant and Roman Catholic Christianity, but as is noted above, in some areas
they began to revive in the 1980s.

After this Introduction the book begins with a detailed example of the or-
ganization and process of a community rain-seeking ritual, to establish at the
beginning what is being discussed here and the evidence for it. Next is a dis-
cussion of the historical origins and development of local community rituals,
then a chapter on their leadership and organization.

Then comes the discussion of temple festivals themselves, their prepara-
tion, planning and organization, leaders and participants, and the kinds of
family and personal rituals associated with them. For these festivals public an-
nouncements must be posted, opera troupes and ritual specialists invited and
temporary sheds and altars constructed. Other announcements posted on the
walls list the names of those who have contributed funds, with the amounts
specified. After a procession to invite the gods from temples in the area, peo-
ple gather by the thousands to burn incense for the gods, pray to them for aid
and vow to repay them if blessings are granted, often promising to give them
new robes. Operas are performed on a stage facing the temple in its courtyard
for the enjoyment of all and as an offering to the gods. All around are peddlers
and food stalls, with diviners sitting on mats or at low tables, surrounded by

eager questioners. In front of temple altars people pray for healing, family prosperity and safety and the birth of children, with women taking clay dolls from the altars of child-delivering deities to be kept in their bedrooms to aid conception. In addition to such family and individual worship, festival leaders carry out more formal rituals involving offerings of food and wine, accompanied by music and the recitation of written invocations that include the names of the organizers and contributors. If priests are available, they might be expected to recite scriptures that name and praise the gods and ask for their blessings. At the end, the visiting deities are escorted back to their temples in another procession, the written petitions and lists of names burned to convey them to the divine realm, and a leader for next year selected.

Once the community and ritual activities have been described the book moves to a discussion of the temples and deities that serve as the base of such observances. Then there is an account of the beliefs and values of local religion and the moral values related to them, based on interviews with villagers, on invocations and written materials used in rituals, and on legends about the gods. For villagers, sincere belief in the reality and power of the gods is a condition for the effectiveness of petitions to them.

Popular religious sects with their own forms of organization, leaders, deities, rituals, beliefs and scripture texts were active throughout the Ming and Qing periods, particularly in north China. Individuals and families who joined them were promised special divine protection in this life and the next by leaders who functioned both as ritual masters and missionaries. These sects were more active in some communities than in others, but in principle were open to all who responded to these leaders and believed in their efficacy and teachings, so some of these groups spread to wide areas of the country. During the Song and Yuan periods there were times when some sects were accepted by the government, but particularly from the early Ming dynasty on they were always considered illegal and were repeatedly ordered to be suppressed, with varying degrees of effectiveness. These sects continued to exist deep into the twentieth century, but after 1949 they were more thoroughly destroyed than before, particularly during the 'Cultural Revolution'. However, since the 1980s a few such groups have revived in a handful of villages in Hebei, where they perform ritual services for the whole community, including non-members. In Beiqi village in Ding county a temple named after a sect founder that has become so much a place just for community worship that most local people have forgotten its sectarian connections, though its leaders remember. More significant for us here though is evidence for the residual influence of sectarian beliefs and practices on non-sectarian community religion where the sects no longer exist, particularly the feminization of deities by adding to their names the characters *mu or Laomu*, Mother or Venerable Mother, as in *Guanyin Laomu*, *Puxianmu*, *Dizangmu*, etc., based on the name of the chief sectarian deity, Wusheng Laomu, the Eternal Venerable Mother. Puxian and Dizang are bodhisattvas normally considered 'male', though in Buddhist theory such gender categories don't really apply. This practice of adding *mu* to the names of deities, found already in Ming period sectarian scriptures called *baojuan* 'precious volumes' from the north, does not occur in the names of southern deities.

The penultimate chapter in the book, by Professor Fan Lizhu, is on the present situation of rural community religion in north China from about 1980 to 2005, a period in which many such traditions have revived and adapted to new social and economic conditions, including a discussion of how all this relates to China's rapid urbanization. Our concluding observations will summarize the evidence for the organization, structure and order of community festivals in the north, compare them with parallel traditions in south China, and suggest the new definition of local religion that this evidence supports and its implications for our understanding of Chinese religion and culture, past and present. If anything, south China local traditions appear to be even more complex than those of the north, due to a stronger economic and social base and the larger involvement of Daoist and Buddhist priests invited to participate.

In sum, after this Introduction the chapters of this book deal with the following topics:

1. Rain rituals as an example of community rituals

2. Historical origins and development of local community rituals

3. The leadership and organization of such rituals, emphasizing their context in self-managing villages

4. The actual practice of temple festivals in honor of the gods and the private/family rituals associated with them

5. Temples and deities that serve as the base and focus of community observances

6. Beliefs and values associated with these activities

7. Popular religious sects as community religions

8. The contemporary social and political situation of community festivals, from about 1980—2005, by Fan Lizhu

9. Concluding comments; north China community religion as a foundation of traditional Chinese religion and culture

10. Bibliography and glossary

In a recent article, Adam Yuet Chau says the following about the contemporary situation of what he calls popular religion in northern Shaanxi province, where he has done extensive fieldwork:

From the early 1980s onward, popular religion has enjoyed a momentous revival in Shaanbei (northern Shanxi province), as in many other parts of rural China. Tens of thousands of temples have been rebuilt during the reform era: local opera troupes crisscross the countryside performing for deities and worshipers at temple festivals; *yinyang* masters (geomancers) are busy siting graves and houses and calculating auspicious dates for weddings and funerals; spirit mediums, Daoist priests, gods and goddesses are bombarded with requests to treat illness, exorcise evil spirits, guarantee business success and retrieve lost motorcycles.

As its appeal rises among the rural masses, popular religion is in the process of regaining its institutional significance within what might be called the agrarian public sphere in rural China. Popular religious activities such as temple festivals (miaohui), spirit medium séances, and funeral and wedding banquets encourage and facilitate a kind of sociality radically different from that of the Maoist era, when political campaigns, militarized organizations, collectivist production drives, and class struggle dictated villagers' social lives. [11]

Of the revival of such local traditions in Hebei, Fan Lizhu comments, "...local popular religion is very much alive in contemporary China...It... indicates how communities and individuals turn to these religious practices in their search for meaning and their moral concerns...The basic features of Chinese local popular religion seem to be indestructible. " [12]

Traditions such as these have provided the foundations of social cohesion and religious life for the Chinese people since the Song Dynasty, for over 1000 years. It is here, on its demographic and cultural foundations, that our search to understand China should begin.

Footnotes for the Introduction

1. Zhao Fuxing, "Dayidain bingbao hui" (The Hail Festival of Dayidain [village]), in Zhao Fuxing (ed.), *Gu'an diqu minsu jixun* (*The Temples, Rituals and Local Culture of Gu'an County, Hebei Province*), Tianjin: Tianjin Guji chubanshe, 2006, p. 68. In the series *Huabei nong cun minjian wenhua yanjiu* (*Studies of the Popular Culture of North China Villages*), edited by Ou Danian (Daniel L. Overmyer) and Fan Lizhu.

2. Qiao Jian, Liu Guanwen and Li Tiansheng, *Yuehu tianye diaocha yu lishi zhuizong* (*Yuehu* [*Ritual Musicians*]: *Fieldwork and Historical Investigation*, Taipei: Tangshang Publishing Co. , 2001, pp. 204 – 205.

3. C. K. Yang, *Religion in Chinese Society: A Study of Contemporary Social Functions of Religion and Some of Their Historical Factors*, Berkeley and

Los Angeles, University of California Press, 1961, pp. 294 – 295.

4. Anning Jing, *The Water God's Temple of the Guangsheng Monastery*: *Cosmic Function of Art*, *Ritual and Theatre*, Leiden, Boston, Koln, Brill, 2002, pp. 194 – 195, citing Uchida Tomo, *Chugoku noson no kazoku to shinko*, Tokyo, Kobundo, 1970, pp. 207 – 210. In this context *sai* means a ritual celebration to thank the local protective deity, a more general name for which is *miaohui* "temple assembly". These ceremonies are usually held on what is believed to be the god's birthday.

5. Huang Zhusan and Wang Fucai, *Shanxi sheng Quwo xian Renzhuang cun Shangu shenpu diaocha baogao* (*A Report on the "Fan Drum Roster of the Gods" ritual of Renzhuang Village*, *Quwo County*, *Shanxi*), Studies in Chinese Ritual, Theatre and Folklore Series, No. 14, Taipei, Shih Ho-cheng Folk Culture Foundation, 1994, p. 25, and David Johnson, "A Lantern Festival Ritual in Southwest Shanxi," in Daniel L. Overmyer (ed.), *Ethnography in China Today*: *A Critical Assessment of Methods and Results*, Taipei, Yuan-Liou Publishing Co. , 2002, pp. 287 – 295.

6. David Johnson, " 'Confucian' Elements in the Great Temple Festivals of Southeastern Shanxi in Late Imperial Times," *T'oung Pao* LXXXIII: 131 (1997).

7. David Johnson, "Temple Festivals in Southeastern Shanxi: The *Sai* of Nan-she Village and Big West Gate," *Minsuquyi* 92: 647 – 649 (1994).

8. Oxford, The Clarendon Press, 1993, p. 2210.

9. Susan Naquin and Chun-fang Yu, eds. , *Pilgrims and Sacred Sites in China*, Berkeley, Los Angeles, Oxford, University of California Press, 1992.

10. Beijing, Sanlian shudian, 2002, pp. 116 – 131.

11. Adam Yuet Chau, "The Politics of Legitimation and the Revival of Popular Religion in Shaanbei, North-Central China," *Modern China* 31: pp. 236 – 237 (April 2005). Evidence from Chau's excellent new book, *Miraculous Response*: *Doing Popular Religion in Contemporary China*, Stanford, CA, Stanford University Press, 2006, will be discussed in the present

book.

12. Fan Lizhu, "The Cult of the Silkworm Mother as a Core of Local Community Religion in A North China Village: Field Study in Zhiwuying, Baoding, Hebei," in Daniel L. Overmyer (ed.), *Religion in China Today*, Cambridge, Cambridge University Press, 2003, p. 56.

Glossary of Chinese Terms

Baoding　保定

Beiqicun　北齐村

Chang-tzu hsien　长子县

Dingxian　定县

Dizangmu　地藏母

Fan Lizhu　范丽珠

fengshui　风水

gaoliang　高粱

Gu'an　固安 *diqu minsu jixun*

Guanyin laomu　观音老母

Handan　邯郸

Hanzu miao　韩祖庙

Huabei nongcun minjian wenhua yanjiu　华北农村民间文化研究

Jiangnan　江南

Laomu　老母

miaohui　庙会

mu　亩

mu　母

Ou Danian　欧大年

Puxianmu　普贤母

qiancheng　虔诚

sai　赛

sheshou　社首

songshen　送神

qingshen　请神

Tudi shen　土地神

Xianghe　香河

yinyang　阴阳

yingshen　迎神

zhangfangren　账房人

Zhao Shiyu　赵世瑜

Kuanghuan yu richang：*Min Qing yilai de miaohui yu minjian shehui*
《狂欢与日常——明清以来的庙会与民间社会》

Zhao Fuxing　"Dayidian bingbao hui"

zheng sai　正赛

Revised September，2007

田野现场
FIELD SITES

神山与家屋[*]

——嘉绒藏人的神圣历史和社会结构

张　原

　　摘　要　藏彝走廊的嘉绒地区是汉藏等文明体系间的一个"接触过渡地带"，其观念体系和社会制度的表现与生成值得关注。本文从"神山信仰"与"房名制度"出发，通过分析相关神话和仪式，来探讨神山与家屋在嘉绒人生活世界中的意义，并试图解读嘉绒藏人的文化价值与社会结构之动态生成的过程，以及藏彝走廊地带的历史人文特点。

　　关键词　嘉绒藏人　神山信仰　山神崇拜　家屋

　　随着近年来人类学西南研究的兴起，关于中国西南社会人文特质的讨论越发深入。在国内学界，这类讨论似乎形成了两类主题。一是从对所谓"文明"的整体考察推演出来的一种"关系主义民族学"的西南研究，二是从对所谓"地方"的内在把握延展出来的一种"社群建构方式"的西南研究。在前一类研究中，学者们试图从一种人文关系格局的角度出发，来认识中国西南的区域人文特质。特别当王铭铭教授提出了以"中间圈"这一概念来认识这一区域所具有的一种"关系主义"①特征之后，相继出现了一批基于山川和物的历史人类学研究。这些研究

---

　　*　本文的写作得到王铭铭教授、彭文斌教授、张亚辉副教授、褚建芳副教授、杨清媚博士等人的帮助，特此致谢！

　　①　如在王铭铭《文明在周边——"藏彝走廊"、"中间圈"与关系主义民族学》一文中称："藏彝走廊作为一个意境，昭示着一种基于关系主义民族学而重新构（**转下页注**）

试图说明，西南作为一个文化接触地带，如何历史地实现不同文化观念甚至文明体系之间的关联，从而在这一区域成就一个"超社会体系"，或生成一种"复合形态宇宙观"。如赵丙祥对云南丽江玉龙雪山的历史考察（赵丙祥，2008），汤芸对黔中山川的地景分析（汤芸，2008），舒瑜对云南诺顿盐业的研究（舒瑜，2010），等等。在后一类研究中，学者们试图从社群建构形式出发，来认识中国西南少数民族地区的社会特质。特别当"家屋社会"的理论被引入之后，空间与社会关系的再生产成为西南少数民族研究的一个重要主题。如翁乃群对摩梭人家屋空间中性别象征的分析（翁乃群，1996），何翠萍对中国西南少数民族的家屋与人观的研究（何翠萍，2000），张江华对广西陇人的家屋及其象征的考察（张江华，2007），以及陈默对西藏农区的家屋空间及其意义的调查（陈默，2009）。这类研究似乎在说明，相对于在社群关系建构中更重视继嗣关系和时间绵延感的汉人社会，西南少数民族地区的社会建构逻辑更为关注的是联姻关系和空间凝聚力。

在当代人类学的西南研究中出现了这样两种新的研究取向，这在一定程度上表明了学者们为深入地把握西南地区的社会文化特质，均试图在理论视野和分析工具上有所突破。"关系主义民族学"的视角倡导我们对"社会"这个概念有所超越，在一种历史过程中看到一个"超社会体系"的形成。这类西南研究偏向于一种比较视野，具有一种普同论的取向；而"家屋社会"的理论借鉴则要求我们对"家庭"这个概念有所超越，在特定的亲属关系之中看到社群的一种构建形式。这类西南研究专注于一种地方视野，具有一种特殊论的取向。尽管这两类西南研究在学术旨趣和考察路径上均有较大差异，但对于"宇宙观"研究的强调，以及对象征人类学方法的运用，则又构成了视野上的交集。

正是在这样一种学术背景之下，嘉绒藏族的研究正成为当代西南研究的一个焦点。嘉绒社会的研究价值不是要进一步构成上述两种西南研究的分化隔阂，而是要实现一种对话可能。曾经，"神山信仰"的研究与"房名制度"的考察构成了当前西南研究在嘉绒地区视野分化的重

（接上页注②）思人类学的可能。这个意境富含的'中间性'，为我们体会、理解和认识横向连接与纵向差序之间的纽带提供了机会"（王铭铭，2008：148～192）。

演。但是，如果我们注意到神山和房屋在空间象征上所具有深层同构性，以及这种同构关系是在一个充满了"关系主义"的历史过程中被形塑的话，那么当代西南研究出现的上述区分将会自动地消解，而西南的人文特质则会得到进一步的阐明。

作为一个地名和族群的名称，"嘉绒"的所指具有极大的模糊性。如果说化约式的分类能够实现清晰化的认识，那么那些爱好对语言和族群进行分类的学者将会在嘉绒地区开始一场"混沌"的噩梦。在藏语中，嘉绒一词可被扩展为"夏尔嘉尔莫察瓦绒"，其意思为"藏区东方墨尔多神山周围气候温暖湿润的河谷农区"（白湾·华尔登，2009：1）。藏区东方、气候温暖、河谷农区这些描述都表现了一种对照关系，因此嘉绒这一地名本身就是一种复杂关系的呈现，而这一复杂的地名所指涉的则是一个更为复杂的区域，其范围主要包括以墨尔多神山为轴心而展开的大渡河的两大主要源流大金川河、小金川河，以及岷江的主要支流梭磨河、杂古脑河、黑水河等流域的谷地，其地跨今四川省的阿坝和甘孜两州。这一区域正位于藏区的安多下部（南面）与康巴上部（北面），恰处于藏彝走廊的中段，也是东部汉区通向西藏各地的要冲。在藏汉两个文明体系的互动过程中，这些河谷农区一直处于极为重要的位置，是西北和西南各民族"交流掺杂，你来我往"的舞台。今天，生活于嘉绒地区的人群来源颇杂，他们在历史、语言、文化等方面都表现出"藏彝走廊"地带那种独特的流动性和模糊性。而夹在汉藏两大文明体之间的嘉绒地区，正处四方要冲，其地方政治的历史态势受到各种外来势力之影响（马长寿，2003）。因此，作为一个"接触过渡地带"，嘉绒地区在与不同文明体系的接触过程中，其观念体系和社会制度的表现与生成值得关注，这正是我们把握民族走廊地带历史人文特点的关键前提。"神山信仰"与"房名制度"是嘉绒社会文化特质的一种实在表现，本文也将从二者的关系切入嘉绒社会人文特质。

一　山有灵则显：神山信仰与山神崇拜

在嘉绒藏区，神山信仰与山神崇拜非常普遍，且因为当地苯教传统保持较好，所以比之藏传佛教而言，山神信仰在当地所凸显的文化意义和发挥的社会作用也更为显著。而流行于整个藏区的神山信仰与山神崇拜，作为一种与藏传佛教传统有较大不同的信仰体系，对我们理解藏区文明特点具有重要的意义。

首先，在前人学者对神山信仰的文化意义之解释中，山神信仰对于理解整个藏区文明的特质而言具有一种"文化内核"的意义，更是我们理解当地宇宙观的关键。恰如图齐所指出：在藏区，一方面山与神或灵之间有着一种等同关系，从而使得山获得了某种特殊的神圣性，而某些关于宇宙起源论、神统世系或那些需要哲学方面的解释都与神山相关；另一方面也正由于神山的神圣特征，这类大山在某种意义上便成了该地区的灵魂，它们可确保其持久性，成为该地区的主神来保护居住在山脚下的居民（图齐、海西希，1989：310）。在一定程度上，嘉绒人的世界意义是由神山所开启的。这些神山是嘉绒人的宇宙图式、社会结构、文化观念和历史心态的现实集合体。作为伊利亚德（Mircea Eliade）所言的"显圣物"（hierophany）（伊利亚德，2002：2~23），嘉绒人的神山正是宇宙的神圣秩序得以显现的中心，围绕着这个中心，神圣秩序的结构得以展开。

据笔者观察，嘉绒地区的神山祭祀活动虽然纷繁复杂，但大致遵照着一套由三种祭仪部分组成的基本祭祀形式。一是以煨桑熏烟的方式祭祀一块象征神山之巅的白石。这种活动是日常的，具有向上转递崇敬的意义。二是以插箭立杆的方式树立一个"通天柱"，这个杆子具有宇宙之轴的象征。这种活动与年度周期的开启相关，表示着宇宙的重生。三是围绕着由白石和旗杆构成的圣地逆时针绕圈。这是在转动宇宙之轴，以激发世界的生机。上述三类活动可简单地归纳为：祭白石、插神柱、转圣地，三者共同展现了神山、宇宙秩序，以及生活实质的关系。这些神山祭祀仪式也再现了嘉绒人苯教式宇宙观，这个宇宙被垂直地分为天、地、水三界，分别用白、黄（或杂色）、黑（或蓝）来表示。而在苯教观念中，山、天、神、灵可相互等同，而连接三界使其成为统一体的则是作为通天柱的神山。因此，这些神山本身就是宇宙之中轴、世界的中心，并且还是王者和祖先显世的地方。

其次，在学者们对整个藏区神山信仰与山神崇拜的社会功能之解释中，可看到这一信仰崇拜形式对藏民社群关系的整合和构建具有重要作用。如格勒等人的研究表明，在藏北牧区，神山除了有一定的地域性外，神山的序列还与部落的结构有一定的内在一致性（中国藏学研究中心等，1993：267）。海德戈得则指出在中尼边境的喜马拉雅山区，山神崇拜的祭祀活动与社群内部的政治结构有着密切联系，其特殊的宗教宇宙观和祭祀仪式构筑了社区结构，以及社区与国家间的秩序和传统（海德戈得、德康·索朗曲杰，2003）。索端智进一步阐明，藏区体系化建构的山神与社会结构具有紧密的相互映照关系，且守护神信仰体系的不同圈层隐喻的是藏区大小不同的地域社会，因此藏区所谓的四大或九大山神的说法，在一定意义上正是藏区不同区域社会的象征（索端智，2006）。从这些研究可以看到，神山信仰对藏民实现社会空间分类和社会关系建构有着非同寻常的重要意义。嘉绒地区的情况也是如此，以墨尔多神山为核心，整个嘉绒地区形成了一个具有等级性和地域性的神山体系。从家户屋顶上的白石，到村落祭坛上的白石，再到部落山神和地域主山神，特定组织范围内的人群会供奉特定类型的山神。这些围绕着山神的信仰与祭祀活动已经成为了一种社会制度或社会结构的再现方式，隐含着嘉绒人对家户、村落、部落和邦国等人群分类范畴之社会意识。实际上，山神祭祀活动可视为划分地方边界与整合人群关系的一种手段。如在垭口或路口上建"敖博"（玛尼堆）祭坛并举行"拉则"（插箭立竿）的仪式就带有很强的边界性，这种仪式活动是一个部落确认边界、沟通神灵、激发领地内万物兴旺力（fertility）的重要仪式，而越界开展此类祭祀山神的活动所带来的结果往往是战争。[1] 但若将一个地方性的山神祭祀活动提升至区域性的，使其涵盖一个区域内的所有地方祭祀时，那么随着这种祭祀圈的扩展，地方的边界则会被消弭。如嘉绒人对墨尔多山神祭祀礼仪的升级与转山路线的扩展，则可视为当地区域统合进程的经验性反映，它通过彰显这个山神在这一地区的等级，消弭了区域内各神山之间的边界区隔，从而在一定的地域内实现一种区域

---

[1]　如《格萨尔王传》中就讲述了这样一场战争：霍尔国为祭祀玛卿邦日雪山，在山上立了一个"敖博"（蒙语，山口的玛尼堆）并举行了"拉则"仪式，而在邻国人看来玛卿邦日是他们崇拜的神山，霍尔国擅自建敖博则是对邻国的侵犯，于是格萨尔王出兵封锁了通往雪山的道路，并摧毁了霍尔国建的敖博，由此引起两国的交兵相恶（金迈、吴均，1984：14～20）。

性统合。

再次，在学者们关于神山与山神的神话学考察中，可看到与神山相关的神话往往与王权的神圣性紧密相连，而与山神相关的传说则呈现了当地文化对抗和文明统合的历史过程。如伊利亚德指出，在藏区"人的宗教"传统中，赞普作为下凡的天神，其神性与神山密不可分（伊利亚德，2004：1162～1165）。谢继胜也指出，藏族神山神话其实是与天绳神话相联系的，而天神顺着天绳降到神山之巅成为世间先王的这类神话传说，则往往成为藏区君主构筑自己王统的神圣权威和历史谱系的普遍方法，并被《敦煌本吐蕃历史文书》《王统世系明鉴》等史书所记载（谢继胜，1988）。此外，一些著名的山神，往往还经历一个"祖先神灵—地方保护神—战神—佛教护法神"的身份转变，而这些传说本身也是对当地历史过程的反映。如西藏山南地区的雅拉香波山神，由于崇拜该山的雅隆悉布耶部落从公元6世纪开始就不断地扩张，并最终建立了统一藏区的吐蕃政权，如此一来山体并不宏大的雅拉香波就从雅隆部落崇拜的山神一跃成为统领藏区众山神的"斯巴大神"，其地位与冈底斯山相当，甚至在公元8世纪的敦煌文献中还提到"雅拉香波乃最高之神灵"（王尧、陈践，1980：164）。然而伴随着藏地的佛教化，雅拉香波雪山则成为印度密宗大师莲花生到吐蕃传教时首要降服的神山，最终它又获得了佛教护法神的身份，其形象也由一头白牦牛变为白色神人。若深入解读嘉绒人的山神神话体系，其叙述的故事以及相关仪式活动也在表达一种历史的和现实性的关系。比如从当地的神话传说和仪式活动来看，围绕墨尔多神山，嘉绒地区就曾经出现过一个地域性的等级整合过程。在当地常见的家户和村落的祭祀活动中，如人们在煨桑祭神时，会念出一连串山神的名字，这些山神之间构成了地方保护神的一种等级性谱系。在神话传说中，墨尔多山首先被人格化，其本尊以一个脸色黑青、面目威严、骑青色神骡、身披铠甲的武士形象显现。然后嘉绒地区的一部分神山作为墨尔多山神的家庭成员，如兄弟姐妹与妻子儿女被统合到他的身边，构成了一个神圣家族；另一部分神山则作为隶属于墨尔多山神的臣民被吸纳进一个有封号等级的体系之中（雀丹，1995：126）。在嘉绒地区传颂着很多故事都在讲自己村落的山神和墨尔多山神之间的关系，这里面有爱护、征服、联盟和背叛。这些传说故事在很大程度上是对地区之间、部落之间种种现实关系的一种隐喻性的说明。如当地最著名的一个传说是，墨尔多山神的姐姐在墨尔多外出作战时，卷挟着墨尔多的财宝箱向她的夫家康定逃跑。当墨尔多山神发现姐姐的背叛行为时，便果断地丢出一块白石将他姐姐的腿打残，而姐姐再也没有回到他的身边，最终成为了康定的日孳女山神（即今日康定的跑马山）。嘉绒人通过这个故事来讲述嘉绒与康定的暧昧关系，并解释为什么康定的经济比墨尔多山神所辖的地区繁荣之原因——墨尔多山神的财宝箱被她的姐姐偷到康定了。

作为一群生活在山中的人，神山信仰与山神崇拜显现了嘉绒人生活世界的意义图式，也是其社会建构与历史过程得以展开的文化背景。因此，考察嘉绒人有何种关于山的观念，也就是在理解他们有何种宇宙观念和世界图式；而关注嘉绒人有何种关于山的仪式，则能从中看到他们社会生活的形态与特质有何特点；最为重要的是基于嘉绒人关于山的神话，我们能够深入地理解他们以何种观念逻辑来展开自己的历史，在一种纷扰复杂的关系格局中构筑自己生活世界的意义。

二　房有神则名：房名制度与家屋观念

如果说神山信仰作为一种集体意识是嘉绒地区社会整体事实的一种表现的话，那么房名制度则是这一社会整体事实在现实生活中的具体表现。对于嘉绒人房名制度的系统研究，最早可追溯到林耀华先生的《川康嘉戎的家族与婚姻》一文。[①] 林先生准确地指出，嘉绒人的房名制度"为其社会组织的中心"，且这一制度体现了嘉绒社会三种基本关系的组织原则（林耀华，2000）。

第一，继嗣原则。"戎人家族没有姓氏，但每家住房必有专门名号。这名号含义甚广，代表着家屋承继人的一切权利与义务，举凡住屋财产，屋外田园土地，粮税差役，家族世系以及族内人员在社会上的地位

---

① 这篇论文系作者 1945 年执教成都燕京大学时，赴川康北界交界的嘉戎（绒）地区考察后写作的论文，原载《燕京社会科学》1948 年第 1 期，现收录在《从书斋到田野》中（林耀华，2000）。

等，莫不在住房名号之下……质言之，房名概括家族团体的物质方面与非物质方面的两重内涵。"因此"（家屋）名号一经创始，既由子孙永远承继。假如家族绝嗣，或因故他徙，后继之人经土司头人承认，仍用旧名号。甚至别人在旧屋基之上修建新屋，旧名号亦不可改变。戎人之重视房名，由此可见一斑"。在嘉绒社会中"房名承继与家族承继相配合，实际上乃是二合一的东西。承继方法为双系制，男女皆可传代，但每代只传一人"。

第二，社会等级。"阶级不同，家屋名号的含义也不同。平民居住的房名包含了这一家族团体的物质与非物质方面的两重要素；头人家屋或官寨之名则可扩大代表头人所治的沟寨，土司官寨的名号也可扩大代表土司所辖的范围。"

第三，联姻法则。（1）同一房名之下的人员绝对禁婚；（2）同一房名之下每代人只能有一人承祧房名来讨媳或招婿，其余的兄弟姐妹只能入赘或外嫁到其他房名中去；（3）为保证原房名成员承继优先权可行"妻兄弟婚"与"夫姐妹婚"，即兄死弟娶其兄嫂与姐亡妹嫁其姐夫；（4）同一房名之外广泛的血亲联姻，既不忌"交表婚"与"平表婚"，也不忌跨代际的血亲联姻，尤以姑舅交表婚有优先权；（5）实行严格的等级内婚，同族之间等级不同不能联姻，异族之间等级不同也可联姻。

通过林耀华先生的精彩总结可知，所谓"房名"就是家屋的名号，但这个名号所指的不仅是这座房屋，还有居住在这房屋中的人群，以及相应的财产、土地、赋税、差役等权利与义务。可以说，嘉绒人的房名制度是当地的一种总体性的社会制度。对于嘉绒人的房名制度，李锦认为可引用"家屋"（house）的概念来理解，嘉绒社会具有"家屋社会"（house-based society）的某种特质（李锦，2010）。在列维－斯特劳斯看来，家屋社会是一种处于基本结构与复杂结构之间的转折结构，介于以"亲属基础"（kin-based）与"阶序基础"（class-based）之间的混合社会形态。家屋在这种社会中包含这样一些重要的特征：拥有一个包括物资性与非物资性之财富或名誉的领域；广泛使用"拟制亲属关系"来完成联姻与收养关系；所有财富或名誉领域（包括头衔、特权与财富）的传承是男女两可的（黄应贵，1995：28）。嘉绒社会的房名制度确实具有家屋社会的一般特征。列维－斯特劳斯更进一步地指出，家屋作为一种社会建制方面的创造，能超越一些群体生活中难以协调的原则，如父系与母系、继嗣和居所、远婚与近婚、血统与推选等。通过一种"二合一"的办法，家屋完成了从内向外的某种拓扑学意义上的转换，从而用外部整体取代了内部二元性（列维－斯特劳斯，2008：154~155）。嘉绒人的房名制度确实也赋予嘉绒人的家屋以一种整体性，从而可以涵盖其社会关系中的各种结构性矛盾，使其成为社会总体性关系的承载物。

恰如后来的一些学者所指出的，"家屋社会"这个概念更适合于描述那些有贵族且类似封建社会的阶级性社会（黄应贵，1995：28）。嘉绒社会的房名制度也与当地社会阶层的等级制度相关，这种社会等级同时又与土地的占有权相关，而这套土地制度本身又包含着一系列的权利与义务的等级划分。在结构上，房名制度也是一个等级涵盖的体系，高等级的房名总体地代表了其属地上所有房名的一切社会关系、一切权利和义务、一切负担和麻烦，这使得嘉绒社会呈现出很强的等级性，更使得土司头人的房名在特定区域内具有一种总体性。西南民族大学西南民族研究院在基于 20 世纪 50 年代的调查而编写的《嘉绒藏族调查材料》显示了，嘉绒社会各阶层的等级关系往往是通过房名和土地的关系来表示的（西南民族大学西南民族研究院，2008）。

基于房名制度的这些特征，李锦认为，有房名的家屋之所以是嘉绒藏族社会结构最重要的单元，与嘉绒地区土司制度确立之后形成的等级制度和土地制度相关（见图 1）。因此，土司制度下嘉绒藏族的房名，既是一种家族结构，也是一种基于份地制的社会经济结构（李锦，2010）。这一论点虽然具有一种历史维度和政治经济学的视角，但也在一定程度上成为当前学界对其他藏区房名制度研究的基本观点之延续。可以说，在为数不多的关于藏区房名制度的研究中，功能论的化约视角仍未得到真正克服和彻底超越。如美国学者阿吉兹（Barbara Nimri Aziz）在《藏边人家》一书中分析到，房名制度的产生是由人们的经济理性决定的，这种制度不仅可以保证土地和房产不致分割，同时还可以阻止家庭的劳动力不外流（阿吉兹，1987）。格勒则认为，西藏传统社会的基本结构，包括家庭结构是由人与人之间围绕着土地的使用、占有、支配、分配等问题所结成的各种各样的互助和依存关系而引导的（格勒，2006）。也恰如李锦所强调的，格勒这种看法同样适用于嘉绒藏族社会，适用于对于房名这一基本社会单元的分析。可见，在这类研究中，房名制度成为了土地分配、社会分层、经济组织和政治运作的一个结果，而非展开这些关系的基本框架。这样一来，房名制度不再被认为是一种总体性的社会制度，而只是政治经济关系的历史发展产物。

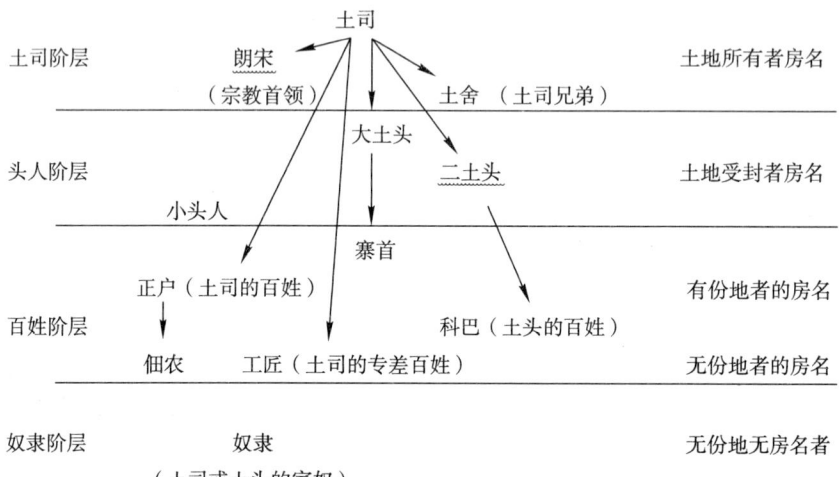

图 1

针对这样一种研究趋势，郭建勋则从嘉绒人家屋空间的象征考察出发，试图深入到对房名所蕴含的文化象征意义的讨论中，将房名产生的文化之因做一个基本的梳理。他指出，嘉绒人家屋中的碉房是其住宅空间中最为神圣的部分，特别是围绕着碉房内火塘中设立的锅庄石所展开的诸多神话与仪式，则隐喻象征地表现了当地人的三界宇宙观及文化意义，而嘉绒人关于天地、祖先、神灵的信仰，以及血亲姻亲的区分都在锅庄石的信仰与仪式中被确认（郭建勋，2010）。房名的获得不仅与房屋有关，更与房屋中的"锅庄菩萨"，即火塘内设立的锅庄石相关。锅庄石不仅象征祖先，也象征天地诸神、山神与地盘业主神（开辟基业的土地神）。房屋有了锅庄石也就有了神，如此一个房屋才可与一片土地联系起来，算为一户，有其房名。因此房名最先要处理的不是经济地位问题，也不是社会结构问题，而是房屋内的人与地盘神（土地神）的关系。所以经济地位或社会阶层都是在人与地盘神的关系基础上生发而来的（郭建勋，2011）。从这种更偏向于文化象征的解释中可看到，嘉绒人的房名制度与家屋观念的形成并非一种工具性和功能论的产物，而是一种信仰的物质表现结果。特别是家屋中最耗费工时的碉楼，其营造的目的也并非是出于战争防卫，而是如石硕所强调的为表现房屋与天地的沟通，处理的是人神之间的关系（石硕，2008）。恰如陈波所指出的，在关于嘉绒人家屋中碉楼的起源与功能而出现的战争论、信仰论和综合论的三种解释中，信仰论才是最为接近当地建造者本身的文化逻辑（陈波，2006）。所以在嘉绒人的观念与实践中，家屋的营造本身是一种信仰的表达。

嘉绒家屋中所表现的神圣性并不基于人与祖先的关系，而是房屋与天地的关系。这也在某种程度上表明了，嘉绒人的家屋与神山在空间象征的某种同构性。或者说嘉绒人的房子就是宇宙的缩影，是与其宇宙神山、祖先神灵、地域关系相连的一个微观世界。所以考察嘉绒人关于家屋的制度与观念，也正是我们理解其社会结构及组织运作的关键。现在的问题是要回到一种地方文化脉络之中，来洞悉当地的社会结构是如何生成的。

三 命运的开启：神圣历史的重复展开

山有灵则显，房通神则名。如果说嘉绒人生活的空间是意义显现与再生成之场所，那么嘉绒人的神山与家屋必然由其"神圣的历史"来彰显和规定意义，并由此作为意义的原点对其社会结构的历史生成做出一种最初的说明。而对于嘉绒藏人社会结构的历史生成之考察，我们应该回到当地关于神山和家屋的神话传说中去。恰如伊利亚德所言："这种把有意义的神话在整体上聚集在一起而形成原始而神圣的历史，以它同样的论证方式解释了世界、人类和社会的存在，而成为最根本的东西。而这恰恰构成神话一度被看做'真实历史'的理由：它叙述了事物的产生和存在，提供了例证的模式，还论证了人类之所以如此言行的根据"（伊利亚德，2006）。也就是说，神话作为一种神圣的历史，它给予了历史以实在的终极意义和例证模式，从而对历史过程和生活本身给予一种意义和价值的规定。

在嘉绒地区，《格东特青》作为一个广泛流传的王权神话传说以"陆呷"（嘉绒藏戏）的形式，在每年的"嘉绒新年"（农历十一月十三）上演。① 相传，嘉绒藏戏《格东特青》的首演是在藏历土狗年（758）为庆祝"然旦甲蕃"② 建成嘉岭青王宫和雍忠拉顶寺的庆典上，其剧本由苯教法师顿巴朗卡撰写（白湾·华尔登，1993）。也有学者考证此剧为 17 世纪出生于嘉绒巴底的宁玛教活佛桑吉领巴所撰写，即《巡礼朝圣墨尔多神山功德》与《墨尔多山神焚香祭祀》等文的作者（赞拉·阿旺措成、张绵英，1994）。到底是谁，在何时编导了《格东特青》虽有争议，但该剧的原型一致被认为来自嘉绒地区民间故事《阿米格东》（也称《猎人降地魔》）（拉尔吾加、张军涛，1993）。这个神话传说的版本颇多，但其大体情节可总结为：

> 一对老夫妇年近六十未能得子，一日老妇在山上抱得一个白色大卵（白石）回家，卵内蹿出一个男孩，老夫妇便收养了他，并用他们各自名字的首音为其取名"格东"。老两口虽很喜爱格东，但他饭量超大且见风就长，出生三日后父母不得已将其送到深山老林中"放生"。又过三天母亲前去探望，发现格东并没有饿死荒野或被野兽所害，反而已经长成为一个强壮青年。靠打猎为生的格东给母亲大量的猎物让她背回家与父亲同享。这件怪异的事情被族人发现后，族人因害怕能力异常的格东会吃空大家的粮食，将其驱赶流放至后山。三年后，嘉绒地区有一群黑妖兴乱，它们不仅毁坏庄稼，还吞噬百姓，正当人们无计可施时，格东从山上下来，用一块白石击退这些黑妖，将他们赶到河中去了。为感谢猎人格东挺身而出降伏妖魔拯救百姓的行为，四处赶来的农人们将格东抬到村中，愿意服从拥戴他为首领。然而格东却担心自己过大的饭量，不愿留下。这时，一位巫师作法将格东的饭量降为常人水平，格东便得以

---

① 在嘉绒地区上演《格东特青》戏剧来纪念阿米格东这位英雄的节日也被称为"代汝"（节日）[张学风（博洛·措斯曼）、俄玛塔、格尔玛，2011]。
② "然旦"为金川土司之房名称号，"甲蕃"为王的意思。

留在部落中娶妻生子建立了自己的家庭，并带着他同样具有异常本领的儿子四处降魔，为嘉绒地区带来幸福。格东和他的儿子成为嘉绒人的英雄，也有人称他们为王。从此每一年格东都要带着他的儿子和军队巡视嘉绒各地，消灭各种鬼怪，他游走战斗的各个山岭则成为当地的大山神，是英雄、祖先和王的灵魂所在。

基于这个故事而改编的戏剧《格东特青》，在演出时人们除了要戴上各种角色的傩面外，还要在舞台上挂出墨尔多神山的唐卡或墨尔多神山的山水画。而在传说中格东行军经过的地方，人们则根据他到来的时间在秋季（十月十三或十一月十三）或春季（三月十三）举行"代汝节"来纪念格东，并尊称格东为"阿米格东"。在嘉绒语中，"阿米"有祖辈、祖父之意。在节日期间，人们要用白色颜料重新粉刷家屋的外墙，绘上各种吉祥的图案，此时人们还要跳锅庄以示庆祝，其中最后的歌词为："胜利了，阿米胜利了；感谢啊，感谢格东啊；胜利了，白色的人类胜利了；消灭了，黑色的妖魔消灭了"〔张学风（博洛·措斯曼）、俄玛塔、格尔玛，2011〕。无论是演给王公贵族看的戏剧《格东特青》，还是流传于民间的传说《阿米格东》，都可被视为嘉绒地区的一个"神圣的历史"。戏剧与传说作为一种"永恒回归的神话"，如伊利亚德所言，是一个需要"反复的原型"，从而完成"创世的周期回归"、成就"时间的年度再生"（耶律亚德，2000）。因而，这个神话传说每年都通过戏剧表演与节日仪式重演一次，以表示回归到"历史之初"。

解读这个神话传说中蕴含的隐秘而深层的观念意识结构，能让我们一窥嘉绒社会关于宇宙、山川、王统、家庭、社会等基本观念的意义指向。在这里，白与黑的争斗，象征着充斥于整个宇宙中的正义光明与邪恶黑暗的冲突；卵生和胎生的对比，隐喻了异常超能和正常秩序间的张力；游走山上的放逐生活和定居山下的家庭生活之比照，则反映了嘉绒人的两种基本的社会分类，即"无根根"（无房）和"有根根"（有房）。基于类似的结构对立，这个神话传说开始深刻起来。当然要清晰地解读这个神话传说，我们应先辨析其中一些关键象征符号的社会文化意义，通过分析整个神话的"浅层隐喻"（感官性的象征），从而看到其具有强烈引导性的"深层隐喻"（即规定社会秩序的关系实质）。

如果说，英雄格东的经历是嘉绒人王权模式的一个典型例证的话，我们首先要注意的一组事实是：格东是从山中被捡回来的一个"白色大卵"（白石）所生，他第一次进入人间家庭时却因为"饭量超大"被重新放回山中，并因为能力超群被不断地驱逐，成为一个"无根根"的猎人游走于旷野大山之中。在浅层隐喻中，白色、山岳、卵生、消耗过大与能力超群，以及"无根根"等这些象征意象都在指出，"王"是作为社会的一个结构上对反的"他者"而出现的，因此神话的一开始格东被排斥在社会之外，于山中游走。接下来，王权与社会这两者之间的张力在灾难与战争中被整合。在危急时刻，格东从山上下来用"白石"（正义的武器）击败"黑妖"，使其被社会重新接纳，并有了从山上的"猎人"转变为河谷中的"王"之机会。不过，格东因为无法控制他的超能力可能对社会造成的伤害，所以在山下河谷中的农人接纳和拥戴他为王之时，是将他抬在肩上，使其与土地隔绝。这时出现的一个关键情节是：巫师通过宗教法力消除了猎人格东原有的危险性，并且社会通过让格东娶妻生子让其获得"根根"。通过这一"社会化"过程，"王"得以诞生，王权也获得了其社会中的地位与意义。

在这个神话传说的深层隐喻中，发生在格东身上的这一身份转变表明了王权的建立在嘉绒社会中的典范意义。对于社会而言，一方面"原初整体性"的王权带来的是一种潜在性的结构断裂之可能。因为"卵生"的格东否定了社会中以亲属制度为基础（胎生）的生育。虽然在第一次进入社会时，通过收养他的家庭格东得到了父系和母系并重的"命名"，但他其后在山中游走的生活则是对整个社会制度（家屋）的再次否定。此外，在灾难与战争开始之前，世界是整体未分割的，社会则是平权无等级的。而格东在用白石击败黑妖的战争中重建的世界秩序无疑是有等级性的，这一秩序既是社会的也是宇宙的，即"白—黄—黑"的等级与"天（山）—地—水"的三界。如此，作为王权的开创者，格东既是社会的拯救者，也是一个潜在的对立面，其具有一种无法控制的吞噬社会的力量。所以社会也通过对格东超常消耗力的担忧和排斥，表示了对"原初整体性"王权本身的一种否定。而社会与王权之间存在的这种深刻的排斥关系，则体现为山岳与土地在神话浅层隐喻中的对立。另一方面，"被社会分解"的王权则表现了，社会再次接纳"王"的最初时刻存在着一系列试图延续结构的努力。巫师作法与娶妻生子这两件事，表明了王的"原初整体性"在被社会分解的过程中，宗教与家庭所发挥的关键作用，前者表明了在土地之上形成的"教权"对从山（天）上下来的"王权"具有的一种吸纳灵力，这样在建立王权的过程中，"教权"在社会中的地位得到了延续；后者则体现了婚姻与亲属关系这样的社会制度对于王权的"他性"具有一种转化能力，也就是说曾经作为"卵生"的王权必须通过婚姻，在亲属关系（胎生）中得到延续。经过巫师与女人的分化之后，大山上的猎人最终被土地上的百姓所接纳和拥戴为"王"，而王权则为社会塑造了秩序并带来了幸福。此时，在神话的浅层隐喻中，山岳与土地也相互嵌套在了一起（见图 2）。

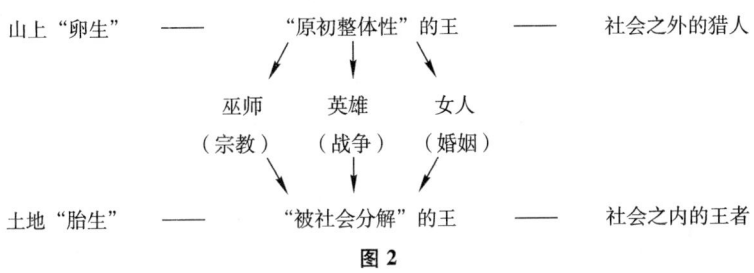

图 2

山岳与土地的结合，也是王权与社会的结合。这样一个具有典范意义的结合赋予了嘉绒人社会生活以一种神圣的存在感，所以需要以节日的形式在年度周期中不断地重复。而在节日中用白色颜料来重新粉刷家屋，这是让家屋重新回到其原初起点的状态——神山的白石，如此家屋与神山本身也成为表现这一神圣结合的显圣物，而作为山上下来的英雄神王，阿米格东也成为家屋的保护神。如果说家屋和神山是山岳与土地神圣结合的象征性产物，那么房名与山神则是王权与社会神圣结合的制度性后果。因此，通过《阿米格东》这一神话传说，作为嘉绒人"社会组织的中心"的房名制度与作为嘉绒人"文化观念的核心"的神山信仰，均获得了其意义的原型和典范的历史。当嘉绒的王族们观看戏剧《格东特青》时，当嘉绒的百姓们流传神话《阿米格东》时，嘉绒"甲蕃"（王）的命运也在这个神话故事中被开启，历史由此延展开来……

四　法轮的转动：社会结构的动态生成

猎人、巫师、女人在《阿米格东》这一神话传说的浅层隐喻中，指向的是神山（天）、土地和家屋的关系，而在其深层隐喻中则指向的是嘉绒社会中的王权、教权与房名制度之结构。这种结构关系也成为嘉绒各个王系在对自身来源的交代中，要极力论证和总结的"历史"。如在雍忠苯教经典金川版《八品般若经》中，对金川"然旦"王系所谓的"历史来源"之记载，就是在这样的结构关系中制造出来的。在这个"历史"记载中，有几个"核心情景"（key scenarios）①，其发展序列是理解嘉绒地区王权产生模式的关键：

（1）嘉绒然旦王系是由象雄威尔王系衍生出来的；（2）带着白光的王从天上降到墨尔多神山之巅；（3）王在思嘉天母的神湖得到天母的指引来到他的臣民面前；（4）王受到当地居民的顶礼膜拜，却被当地的苯教法师故意盘问其身份；（5）自称"天神之子"的王接受了苯教法师的洗礼，并被其命名为"南卡甲蕃"（天王）；（6）在苯教法师的指引下，王娶妻生子，并在其辅政下完成各种功业，嘉绒地区的然旦王系也由此开启；（7）王成为苯教施主的首领，从此嘉绒地区政教兴隆。

《八品般若经》将然旦王族视为嘉绒王系之源，是因为自称"南卡甲蕃"的金川土司正是刻印这本经典的施主，而且这部经典的印经版就收藏供奉于金川土司然旦王族修建的雍忠拉顶寺中（赞拉·阿旺措成、夏瓦·同美，2008：43~44）。将此作为特定的历史场景来看这个所谓的历史记载，可注意到这七个核心情景其实主要交代了两件事：一为王的天子来历和得到苯教法师的认可是嘉绒王权的产生基础，二为王得到苯

---

① 所谓"核心情景"，是指在特定文化中被预先组织起来的行为图式，它是为标准的社会互动之形成与运作所设定的象征程序，也是为实施文化上的典型关系与情境而组织的图式（Ortner, 1990）。

教法师的辅政并在人间娶妻生子则是嘉绒王权延续的根本。而这最终带来了一个历史的后果就是，王与巫最终都具有同样的"根根"，来自于同一个房名家族中。如当地另一本历史书《王朝宝珠链》就详述了该王系的每一位"甲蕃"（王）都有一个护身"辛波"（苯教法师）为其国师来辅政，并在一起共同修宫殿建寺庙的过程（白湾·华尔登，2009：26）。所以，历史上嘉绒地区的苯教寺庙大多原为土司或头人的家庙。虽然苯教寺庙中的最高领袖也称"活佛"，并也有转世之说，却多按血缘世袭相承，且常将活佛、寺主、祭司、头人多种身份集于一身。值得注意的是，苯教寺庙与当地社区之间不是佛教的供养施舍关系，而是一种认捐纳贡的关系，当地一些势力较大的家族可借围绕一个苯教寺庙设立分庙或脚庙的方式，来掌控一个地区的信仰祭祀与财政。因此，苯教寺庙惯行的是血缘脉系传承制度，寺庙的教主常为土司头人家族的成员，甚至就是土司本人。

在嘉绒地区，土司兼有地方的政治首领与宗教领袖之双重身份是非常普遍的现象，如在所谓"嘉绒十八土司"中，有13个在中央王朝最初授封时与宗教有直接或间接关系（邹立波，2010）。甚至可以说，在被中央政府册封为土司之前，这些所谓的"甲蕃"（王）其身份就是"辛波"（苯教法师）。如嘉绒地区最著名的"甲蕃"之一，小金川土司在最初获得中央王朝的土司封号时，其实际的册封名号为"演化禅师"。此称号首见于《明实录》，正统十三年（1448），"金川演化禅师雍仲监坚桀遣番僧……贡铁甲、氆氇、佛像等物。赐钞锭、采币有差"（《西藏研究》编辑部，1982a：499）。顾炎武的《天下郡国利病书》则记载："永乐初，黄毛鞑犯界，金川僧招麻刺防御有功，事闻，赐号演化禅师，及敕命、银印，俾其徒世受焉。"《清史稿》亦载："川之南有金川者，本明金川寺演化禅师哈伊拉木之后，分为大小金川。顺治七年，小金川卜而吉细归城，授原职。……康熙五年，其酋嘉纳巴复来归，给演化禅师印"（赵尔巽、柯劭忞等，1977）。可见，嘉绒地区的大多数土司是得到了中央王朝册封名号的"辛波"，并由此转变成为当地的"甲蕃"。如按金川促侵然旦王族的藏文《家谱》所记：其四十七世祖哈伊拉木原为苯教大师，是雍忠拉顶寺的大喇嘛，在明初被封为"演化禅师"，统领嘉绒地区政教。由此雍忠拉顶寺及其寺主家族促侵然旦成为整个嘉绒地区号令群雄的政教中心，在当地获得"成王之势"。

从嘉绒地区广为流传的关于土司来源的"卵生甲蕃"神话来看①，王、巫师和女人三者隐喻的结构关系是理解嘉绒人的王权观与政治制度的关键。不同版本的"卵生甲蕃"神话传说（马长寿，2003；西南民族大学西南民族研究院，2008）的大致情节为："远古之世，天下有民而无王，天上降一虹，虹出一星射于嘉绒，其地有一女感而有孕，生黄、黑、白三卵于琼部山上，僧巫取置庙内，诵经供养。后三卵产三子，长大分至嘉绒上中下部各地为甲蕃（王）。"此则神话除交代王之始祖系"卵生"之主题外，也还明确了巫对于卵生的王之"孵化"作用这一深层主题。只是这则神话中的女人所扮演的角色不再是妻子，而是母亲，但这也为卵生的甲蕃（王）与胎生的辛波（巫）最终合流，提供了基础。所以嘉绒的王族在现实的统治中，常采用兄任甲蕃（土司）弟为朗宋（教主）的方法。

从历史记载再回到神话传说之中，可以看到嘉绒社会中的王权、教权与房名制度之结构关系是动态生成的。第一，"卵生"的猎人与"胎生"的巫师和女人之间构成了一种结构上的对立；第二，在巫师与女人的帮助之下，猎人转变为"王"；第三，通过巫师的法力，王与女人结合在了一起（家屋）；第四，因为有了女人的生育，王和巫师成为了同一个"根根"（房名）；第五，在王和巫的共同努力之下，家屋的房名得到延续和扩展；第六，在完成了上述步骤之后，王权在嘉绒各地建立起来（见图3）。

基于这样一种动态生成的社会结构，嘉绒地区的各个"甲蕃"获得了一种历史的行动框架与价值体系。当他们置身于一个更大的历史空间场景时，其命运之法轮则开始了转动。

五　两金川之乱：山神之名与房名之号

如果说，明朝以"演化禅师"（金川）、"崇教拥善国师"（瓦寺）、

---

① 关于此则神话载嘉绒地区的流传范围和产生影响之分析参见曾穷石（2004a）的《"大鹏鸟卵生"神话：嘉绒藏族的历史记忆》。

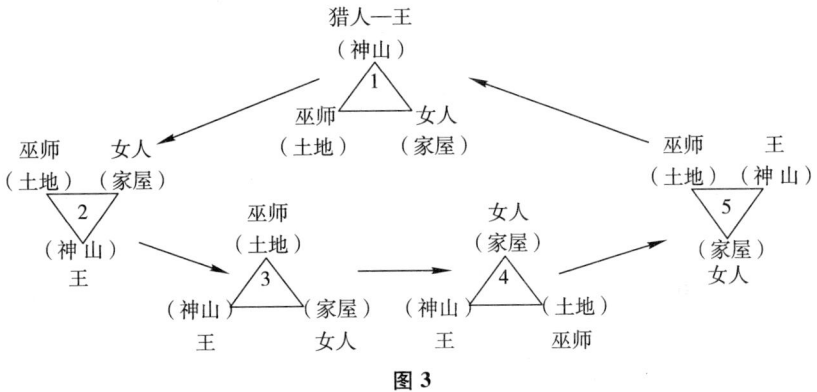

图3

"静慈妙智国师"（沃日）、"都纲司"（巴底）等这样一些具有强烈宗教色彩的封号来授予嘉绒甲蕃，可视为对他们命运之轮的开启的话，那么，清朝出于政教分离的原则，不再以宗教封号授职，转而以"安抚司""宣抚司"等封号册命嘉绒甲蕃之措施（邹立波，2010），则开始了嘉绒甲蕃们命运之轮的一次关键性的转动。因为在嘉绒人的王权体系和社会结构中，当巫师的价值被弱化的同时，英雄的功能则会被强化。由此，作为嘉绒地区最大的神山——墨尔多山神也强化了其战神的形象，其本尊常以一个脸色黑青、面目威严、骑青色神骡、身披铠甲的武士形象，显灵于中国各地的战场，如抗击廓尔喀入侵西藏的沙场上、抵抗英军侵扰东海的上空中。这些显灵传说印证了嘉绒各个土司受中央王朝之调遣，屡次西征东讨的历史。①

在战争中获得各种功绩与褒奖，不仅是嘉绒甲蕃们扩展其家屋房名的一个手段，也是他们的神山获得名望的一个途径。墨尔多山神的名号前面常冠有"斯巴嘉尔"之前缀，据考证"斯巴"有世间、生、存在等意，"嘉尔"则有大、神、王等意（格勒，1988：455）。这些称号显现的其实是嘉绒地区的一种荣耀与辉煌。在传说中，墨尔多山神显灵的这些战争其实没有一场是关于嘉绒人拓土扩疆的，均是一些帮助西藏地方政府或清朝皇帝进行的征伐。但正是这些看似与嘉绒的甲蕃们利益无关的战争，促成了墨尔多山崛起为"山神之首"。正由于嘉绒人在历次

---

① 关于清代嘉绒各个土司受中央王朝调遣四处征战的历史，见雀丹（1995）《嘉绒藏族史志》。

征战中勇猛非凡的表现，墨尔多山神也渐渐从一个地域保护神转变为一个显赫四方的大山神，并在整个藏区获得了极高的威望。今天，嘉绒人的一个神话传说讲述了墨尔多山神"一举成名"的过程：

在喜马拉雅山神的主持和发起下，藏区各大山神举行了一次群神大会，以讲经说法、比试武艺的方式来定座次。从东方赶来的墨尔多山神由于迟到，没找到合适的座位，便擅自坐到了为最后夺魁的山神准备的首座之上，于是引起众神的不满，然而经过七七四十九天的讲经答辩与九九八十一天的武功比试，墨尔多山神最终将群神一个个击败，众神也不得不服，只好让他坐首席为头。从这次比武夺魁后，墨尔多四周的山神也都臣服于墨尔多山神，受其册封，为其保驾。

这一传说表现了嘉绒人的自信。故事中，他们的山神在智慧与武艺方面都压倒群神，甚至超过喜马拉雅山和冈底斯山的山神，成为藏区"山神之首"。在广阔的民族关系史之背景下我们完全可以将之视为一个关于嘉绒"中心史"的叙述。因为正是在墨尔多山神的护佑显灵下，嘉绒人成功完成了各种征战并保证了藏区和清朝的安宁。所以嘉绒人为自己的墨尔多山神增添"斯巴"（世间、生、存在等）与"嘉尔"（大、神、王等）这样的前缀是有历史依据的，这座山已经关系到天下的太平和世间的福泽了。

然而，随着墨尔多山神战神地位的强化，地方王权和中央皇权之间的矛盾也被激化，随之而来的是清乾隆年间的两次持久且消耗巨大的"金川之战"。对于嘉绒地区各个甲蕃而言，对其命运影响至深的历史事件当属"两金川之乱"。而在清乾隆皇帝的"十大武功"中，两次大小金川之役是耗时最久、耗资最巨、损失最多的战争，常被后人诟病为一场"得不偿失"的战争。今天看来，两金川之乱与大小金川之役的起因怪诞、发展曲折，各个当事人也是行事乖张，常让人无法理解这场战争为何会演变为一个对中国历史颇有影响的事变。

乾隆十二年（1747）第一次金川之役事起，时大金川土司莎罗奔侵袭小金川土司之地，夺小金川土司泽旺的印信。此两土司均同属然旦王系，立于雍正元年（1723）。当时雍忠拉顶寺的寺主莎罗奔因随大将军岳钟琪从征廓尔喀有功被授封为"金川安抚司"，自立为促侵（滨河大川）土司；而然旦王系原在康熙五年（1666）被重授的"演化禅师"封号则由其弟泽旺承继，称为赞拉（天子山神）土司（小金川土司）。这一家族纷经四川巡抚纪山调解平息下来，莎罗奔释放了泽旺，并归还印信，两土司重结兄弟之好。但到了第二年，金川土司又攻革什咱及明正土司辖地，纪山领兵前往弹压，反为所败，遂命征苗有功的云贵总督张广泗统兵 3 万进剿金川，此为清廷一征金川之始。战争之初，小金川土司泽旺及土舍良尔吉佯服清军，暗中向金川土司莎罗奔泄露军情，致使清军大败，总兵任举战死。战事失利后，乾隆怒斩张广泗，并赐讷亲死，改派岳钟琪和大学士傅恒分兵合击进剿金川。乾隆十四年（1749）清军直攻金川土司心脏勒乌围，致使莎罗奔被迫投降，耗时 3 年的一征金川终告结束。此战，清政府调动七省兵力 8 万余人，耗银1000 万两，几乎是倾全国的力量与金川一隅抗争，但最后不过得一所谓的"受降"名声而已，就连乾隆皇帝自己也承认"上年劳师动众，实为不值"（《西藏研究》编辑部，1982b：2763）。对于这场"实为不值"的战争之善后工作，清政府更是不得要领。嘉绒地区的这些土司为何偏偏会在"十全老人"乾隆皇帝在位时给正处盛世的天朝带来如此大的困扰和麻烦，对于这个问题的理解，清政府负责善后的策楞、岳钟琪等人认定，嘉绒的土司历来不安分守己，彼此争斗不已，互相掠夺兼并，特别是金川土司，最为桀骜不驯，不断侵占邻近土司领地，所以要劝谕邻近各土司和好，联络声气，欲以合纵之计弭衅。策楞、岳钟琪传集晓谕杂谷、革什咱、沃日、小金川四土司，让他们顶经发誓，和平相处，还将沃日女土司泽尔吉与小金川土司泽旺结为夫妻，以加强联合，而对于挑起事端的金川土司基本没有实施任何实质性打击（李涛，1993）。那么为何嘉绒的土司们在纷纷归附清政府获得各种封号后，他们之间的冲突还如此的频繁，不仅牵及朝廷在其中调停周旋，甚至还要大费周章的兴兵动武？这除了与清政府采用"多封众建"以使嘉绒各部"互为钳制"的国家政策有关外，还与嘉绒土司的"家事"相关。也就是说，这些战争具有一种内部动力和本土逻辑。

　　以一种内部视角来理解"两金川之乱"，我们首先要看到嘉绒人的房名制度与地方政治之间的关系。嘉绒人的房名制度作为一种总体性的社会制度，也使得在嘉绒社会中围绕着房名世系而起的争端常演变为一场总体性的战争。大致而言，嘉绒人的这种总体性战争可分为两类：一为房名世系之间的势力竞争，二为房名世系内部的承继之争，有时二者合一就演变为一场地方混战。当然，嘉绒人之间真正总体性的战争是围绕着土司或头人的房名来展开的，这是因为土司或头人的房名具有真正的总体性，它不仅指涉自己的家族团体，还包括其管辖的土地及土地之上的一切，所以任何一种微小的侵犯，都可被视为对土司及其所领人民的总体侵犯。因为，房名制度是一个等级涵盖的结构体系，高等级的房名总体地代表了其属地上所有房名的一切社会关系、权利和义务、负担和麻烦，这使得嘉绒社会呈现出很强的等级性，更使得土司头人的房名具有一种总体性。这种制度也深刻影响着当地社会纠纷的产生与解决。其次要注意的是，房名的扩张也成为土司之间争斗不息的一种社会动力。生活在高山河谷地带的嘉绒人，为适应当地生计资源垂直分布且总体匮乏的自然条件，其经济生产充分体现了多种资源交互利用以减少生活风险的原则。所以在一个沟域内，垂直分布的高山林业、草场牧业、半山台地和沟口谷地的农业，以及到沟外去从事搬运业或抢劫等活动共同构筑了嘉绒人多元的经济生活。而生计方式的多样性与生计资源的总体匮乏，导致了一种等级性的竞争与共享关系，并产生出与这些关系相对应的社会单位。这样，平民房名、头人房名、贵族房名成为人们在不同场景中确认这种关系的单位。如平民房名代表了对一块位于村寨周围的田地耕种经营的权利与义务，而一个头人房名则不仅包含了其所统领的所有平民房名之一切权利与义务，更涉及他及其属民经营使用村寨周围的草场与林地的权利与义务，如此层层向上，土司房名就包含了所辖地域之上各房名的一切权利与义务，特别是守护领地边缘的草场和林地的义务。虽然这些地方可能并无多大的经济价值，但却常因边界不明或归属难辨引起纠纷，一旦这些边远的林地和草场受他人侵犯，就意味着该地域之上的土司房名受到侵犯，并连带着侵犯了其所辖地域之上的所有房名。如此只要土司或头人振臂一呼，每户房名均会派出一位全副武装的壮丁去讨伐侵犯者，这就是一场总体性的战争。有时这样一场兴师动众的战争之起因可能只是几头走失的牛，或几个流窜生事的平民。但如果获得一场总体性战争的胜利，哪怕只是抢到了几头牦牛、房了几个奴隶或占了一小片林地草场，获胜的土司房名都会因此而得到总体性的扩大，这即为嘉绒人战争的一种文化逻辑与社会动因。所以，一些好战逞强的土司总是乐此不疲地制造事端发动这样的战争，以扩张其房名的社会总体性的影响范围。

如果说战争的胜利能为一个土司房名带来更多的属民，那么联姻的成功则可为一个土司房名带来更多的盟友。由于实行广泛的血亲联姻与严格的等级内婚制，嘉绒各土司房名之间的联姻关系可谓盘根错节，因此土司之间的联姻可视为窥探嘉绒本土政治学的一个路径。[①] 但必须注意的是，嘉绒社会的联姻原则隶属于房名制度的文化逻辑，所以如要真正基于当地的观念来理解嘉绒土司的联姻关系与动机，最好的视角是将这些联姻动机放置在房名承继的关系中来考察。即使是亲密的两兄弟，当婚后各自隶属于不同的房名时，就已经站在不同的立场上来代表着不同的利益。因此，在嘉绒本土的政治逻辑中，"血浓于水"之情结与"同一屋檐"之忠贞是必须平衡的一个矛盾，而让自己的屋檐容下更多的盟友、让他人的屋檐下流淌自己的血脉则是土司联姻的深刻动机。这里面上演的故事，既有联盟也有背叛，既有承继也有篡夺。嘉绒土司之间交错的联姻关系与频繁的战争冲突，常让人们误解为这是一群血脉相连的亲戚为了一些蝇头小利或地位承继而进行的明争暗斗。但在当地观念中，这些联姻与战争实乃各世系悠久的房名为维护和扩大自己总体性的代表能力而进行的一场场殊死较量。

在"一征金川"之后，善后的四川总督策楞、提督岳钟琪对嘉绒各土司之间争斗不已的原因未能有深入的洞察，反而先灭了嘉绒北部唯一能抗衡金川土司的杂谷土司，将其分为梭磨、卓克基、松冈、党坝四个互不统属的弱小土司。杂谷一灭，稍能钳制金川土司的只有绰斯甲土司和小金川土司，而策楞和岳钟琪却又不度时势地促成了大金土司与这两个土司的联姻关系。如此，原本就属同一房名的大小金川土司合为一

① 嘉绒土司之间联姻关系的相关研究见马长寿《嘉绒民族社会史》（2003）、林耀华《川康北界的嘉戎土司》（2000）、曾穷石《清代嘉绒地区土司的婚姻初探》（2004b）等文。

力，又有绰斯甲暗中相助，清政府苦心营造的"合纵之计弭衅"之局面尽失（李涛，1993）。这时，小金川土司泽旺一面倚仗大金川土司之军事势力，一面以策楞、岳钟琪所促成的其与沃日女土司泽尔吉的联姻关系，来逐步侵吞沃日土司之地。如此一来，一场土司间的纷争不可避免地爆发了。乾隆二十九年（1764），因财产纠纷和婚姻不和等家庭矛盾而交恶日久的沃日（鄂克什）土司与赞拉（小金川）土司各自以苯教法咒诵经互斗作法相害。两土司家族皆为苯教大师世家，双方难分雌雄，斗法愈演愈烈，最后沃日土司亲自出阵，扎成两草人作赞拉土司父子之像用弓箭穿射，并公开念大经下毒咒，向民众扬言要咒死二人，还要让赞拉土司家绝根断苗（雀丹，1995：124）。这样公开的施行黑苯法术，无疑是在向对方宣战。事有凑巧，赞拉土司泽旺的三代单传之孙恰在沃日土司公开施法下咒后夭折。气急败坏的赞拉土司发起疯狂的报复，出兵攻打沃日，一路夺寨占地，企图灭沃日土司全族。乾隆三十五年（1770）清政府见赞拉土司及其宗亲促侵土司日益势大，恐其二者勾结雄踞一方难以治理，故以调解土司纠纷之名，出兵弹压，引起"第二次金川之役"。此战历时6年，清政府耗银7000余万两，先后出动20余万兵力，包括大学士温福在内的732名文武官员和25000余名士兵阵亡，乾隆在其"御制平定金川勒铭勒乌围碑"上言："我朝用兵从无此挫败者。"嘉绒各部全都卷入此战，大小金川地区的嘉绒人幸免于此战的仅万余人，不足1/10，而赞拉与促侵两土司所属的世系悠长、威震一方的然旦王族被"毁房灭族"，全部覆灭。

尽管嘉绒所有的土司都存在着密切的联姻关系，然而在导致促侵与赞拉两土司覆灭的第二次大小金川之役中，他们均站在了朝廷的一方跟随官军围剿大小金川，就连与大小金川土司关系紧密的绰斯甲土司也在积极地帮助官兵攻打他的这两个女婿和外甥，并在金川被攻克之前将其嫁给促侵土司的女儿接回家。这样的抉择也全非这些土司慑于朝廷之威而"亲者不敢引为亲，族者不敢系为族"的权宜之计，而是一个符合他们扩展自己房名总体性的必然选择。金川之战后，从征有功的土司多被加封，特别是巴旺从原未授封的土舍一跃为朝廷授封的土司，获"宣慰司"（从三品）印信号纸。可以说，经历了金川之役后的嘉绒土司们都明白了，效忠皇权、立功受赏是他们的房名获得总体性扩展的最好方式。此后百年，嘉绒番兵在其土司的率领下活跃于中国的各大战场上，如在第一次鸦片战争中抗英，在太平天国战争中"灭匪"，在尼泊尔和台湾、贵州、湖南、广东、浙江等地均有他们征战的身影。而嘉绒人的墨尔多山神，也逐渐以其战神的形象显现于世间，并在 19 世纪的中国各大战场显灵。如果说，战争与联姻是嘉绒土司拓展其房名总体性的策略的话，那么在金川之役结束之后的百年时间里，嘉绒土司的战争越来越与中国的近代命运发生紧密的关系。这些战争的性质在现代历史的书写中各有不同，有的是镇压农民起义的非正义战争，有的是维护祖国统一的正义战争，有的是反抗西方殖民入侵的民族战争。但在嘉绒的甲蕃们看来，它们都具有同一个性质，即拓展房名总体性与增添房名荣耀的战争。

六　历史的总结：神山之志与家屋之实

嘉绒地区的两金川之乱可以说是一场前"民族—国家"时代的"世界大战"，当时清政府调动了半个天下的军队，从云贵川的夷兵，到甘鄂湘的汉营，再到东北吉林和索伦的满蒙兵马，还有西洋人的炮队，以及嘉绒当地各土司率领的土兵，全都集中在大小金川的河谷山岭中相互厮杀，而且远在承德的格鲁派国师章嘉活佛也多次设坛与金川苯波教的辛波们斗法相咒。[①] 在嘉绒人看来，这场起因于土地和联姻纠纷，发端于土司斗法与互攻，结束于朝廷大军弹压的两次金川之役，从一开始就是嘉绒人的一场"总体"的战争，只是这场战争的总体性过于极致，夹杂着太多复杂的关系，如嘉绒土司之间亲属关系的结构冲突、中央与地方的政治误会、西藏与绒区的教派冲突等矛盾，以致大小金川地区再无可能引发一场与此类似的总体战争，史载"大小金川两百年内太平无事"（西南民族大学西南民族研究院，2008：53）。

两金川之乱不仅导致了促侵然旦王族的覆灭，也导致了清政府对当地苯教的清剿。由于雍忠拉顶寺与促侵然旦一族的亲密关系，并且在两

---

① 关于章嘉活佛施法咒大小金川之事，见土观·洛桑却吉尼玛《章嘉国师乳必多杰传》（1984：335～337）。

金川之乱中其大喇嘛多次施法助大小金川土司抗清，因此雍忠拉顶寺在战后受到严厉打击，其堪布大喇嘛五人被押解至京处死，其庙宇也被阿桂等人拆运至北京，择地照式建盖，以纪武成盛绩。因两金川之乱中苯教喇嘛传授咒语，暗地诅咒官兵，乾隆皇帝斥其为"本布尔邪教"，决定禁绝。最终在清政府"兴黄灭苯"的政策下，嘉绒地区最大的苯教寺院雍忠拉顶寺被改为格鲁派寺院，更名为"广法寺"，乾隆还亲书"政教恒宣"四字匾额悬挂于大殿之中（李涛，1993）。由广法寺被列为清朝四大皇庙之一，直隶清政府管理，并被授权统领嘉绒十八土司政事和在当地广兴格鲁教。与之前苯教寺庙的大喇嘛为血缘世袭相承的方式不同，广法寺的堪布直接由清政府派遣，由北京雍和宫或拉萨色拉寺派来，任期一般为三年，任期满后或换或留均要上报四川总督具奏北京。之后，嘉绒其他地方的苯教寺庙也大多经历了被改为黄教寺院的命运，且这种转变充满了暴力。如马尔康寺原为"马尔康雍忠林"，意为"苯教恒固"，是嘉绒地区除雍忠拉顶寺外最大的苯教寺庙，但该寺在1885年最终被格鲁派组织的僧侣武装攻占，改名为"马尔康达尔基林"，意为"佛法永昌"。格鲁派寺院在嘉绒地区如此迅速地兴起，可视为"皇权"的渗入。通过"兴黄灭苯"，将苯教从嘉绒地方政治中剥离，并用格鲁教派取代之，这对嘉绒地方的王权体系与社会结构带来了深远的影响。

而嘉绒的神山也以一种独特的方式来"总结"历史上的种种变化。1911年辛亥革命推翻了中国2000多年的帝制，从此开启了一番"民族—国家"的实验。当年春天，一个自称为"持明祥邱多吉活佛"的法师在墨尔多神山主峰的一个秘密修行的岩洞中掘出了一部伏藏经典。《墨尔多神山志》提示，当这一伏藏典籍被后人掘出之时，嘉绒地区将出现这样的征兆：

　　　　届时无定的苯教虽然会兴盛，也会出现许多佛殿与碉堡相混杂，此时人们只知修习佛法。战争、饥馑、灾荒不时会爆发，一半的人口将因此而命归黄泉，白色的石雕会变色，世袭的王国会解体，每个村寨会出现一个头人，内战、毁誓、罪孽、诅咒犹如乌云翻滚。

这段话与其说是一个关于嘉绒地区的预言，还不如说是一个对当时社会情景的写照。伏藏现世之日，正是乱世到来之时，"白色的石雕会变色"意味着宗教神圣性被玷污，"世袭的王国会解体"暗示着土司的末世已经到来，而"每个村寨会出现一个头人"则指的是当地王权体系瓦解后的政治后果。如此，嘉绒之地充斥着内战、毁誓、罪孽、诅咒。虽然现实的政治无力挽回这一切，但是神圣的神山却开始重建嘉绒的历史。在此书中，再不见"嘉尔墨尔多山神"的叙述，墨尔多山被称为"东方嘉摩绒圣地墨尔多雍忠崩资神山"，成为莲花生大师"伏藏四地之一"。此一转变意味着墨尔多的战神形象被隐去，并凸显了神山作为一个神圣的家屋之意义。特别在该书"神山的形成"一章中交代了，这一神山体系的中央是墨尔多大神山，为主座执事；东方执事为占巴朗卡，即莲花生大师的父亲；南方执事为俄旦班玛，即莲花生大师和泽汪仁增的母亲；西方执事为莲花生大师；北方执事为泽汪仁增，即莲花生大师的兄弟。此外，莲花生大师的妻子空行母益西措杰也不断地在神山各处留有圣迹。这样的安排暗示着墨尔多神山本身就是一个家屋，里面居住着莲花生大师一家。

以"墨尔多雍忠崩资神山"替代"嘉尔墨尔多山神"，这意味着社会与王权关系的一种改变。此时，不再是由山上下来的"王"来创造、形塑河谷中的房名制度，而是河谷中的家屋给予了神山一个实在的意义。因此，《墨尔多神山志》为嘉绒的地方历史做出了这样一个总结："出家了"的山神不再是权力的起点，而成为"家屋"的神山则重新为嘉绒人的生活提供了一个更为广阔的空间及其神圣的意义。该神山志描绘了以墨尔多为主神山，四方分布的 8 条河流和 65 座大山峰的封称大神名号，及统率所辖数以百计的小神山上的圣景与圣迹，从而勾勒出墨尔多主峰坐北朝南、高耸入云，四周群山面向墨尔多而呈现的"千峰共捧，万山齐朝"的壮观景象。该神山志以"大自在天（东方护法神）圣众辉煌的佛国"来命名这个神山体系，并以"曼荼罗"（坛城）的方式来将这个世界之本质呈现出来。在这辉煌的佛国里："八条山沟犹如盛开的莲花、八条河流好似莲花的茎根，位于中心的莫尔多玉札崩资，酷似重叠堆积的如意珠宝；山顶峰峦叠嶂十三层，呈现着本尊白色虚空的本色。山顶四方各有一石像，东边似如来、北边似无量寿佛，西为莲花生、南边为无量光佛。"这就是世界的中心，为 121 座佛塔所环抱。其周围分布的 65 座神山，成为这个世界延展开来的部分，以东、南、西、北四个方位分为息、增、怀、诛四业圣地，每组圣地共 10 座神山。此外，在外围还有八大圣地位于墨尔多雍忠崩资的八面。《墨尔多神山志》对这个"一点四方八面"的世界有详尽描述，按空间、颜色、修行者、生肖年、山形特色等指标，我们可看到这样一个世界体系（见图 4）。

		福德圣地 北面	北方牧民居住	祥瑞山朗
白马岗圣地 尼乌纳佛莲花山	仁青活佛居住 **西北隅**	泽汪仁增 绿色 北方 龙蛇 象雄空行成道者	**东北隅**	日丁邦神山
西面骑驴佛尸山 夏日祖登圣地	莲花生大师 红色 **西方** 鸡兔 邬坚空行成道者	墨尔多神山	占巴朗卡 白色 **东方** 虎猴 汉地空行成道者	拂尘州 东面九边神山 罗刹国
扎日列吉旺青山 碧玉沟、水晶岩	**西南隅** 生长粮食财富的要地	俄旦班玛 蓝色 **南方** 牛羊 藏区持明成道者 南面三枯主神山 印度玛拉雅山	**东南隅** 世人谋求福祉的要地	克什米尔岩洞 雄日雍作

图 4

从图 4 可知，嘉绒的墨尔多神山作为一个世界中心，围绕着它的是汉、藏、印度、象雄等文明。如该神山志所言："在这不分边区腹地的世界上，特具加持力的圣地、寒林和雪山上，会集着象雄、大食（波斯，今之伊朗）和邬坚（古印度因陀罗菩提王国，莲花生大师的出生地，在今之阿富汗）、克什米尔、印度和尼泊尔、汉地和藏区等世上所有地区，三世诸佛和持明空行等部众。"由此，嘉绒这一边地因为有了一个被各种文明所包裹的墨尔多神山而成为了世界的中心，而这个中心其实是文明的缝隙。文明之间的那座山是中空的一个法座，《墨尔多神山志》中的这种意境显现了嘉绒社会在这个世界上的一种中间心态，而非中心状态。这个世界体系既是一种生活空间的拓展，包含着嘉绒人思考自身世界的经验与视野，也是一种文化接触中的"原型结构"之再生产，它将嘉绒人编织世界关系的基本结构经验化与历史化。如此，墨尔多神山作为整个嘉绒地区最为神圣的家屋，其房名"雍忠崩资"总体性地代表了这里的一切。最终在莲花生大师一家常驻的圣境中，人们生活的世界被重新展开。嘉绒地区的家屋社会也在墨尔多神山对这段乱世历史的拒绝中，获得了种种实在的特征。

余　论

如果说山岳与土地分别代表着两个世界，那么嘉绒藏人则是将他们生活世界的意义焦点置于更为自然化的山岳之上，而非更为人文化的土地之中。从中我们看到了，社会如何借用社会之外的力量来形塑自身的可能路径。在这里，山岳不仅是文化自我界定的他者，也是社会秩序生成的来源。因此山最终是不能被文明化的，而只能作为一个中空的法座，或作为各种文明交错的缝隙获得其永恒存在的价值，从而成为文明神圣性的源头，而非文明本身。

在神话传说中，从山上来的猎人在当地的巫师和女人之帮助下转化为这片土地上的王，这似乎是一个嘉绒版"陌生人—王"（stranger-kingship）的论述。但这里要注意的是，嘉绒人的王权神话中除了强调联姻关系是社会与他者产生联结的重要形式之外，还特别强调了宗教对"陌生人—王"的指导、约束和帮助的意义。所以这些神话所表达的主题是，接纳陌生人为王的关键乃宗教的感化作用，而非联姻关系和亲属制度。萨林斯在对"陌生人—王"的总体观察中过于强调了联姻的作用，即"通过婚姻的形式，人们的确涉入并管理了这些外在生命力量，并且在这些婚姻所生的孩子中，他们将外部世界吸收进自己的生命之中"。所以他认为："亲属制度、政治、宗教的基本形式是同一的，他们无非是关于'权力的他性'这一问题的同一结构性和语义学领域中不同的表现形式"（萨林斯，2009）。然而在嘉绒人这里，外来的"陌生人—王"是基于当地巫师所拥有的一种教化力量，才可能在当地娶到妻子，并且在经历了这一"社会化"过程之后，他才成为秩序的建立者和维护者。因此，王如果是一个文明的传播者的话，其在来到地方之时首先要被地方文化所"涵化"，否则他们将作为一种破坏性的力量被当地社会所否定和排斥。如此，嘉绒的神山创造了一种从"山上"来的文明形态，而这一本土的"文明观"则呈现了文明的一种外在社会的起源特征及其内化社会之动力机制。当其与那种将生活世界的意义焦点置于土地之中并强调文明的内在起源和外化机制的社会接触遭遇时，这种"文明观"的差异，也使得在不同的社会之间构建起一种等级关系。作为"超社会体系"的文明则能在这一等级关系的基础上，将各种社会人文类型关联在一起。通过神山信仰，嘉绒人与外来文明之间形成的这一等级性关联机制，正是卑藏彝走廊"的那种充满了"关系主阴"特征的"中间性"的重要表现（王铭铭，2008：148~191）。

将神话中的猎人、巫师和女人，及其对应的王权、宗教和亲属制度，进行一种社会科学的概念翻译，这个神话给出了嘉绒人生活世界中政治、文化与社会三者的意义原型与关系模式。恰如厮们续要神山，以及神山上下来的王建立和维系宇宙、社会的秩序一样，文化需要的是"他者"来赋予意义，社会也须将其神圣性投向外部的"陌生人"，这样神圣的王权政治出现了；同时，神俳上下来的王需要当地的巫师和女人的帮助才能建立神圣王权，这又表明政治本身需要置于文化与社会所规定的框架下才能发挥作用。而在特定的历史情景中，当王的政治与家屋的权利过于紧密结合之时，王也就成为社会的代表，在失去宗教对王的限制之后，王对世界扩张的欲望也将失控，最终嘉绒的政治、社会与文化都遭遇了类似"两金川之乱"那样的总体性危机。在这"乱世"之中超外来的巫师（莲花生大师及其家人）来到了神山之巅，一方面以家屋的形式来表明自己的社会化，另一方面则以宗教的价值重新对政治与社会进行神圣性的规定，从而构建新的文化价值，赋予生活崭新的意义。人们也借助宗教与文化重新发现了外在于政治与社会之上的超越性和神圣性，生活世界得以重生。

探讨神山与家屋在嘉绒人生活世界中的意义，不仅能帮助我们在一个动态生成着文化价值与社会结构的复杂历史场景中深入地把握嘉绒社会人文之特质，也能促使我们反思现代社会科学的种种困境局限与突破可能。而社会科学的一大困境，恰因为诸如"文化""社会""国家""文明"这些概念之间的关系没有得到深入的厘清，特别是"文化"这个概念还没有从"国家""社会"这样的权力体系弦解氛出来，因而使得我们的讨论无法真正地超越"政治权力"的视角来认识世界。"我们的努力是要重建一个文化、国家—社会—文明相互包含、相互约束的动态体系，构建一种更为均衡、宽容的社会科学，以同时保全文化、社会、个人与文明"（杨清媚，2011）。实际上，嘉绒人的神话与历史也在进行类似的努力。围绕着他们的神山和家屋，嘉绒人实践着一种强调政治、文化、社会互为前提又相互限制的社会理论，并为其生活世界的维系营造了"一个文化、国家—社会—文明相互包含、相互约束的动态体系"。这些就是嘉绒人的神话所要讲述的道理，所以这些神话既是一种赋予其生活世界永恒回归原型的"神圣历史"，也是一种"社会理论"，规定着政治、文化与社会之间结构关系的动态生成过程。

参考文献

中文

赵丙祥：《舆图虽尽天犹广：丽江雪山与木氏土司之盛衰史》，载赵丙祥《心有旁骛：历史人类学五论》，民族出版社，2008。

汤芸：《以山川为盟——黔中文化接触中的地景、传闻与历史感》，民族出版社，2008。

舒瑜：《微"盐"大义——云南诺邓盐业的历史人类学考察》，世界图书出版公司，2010。

翁乃群：《女源男流：从象征意义论川滇边境纳日文化中社会性别的结构体系》，《民族研究》1996 年第 4 期。

何翠萍：《人、家屋与阶序：从中国西南几个族群的例子谈起》，"云贵高原的亲属与经济"讨论会论文，2000。

张江华：《陇人的家屋及其意义》，载王铭铭主编《中国人类学评论》（第 3 辑），世界图书出版公司，2007。

陈默：《西藏农区的家屋空间及其意义——以西藏曲水县茶巴朗村社区调查为例》，《中国藏学》2009 年第 1 期。

王铭铭：《中间圈："藏彝走廊"与人类学的再构思》，社会科学文献出版社，2008。

白湾·华尔登：《嘉绒藏族历史明镜》，刘建、谢芝编译，四川民族出版社，2009。

马长寿：《嘉绒民族社会史》，载马长寿著、周伟洲编《马长寿民族学论集》，人民出版社，2003。

〔意〕图齐、〔西德〕海西希：《西藏和蒙古的宗教》，耿昇译、王尧校订，天津古籍出版社，1989。

〔罗〕米尔恰·伊利亚德：《神圣与世俗》，王建光译，华夏出版社，2002。

中国藏学研究中心等编著《藏北牧民》，中国藏学出版社，1993。

海德戈得、德康·索朗曲杰：《山神、祖先的姓氏及神圣的武器——评位于中尼边境上的宗教圣地及其社会特征》，《西藏研究》2003年第1期。

索端智：《藏族信仰崇拜中的山神体系及其地域社会象征——以热贡藏区的田野研究为例》，《思想战线》2006年第2期。

金迈、吴均译《格萨尔王传·霍岭之战》，青海人民出版社，1984。

〔美〕米尔恰·伊利亚德：《宗教思想史》，晏可佳等译，上海社会科学院出版社，2004。

谢继胜：《藏族的山神神话及其特征》，《西藏研究》1988年第4期。

王尧、陈践译注《敦煌本吐蕃历史文书》，民族出版社，1980。

雀丹：《嘉绒藏族史志》，民族出版社，1995。

林耀华：《从书斋到田野》，中央民族大学出版社，2000。

李锦：《土地制度与嘉绒藏族房名的获得——对四川省雅安市宝兴县硗碛藏族乡的田野调查》，《西南民族大学学报》（人文社科版）2010年第5期。

黄应贵主编《空间、力与社会》，台北，中研院民族学研究所，1995。

〔法〕克洛德·列维－斯特劳斯：《面具之道》，张祖建译，中国人民大学出版社，2008。

西南民族大学西南民族研究院编《川西北藏族羌族社会调查》，民族出版社，2008。

〔美〕阿吉兹：《藏边人家——关于三代定日人的真实记述》，翟胜德译，西藏人民出版社，1987。

格勒：《西藏家庭结构和功能变迁初探》，载格勒《格勒人类学、藏学论文集》，中国藏学出版社，2006。

郭建勋：《川西贵琼人碉房中的锅庄石及其象征意义》，《西南民族大学学报》（人文社科版）2010年第4期。

郭建勋：《锅庄石信仰、房名与藏区社会组织的变迁——以川西鱼通地区为例》，《青海民族研究》2011年第2期。

石硕：《隐藏的神性：藏彝走廊中的碉楼》，《民族研究》2008年第1期。

陈波：《作为世界想象的"高楼"》，《四川大学学报》（哲学社会科学版）2006年第1期。

〔美〕米尔恰·伊利亚德：《宇宙创生神话和"神圣的历史"》，载〔美〕阿兰·邓迪斯编《西方神话学读本》，朝戈金等译，广西师范大学出版社，2006。

张学风（博洛·措斯曼）、俄玛塔、格尔玛：《嘉绒藏族的阿米格东文化》，《西藏艺术研究》2011年第3期。

白湾·华尔登:《关于嘉绒藏戏的几个问题》,仁增泽让译,载《四川省嘉绒地区藏戏问题研讨会资料汇编》(内部资料),1993。

赞拉·阿旺措成、张绵英:《嘉绒藏戏的历史渊源及艺术特征》,《四川戏剧》1994年第1期。

拉尔吾加、张军涛:《嘉绒藏戏及其代表作〈格东特青〉》,载《四川省嘉绒地区藏戏问题研讨会资料汇编》(内部资料),1993。

〔法〕耶律亚德:《宇宙与历史——永恒回归的神话》,杨儒宾译,台北,联经出版事业公司,2000。

赞拉·阿旺措成、夏瓦·同美主编《嘉绒藏族的历史与文化》,四川民族出版社,2008。

邹立波:《从土司封号看嘉绒藏族土司与宗教的关系》,《西南民族大学学报》(人文社科版)2010年第2期。

《西藏研究》编辑部编《明实录藏族史料》,西藏人民出版社,1982a。

赵尔巽、柯劭忞等撰修:《清史稿》卷513土司传一·湖广传,中华书局,1977。

曾穷石:《"大鹏鸟卵生"神话:嘉绒藏族的历史记忆》,《学术探索》2004年第1期(2004a)。

格勒:《论藏族文化的起源形成与周围民族的关系》,中山大学出版社,1988。

《西藏研究》编辑部编《清实录藏族史料》,西藏人民出版社,1982b。

李涛:《试析大小金川之役及其对嘉绒地区的影响》,《中国藏学》1993年第1期。

曾穷石:《清代嘉绒地区土司的婚姻初探》,《西藏大学学报》(汉文版)2004年第4期(2004b)。

土观·洛桑却吉尼玛:《章嘉国师乳必多杰传》,陈庆英、马连龙译,民族出版社,1984。

萨林斯:《陌生人—王,或者说,政治生活的基本形式》,刘琪译,载王铭铭主编《中国人类学评论》(第9辑),世界图书出版公司,2009。

杨清媚:《作为精神科学的人类学——陶云逵与中国人类学的德国因素》,中国社会科学院社会学研究所博士后出站报告,2011。

英文

Ortner,Sherry B.

1990   "Patterns of History: Cultural Schemas in the Foundings of Sherpa Religious Institutions", in Emiko Ohunki-Tierney (ed.), *Culture through Time*, Stanford: Stanford University Press.

洞穴世界

——以洛域为例

陈　波

　　摘　要　本文基于石泰安对亚洲洞穴的研究和洛域堪布扎西丹增对该地历史上洞穴的论述，初步考察王铭铭教授所说的洞穴时代宇宙观（the cave age cosmology），所及洞穴分为三类：子宫—洞穴、修行洞和历史上的人居洞穴。人居洞穴包含石泰安所说的"无名宗教"的原子结构，演化为后来世人的居所建筑。它们一直影响人类至今。就某一域而言，域外大自然中分布有三类洞穴，它们跟域内三类洞穴塑造的建筑世界和更广阔的世界性洞穴形成宏观—微观对应。它们对洞穴朝觐实践、地方历史进程和跨文化实践形成影响。

　　关键词　洞穴　无名宗教　洞穴时代宇宙观　宏观—微观对应

　　笔者将在本文中赋予"宗教"一词以一种宽泛的理解，即那些与洞穴信仰纠缠在一起的繁复事项。笔者想借此表明，洞穴世界钩织了我们今天的世界，并一直形塑着我们对世界的理解，尽管我们不断翻新之。

序

　　2008 年笔者在尼泊尔洛域的时候，3 月初的一天，和当地的萨迦派年轻僧人达旦兄妹一道前往他们家附近山谷中的一个山洞朝觐。当地的达嘎宗人把这个山洞称为"隆普"（lun-phug），意即谷中的山洞。附近还有另外一个域称为"帕拉"，帕拉人则把这个洞称为"帕拉隆普"，这引起达嘎宗人的不满。实际上，谁到这里朝觐都可以，朝觐者无论是谁，都可以利用洞外的设施，比如用火炉生火做饭等。炉子边有一个稍高的台，台壁上有一佛龛，供奉三尊神祇，主供莲花生。佛龛上放置白色的哈达。龛前有供奉蕴阙（yon-chab，供神用的净水）的金属碗，七个一组。

达旦兄妹俩熟练地打开岩下房间的门，从中取出各种器具、物件，取柏枝、柴火，煨桑，然后生火化酥油、点佛灯，最后吹火烧水煮方便面。烧水之际，达旦取出早已准备好的照明灯，招呼我们去隆普。此处乃是低矮的岩洞，入洞时要爬行约两米，入内后可以蹲起来，然后可左右探寻。前方、左、右都有前人在石上挂了哈达。

达旦把我们的注意力引向右方的小洞内，他说："这是一只鹰。这是他的嘴，这是它的眼，这是它的爪子，这是它的翅膀，特别大。很像吧？"鹰身背后，"这是一条龙，那是龙头，这是它的爪子；它的身子从那边伸过来，在这里绕个圈，尾巴延伸到那边去"。接着是鹰后、龙下，"这里是太阳（东边），那是月亮"。桑嫫追问了一下，辨认出来，岩石的一部分是褐色的，圆形，四周是水浸形成的白色，宛如日月照耀的样子。再往里一点，他说："那是古如仁布且出生之处，是自然形成的。"

我们退出来，转向左边的小洞，仍旧只能蹲着。他说："这是大象的肚子，非常大。"不久他就指着上方一块岩石，说："这是一个人的脸，那是他的鼻子，下面是嘴巴，上边是两只眼睛，那边是耳朵。身子在后边。"桑嫫仔细追问一下，似乎也辨认出来。我已觉有趣极了。我们看了一会儿，转身回到原洞内，见右前方从顶上滴水下来，地上有一半圆形的石块，他说："这是一条鱼，那边也是。"

我们转过身子准备爬出洞时，桑嫫先爬出去了，达旦停下来，指着右前边的岩壁，说："这是女人的下面。这上面原来有一根长的，是男人的那个，后来被人折断了。没断之前，它是插在女人那里面的。"他指着其上方一块凸出的圆形石头说："这是公朵（sgong-rdog，睾丸）"（陈波，2011：54）。

或许是他们太年轻（达旦17岁，其妹妹15岁），不能告诉我更多有关这一隆普的典故，而他们告诉我的，更多的是根据乡域经验而想象铺衍出来的，而这并不一定跟乡域历久的典故有必然的联系；但域中的传说和待客之道却给他们一个指示，即展示乡域中值得展示的、有意思的东西。

一 洛域洞穴的种类

隆普作为朝觐洞穴，具有神圣性，今日仍然受到朝觐。它们内部很狭窄，有的甚至让人直不起腰，且滴水，潮湿，不适宜人长住久居，只适合短暂的朝觐。笔者把它称为第一类洞穴。洛域还有另两类洞穴，值得记述。

第二类洞穴即修行洞。距今（2008 年）大约 25 年前，嘎域萨迦寺中的勒谢强巴喇嘛依止萨迦三大喇嘛之一的鲁定喇嘛，在嘎域东边（曲米方向）山上名叫鲁竹普（klu-grub-phug）的洞里，静修过 9 个月。静修洞分为内外两部分。里面是静修室，外面是厨房。在洞外不远处有一个厕所（他用的是英语 toilet 的音译）。须在没有人看见的时候解手，否则就算有罪孽（nyes）。静修时如果没有人帮助做饭，那就需要一年左右的时间，如果有人帮助做饭，9 个月就可以完成。静修期间想象根本，喇嘛从头到口到心，念诵咒语。咒语有两部分，第一部分来自《广部》（rgyas-mdo，中部：292～293），要念 300 万遍，另一部分来自《誓言》（dam-tshig：17），要念 100 万遍。在念诵过程中，为了计算这个庞大的遍数，采用一种项珠链。项珠链的开始部分是 21 颗，这部分需要念诵有关古如的心咒，即"唵阿吽叭查古如白玛萨达吽"（Om Ah Hung Benza Guru Pema Siddhi Hung）。这是祈祷。在这以后念诵才算有效。静修期间，不能见外人。如果没有进行静修，举行仪式就没有意义。扎巴在静修以后才能为人举行仪式。凡是举行仪式的地方，必有僧人曾经静修过（陈波，2011：194～195）。

在鲁绕域，每年藏历的四月二十五日是却巴仪式，祭祀山上三个修行洞即怎巴竹普（vdzin-pa-grub-phug）、次旺竹普（tshe-dbang-grub-phug）和冻松竹普（dtong-dsum-grub-phug），其中半天上山祭祀赞康（陈波，2011：314）。

洛满堂的萨迦派堪布扎西丹增在《洛域寺宇目录》中谈到佛法发

展的情况时，提到洛满堂东边群山之寒水石山（cong-zhi-ri）中，有三个从寒水石中自生之洞，下面一个叫颇章（pho-brang-brag-phug，意即宫殿）洞，中间一个叫盆巴度孜阔（bum-pa bdud-rtshi-khol，意即甘露瓶角）洞，上面的叫杰尊卓玛（rje-btshun sgrol-ma，即至尊救度母）洞。中间的洞内，有从寒水石所生之忏罪所向三十五佛（ltung-bshags so-lnga）、十六尊者、一个龙王所居的黑石、辛氏所造的石穴等，皆是寒水石，自然殊胜，为人爱戴。他在书里提供的照片中，注明洞内自生神祇众多（mKhan-po bKra-shis-bstan-vdzin，2004a：90～92）。

有时这样的修行洞很大，可以容纳许多人。这类洞穴的神秘性和神圣性，跟在洞中发生的灵魂转移或修行者的再生有关。据英国学者查尔斯的搜集整理，洛域历史上曾有过这么一个传说跟鲁绕域有密切的关系：

> 谢饶坚赞请教洛域人以后，来到喇嘛居住的洞（cavern）中。喇嘛已经有大量的弟子随侍。就在谢饶坚赞来之前，荣妥么锡伯（Rong Togme Shigpo，即喇嘛名）也梦见一个阿巴前来拜他。访者的腰上插有一把蹶（Phur-pa）。荣妥么喇嘛给予谢饶坚赞某些例外的教授，让他往南边去（洛域南边）利益众生。年迈的荣妥么喇嘛随后举行一个仪式"颇瓦仲居"（'pho-ba grong-'jug），也就是在死亡（vacated）之际通过魔力或者咒语（gdam-ngag）的效力，把灵魂转移到另一人身上。当他的灵魂转移到谢饶坚赞身上时，后者也暂时龟息。洞中的其他弟子对此神秘的转移毫无所知，只知道他们的老师和新来的弟子已死。所以当谢饶坚赞的身体复活时，他们充满恐惧，认为是僵尸复活，便用石头把他从洞中赶走。从此，谢饶坚赞的身体结合荣妥么喇嘛的灵魂，这个新人便名扎西坚赞，即一般所称杨顿喇嘛者（Ramble，1984：74～75）。

根据萨迦喇嘛勒谢强巴的说法，僧人只有在洞中静修一段时间以后，才能具有在寺中任职的资格和为大众操持仪式的资格："喇嘛静修分为三种级别或种类：静修三个月，是最基本的要求，方可以为翁则、涅尔巴；要做到学经师（洛本），则必须静修九个月。静修时间越长，举行仪式的效力便越大。所以只要可能，人们总是请静修时间最长的喇嘛来主持仪式"（陈波，2011：195）。

有的修行洞附近还建有寺院。下洛域的曲米（泉水）地方，现在有一座由噶举派香巴仁布且主持的洞董（Dong-dong）觉嫫寺。香巴仁布且在洛曲米区域影响颇著。大约20世纪90年代，他接受域人奉献的土地，在这里建起觉嫫寺，人即因其地而称之为洞董贡巴（Dong-dong dGon-pa，即洞穴寺）（陈波，2011：300）。

鲁绕域朱古的寺院称为"贡普"（dGon-phug），即寺院洞穴，即是在以前的喇嘛修行洞外修建一座寺院，将整个修行洞包纳在寺院的主殿中，为人工建筑中保存原生岩石洞穴的景致，而寺院最为神圣的地方，即殿中的岩石洞穴。鲁绕域每年举行岭廓仪式，即更新域和让域再生的仪式，域人都要在仪式远征的路线上进入贡普，将随身背负的苯教经典放置在岩石上，休息，等候苯波喇嘛们在殿中举行一个简短的念诵经典的仪式后，才继续远征的仪式。

第三类洞穴是萨迦派堪布扎西丹增在另一部著作中提到的洛域人原初居住的洞穴。今日在洛域的河谷两岸，经常可以见到土壁上有非常多的洞穴。有的土壁自高处至壁脚，排列着高低不平的洞穴；有的则在壁脚集中了相当多的洞穴。最高的洞穴离高高的土壁顶尚有较大的距离，尽管许多洞穴与壁底也有较长的距离，但若从壁顶下到洞穴比从壁底沿着某条小径攀援而上，要难得多，也危险得多。因为土壁是洛域河流两岸的典型风貌，是地球早期泥土和石子混杂沉淀的产物，所以易于用工具开凿。这类洞穴实际上类似中国西北各个时期的各类窑洞。

根据扎西丹增的看法，人类的第一阶段是山人（ri-mi）时期。山人们造山洞而居，用石器（rdo-yi-lag-cha）凿岩，或把牦牛、野牛（vbrong）等的腿骨磨尖后凿岩而建成居所，后来则是用铁器（lcags-zong）、斧头（sta-re）和镢头（tog-rtse）等来凿岩洞。无论如何，这一时期显示的是山人和山洞的对立；此时象雄苯教已经侵入山人们的山洞里，他们采取血祭之法。从那时开始山人们有一个逐渐搬出山洞迁到河谷地带的过程（mKhan-po bKra-shis-bstan-vdzin，2004b：142、176）。

随后是象雄时期，出现了乡、乡域、域神、域人、田等一系列的概念，又有上、中、下三岭及三个时期的概念，乡房与聚会厅（tshogskhang）等。这时期他们的域、乡、城堡等是建立在山上的。扎西丹增似乎认为，是苯波促使山人们发生改变，走向域人。无论这一时期的域及域人有着多么复杂的内涵，但有一点是很简明的，那就是山人们完成长时段的搬迁后，成为域人（mKhan-po bKra-shis-bstan-vdzin，2004b：140、143；陈波，2011：51），而山洞最终被抛弃，成为今日各地遗存的痕迹。人们把有的山洞作为存放擦擦的地方，如嘎域嘎立甘达克河西的山崖洞穴即是如此，而在鲁绕域河谷对面的废弃山洞中，修行者还利用其中的一些作为修行洞，但基本上没有把它们作为第一类洞穴的。

有意思的是，所有洛域人都可以涉足上述三类洞穴：不分教派、不分信仰、不分职业、不分等级和内外。不管一个人是洛域的国王、贵族、平民，甚或低等级者，乃至外乡人，不管他是僧人、商人、军人，抑或农民、小贩，不管一个人是信苯教还是信佛教，亦不管是信佛教之萨迦派，还是宁玛派、噶举派，甚至是洛域不存在的格鲁派，若到洛域，只要愿意，都可以朝觐第一类洞穴，都可以驻足第三类洞穴，亦可以在第二类洞穴中修行。

然而这三类洞穴所具有的跨域象征意义和历史意义是非常不同的。

二　第一类洞穴的意义：子宫—洞穴

第一类洞穴的来源比较古远。如中国的佤族和历史上的鲜卑族，都有祖先来自洞穴的传说，佤族的"德司岗"（意即出来的总根）或称"德司岗里"（意即出来的总根洞）、鲜卑族祖先的洞穴嘎仙洞，[①] 都非常大，虽与子宫—洞穴不同，但却隐含了后者的影子。

石泰安研究过远东的子宫—洞穴（grottoes-matrice），包括汉地、藏蒙喇嘛教、印度教、各种佛教，还有柬埔寨和日本的土著宗教等所信奉的各种洞穴，认为它们是一种特殊的实践。这种实践基于埃里亚德所说的洞穴是子宫的退化[②]，涉及精神分析和比较宗教学。石泰安在研究五

---

① 2012 年 5 月 3 日笔者在席间与段玉明、韦兵诸位先进谈及此研究时，蒙二位指点两族祖先跟洞穴的关系。

② 石泰安在讨论藏蒙汉地区的喇嘛教洞穴后，认为列维 - 斯特劳斯的一对（转下页注）

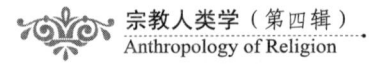

台山的洞穴时，发现在佛母洞：

> 洞的入口有一个厅堂，直径 12 法尺。底部有 3 法尺高，有一个狭窄开口，直径 10 ~ 12 法尺。这就是母亲洞穴的入口。一个石坛放在前面，放置供奉的灯。信徒在这里放置几个钱币。三个汉僧在此从狭窄洞的下面用肩帮助信徒爬入。在僧侣肩部的支撑下，信徒胳膊打直，头部和肩部进入，先特别狭窄，然后宽敞，大约 3 法尺长，1 法尺高，好比子宫颈。左边转弯处是洞内开通的一个狭道，即子宫。内可容纳两人站立。中心放置一个石坛，上放置一尊像即女性观音。有一小盏灯照亮。信徒在这里拜石像，可以清除自己的罪孽并如期望的那样获得好的转世（Stein，1988：3）。

在研究完五台山的佛母洞和金刚洞等以后，他对这一类型的洞穴提出如下观点：在形式上，子宫—洞穴有狭窄的入口，要通过较难。据狄洛瓦的说法，这跟佛塔相连，有平面的和垂直的进出口。子宫—洞穴有三个内容：第一，子宫—洞穴是再生之路。人们进入洞穴是为了求得好的来世，生于佛的天堂。第二，子宫—洞穴是手段，人们进入洞穴可以把罪孽留在狭窄的通道，出洞后罪孽即消去。无论是女性进洞者还是进洞者的妻子，在生育上还可以保证其生产顺利。第三，子宫—洞穴里有确保福气和得救的神祇。在子宫—洞穴里是绿度母；在金刚洞中是文殊，文殊是男性，并跟智慧相连（Stein，1988：2 ~ 10）。对这些洞穴加以崇敬的依据，显然有佛教信仰（重生与洗去罪孽）和民间信仰（生育）两种。

他还提及藏族关于金刚洞的闻名传说。当巴桑杰（11 世纪，息解派宗师）的传记中记载，他在五台山遇到以老年隐修者面貌出现的文殊菩萨，还提到这附近有许多疾病。菩萨让当巴到印度菩提嘎亚（Bodhgaya）寻找佛母。当巴反对说，距离不允许他在一天内往返印度金刚座（Vajrasana），文殊菩萨便告诉他可以通过一个窟里的洞穴

（接上页注②）概念，即缺少—充盈，很像狭窄通道的情形，是暗示生育和来生的议题（il faut et il suffit; Stein，1988：14）。

前去。当巴自金刚座带着陀罗尼（dharani）经咒回来，疾病终止了。当巴还见过文殊一回。地下通道是佛教的一个常见主题（还可以找到更远的例子：在道家中，有洞天交流这种类型），但洞中有联系的通道是对纳那延（Narayana）洞穴和子宫—洞穴的想象和类比（Stein，1988：8～9）。

这类洞穴有多层含义：生育顺利、洗清罪孽、保证好的来生等。它们复杂地纠缠在一起：无论怎样，它们都有通过的意思，连接两个不同的世界。一个世界是子宫，另一个世界是现实的。两个世界是互相包容、隐喻的。它们之间的联系，就是那个狭窄的通道。正是这个阈限性的通道具有世人实践的意义，并在洛域的各类建筑如佛塔和赞康中体现出来。

三 第二类洞穴的意义：天上地下

石泰安在上文中一开始就区分开两类洞穴，即中国汉地的洞穴（grotte）常常被设计为宇宙的一部分，难以企及，是暂时居住的天堂，也是一个庇护所（Stein，1988：1）。关于洞天的主题，是他在另外一部著作《盆景中的世界》中涉及的。

美国汉学家薛爱华（Edward H. Schafer，1913～1991）曾说，汉学法国学派（the French School of Sinology）的后继者石泰安，在《盆景中的世界》中集中和整合了许多概念体系（Stein，1990：xvii-xviii），包括宏观宇宙—微观宇宙对应、天上—地上—地下、房屋的象征等。从这个概念系统的角度看，汉藏之间的一致性，远比后世认为的要深。天上—地上—地下，有时简化为天上—地下。地上实际上是天上和地下两个不同空间接触的界面。石泰安认为，在藏蒙汉诸地，屋顶、帐篷顶部都有开口与天沟通。如汉式的房屋、旧式的蒙古包、藏式帐篷和房屋等，其中帐篷呈方形，灶在中间，顶部开口。灶边是支柱，与灶一样神圣。屋顶洞可被毯子盖住。房屋的中庭四周是建筑，多层环绕，灶在中间一层的中心。此外，尼泊尔的塔卡里人、中国的纳西族和巴塘的建筑都有类似的格局。屋顶开口带中庭也是寺院和宫殿建筑所保留的，如松赞干布邀请观音，后者从宫殿的屋顶洞进入，即从天洞来。有天顶洞的居处，一般地下有一天庭，而有些地方在帐篷驻扎之处要向下挖掘，如昌都卡若遗址所显示的那样。地下有一天庭，这一类似汉文中所说的壶天世界和自然洞穴，与天井相连。这在藏区也实际存在过，如 16 世纪土司/地方王曾将僧人藏于宝座地下的洞中，以天门下的梯子相通（Stein，1990：157～159）。在格萨尔史诗中，格萨尔为了保护领地，只身前往北方攻打吕遵，趁吕遵不在宫廷，首先潜入宫中，说服其妻子杜嫫反正，后者同意将吕遵的致命处指示给他。吕遵突然回宫时，格萨尔来不及躲藏，杜嫫便将他藏在厨房内挖出的洞里，上面盖上铜锅，覆以柴火掩饰。这个地下洞穴便是子宫—洞穴的象征，具有保护/庇护的意义（Paul，1982：253）。我们由此在第一类和第二类洞穴之间建立起内在的联系。

四　第三类洞穴的意义：无名宗教的原子

根据许多域人和扎西丹增的看法，第三类洞穴曾经是人类先民所居，所以跟另两类洞穴截然不同。第一类洞穴完全不为人类所居，第二类洞穴只为部分人而存在，第三类洞穴则是所有人都可以居住（所有人皆有机会和可能涉足这三类洞穴）。此外，前两类洞穴具有超然的力量，是神圣的，具有让人发生转换的魔力。第三类洞穴则是历史的、沉重的，是在历史上被抛弃的，但其早期对人类发端的影响，则不可低估，这在一定意义上跟前两类洞穴不可分。

按照宏观宇宙—微观宇宙对应论，住居房屋就是宏大宇宙的缩微，住居房屋就是宇宙；人体则是宏观宇宙和住居房屋的缩微，人体即宇宙，即房屋。所以，石泰安在《西藏的文明》中说，山顶即屋顶亦即人的头顶。建筑具有宗教意涵，表现世界和人在尘世的宗教体验，除了实用，它们也是宗教和象征的实体。汉地、藏地、北亚和西北亚，居民持续的密切接触，造成一个广阔的建筑同质性。身体也是一个世界和居所。石泰安的名著《西藏的文明》（2005）即讲到了这个。石泰安早年提出："关于所居住空间如何组织的观念是最普遍的宗教，这个宗教既没有名字也没有组织化的教会，而是由某个社会的整个风俗和宗教思想构成"（Stein，1957：163）。

　　菲利斯（Phyllis Brooks）认为，石泰安把古代的汉文明看成跟许多古文明一样，有连续的空间和天圆地方的思想；而对居住空间的呈现，则处在宗教信念的根基处；这些信念植根于可见的现实，即那些一再拓展的空间。房屋即是最亲密的社会/身体活动的圜局。古代中国汉地和西藏古典房屋的建筑特色在其他大型建筑上得以保存和发展，并总是保留它们家屋的许多品质（Stein，1990：122）。

　　石泰安的这些看法其实指的是第二类洞穴。换句话说，石泰安没有分析过第三类洞穴，"无名宗教"概念也不能解释第三类洞穴及其历史进程。如果我们接受扎西丹增的域论，这一类洞穴是最古老的，其存在的时间要比前两类洞穴和人类发生联系的时间更长。如果这一结论成立，则这一类洞穴为人类提供的"无名宗教"要比任何形式的信仰更为久远。这些后起的信仰，是在历时的时期中出现在洛域的。扎西丹增将它们分为山人—域人—"内教"三阶段。第三阶段，就洛域而言，事项更为复杂，并且更进一步分为尼玛衮时期（10～14世纪）、阿妈贝（15世纪初期）及以后时期两段。这一阶段作为"正教"的"内教"即佛教逐渐"战胜"苯教，重新塑造了域人与域的关系。人们有文字，对域命名，有以宁玛派为主的佛法。阿妈贝时期人们建成城堡，把佛法明确为噶举派和逐渐占据主导地位的萨迦派及其内部分堂的俄尔派和鲁定派。苯教成为被打击、压抑的对象。实际上，被打击的不是苯教本身，而是它所代表的那种域人与域的对立关系，并以白祭取代血祭。扎西丹增的域史就是从物质到精神、从工具到祭祀的进程。这个进程在1900～2000年间仍在延续（陈波，2011：51～52）。

　　从历时的史路来理解洛域的宗教，并不能找到宗教的内在理路及其史路。我们的目标是至少要解决：外来的苯教和佛教如何对待先已存在的"无名宗教"之信仰？换言之，前两类洞穴和第三类洞穴的关系如何？

　　根据上文的信息，我们看到苯教和佛教诸派都无碍地接受前两类洞穴：苯教信徒可以朝觐子宫—洞穴，也需要在修行洞中闭关修行。他们也居住在房屋建筑中。要确定他们如何对待第三类洞穴，我们需要知道他们跟房屋建筑的关系。根据扎西丹增的说法，人类从居于洞穴内到居于房屋建筑内是一个慢慢过渡的进程，但洞穴模式如何影响房屋建筑，却为他所忽略。根据勒谢强巴喇嘛的闭关静修体验，我们知道这一洞居隐含了一种特定的洞居模式，即（1）他们的生活资料仰赖于洞外的供给；（2）他们的大小便亦在洞穴外的广阔原野中进行：从外部来的，又回到外部；（3）他们在洞内的活动空间分为两部分：内部的闭关静修室，外部的厨房。换句话说，洞居模式具备了房居的基本结构，并为房居提供基本的空间观念模式。洞居模式应当是"无名宗教"的原子。

石泰安将第二类洞穴跟第一类洞穴分开处理；根据他对"无名宗教"的说法，第三类洞穴跟它们都没有关系。如果它们中的任何一个具有包容性的能力的话，那一定不是前两类洞穴——它们要么过小而只能隐喻子宫，要么属于离群索居——而只能是作为"无名宗教"的第三类洞穴。现今第二类洞穴的实践奠基于"无名宗教"的原子，而它的神圣性和魅力则来自第一类洞穴的转生和转圣力量。石泰安可能忽视了对洞居模式及其提供的"无名宗教"原子的考察。子宫—洞穴可以被看做洞居模式的时空缩微版，而修行洞则是洞居模式的社会性素洁版。

实际上，这三类洞穴提供的概念模式，在功能之逻辑结构上是互补的，并复杂地交织在洛域人的经验和意义之网中。它们在不同的层次上和不同的意义上，将洛域和更广阔空间的人群联系起来，分享他们的不同的宗教意义。比如，修行洞是仅仅局限于苯教、佛教和道家等体制性宗教的观念；子宫—洞穴分布的空间范围跟修行洞大致差不多，但它体现了女性崇拜这一更为广泛和古老的主题；而洞居模式分布的范围甚至比石泰安说的远东洞穴的分布范围还要广阔，甚至包括非洲、欧洲、美洲诸地。我们将在下面分析它们在社区意义上的复杂汇聚。

五 诸种洞穴汇聚之所

石泰安在不同作品中分析的洞穴，针对的是分布范围极广的现象，并且不同类型的洞穴相互之间没有交集：在他眼中东亚宏观宇宙—微观宇宙对应的洞穴，跟佛教的子宫—洞穴几乎没有交集，尽管他在分析后者时也难以截然与较早的路径说分手，比如他提到不丹中部一个供奉莲花生的寺院的微观处所，跟所在的蚌塘山谷整体的宏观处所是叠合的（Stein，1988：13）。加上扎西丹增提出来的那类为他所忽略的洞穴，就有三类洞穴，显然都有广泛的分布。笔者的问题是：假如这些洞穴类型或它们的隐喻和变形，都在一个地方比如洛域交错的话，那又会是怎样的情形？笔者在这里想做的，是把这些广泛散布的洞穴赋予一个社区的意义，一个在某地暂时而不是永久稳定下来的意义。笔者将从洛域的房屋建筑着手，看它们是如何在房屋上集中地交错展现的。

每域聚居处必有曲登（佛塔）。每域最初形成的时候，曲登都是建在域之边缘和"自然"接壤的地带。随着人居的扩展，域边缘的曲登有的被包容到人居聚落中来。今日的嘎域内有一个大佛塔，始建之初则是在人域之外的必经道路上。塔的底座设计为一个通道。嘎域大曲登的历史是和域中城堡的历史同时的。以前佛塔很高大，其下的通道可以骑马通过，后来逐渐被泥沙淤没，通道逐渐变矮，现在人只能弓身才能通过（陈波，2011：74～75）。这些洞穴隐喻跟前文提到的通过、庇护等意义有关。来者经过它们以后，才进入城堡或人域之中。

洛域有三个城堡，其中宗城堡应该是最老的，然后是乍城堡，最后是嘎域城堡（mkhar），所以至今嘎域还可以见到其比较完整的外形，高耸域中。宗城堡绝大部分已经毁坏，人们只知道其城门（rgyal-sgo）很大，大约两臂伸开那么大，但是更进一步的情况就没有人能说得上来了，也没有人见过其城门处是不是有塑像，琼果尔域中87岁（截至2008年）的喇嘛次仁实达都没有见过。乍域人解释说："若干代人之前，宗的长官从宗搬到乍以后，连塑像一起搬走。"这是完全可能的。

嘎域的情况则不同。根据尼尔斯的研究，嘎域住居的建筑进程是：第一阶段，1570～1800年，包括王宫在内的最早建筑群；第二阶段，1800～1920年，扩展建筑群，在原来建筑群的基础上扩展；第三阶段，1920～1970年，扩展带有庭院的建筑群；第四阶段，1970年以来，庭院建筑逐步扩展，进而产生分散性建筑（Gutschow，1998：62）。住居在空间分布扩展以前，都是聚集在嘎域城堡之内。它有四个入口，只有北边和西南边有城门的两个入口是正式的入口。西边和东南边的入口则没有城门，东南入口是舍沃多吉房屋边上的一个底楼入口，和西边的入口类似。到1990年为止，东南入口已经被封（Gutschow，1998：87）。从各入口进去以后，七拐八折的，最后四条通道都汇聚到中心，那是一块平地，域人称之为"德"，四周是房屋建筑。这个中心离不开甲康

（rgyal-khang），即瞭望整个域的王宫。嘎域是一个宇宙模型，由四方和中心构成。王宫主导城堡，又是天上—地下垂直宇宙观的体现。以前朝北和朝南的两个城门很大。按石泰安的理解，门即洞穴。

性生殖器官在护城神塑像上体现得尤为突出。乍城堡护城神么么的男性生殖器用木棍雕刻成；而伊姚的乳房清晰可见，下体已经毁坏。从加拿大社会学家罗纳德（Ronald Schwartz）教授 20 世纪 90 年代在乍域拍摄的照片中，可见伊姚下体突出的女性生殖器；伊姚似双手怀抱幼儿，于左乳喂奶。么么头戴冠，双手合十。两个塑像通体涂成红褐色。

而嘎域在北门塑阿爸（父亲）像朝北，南门塑阿妈（母亲）像面南。阿妈塑像约大半人高，黑发，有一发辫自右眉绕头搭于左肩；脸呈红褐色；双耳穿耳环；嘴张开，有白齿；颈项挂一绿玉项链；双乳凸出，几乎靠近下颌；双手合十于双乳之间；围腰清晰可见；围腰以上头以下部分为白色，围腰及以下涂成萨迦派的红、黑、白三色相间的色彩；象征性的双腿于地面略向前伸；阴部女性生殖器明显，有阴毛。据域人言，阿妈塑像原来的位置，在南门的右手边（面对城门），正好面对寺门，后来寺里的喇嘛有意见，便移动到今天稍微靠南的位置。阿爸像位于北门左边（面对城门）角落，高及门楣。其头颈为白色，头顶似乎缠发辫，或者戴帽；黑眉黑胡子，嘴张开，可见白齿；项上挂一猫眼石项链；颈以下腰以上为红褐色，唯有右手白色，象征性持红褐色刀一把（刀为木制，钉于墙上木桩上，与手分离①），指向北方，喇嘛保布说一定要有刀，这是打仗用的，以阻止"毒"；左手伸向右腋下；腰以下为萨迦派的色彩；木制男性生殖器平伸出，指向北方，根部阴毛丛集；象征性的双腿如阿妈塑像，于地面略向前伸（陈波，2011：85~86）。这些生殖力量是战斗力的象征。从子宫—洞穴到女性生殖器、男性生殖器和性交的隐喻，在社区建筑中呈现出来。

洛域房居的格局，一般底楼是牲畜圈，牲畜圈亦是厕所；二楼是客厅和卧室，有内室的，则堆放衣服等杂物；三楼是却康（法殿）；楼顶是赞康。有的厨房在牲畜圈的侧边，堆放粮食的地方也在附近；有的厨房在却康的侧边；有的起居室、厨房和客厅跟却康在同一层楼，而把二

---

① 从 20 世纪 90 年代初期所拍摄的照片来看，当时并没有刀（Laird，1995：18）。

楼用来堆放杂物。开设旅馆的人家，则牲畜圈与房屋分开，如白玛家就将旧房作为牲畜圈和存放草料的地方，而旅馆的底楼则是餐厅、商店、存货屋和厨房；二楼是客房、自家住房、神殿以及分开的厕所等；三楼设餐厅、带卫生间的客房等。

洛域的房屋，一般都在楼顶树有塔觉。洛域人说：家中点佛灯，楼顶树塔觉。树塔觉可保佑家户人脉不中断、家人不得病；保佑在外做生意的人生意顺利、做得通、多赚钱。域人认为，房屋没有塔觉就意味着家系不存，绝嗣。一般的规矩是有一人就树一个塔觉；13 岁以下的小孩树小塔觉；到 13 岁以上就树大塔觉。塔觉杆叫索辛，与屋中的柱子没有关系。柱子用的是松树（thang-shing），而索辛用的一定是柏树（shug-shing），因为这是神树（lha-shing），是神加持的，神所住的，即便在冬天它也是绿色的，用其他的树则不行。我们可以认为：凡有非苯波俗人居住的房屋，必定有塔觉；没有非苯波俗人居住的房屋就没有塔觉。按苯波朱古的说法，塔觉旗帜的五色和人体内部的五脏相应。

这类塔觉实际上有通天通神的功能。具有类似功能的还有赞康。嘎域对它的祭祀是由鲁饶、乍域和琼果尔的苯波喇嘛负责的。民居的楼顶不一定有曲登或赞康，只有承继域中古老脉系的人家，屋顶才有赞康，脉系中其他子嗣的房屋则没有：其主人可以建曲登，也可以不建。赞康每年祭祀一次，或者是在 3 月，或者是在 4 月，祭祀时间轮流替换。比如这年嘎域是 3 月祭祀，下一年就是 4 月。祭祀主要是供奉多玛和念经。

萨迦派保布喇嘛的房屋楼顶有苯教的赞康。笔者问他："你是内教的，怎么现在还供奉苯教的赞康？"他说："这房屋本来是舍沃次丹的，我买下来居住。楼顶上苯教的赞康，是很久以前就有的。我搬来住以后还是依从原来的风俗。"看来苯教的信仰，在屋顶的赞康，是随着房屋而根深蒂固的。

赞康内一定要有用柏枝做成的"命树"（srog-shing），这"命树"类似人之骨头（rus-pa）；所插柏枝为其头发，内插带铁枪头的杆，或为其武器，或为其头顶（thog）；赞康内有经书，类似人之有五脏六腑；如无经书，则只是土石一堆而已。赞康约半人高，呈三角形，其一面下部的椭圆形孔为经由之途（vgro-stang），或为其饰；然而笔者从人们颇不好意思和隐晦的神态上，感觉到这就是女性生殖器，和上面插柏枝和塔觉的孔是连通的（陈波，2011：72~74）。向上的塔觉表明跟天的沟通，通过三角形孔隐喻地作为通道的女性生殖器，而跟尘世沟通。

石泰安的文本中也提到三角形隐喻女性生殖器。在帕里（sPa-gro）地区靠近不丹的春丕（Chumphu）有一个圣地，一条狭窄的山谷被茂密的森林所覆盖，为一条湍流所隔。伏藏放置在半圆悬崖上挖掘出来的洞穴里。在悬崖一半高的地方，人们发现古如普巴的足迹，在附近另一个悬崖上有母亲的母猪之头。令人尊敬的金刚和瑜伽女（ma rdo-rje bcun-mo'i phag-zal）在一个三角形（女性器官）洞穴中，有拉瑟勋努即年轻神王子（即普巴）的多种品相，一个有三角形开口形式的悬崖一半高的地方，水缓慢地流出来，这是金刚亥母（Sri Vajravarahi）的经血。据说，在非常遥远的西藏佳日（Ca-ri）有同样的呈现：人们重新找到三角形和一人高的男性器官，这符合成对悬崖洞穴的形制。人们看到男女两分——马头金刚（Hayagriva）的明妃金刚亥母。她的性器官在尼泊尔、西藏和阿萨姆都有（Stein，1988：13）。这就是子宫—洞穴的隐喻。它体现为洛域人屋顶赞康建筑的下体三角形小洞。

赞康是人体的隐喻，它又是房屋的浓缩——它具备房屋所有的结构性设置。在洞穴的意义上，它还跟插在赞康中的塔觉杆不可分。

根据石泰安的研究，这类设计是第一类洞穴的演化。在加德满都东边的迦贝村（Chabahil，今日已经是都市的一部分了），有尼泊尔最著名的大佛塔。其中一个佛像的底部被设计为空心的，人通过这里，以检测其罪孽。在蒙古乌兰巴托西北 350 公里有个庆宁寺（Amarbayasga-lam），其佛塔底座也是空的。据老年的喇嘛说，怀孕的妇女从这里通过，是为她们即将诞生的孩子洗清罪孽。其他朝圣者通过这里也有同样的目的（Stein，1988：14、85）。

家系通过赞康、塔觉和索辛来象征，表达一种存在的意义。家系的含义又通过亲属制度来表达，即父系长子/幼子继嗣。赞康对应脉系的长子/幼子继嗣（一种等级理论），而塔觉则对应所有的域人（一种平权理论）。家系与个人生死密切关联，这生死则主要是由灵魂转世来解说的；继嗣有关个人生死，个人生死不仅为个人，还关系家系、本域乃至整个洛域；灵魂转世与家系皆与财富相关，但财富实则为个人生死与家系服务，表现为佛塔、佛堂（拉康）的大小及与装藏量、仪式的延续时间及次数等（陈波，2011：75~77）。

笔者把嘎域萨迦派寺院看成一个扩大的家户，把家户建筑看成是缩小的寺院。二者处在相对的两个端点：寺院是无性的，家户是有性的。家室中有神殿，但是小，只占据整个家室的一间屋。敬神仪式只是早晚的事，人们绝大多数时间用来从事世俗的事务。寺院相反，神殿是这里最主要和核心的组成部分，是寺院得以成立的根本。僧侣们最重要的事务，是从事和佛法有关的一切，比如学经、做法事、修持。这里也有世俗的事务，比如寺院经济等。寺院与家户的沟通，是通过僧侣的往来（请僧人做法事）、子女进入寺院尼庵、家室中设有僧侣的位置来实现的。寺院则供俗人们朝圣。两者形成一个体系——家庭寺院（结婚的宁玛派僧侣和苯波贡巴）算是二者的结合点。这个体系是域的，也是文化逻辑上的，二者被纳入域居建筑群中，构成一个整体（陈波，2011：75~77）。这些空间区隔，体现了洞居模式的基本结构：经过扎西丹增所说的三个历史进程，它无比繁复起来。

苯佛二教的喇嘛闭关修行，可以在家中进行。据笔者所知，乍域舍沃绛央来自喇嘛多玛日脉系，在6岁时被认定为果蚌寺喇嘛的转世；他一直随曲米喇嘛学习；在他12岁时，曲米喇嘛去世，因此他的"曲"（chos，藏文教育）一直没学得很好；到18岁时，他拜域中宁玛派仓巴丹增为老师，于家中法殿内静修两年，由于老师不是很好，所以静修成就有限，在佛法上修为有限，后来便没有去果蚌寺嗣位喇嘛。他是没有"长成"的朱古（陈波，2011：307~309）。家中的法殿替代的是修行洞，或者说，野外的修行洞以法殿的形式进入了房屋建筑。

一个人在闭关修行时，有最少的身体需求，不能与人交往，而保持社会性安静的状态。这期间，在社会的意义上，他是寂静无能的。其状态好比婴儿处于子宫之中。跟子宫—洞穴模式相比较，修行洞好比子宫，但没有子宫—洞穴的生育和洗去罪孽的功能，二者形式上是一致的，但功能却不同：修行洞是孕育和积蓄力量，而子宫—洞穴是通过；修行洞是一种宗教仪式上的升华地，从一种状态通向另一种更高的境地；子宫—洞穴是物理性和身体性的通过。

如果佛殿是域外修行洞的替代，如果殿内闭关和域外洞中闭关是等值的，那么在域的意义上，尚有一类仪式，跟它们在社会性上是等值的，此即斋戒。斋戒期间，人不可饮食、不可交谈、不可淫欲。几乎处于无社会性的程度，为的是积德（Ortner，1978：35～38），与宗教职业者闭关修行的目的不同，但表现的社会性形式是一致的。大乘佛教的最后目标是渡他，这就又回到社会性处境之中（Ortner，1978：38），与闭关修行者出关后有为大众举行仪式的资格和能力一致。

最后让我们回到天上。前文已经提及，前两类洞穴具有转生的力量。扎西丹增在他的域论中屡次提到洛域王权的来源是天上：该域王系之"骨脉乃天神贡杰"，"护主阿妈贝者，其体内值日神位有五相……洛王之脉系，成为此地之长官乃贡塘法王之恩赐"。在另一处他说得更清楚："洛窝法王的脉系无垢，最先是从光明神降临而成，此神之光名贡杰，自神降而为赞，名赞贵卡切（bTsan-rgod kha-che）；自赞降而为穆，穆名克乌琼（Khyevu-chung）；自穆降而为人，人主名贡杰。"从天而逐次降临人间的神光贡杰，他"向天空望去，见到八角天轮；向大地望去，见到八角地莲；向中间（logs）望去，见到八角罗宝（logs-rin-chen）。他说：'从此我乃天地二者之主。'从此便于地建城堡，为域命名"等。而象雄之脉系更是"世界天命之王"迟尉尔（sid-pa-gnam-bs-kos-rgyal-po-Khri-wer）之脉系（陈波，2011：49～50）。

如今，尽管有的已经是断垣残壁，但下洛域王系嘎域曾经的王宫（rgyal-khang）依旧高高矗立在域中，傲然面对四周低矮的大众民居。洛域的洞穴实践，从初民共享的文化模式，进入到文明之中。传说嘎域王宫所在的地方，以前是一个湖，名叫"沃玛措"（Vod-ma-mtsho，即牛奶湖），绒巴人来这里朝圣。建房的时候，是沿着湖四周建的，先在湖上搭横木，以此建一个平面为方形的房屋，下面的墙是用牦牛来踩的，上面数层才是用人工筑。嘎域一位名叫曲增的伊比（此处泛指老年妇女）曾经见过湖，她去世于60多年前。有一首歌是这么唱的：殊胜王系的国王，在湖口上建颇章。① 这与拉萨的大昭寺所在地一样。大昭寺也是在湖上建寺，嘎域的传说应该是对大昭寺建寺传说的模仿。大昭寺大殿内有一个石头，上有凹，据说有缘者能通过这里听到下面湖水的

_____

① Rigs-rgyas rgyal-pos pho-brang/ mtsho-mo'i kha-la bzhengs (Gutschow, 1998：53).

波涛声，它是连接下界的。如果湖象征通向地下的孔道，城堡高高矗立指向天空，我们便又回到石泰安的天上—地下主题，跟赞康建筑要实现的天地沟通接近。

综上而言，三类实在的洞穴，都处在现今的人域之外：我们经由一个个洞穴及隐喻式洞穴，从域外逐渐进入到域中，进入城堡，进入每个家屋建筑。每个建筑，或是洞穴组织的世界，或是洞穴的延伸、隐喻或替代。域中实践三类洞穴的方式和复杂的配置模式，是域外大自然中三类洞穴的分布情形无法比拟的。此外，域外的三类洞穴联系到更广阔的全球各地的洞穴世界。这种域中—域外—全球性新的微观—宏观关联，颇似王铭铭所说的"中间圈"想要表达的关联。这使得法国学派所倡导的微观—宏观的对应变得复杂。

六 朝觐洞穴实践

扎西丹增提出的洞—顶—山谷人历史模式，给石泰安的传播视角带来了挑战，此外，通过对下述议题反思石泰安的理论，如个人选择、地方传说/历史而到跨文化的理解。

1. 子宫—洞穴：进还是不进？

乾隆二十六年（1761），爱新觉罗·弘历朝觐五台山，其间写下《游千佛洞得古体四十韵》，内有："稍西得牝洞，崇岈深窈窕。毗卢坐堂堂，莲座千佛绕。一穴刚容人，中有灯光耀。云需秉虔诚，入可闻天乐。或入迷故步，忏悔始出窖。一笑真是哉，陷阱岂佛教！"（赵林恩，2002：517）四十韵长诗提到佛母洞的部分即上述文字。身为天子的他显然没有进入佛母洞，只到洞口望见穴内的灯光。后文说这是佛教的陷阱，更印证乾隆帝没有进入佛母洞。

2009年8月4日，笔者去佛母洞时，在洞外搭的棚下和悬崖下排队等候，从早上八时许，一直到正午时分，才进入石洞长廊，见廊底崖壁上即佛母洞出入口。事先在廊外崖下看到佛母洞管委会在大牌上写的如何出入洞的指示：（1）靠近洞口，双臂举直，双手合拢，做钻洞姿势。（2）左手在头下方，右手在头上方身体半侧，头手先伸入洞口，双腿发力，右腿微提，左脚蹬地助推，腰部蠕动前伸，如有他人相助，在身体下面给以推力，加上自己由腹部的蠕动更能使头手顺力伸达洞口。（3）双手扳入洞边，胳膊肘抵着洞壁往开撑，拉动身躯往前伸，跻身而入洞内。（4）双臂举直，左手在头上方，身体半侧，头手先出。

在石洞长廊远远见到洞穴的第一感觉是令人窒息和退缩，好比是在死胡同的底部，无处可去的崖壁上，有一个不知道究竟的狭窄洞口，还要从那里进出。心里不免咯噔一下：万一发生地震之类的，洞口封住，岂不是就此葬身？乾隆帝来这里是怎么想的不得而知，我们只知道他没有进去。他从佛母洞前退了出去。他对所有鼓励人们进洞的传说说不的理由是："一笑真是哉，陷阱岂佛教！"想来，这么退出去，岂不是让后面的人笑话？遂依照先前阅读多次的提示，顺利进入佛母洞。洞内幽暗，已经有两三人。仿佛微有光，四壁凹凸不平。据云它们是佛母体内的五脏六腑。尽管人多有点嘈杂，但洞穴的环境可以使一个人的内心安宁下来。出洞后，众人神情大变。此前，面色凝重，仿佛真的经历重生一般脱胎换骨，在佛母像前虔诚叩首，口中喃喃有词："南无大觉佛母菩萨。"

朝觐子宫—洞穴无法脱离地方历史与传说，以及跨文化的圈局，但具体朝觐时每个人的选择不一定相同，心境也不会完全一致，这也为这些地方历史与传说和跨文化圈局带来了新鲜的诠释。

2. 地方传说与历史

石泰安写道：在不丹东部，扎西岗北边，有一个嘎绕寺（Gom Ka-ra），主供莲花生和观自在。在寺院的旁边有一块黑色大岩石。这里曾是一个魔鬼的居所，莲花生降服它后，它以嘎如达鸟形飞起（在它后面留下一个卵，即寺庙后面的黑色岩石）。人们通过岩石的一个裂缝时，如果在那里受阻，则表明有罪孽；要想从那里出来，必须举行仪式清除罪孽（Stein，1988：13）。

嘉绒区域的雅江县，有一个叫单谷子（rta-mgo-rtsebs）的村子，村名的意思是"马头到"。它的来源和帕莫岭神山的朝圣转经路上的六道石拱门有关系。其中一道叫"勒沟"的石门尤其灵验。据说很久以前有一位土司的妃子心不诚，平素作恶多端、坑害百姓，当她来到帕莫岭随便跟着朝佛的人群钻过这道石门的时候，被石门夹住，无论如何出不来，她下令手下的人用斧头砍开石门，石门发出了母猪的吼叫声，还流出了鲜血，这些人只得罢手。这位妃子在无可奈何的情况下，承诺为西藏赠送 100 驮茶叶，在第 12 天的时候，驮茶叶的第一匹马来到帕莫岭圣地能看到的地方，石门这才把这位妃子放开。现在第一匹马来到的村庄名叫"单谷子"，藏语里是"马头到"的意思（杨小清，2004）。

笔者在单谷子调查期间发现，这则故事在民间有相当多的版本，故事大同小异，显示出讲故事者的创造能力，所有的故事都用以说明帕莫岭石门的灵验和村名的来历。故事不仅说明了村落和帕莫岭之间密切的关系，而且因为帕莫岭圣地实际上主要是由山上的僧人们负责诠释的，这则赎罪的传说则向人们说明山上和山下不可分割的文化一体性的逻辑关系：山下的存在是山顶存在的证明，上面不可能离开下面而单独存在（陈波，2008）。这些都是根据那道被称为"勒沟"的石门传说而衍生的：石门显然是女性生殖器的隐喻。单谷子的传说跟不丹的故事不同，没有举行仪式，而是以向寺院布施的方式赎罪。

3. 跨文化实践

蒙古人崇拜上天（腾格里）和大地，以天神为人类生命之源，称天神为"父天"或"天父"（所以男性祖先来自天神），称"地神"为"地母"。他们把高山视为通向上天的道路，崇拜高山即是崇拜天和祖先，这使他们把祖先和著名人物葬于高山，以与天相连。已故先祖的尸体被埋葬在高山，产生精灵和自然力量的结合（图齐、海西希，1989：495、497；邢莉，1997：39）。由此看来，敖包"是山的缩影，也是山神的栖息之所"（鄂·苏日台，1994：40）。这个等级性的宇宙结构体现为古代敖包三个一组并列，中间较大的代表天，两侧较小，右侧的代表地，左侧的代表先祖。祭祀敖包即等于祭祀天神（山）/先祖和地神（图齐、海西希，1989：365；包海青，2009：104）。高山也被看成是地母的乳房。蒙古族的先民还崇拜"子宫石"，其形状是一个洞穴（邢莉，1997：38）。据统计，清代五台山志中所列圣迹有 3/5 是洞穴。蒙古族朝觐五台山，特别重视这些洞穴，尤其是佛母洞。据说 16 世纪 60 年代已经发现佛母洞，并在 1846 年的地图中有记录。藏蒙朝圣者认为佛母洞可测试他们的业报（Karma）。此地蒙语称为 Eke-yin aγui（母亲洞）或 Eke-yin umai（母亲子宫），侧重母亲方面的意涵。Eke（母亲）也有开始、起源的意思。佛母洞就是大地崇拜。内蒙古阿拉善的莲花生寺（阿贵庙），也就是洞穴寺，传说它是五台山佛母洞的女儿，它有个连接西藏的通道，一日即可到达。藏族史学家尼玛多吉认为如果一个人进入过女儿的洞穴，就不应进入母亲的。藏族将洞穴分为两类，一类就以此洞为代表，但认为那是地狱之路（dmyal-lam）或狭窄路（phrang lam）（Charleux，2011：303）；另有金刚窟和观音洞等，传说清六世达赖喇嘛曾在观音洞修行，而清十三世达赖喇嘛则缘此来这里顶礼。和蒙古族的观念相近，藏族把这类洞穴当作再生和人生的阈限之所。一名喇嘛只有经过时间长短不一的洞穴修行，由绝对的静止状转生出无比的威力，才具有力量，才有资格操持仪式。另一类是各处海眼圣迹，据说这些地方与大海相连，须建寺塔镇住，否则便有洪灾，如镇海寺（蒙语为 Luus-i daruγsan süme，意为镇压水中的精灵）、三泉寺和那罗延窟等。1651 年清世祖在北京北海建的白塔，也是镇海。这些传说反映的是藏族关于青海湖起源、藏尼关于加德满都形成等的神话。他们认为洞穴的通道与河流等可诱致地下的龙（nagas）（Charleux，2011：303～306），故须祭祀。

余　绪

各处的鲜活实践、跨文化经验，洛域作者扎西丹增的著作所表明的历史进程，各类洞穴之汇聚为域聚落，揭示了石泰安分析体系可加以丰富之处。丰富后的洞穴总体事项，使我们看到洞穴世界表达了一种宇宙观，王铭铭称之为洞穴时代宇宙观（cave age cosmology），并且洞穴时代的经验积淀在现今人类的心智结构中。它表明，洞穴世界是我们生活世界的基本逻辑，它连接远古与现今；它是空间跨越性的，且相对于某个社区来说，是渐进推远的；它经历了漫长的历史，使复杂的洞穴类型之间发展出各种辩证关系，并构筑整个域。这种宇宙观是超越性的，它是一种哲学。

古希腊哲学家苏格拉底讲过一个洞穴的寓言，大意是说洞穴内的影子是不真实的，洞外阳光照射下的影子才是真的。他大概希望人们不要做黑暗洞穴里的没有理性的囚犯，而要去追寻洞穴外理性的阳光，这个过程跟"灵魂上升到可知世界"的过程是一样的（柏拉图，1994：272～276）。

我们生活在高楼大厦林立的世界里。我们的家室空间有各种现代器具，让人感到舒适、温馨，其高昂的价格是我们未来生命时光的预先支付。然而大量的摩天大楼抽取过多的地下水，导致东亚大陆大面积的地面沉降。郑州有的贫穷人家无法购房，则想出向下发展的妙招：往地下挖掘，建造穴室。地下是免费的，是属于私人的；地上是昂贵的，是属于政府的。为什么随着"开发"的推进，人们无奈之余的选择，竟然是回到祖先的穴居?①

笔者所在大学一位从事中国研究的朋友，购得一套两层楼的住屋，位于一栋六层建筑的第一、第二层。开发商在设计的时候，为了防潮，有意将一楼设计得比地面略高。他索性请人向下挖掘一层，使新挖掘出来的这一层成为半地穴。由此，他的这套房屋就成为上中下三层结构。笔者去拜访他的时候是春寒料峭的季节，朋友将笔者带到半地穴那一层。这里有半层窗户，光线透过玻璃窗进来，就采光来说，并不比有树木遮挡的楼上差。关键是，在成都这样阴冷的城市，半地穴比楼上要暖和。平时他就与夫人在这里看电视，其乐融融。他将二楼做书房，那是一个人闭关写作的好地方。一楼有客厅、厨房等。

跨越数千万年后，无论贫富，人们的思维竟然是如此相似。

参考文献

中文

陈波：《山水之间——尼泊尔洛域民族志》，巴蜀书社，2011。

〔法〕石泰安：《西藏的文明》，耿昇译，中国藏学出版社，2005。

赵林恩编注《五台山诗歌总集》，宗教文化出版社，2002。

杨小清：《雅江圣地——帕莫岭》，《雅江文史资料》2004 年第 4 辑。

陈波：《康区的神山祭祀与想像》，《康定民族师范高等专科学校学报》2008 年第 2 期。

〔意〕图齐、〔西德〕海西希：《西藏和蒙古的宗教》，耿昇译、王尧校订，天津古籍出版社，1989。

---

① 笔者也曾听说，陕西宝鸡有的人家无法购买地上的房屋，也不想挖掘地下的，就往树上发展，建立树巢。

邢莉：《祭敖包与蒙古族的民间信仰》，《内蒙古社会科学》1997年第1期。

鄂·苏日台：《论"敖包文化"的形成与演变》，《内蒙古社会科学》（文史哲版）1994年第3期。

包海青：《蒙古族敖包祭祀仪式渊源探析》，《青海民族研究》2009年第1期。

〔古希腊〕柏拉图：《理想国》，商务印书馆，1994。

藏文

mKhan-po bKra-shis-bstan-vdzin

2004a　*vPhags-bod-mkhas-grub-gong-mas bstan- dgon-khyab-spel-thugs-kyi-vphin-las-vod-stong-vphros-bavi-bkav-drin-rjes-bzag-dgon-sde-khag-gi-dkar-chag-dran-bskul-mun-sgron-zes-bya-ba-bzugs-so*，Kathmandu.（扎西丹增：《洛域寺字目录》。著作年与出版年不详，当在2004年4月4日以后。出版地：加德满都，出版者不详。）

2004b　*Glo-ljongs-chos-kyi-zhing-sar-bstan-pa-vphel-rim-gyi-dkar-chag-dwangs-shel-me-long*，Kathmandu.（扎西丹增：《洛境佛法发展清镜史》，加德满都。）

英文

Ramble，Charles

1984　*The Lamas of Lubra：Tibetan Bonpo Householder Priests in Western Nepal*，Thesis presented for the degree of Doctor of Philosophy at the University of Oxford，Hertford College，Michaelmas.

Stein，Rolf A.

1990　*The World in the Miniature，Container Gardens and Dwellings in Far Eastern Religious Thought*，Phyllis（trans.），Brooks. Stanford，California：Stanford University Press.

Paul，Robert.

1982　*The Tibetan Symbolic World*，Chicago：The University of Chicago Press.

Gutschow，Niels

1998　*The Settlement Process in Lower Mustang（Baragaon），Nepal：Case Studies from Kga，Khyinga and Te*，Bonn：Kommission fur Allgemeine und Vergleichende Archaologie des Deutschen Archaologischen Institutes.

Laird，Thomas

1995　*East of Lo Monthang：in the Land of Mustang*，New Delhi：Timeless Books.

Ortner，Sherry B.

1978　*Sherpas through their rituals*，London：Cambridge University Press.

Charleux，Isabelle

2011　"Mongol Pilgrimages to Wutaishan in the Late Qing Dynasty"，*Journal of the International Association of Tibetan Studies* No. 6.

法文

Stein，R. A.

1957　"Architecture et pensée religieuse en Extrême-Orent"，*Arts asiatiques* 4.

1988　*Grottes-Matrices et Lieux Saints de la Déesse En Asie Orientale*，École Française d'Extrême-orient，Paris.

神判中的讼争与教谕

——以一个黔中屯堡村寨的降乩仪式为例*

汤　芸

摘　要　传统中国社会的司法形态的本质是"调解""官司"和"神判"三种途径相互勾连而构成的整体，因此，要整体地把握传统中国社会的司法观念及其实践，将宗教研究的视野引入法律人类学的考察之中极为关键。通过分析 1912~1914 年间发生于贵州黔中地区一个屯堡村寨内为平息家族的祖坟争端而举行的一系列降乩仪式，本文将对神判与官司之间的同构互为关系进行说明，从而指出"礼治秩序"中礼、法、俗相掺杂的这一状态，对于法律概念的文化反思之意义。

关键词　讼争　神判　礼治秩序

2007 年秋，我陪同丈夫在贵州安顺的鲍屯村调查时，寻得当地鲍氏家族刊印于民国二十年（1931）的《鲍氏族谱》，该族谱共计十一卷，其前十卷内容与普通族谱无异，主要是详细地列出了家族源流和支系繁衍的情况，而第十一卷则显得极为特别，开卷即书"乩著源流"，并注明是"降仙笔"，为"列仙共撰"，详细记录了 1912~1914 年间，鲍氏家族部分成员在鲍氏宗祠、善夫堂等地先后所做的 16 次降乩仪式。

---

*　本文系 2009 年度中央高校基本科研业务专项资金项目"多民族杂居地区基层宗教组织的社会稳定性研究"（项目编号：09SZYZJ16）阶段性成果。在撰写过程中，得到王铭铭、陈进国、张亚辉、张原等学者的帮助，特此感谢！

位于贵州省中部安顺西秀区的鲍屯村,是一个屯堡村寨,居住其中的主要是鲍姓(约占 70%),以及汪姓等其他姓氏。其先祖鲍福宝为军户,原籍安徽,于明初洪武二年时,受命带家户来到贵州安顺一带,并渐在今鲍屯一地安顿下来繁衍后代。① 《鲍氏族谱》中的这卷《乩著源流》,开篇便介绍了鲍氏家族请乩的缘由:鲍氏始祖来黔后,家族渐渐壮大,然而因历经数次战乱,尤其是咸同年间的苗乱,家族各支系离散数年,除始祖坟外,多位先祖之坟因无碑且杂乱而无从辨认,导致家族关系混乱,纷争不断。为厘清家族源流并平息争端,鲍氏家族合力请仙下凡判明各先祖之坟所在,使家族重归秩序。家谱中这样"另类"的一卷显得如此意味深长,也引出许多值得关注的问题:面对家族内部无法调解的纠纷,鲍氏族人为何诉诸神判之方式来平息之,而这其中又折射出当时当地的何种社会生活之图景?神判作为争端平息与仲裁之方式,与具有同样功能之官司之间有何关联?神判与官司之关系,对于法律人类学与宗教人类学又有何启发?面对这一系列问题,本文并不打算仅仅从宗教信仰与仪式研究角度对神判进行一番解析,更是要将这一神判放在其发生的特定历史与社会背景之中来理解当时当地的社会生活图景,并且借鉴法律人类学的视角,对神判作为裁决机制的这一特性进行分析探讨,以期对法律人类学进行反思。

一 人类学法律研究的宗教视角引入

经过数十年的学术争论与知识演进,法律人类学(legal anthropology)正逐渐演变为人类学的法律研究(anthropology of law)。或者说,前者成为法学研究的一个专门领域,后者则是一个具有人类学学科属性的研究方向(侯猛,2008)。今天的人类学虽然仍关注着与法律相关的问题,但通过这一关注,人类学者所要理解的实为社会生活的样式,以及形塑这种生活的世界观。经过了从早期"以规则为中心的范式"到后来的"以过程为中心的范式"之不断修正与补充之后,当代西方人类学的法律研究主要集中于探讨"纠纷的文化逻辑"(the cultural logic

―――――――――――

① 关于屯堡人的研究可参见孙兆霞等(2005)、张原(2008)。

of dispute）（Comaroff ＆ Roberts，1981）。特别是在格尔兹（Clifford Geertz）的《地方性知识》出版之后，西方人类学对于纠纷解决过程中的权威形态、道德体系、世界格局等问题的讨论，呈现出多元化视角倾向，并且基于对"法律"的不同理解，形成了不同的研究路径。

早在 20 世纪 30 ~ 40 年代，当西方法律人类学研究由于无法摆脱对西方"法律"（law）这一概念之限定，仍纠缠于寻找非西方部落社会中类似法律的规则之时，瞿同祖和费孝通则基于中国社会的文明特质，分别从大传统与小传统角度给出了对中国法律之理解的典范：中国的法绝非抽离于中国社会文化的一套规范，它与儒家文化关系密切。瞿同祖于《中国法律与中国社会》一书中指出，在对社会秩序的维持中，儒家所推崇的"礼"深深地融在了中国的法之中（瞿同祖，1981：292 ~ 354）；而费孝通在《乡土中国》中则指出了乡村生活中"礼治秩序"的特征（费孝通，1998：50 ~ 53）。二人都强调，古代中国法律之特征为"以礼入法"，这与现代法有本质不同（王铭铭，2008）。因此，不论是"法"或"俗"，均因渗透着"礼"而相互交织。在两位学者的论述中，"礼"作为对人的规范并非是均质的，而是因人在社会中的地位角色而有不同要求。这种融入了礼于其中的法，强调的是一种"差序的正义"（赵旭东，2011），而并非是现代法律规定的"同质的权利"。可以说，早期中国人类学者的上述立场，已经凸显了当下人类学法律研究的核心旨趣，对于理解中国的法律具有极大的启发性。

然而到 20 世纪 80 年代，这样一种以"礼"释"法"的立场，却被来自海外学术界的一场争论所掩盖。这场争论来源于法律史学界对帝国晚期民事纠纷领域的考察，形成了"礼俗"与"礼法"的两种研究取向。以日本学者滋贺秀三为代表的学者更多关注对法文化的考察，认为中国传统社会在面对讼争时采用的是一种"教谕式调停"（滋贺秀三，1998a），并且依照"情—理—法"之逻辑来进行（滋贺秀三，1998b）。以美国学者黄宗智为代表的学者则更偏重于法律实践的研究，他指出传统中国社会民间之"细事"的解决，主要是在社区调解与法庭干预间互动的"第三领域"进行的（黄宗智，2007），且主导司法实践的是"实用道德主义"，即道德性表达与实用性行动之结合（黄宗智，2009）。尽管观点相左，但从出发点来看，两位学者并无二致。他们虽关注纠纷解决之过程，却又重新掉入西方法律人类学早期强调"规则"之路径，从而不断在中国找寻法律的"实定性"。滋贺秀三认为，中国法律有实定性，但不在于由习俗发展而来的"形式法律"，而在于"情—理—法"这一逻辑的实定上；黄宗智则认为中国法律的实定性表现在一种将经验与理论以一种独特方式连接的思维方式上，并以实用道德主义为原则。于是，一方面，滋贺秀三等人将中国法律的特点识别为非实定的"俗"与实定化的"礼"所结合而产生的重情理之"礼俗"；另一方面，黄宗智则引向了一种将"礼"价值化后，又将"法"工具化，并认为二者结合所产生的重实用之"礼法"为中国法律之指导。然而，不论"礼俗说"还是"礼法说"，都将"礼"抽离于"法"与"俗"使其相互割裂，并且这些论说无非是基于现代社会所定义的"法律"概念上，来框定中国社会的法律及其实践。所以在中国引起的争论虽然激烈，但似乎又与中国无关，对中国人类学的法律研究启发有限。

今天，中国人类学的法律研究要突破现有研究的误区，找到更具整体性的视角，则需寻找一些新的研究路径。当然，如要回到瞿同祖与费孝通所开创的那种人类学法律研究的传统，则需要思考二人论点之间的切合。一直以来，在二人分别论述的大小传统之间，到底有着何种历史性的"上下关系"，学界却未有触及（王铭铭，2009：184）。而这种关系却正是我们理解"礼""法""俗"是如何互动互为从而构成一个整体之关键。

瞿同祖的研究，不仅分析了中国法律自身的体系与社会的关系，更有专门章节论及宗教与巫术的问题，而这正是当代研究中所常忽略的部分。瞿同祖指出，中国的法律虽然并非源自神授法，但巫术与宗教（如神判、福报等）对于法的观念以及实践而言，却是重要的辅助（瞿同祖，1981：250）。当下，关于中国社会的宗教与法律之关系的论述，康豹（Paul Katz）的《神判》（*Divine Justice*）一书值得关注。康豹批评如今的法律史研究，认为明清时期中国人只是通过"知县衙门"来实现对法律的认定，故在研究中总将目光投向法典或"习惯法"，且只关注传统中国的法律行为的两种途径：一是调解或者说私了；二是依照正式的法律，即到衙门打官司。然而，中国的"司法统一体"（judicial continuum）其实还包括第三种法律行为，即进庙，也就是借助宗教及其仪式进行仲裁。属于同一个统一体中的"调解""官司"和"神判"，在法律行为中其实是相互掺杂运用的，不可割裂来看（Katz，1999）。这也就意味着，中国法律及其实践，并非只涉及"人事"，且不仅与"鬼事"或"神事"有着特定关联，也与一系列超自然力量相关，包括对阴间的终极审判与最终公正的敬畏之心、福报的观念、青天的诉求等。其中，城隍庙是中国法律与宗教两个领域相互叠加的最好例证。一方面，城隍庙庙宇这一象征空间正是对神、鬼、人世界的结构性连接；另一方面，当人们将争端诉诸城隍庙时，所遵循的一套礼仪，与打官司的程序有着同构关系。于是，通过城隍庙及神判等仪式，"公正"（justice）观念与司法仪式（judicial ritual）的展演交错其间（Katz，1999：3），在一定程度上，这正是大小传统之互动互为的结果。位于城乡之间的城隍庙，通过造就"阴阳关系"，以及培育费孝通所说的"令人服膺"的"敬畏之感"，以一种"礼的结合"勾连与维系着大小传统之间的上下关系（王铭铭，2008）。而正是这样一种关于"礼的结合"之考察，应该成为超越"礼法"与"礼俗"之争，从而成就真正理解中国法律及实践的新视角。也正如康豹所指出的，宗教实践与法律实践之间其实并不能划出一条明确的界线，而将二者连为一体的，也正是"礼"（Katz，1999：3）。因此，人类学的法律研究，不可忽视"礼的结合"，而在这一结合的研究中，若忽略了宗教层面，将只会如同盲人摸象，终不能获得一个整体视野。

在具体的地方，能否通过一些生活之中的案例，来观察到这样一种历史性的"上下关系"，以及"礼""俗""法"三者之间的关联？这样的研究又能给予人类学之法律研究以何种启发？带着这一思考，本文首先将《乩著源流》放在当时当地之社会生活场景中，解读其发生的历史文化动因，然后进入文本关于仪式的记载，从仪式过程、乩仙诗文、乩仙身份等方面，解读其解决争端与进行裁决的机制，进而尝试回答上述问题，来对中国人类学的法律研究进行一些补充。

二　《乩著源流》中的讼争图景

《乩著源流》记录的是一个"降乩判坟"的过程。对于黔中乃至西南中国许多地区而言，"坟茔"向来不只是一个埋葬祖先与清明祭祖之地，它还有着特定的社会功能，甚至超自然灵力。正如当地人所说"以坟管山"，宗族支系先祖的坟墓位置作为一种地标，不仅标识了该支系所拥有的相应土地（特别是祖坟周围的山地），也因坟茔作为贯通先祖灵力之物而成为这一土地所有权最具效力的凭证。在当地，"以坟管山"这种约定俗成的所有权确认方式不仅得到官府的承认与维护，更因受到超自然力量之保护，使得破坏与侵占有坟"管"着的山（土地）的行为在受到官府严惩之外，还总被认为要遭"报应"（汤芸，2008：102~117）。可为什么鲍氏宗族的先祖坟地在持续多年的混乱之后，却在1911年前后突然成为一个重大事件，需要整个宗族花费如此多的精力与物力来厘清坟地与具体房支间的关系？这则与当时的社会转型与道德重塑相关。

作为明朝屯田政策下促生的屯堡村寨，稻作经济曾经是其生计支柱。由是，在以稻谷为核心的农业生产中，水田在人们生活中的重要性是不言而喻的，而山坡旱地的开垦不仅是较晚期的事，且因种植其上的粮食是"杂粮"（多以玉米、番薯、土豆为主），而显得比水田等级低（张原，2012）。这一状况至晚清则随着鸦片的种植而改变。为堵住鸦片进口造成的白银外流，清朝末期对于农民种植鸦片开禁，并提供许多优惠（《贵州六百年经济史》编委会，1998：81、256）。在鸦片丰厚的利润下，占有山地种植鸦片比占有水田种植水稻能获得更高的经济收益，这使得山地的价值大大提高。特别到了清末民初之际，经历了多次匪乱而受到重创的黔中村寨人口渐渐恢复，而人口的增加所带来的经济压力也使得当地依托山地种植鸦片而获利显得尤为重要。尽管民国政府多有禁毒措施，然黔中等地种植、吸食鸦片者仍甚多（何观洲，1932；《贵州通史》编委会，2003：558~563）。在这一背景之下，从清末直至民国的这段时期，在黔中地区因山地占有权与耕作权的争夺而引发的冲突纠纷越发激烈，甚至一个宗族内部的支系之间为山地所有权而起纷争也是常事。如此一来，在当地风俗习惯中拥有确认山地所有权最高效力的"坟"，其重要性更为凸显。因此，虽如《鲍氏族谱》中强调的在当地"无人不知"鲍氏始祖与众先祖葬于此地已有500年之久，但除始祖坟茔所在位置是明确的外，鲍氏其他先祖的坟茔均混乱难辨。坟地的混乱对应着山地归属的不明，使得鲍氏家族内部在处理确认自己家族所属山地，以及于家族内部划分山地等关涉家族整体权益和族人具体利益的事务上出现了严重的危机，亟须借助一次神判来解决问题。

值得提及的是，鲍氏宗族通过神判来厘清坟地的 1912～1914 年，也正处于帝制中国向现代民族—国家转型之际。此时的黔中村寨鲍屯面临着双重压力：一方面，村落本身和宗族内部的社会关系需要重新确认与重组；另一方面，社会的转型也导致人伦关系与道德体系急需重建和确认。在这双重压力之下，宗族内部因坟地不明而起的山地纠纷，其根源不仅在于山地经济价值的提升，更在于传统道德观遗失而导致的一种失范的危机感。而鲍屯村并非只由鲍氏宗族单一家族构成的村子，鲍氏、汪氏及其他小姓共居于此，都共同供奉黔中屯堡村寨普遍信奉的地方神——汪公神（万明，2005）。同时，鲍屯村正处于安顺大西桥汪公祭祀圈的范围之内，每年正月十八，鲍屯村都要举行"抬汪公"仪式，远近村落都会来此参加朝贺（张原，2009）。鲍氏家族与鲍屯村内部的失范，也极大地削弱了鲍屯村在仪式中的号召力，甚至影响了其所属区域的仪式圈体系，以及村寨间的关系结构。因此，通过神判，借助超自然力量来厘清祖坟，从而明确家族支系源流，这不仅是在动荡时局中一个宗族重塑人伦和道德的重要方式，更是一个区域重塑仪式圈与村寨关系的契机。在这一意义上，厘清祖坟不仅有工具性的现实利益之考量，也有价值性表达的深刻道德动机。

在大致呈现了《乩著源流》中的讼争图景之后，也引出更多思考：家族内部无法平息的纷争，为何不通过提交家族外的官府取证断定来平息，而要借助社会现世之外的神明来判定？缘何降乩仪式以及超自然的乩仙能令众人信服从而平息讼争？繁复的仪式过程及神判程序所折射的处于时代转折之际的屯堡乡民们解决讼争的方式是什么样的，这又有何意义？而这样一个"非常规"的讼争解决过程，对于我们理解中国法律形态之特点又有何启发？对这些问题的回答，还应从解读《鲍氏族谱·乩著源流》中降乩仪式之记录开始。

三　降乩仪式中的官司程序

在《乩著源流》的记录中，每一次的请仙降乩仪式都有极为细致的叙述，甚至不亚于衙门文书对官司程序步骤的记录，从而为我们展现了 100 年前那次神判的整个过程和诸多细节。

1912 年八月初一之夜，鲍氏族人在来自安顺旧州潘姓与叶姓两位道士的帮助下，于祠堂中隆重设坛扶乩请仙。一开始，众仙始终不降，乩笔未动一毫。甚至族人鲍云开"书符再请"后，仙仍不降。临至午夜，族人鲍成贤"沐浴焚香，虔心书符"再度恭敬地请仙，降乩方才成功。此次降乩请来了一小仙，他按乩仙临坛出场时的惯例自道了身份与来意：

> 吾乃<u>游方土地</u>田子清是也，因云游到此接得赤文，来与尔等说明：<u>文帝</u>同诸仙在桂宫考校册籍，未暇前来。要使<u>灵官</u>来判，先着吾来教尔诸生伺候，尔等既念先光，何不竭诚结彩焚香，稍停各宜肃静。

降乩仪式首次出现的这段乩文，实际上是将鲍氏族人的这次神判所要涉及的核心神明的角色和分工，以及神判的程序进行一个概括性地介绍。通过这段扶乩文字的记录，可以看到在整个神判的过程之中存在一个上下有别、分工有序的乩仙阶序。在这一阶序里，"文帝"（文昌帝君）如同帝王，位于最顶端，统领着所有事务，是整个神判机制的代表，因而也是人们上诉的最终对象。不过，文帝并不直接受理具体事务，有关讼争之事乃是由专门负责判案审查的"灵官"（纠察灵官）负责。地位较高的灵官如同官衔较高的官员，请他判案自需依循相应礼仪和程序。此时，游方土地便扮演着执达员的角色，这个位于较低阶序的小仙首先出现在乩坛，一是负责通报鲍氏族人，文帝已经接到他们的申诉，并令灵官受理案件；二是前来查看鲍氏族人是否知礼，并传授鲍氏族人要继续这次神判所需要的相应礼仪程序。由此可知，这一乩仙阶序正是民间大众对现实生活中的官僚体系的一种具有象征意味的搬演（王斯福，2008）。所以在这一作为神判的系列降乩仪式中，其隆重恭敬的礼仪背后实为对正确合适的程序过程的一种强调。

参与仪式的鲍氏族人按游方土地的交代完成了相关礼仪程序之后，当晚纠察灵官很快也降下乩坛，乩笔书下一段告白：

> 吾乃<u>纠察灵官</u>是也，尔等追念先人各宜至诚，默祝俟去查明，

前来判示。

说罢纠察灵官便即离去，此时这场神判得到了实质性的受理，进入了审查阶段。不久之后，纠察灵官又重新降下，开始判示。而在宣布判示结果之前，灵官先表明了自己判示的依据由来：

> 吾非土行孙、亦非杨救贫，不会下地穴，又无审坟经，为此一桩事，丰都遍游行，查考孤魂类，执鞭爱众灵，制伏多时日，一身汗漓淋。示曰：为尔等祖坟之事，使吾历遍丰都，尔等知之乎？要不判明，还说吾神不晓，今当查明之际，吾前来示清，先判尔始祖姚牛氏太君之墓。

在此，纠察灵官强调了自己本不通鬼事，但为判示公正他煞费苦心专门前往鬼城丰都查访考证，由此表明接下来的判示是有依据且可信的。然而在强调了判示的灵验之后，灵官却又说自己要先回宫办事，特别嘱咐鲍氏族人先去辨明各坟茔是单数还是双数（即是单葬还是合葬），留待下次来判。

八月初二晚，在第二次降乩中纠察灵官并未降下，而是另一个乩仙"粤西城隍"前来。与纠察灵官为族外人不同，"粤西城隍"名为鲍起波，为鲍氏之十三世先祖。他在乩文中介绍自己此番前来是奉了纠察灵官之命，专事解明灵官的判词，以确保鲍氏族人明白无误。虽是解说判词，"粤西城隍"却以劝善教化作为开始，夸赞族人乃是有诚心、有善心才能获得灵官对此案的亲判，接着便抛出一段判示解说："二世姚之墓乃在半字间，四世列两旁。"给出这段模糊的判示之后，"粤西城隍"又开始进行说教，令族人鸡鸣时再自思能否作善，且还强调，灵官所判需得鲍氏族人的铭记执行方显至善至诚，由此才能感动仙人降临乩坛，继续判明其他坟茔。"粤西城隍"嘱托完后便离去。接着，乩笔又开始书写，此次降临的乃是"控驭仙"。控驭仙并非具体某仙人名字，而是专管受理奏章的"九府"级别中的主管仙，或相当于"知府"这类官职。"控驭仙"写下一段诗文表明身份后，赞扬鲍氏族人请仙降乩断祖坟乃善举，并表示若想断明其余坟茔，还需先照"粤西城隍"所示，鸡鸣时分自思，然后转而说："夜已残，返故园。要判未来事，解日又临坛。"得知判示又要推后，心情急迫的鲍氏族人追问下次判示的日期，"控驭仙"回复"中秋月明方来再示"，然后离坛而去。由此可见，降乩仪式中的神判如同现实中的官司一样，有着复杂的审查程序与冗长的判示过程。并且乩仙还通过不断地强调"劝善教化"，来表明神判的灵验公正乃是建立在鲍氏族人"文明"程度之上的。

待到1912年农历八月十五中秋之际，鲍氏家族第三次聚集在祠堂之中虔诚请仙。很快降下一位乩仙，自白："吾乃桂宫奉道弟子清神，加封侍奏灵通控驭仙愚伯廷楹是也。"这位自称清神的乩仙亦是鲍氏宗族中的一位先人，系"粤西城隍"鲍起波的儿子鲍兴渤。紧接着又有一位仙人降临，自称"朱帝王驾前追魂押役使者"，而此仙亦非外人，其名鲍儒，乃清神鲍兴渤之同辈，是"粤西城隍"鲍起波的侄子。清神鲍兴渤和追魂押役使者鲍儒此次降临乩坛，是代"粤西城隍"鲍起波查看鲍氏族人是否依其前次临坛前所要求的"于鸡鸣时自问其心是否能作善"。一番审查后，他们感叹鲍氏族人"果虔心自省"，然后清神鲍兴渤对族人解释说，乩著判示"文词非浅识者所能喻"，需有人解明方不生疑义，其父随即便将来解明。一会儿，"粤西城隍"鲍起波再次降临乩坛，他先给出一段诗文进行一番带有亲情感召的说教，说他作为族中先人，见到后人因祖坟不明之事"干戈动不宁"，因而"一忧万民遭劫运，二忧魂鬼多闹声"。再述他不辞辛劳前来为后人判明先坟，后人需铭记判示结果，不再争议，由此方对得起灵官及先祖之良苦用心和万般辛劳。接着"粤西城隍"给出的判示解明依然是诗词，并令清神鲍兴渤和追魂押役使者鲍儒前去查明坟茔是单葬还是合葬，以便细判。等二仙查明后，"粤西城隍"的判词即以各种玄句及数字来进行推算，比如"王子去求仙"一句，指的是四世祖及五世祖的号数，然后逐字解道：

> 王与斗十三，考妣共一棺，此即璁祖号，独占顶魁元。子字为一五，此乃是珉祖，一五即六号，指明是单数。去为十七号，玘祖单葬妙，妣氏另有着，何必乱谈笑。求为十八八，珩祖号无差，亦是单葬茔，妣乃各一家。仙字是山人，琇祖在边城，虽然无箴记，亦有晕常存。

这样的判示解明虽显玄妙，但对于鲍氏族人的暗示已经明确许多，因而更显得灵验明晰。"粤西城隍"鲍起波在离去时，再次赞扬族人有寻祖探源之心，并称此次神判要先判重要之坟，小事务勿急。这样的赞扬和安慰使得整个神判指示更具有一种"人情味"和"亲近感"。

随着这三次降乩仪式的结束，这场神判的第一阶段也大致完成了相关的受理申诉、程序解说、审查判示、判示解明等程序步骤。当然，纠结于这些降乩判示是否灵验可信，并非本文所需辨析的。在此需要探讨的是这次神判出现的各个乩仙的身份特点，及其判案依据中"礼""法""俗"并行的特质。首先，如游方土地所表白的那样，文昌帝君所率的诸仙之所以要受理此案，一是因为鲍氏族人心诚恭敬设坛请仙，二是因族人乃知书达理之人，是能理解乩仙诗文的妙慧的，三是因为此案具有彰显孝道之礼教意义，所以这次神判本身就是一场劝善教化的事件。其次，判坟之事对负责审查次案的纠察灵官而言，乃其"专业对口"之外的鬼事，但通过灵官亲自前往鬼城丰都查访，此次神判的审查与判示获得了一种经验证据的可信性和权威性，表明了神判本身具有一种明辨是非的司法实体性。再次，作为判官的纠察灵官虽尽职尽责地进行了相关的审查判示，但如同现实中官府断案一般，案件的察明和判决需"体问风俗"从而通晓人情事理方才令人信服，因此由鲍氏族人的十三世先祖"粤西城隍"鲍起波出面来解明判词，这让判决具有了一种亲民性，而且城隍本为辨识人心善恶之神，由成为城隍之先祖来为鲍氏族人判示，这也表明了判示结果之公正不偏与近乎人情。显然，地方之上的"风俗人情"、内化于乡间的"礼仪教化"与作为外部权威的"法理公仪"杂糅于此，共同支撑着这次降乩判示的可信度与合法性，且缺一不可。而这正构成了降乩仪式程序中的形式实定性，当然这种实定性不是针对司法形式和法律理念本身而言的，而是基于礼教自身的"劝善教化"所凸显的一种实定形式。

四 神判过程中的教谕调解

通过前三次降乩仪式，神判第一阶段的程序基本完成。在这一阶段的神判过程中，鲍氏家族得到了一些抽象模糊而又充满权威的判示。如同所有的司法宣判都需要生动明晰的明示和具体有力的执行一样，接着鲍氏家族举行的降乩仪式将要进一步落实的是神判之后的具体执行。由此，这场神判开始了第二阶段的程序。

据《乩著源流》所记，在农历八月十六夜里的第四次降乩仪式中，乩坛请来的仙人数量是最多的。首先临坛的是一位叫熊朝海的土地公，他称因文帝等神皆忙，令他先来查看。土地公熊朝海强调判示坟茔之事若非族内成神之先祖，绝不可能断得件件明白，因此鲍氏族人应叩首迎接鲍氏宗族中的众位成神先祖，共同来解明判断。鲍氏族人依此照办，很快鲍氏宗族中已经成神的先祖们纷纷降临，并乩书来意：成为"散人"的先祖鲍成名，称来监督判示；成为"斗坛使者"的鲍一行，前来待命；另有专事记录功过是非的"三曹簿记"鲍五敷（别号克昌），对于此次神判他的角色很重要，如其告白：

> 吾乃五敷，因为人正气，蒙天主特命为神，主三曹簿记，今尔等预分支派渊源，故与控驭仙商酌议定，谨书明示，则家传有根底，而称名无紊乱，斯之谓有谱矣。

此外，之前曾降临乩坛的清神亦再次降下，"清神来禀命，请吾把派定，此为大关节，何可乱谈论。"最后，"粤西城隍"鲍起波来了，他介绍了此次请众神降临乩坛之目的：

> 此定派之事非可任一己之私，还要合族共同会议，则永久可行。如吾族自始祖来黔，成仙者虽不多见，而为逍遥散人者有之，更有为土地神、为山使，以及为水府王室、为清闲道真，或作司典，或主玉衡也间有其人也。今夜会同公评众论，定派之后各自报名，尔等认真详办。

这一夜，在降下的鲍氏家族众位成神先祖的共同督促与协作下，鲍氏多位先祖及祖母之坟茔又得以判明，鲍氏家族的后人房族支派的划定也获得了依据。八月十六的此次降乩是神判执行程序中的关键步骤，很明显，此次神判的执行基本是由鲍氏先祖中已经成神的各位乩仙来主导，作为鲍氏家族外人的土地公熊朝海只是奉文帝之命在旁观看监督而已。由此我们可以看到，家族外部的乩仙在此次神判中进行了审查并给出判示，但由家族内部等级最高的乩仙来具体地解明判示，最终这些判示解明得到了家族内部众乩仙的合议执行和监督落实。

八月十七，第五次降乩。此次先是"魁斗星官"与"武魁"前来扫坛，接着"玉衡主宰"（同为鲍氏族人之先祖，但未交代具体为何人）也降临乩坛。但玉衡主宰此次已不再为判示坟茔所属而来，他转而向鲍氏族人强调了三件大事：一是关于坟茔修葺以兴风水之事，他令鲍氏家族各支派修葺自己各支先祖坟茔，但二世、三世、四世祖的坟茔应合族共修葺，以振家族之文运。二是定下吉日令族人恢复在咸同之乱中被损毁的宗祠，并降乩笔恢复了鲍氏宗祠原来的几副对联。三是让鲍氏族人修复毁于咸同之乱的汪公庙，并在第六次降乩仪式中给出动工开土的吉期与殿堂悬挂的对联。重修宗祠对于鲍氏家族而言，其意义是显而易见的。至于汪公庙的恢复则另有深意，该庙供奉的汪公乃安徽土主，号"忠烈汪王"，他不仅仅是鲍屯的村神，也是黔中屯堡居民的重要地方保护神。汪公庙及汪公对洪武年间因"调北征南"而入黔的屯军后人而言，具有重塑迁徙记忆和伸张身份道德的重要意义（万明，2005）。而鲍屯村并非只有鲍氏宗族，同居于此的汪氏家族亦为当地大族，且另有几个小姓，他们都共同供奉汪公神。此外鲍屯村正处于安顺大西桥汪公祭祀圈的范围之内，因此修庙祭祀汪公对于地方关系的整合和村落间的互动也具有积极意义（张原，2009）。可见此次降乩中出现的判示，对于整个鲍氏家族和鲍屯而言是一次针对社会关系调整的重要教谕。此次请神的效果是显而易见的，此后鲍氏族人遵照指示，揣摩乩笔所书之判决，渐渐将坟茔所属明确，也平息了族中争端。到了当年十二月初四、初五，重归齐心的鲍氏家族，共备祭品，在宗祠两次请乩谢神。初四这日，先谢的是文帝、灵官等大仙，众仙齐欢并赞鲍氏家族即将兴旺，而鲍氏先祖鲍孔昭亦降下，夸族人果然齐心——完成修坟、建祠、复庙等事，鲍氏家族能如此重新团结一心，定将重振家声。初五则主要是告慰先祖，鲍氏先祖们亦纷纷降乩笔以示欣慰，并告诫族人需将判示结果铭记，莫再生争端，继续行善，振文风，兴家业。这里出现许多诗词，显示仙人与先祖的妙慧，以及后人的聪颖。至此，通过八次降乩仪式，直接关系到整个家族内部关系的主要坟茔已判明，大的讼争业已平息与杜绝，以整个家族为名的降乩仪式也告一段落。

《乩著源流》所记录的后八次降乩仪式，仍以断定坟茔为主。但这些坟茔主要为鲍氏家族十世祖之后的先祖，其关涉的是鲍氏家族各支系具体房派的划分，因而不再是合族在祠堂中请乩，而是在需要乩仙断定之支系的某个具体家庭中进行。[①] 有趣的是，若从这后面几次神判所出现的乩仙之身份来看，会发现他们大多为山关土地、斗弦司香、善缘童子、水府神曹之类的小仙，并多为鲍氏家族中成神的先祖，且主要为十三世祖与十四世祖。如主持后面神判的最大乩仙"粤西城隍"鲍起波，为鲍氏第十三代，号腾云，普定县学庠生。据《鲍氏族谱》记载，鲍起波在世时"为人公平、温柔敦厚、持身涉世、毫不妄为"，亦是颇有才华之人，但因咸同之乱，并无一字遗留。相传他 83 岁时，梦中两童子手执红柬（即任命书）前来，称他被上帝任命为回龙关土地。至 1912 年鲍氏家族请乩之时，鲍起波已然成为"粤西城隍"。而其他的乩仙则多为鲍氏十四世祖，其生前事迹在家谱中也有记载。他们是当时鲍氏家族在世且主持修谱与降乩仪式的十六、十七世后人最为熟悉的先祖，其在世生活的年代在咸同之乱之前，所以对五世祖之后各先祖的坟茔情况也较为熟悉。可以说，后面的神判与其说是在判决，还不如说是一场家族内部的调解，因而其展开过程之反复，所费时间之漫长，关涉细节之琐碎，降下的乩仙之繁多，以及乩仙品级之低下，足以让外人迷失。然而对于鲍氏族人而言，后面八次降乩的庞杂判案结果与之前合族请乩神判相比，却是最为利益相关的，这直接影响到每个具体家庭在整个家族中的地位归属，以及对于相关山地的占有和使用等权益。因此，后面八次请乩神判，更注重的是判示执行的有效可行，而非权威合法，其在形式程序上类似于在黄宗智所言的"第三领域"中进行的一种"实用道德主义"的实践（黄宗智，2007）。而在精神内涵上则具有滋贺秀三所言的那种"教谕式调停"的色彩（滋贺秀三，1998a）。

从《乩著源流》中记录的整个降乩仪式的过程来看，针对这场神判的具体执行是充满了教谕色彩的，且其效果也非常直接和明显。而且

---

① 但也有三次请乩判示因情况错综复杂，亦交错在祠堂及家宅之中多次举行降乩仪式。

这次神判作为一次具有戏剧性色彩的礼教展演，其"劝善教化"的效果不只针对鲍氏家族，也面向他们的邻里。因此，其重塑的社会秩序，不局限于鲍氏家族内部，还适用于地方。这次神判的仪式过程与现实中的官司程序虽有着一定的相似之处，但无论从其动机还是结果而言，都不能将其视为一次工具性的和实用主义的司法操演，而应该视为一种具有仪式感和巫术性的教化过程，因而其所表达和明示的那种具有实定性的精神内涵并非针对的是司法本身，而是面向礼教的实质。

五　神判中的"礼治秩序"

综合百年前这场神判的全部 16 次降乩仪式，可以看到讼争的上诉与解决是沿着"审判"与"执行"两条脉络交错进行的，两条脉络缺一不可，其大致程序与关系结构如图 1 所示：

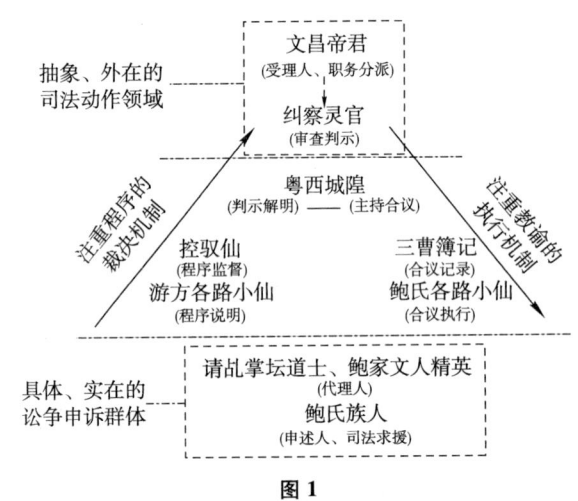

图 1

这样一个降乩仪式，生动地呈现了神判与官司的同构性，也使我们能观察到"礼""法""俗"三者是如何勾连在一起呈现为一个整体，并构建了一个依托于"礼治秩序"而实现的社会秩序。第一，从程序上来看，神判与官司在形式上是同构的：断坟茔这一家族内部事务，因无法依靠族内力量来进行评判调解，需诉诸外部权威，而诉诸官府亦无法获得服人心之判决，于是人们便转向神鬼之灵力，向文帝提起诉讼。

不过，文帝并不直接受理此事，而是分派给管理纠纷的纠察灵官受理，而在纠察灵官前来断案之前，类似执达员的游方土地会先行临坛，解说降乩神判的相关程序与礼仪。第二，判示的公正性与权威性的获得，既合法，也依俗：纠察灵官受理案件后，因不通鬼事，故专程前往丰都查阅典籍后，方来判示了几个坟茔，以表明判决有依据且具权威性。接下来，升任"粤西城隍"的鲍起波前来，身为城隍的他本身就是公正的象征，而他同时又是族中先祖，更是熟知族中事务与当地风俗，他来解明判词并继续断坟，自是无可置疑。而在接下来的判示中，基本上都是由熟悉家族事务的先祖来进行，但由家族之外的"控驭仙"来监督，这使得判示结果因符合家族实情而可信，又因有监督而具有权威性。并且在最后的小规模降乩仪式中，族外之神也基本退出，族内调解的色彩则越发明显，乃是依托神判来令坟茔断定结果可行且具说服力。这些都充分展现了基于礼而掺杂在一起的法与俗。第三，不论是判决过程还是执行过程，乩仙都强调着教化：审查判决和判示解明过程中，乩仙不断考察鲍氏族人是否有教化（是否向善，是否懂诗文等）。而判明并不代表整个诉讼的结束，恰如监督程序的"控驭仙"和主持合议执行的"粤西城隍"等乩仙所强调的，祖坟判定系全族之事，亦需众人合议并执行方有效力，且由鲍氏家族中各已得道成神的先祖来共同合议执行判示并监督执行。在所需执行的事务中，除却家族坟茔重修、宗祠恢复之事，还强调了汪公庙的重建，更是体现了其对村寨及地区的责任，而这同样是教化之一部分。

基于上述分析，一方面可以看到，存在着一种"礼""法""俗"相掺杂的"礼治秩序"，它正是中国社会秩序达成的根本，也决定着官司或神判的文化逻辑；另一方面，也能看到礼教、司法与巫术的杂糅正是维系传统中国社会秩序的方式，这也正是官司或神判的展开形式。《乩著源流》所记录的降乩神判，本是一种具有巫术性质的民间风俗，但同时又具有显著的法律裁判程序和道德教谕色彩，而成就这种法律文明的，正是文字书写和乡绅阶层。从乩仙之谱系、神判过程与降仙笔的内容表达上，很容易确认《乩著源流》是地方乡绅创造的一个文本，但它却被所有的宗族成员所认可。应该说，人们所认可的实质上是礼教维系社会秩序的方式，或者说是神判中，借助巫术将风俗、礼仪与法律相糅合的这种再现秩序的方式。由此，在中国的基层社会创造和维系这种秩序的关键人物，其实是那些拥有书写能力的乡绅，他们以及他们所书写的文字，正是达成大小传统之"上下关系"的关键。因此，可以这样理解：在西南的乡村中神判即是官司，官司即是调解，调解即是教谕，而教谕即是具有仪式感和巫术性的文明教化过程。

在这样一个复杂的过程中，可以看到，如戏剧一般的神判，其判案形式呈现了官方科层制的礼仪化表演与家族关系的道德性展演在地方的混合。在神判中，人们能充分调动生活世界中各种真实存在的，以及被想象出来的关系情景和秩序模式，以一种充满了价值判断与道德隐喻的修辞方式，展演了生活的实质，从而形塑着人们真实的生活心态和实践动机。可以说，神判本身就是社会生活的一种真正实在的呈现方式，它作为一个整体，杂合着康豹所说的调解、官司、宗教仲裁三种仲裁途径。并且，从神判的裁决与执行过程来看，与其说审判是其目的，不如说反复出现与强调的教谕与劝善才是其宗旨。而这样一种教谕，不论是在瞿同祖所说的大传统的"法"中，还是在费孝通谈及的小传统的"俗"中，都是实现"礼"的一种方式：以礼入法，以教化变人心，使人心善良，知耻而无奸邪之心（瞿同祖，1981：310）；或从教化中养成个人敬畏之心，使人服膺于礼（费孝通，1998：51）。这样一种"礼治秩序"，有着如下一些基本特点：礼治规范的实质是社会关系，而非权利；礼治规范的形式从内部作用于人，或者说作为一种外部的社会秩序内化于个人；礼治规范的特点是弥散于整体生活之中，因而是整体而又具体的，而非个别而又抽象的（王铭铭，2009）。

仍需强调的是，"礼"虽是一种实现社会秩序的工具，但却并非功利性的，它与一整套受儒家影响的道德、观念体系相关，并且包含着福报、阴判、最终的正义等宗教观念。然而尽管对宗教有所提及，瞿同祖与费孝通一样，主要谈的仍是"人事"，而未触及"神/鬼事"层面。在对中国宗教特点的论断中，普遍认为，"人"的世界与"神/鬼"的世界之间的结构距离为零（葛兰言，1997），这也就意味着，在基于法律探讨中国大小传统之间的历史性"上下关系"时，不可能不将宗教因素纳入进来，因为这正是实践所包含的思想之重要部分，否则将以一种新的面貌掉入前人的误区。这一点于法律人类学有着同样的启发。正如格尔兹所批评的，如今法律人类学的研究，总将思想抽离于"法律"，将之降低为实践，从而忽视了法律是一种积极的地方性知识。要跳出这一雷区，就应转而探讨"法律感知"（legal sensibilities）这样一种深度的观念，并且必须将之放在文化这一整体中进行考察，将之与道德、艺术、宗教、历史、宇宙观等相关联来研究（克利福德·吉尔兹，2000：222~322）。其中，宗教非常重要，因为宗教象征符号合成了一个民族的精神气质（ethos）和世界观（world view），亦即一个民族最全面的秩序观念（格尔兹，1999：103~104）。这样一种最全面的秩序，必然不只是一种只包含人在其中的社会秩序，而是包含着整个人、神、鬼及各种超自然灵力在内的宇宙秩序。而宗教则在调整人的行动，使之适合头脑中假想的宇宙秩序，并把宇宙秩序的镜像投射到人类经验层面上（格尔兹，1999：103~104）。

基于上述思考，结合《乩著源流》所记录的这场神判给我们的启发，当下中国人类学之法律研究的突破，或不在于对"规则"与"过程"之范式进行辨析与补充，而在于一种更为整体视角的获得，在于超越人的世界，基于世界观与宇宙秩序的达成来把握地方的法律感知。在这一努力中，借助宗教人类学的视角来重新理解"法律"将大有裨益。

参考文献

中文

孙兆霞等：《屯堡乡民社会》，社会科学文献出版社，2005。

张原：《在文明与乡野之间——贵州屯堡礼俗生活与历史感的人类学考察》，民族出版社，2008。

侯猛：《导论》，载朱晓阳、侯猛编《法律与人类学：中国读本》，北京大学出版社，2008。

瞿同祖：《中国法律与中国社会》，中华书局，1981。

费孝通：《乡土中国　生育制度》，北京大学出版社，1998。

王铭铭：《威慑的艺术：形象、仪式与"法"》，载朱晓阳、侯猛编《法律与人类学：中国读本》，北京大学出版社，2008。

赵旭东：《法律与文化：法律人类学研究与中国经验》，北京大学出版社，2011。

〔日〕滋贺秀三：《中国法文化的考察——以诉讼的形态为素材》，王亚新等译，载〔日〕滋贺秀三等《明清时期的民事审判与民间契约》，王亚新等编译，法律出版社，1998a。

〔日〕滋贺秀三：《清代诉讼制度之民事法源的概括性考察——情、理、法》，王亚新等译，载〔日〕滋贺秀三等《明清时期的民事审判与民间契约》，王亚新等编译，法律出版社，1998b。

黄宗智：《清代的法律、社会与文化：民法的表达与实践》，上海书店出版社，2007。

黄宗智：《中国法律的实践历史研究》，载黄宗智、尤陈俊主编《从诉讼档案出发：中国的法律、社会与文化》，法律出版社，2009。

王铭铭：《从"礼治秩序"看法律人类学及其问题》，《西北民族研究》2009年第4期。

汤芸：《以山川为盟——黔中文化接触中的地景、传闻与历史感》，民族出版社，2008。

张原：《礼仪与民俗：从屯堡人的礼俗活动看日常生活的神圣化》，《云南民族大学学报》（哲学社会科学版）2012年第4期。

《贵州六百年经济史》编委会编《贵州六百年经济史》，贵州人民出版社，1998。

何观洲：《贵州现状》，《西南研究》1932年第1期。

《贵州通史》编委会编《贵州通史3：清代的贵州》，当代中国出版社，2003。

万明：《明代徽州汪公入黔考——兼论贵州屯堡移民社会的建构》，《中国史研究》2005年第1期。

张原：《黔中屯堡村寨的抬舆仪式与社会统合》，《西南民族大学学报》（人文社科版）2009年第9期。

〔英〕王斯福：《帝国的隐喻》，赵旭东译，江苏人民出版社，2008。

〔法〕葛兰言：《中国宗教之精神》，马利红译，载阎纯德主编《汉学研究》第2集，中国和平出版社，1997。

〔美〕克利福德·吉尔兹：《地方性知识》，王海龙、张家瑄译，中央编译出版社，2000。

〔美〕克利福德·格尔兹：《文化的解释》，纳日碧力戈等译，上海人民出版社，1999。

梁漱溟：《乡村建设理论》，上海人民出版社，2006。

〔德〕韦伯：《法律社会学》，康乐、简惠美译，广西师范大学出版社，2005。

许地山：《扶箕迷信的研究》，商务印书馆，1999。

英文

Comaroff, John & Roberts, Simon

1981　*Rule and Processes: the Logic of Dispute in An African Context*, Chicago: University of Chicago Press.

Katz, Paul

1999　*Divine Justice: Religion and the Development of Chinese Legal Culture*, London: Routledge.

重建中的社会与宗教体系

——一个西双版纳的历史人类学个案*

杨清媚

摘　要　本文通过对清代至20世纪50年代西双版纳宗教史和社会史的简要考察，分析南传上座部佛教的佛寺体系与当地社会结构之间的关系，其形成的历史原因、特点以及时代变迁中的运动轨迹。土司制度下的西双版纳呈现一种政治制度和宗教制度互相嵌合的体系，在政治上土司高于佛爷，在宗教上佛爷高于土司；然而通过亲属制度，封建的政治系统和宗教的佛寺体系连接在一起。这个结构相继受到改土归流、民主改革的影响。清代主要是通过科举制在边疆地区的推进来实现。民国以来，现代教育继续对此知识格局造成冲击。在这个过程中，西双版纳的佛寺体系依托佛教自身的改革以及在乡村基层的社会基础，而不断在本土社会得以重振。

关键词　佛寺体系　西双版纳　双重封建　南传上座部佛教边疆科举

从20世纪50年代开始，受民族识别和民族政策的影响，中国边疆地区的宗教问题通常被置于"民族"的框架之下进行讨论，并且对宗教、社会和文化三者通常不予区分。这种研究方式在针对制度性宗教所

---

　*　本文受国家社科基金特别委托项目"西南边疆历史与现状综合研究项目"之"居处在文明碰撞地带——宗教—政治视野下的西双版纳历史与变迁"课题资助（编号：B1005），此为课题中期成果。

笼罩的区域时，通常会发现宗教范围与民族范围不相吻合，与此相关，文化也是突破民族单位，为区域所共享的。但是囿于民族单位所采用的内部视角，出于建构"民族精神"之历史延续性的需要，往往把宗教贬低为一种外来文化本地化之后的仪式和风俗，甚少考虑宗教自身在此地传播数个世纪的客观历史。诸如藏传佛教、南传上座部佛教作为知识体系实际是早于儒学开启了当地的文明过程。

以南传上座部佛教为例，公元7世纪传入西双版纳地区之后，大约在13世纪，由高僧阿雅坦孙洛在梵文字母的基础上，创造了傣泐文（岩峰、王松、刀保尧，1995：394；张公谨，1986）。这些文字后来被民间的知识分子广泛使用，成为保存天文历法、占卜、医药、神话、法律等各种知识的主要手段。换言之，南传上座部佛教是"傣族文化"的知识源头之一。不仅如此，南传上座部佛教佛寺体系已经深入西双版纳的社会结构之中，高级僧侣和封建贵族之间、佛寺与村寨生活之间莫不紧密扣连在一起。

1941年，田汝康在其《芒市边民的摆》一书中描述了德宏傣族地区的社会组织和社会结构。田先生从宗教人类学的角度，考察了当地各种类型的"摆"①的仪式，认为这些大小"摆"组成了当地社会的年度周期，发挥了构建摆夷社会的作用。田先生看到了南传上座部佛教与基层社会紧密结合的状态，但对摆夷社会自身的丰富性关注得不够。他所讨论的"摆"来自当地社会的平民阶层，对于社会上层的宣慰使（土司）和贵族②几乎没有涉及。

无独有偶，大约同时期人类学家陶云逵在西双版纳的田野调查中揭示了摆夷社会中围绕土司的宗教仪式，并发现这些仪式中存在泾渭分明

---

① 田先生所说的"摆"指的是当地的一种赕佛仪式，通常会伴有集市、歌舞等活动。

② 民国时期的社会科学研究或官方调查中已经不太仔细甄别"土司"的明确含义，无论宣慰使还是其下各勐的首领，都被笼统称为"土司"。严格来说，只有历史上得到中央朝廷正式承认，赐予印信号纸和职品佚的才能称为"土司"。在清代鄂尔泰改土归流之后，西双版纳最大的世袭土司就是车里宣慰使，另有降等承袭的土官数位。车里宣慰使统治下的各勐首领大部分属于宣慰使册封的"外官"，少部分是原来当地的头人，包括山地民族的头人。而这部分人有时会被研究者不加区分地称为"土司"。在西双版纳本土的称呼里，宣慰使和这些大小"土司"是分开的，前者被称为"召片领"，后者被称为"召勐"。因此如无特殊说明，本文所讨论的"土司"指的是车里宣慰使，而用"贵族"或"领主"称宣慰使之下的内外官。

的两种宗教：南传上座部佛教和以勐神祭祀为核心的宗教形态。这两种宗教分别支持两种不同的宇宙观，在历史中的斗争对立关系赋予了当地社会一种双重的时间观。虽然陶云逵并没有说得这么明确，但是他对年度周期仪式的描写一直贯穿着二者的对立关系。通过探讨土司在仪式中的特殊角色，他的研究呈现了土司作为整合双重时间观的桥梁是如何发挥作用的。其中，和田先生一样，他亦充分肯定了佛教在当地社会中的整合作用。但是，陶先生并没有进一步说明，佛教对地方社会的渗透所到达的程度。

两位学者均注意到，佛寺作为区域社会的公共空间之重要性，很大程度上依赖于它是一种神圣性得以贮存和再生产的机构，并通过神圣性的分享来整合区域内各群体。对于田先生而言，这种分享实现的途径主要是救赎财的流动和交换，例如极尽奢华的"大摆"仪式，人们将各种奇珍异宝赈给佛寺，是为了从佛爷那里求得一个神圣的赠名，它意味着为本人预留了一个在天上的宝座，将在死后获得救赎。在仪式的整个过程中，唯有这个名字必须由大佛爷亲自赠予，即使是土司也没法代劳（田汝康，2008）。可以说，大佛爷走过赠名的地方有多大，他的佛寺普照的福田就有多广。而对于陶先生而言，佛寺神圣性流通的渠道要借助政治秩序的建构，主要体现在大佛爷和土司的等级关系上，平时大佛爷见了土司可以不跪拜，在傣历新年仪式里他还能和土司平起平坐。因此，大佛爷所居的中心佛寺又被称为"官寺"，等级最高，统领整个勐各个村落的佛寺（陶云逵，2005）。田先生和陶先生的不同，很可能是他们观察社会结构的视角所致，实际上无论是救赎财还是权力秩序，都可以视为20世纪佛寺体系整合地方社会组织的制度化方式。关键在于，这种佛教佛寺体系对地方社会的组织方式有何特点，其形成的历史机制是什么？

一 交错式的社会结构：封建制度与佛寺体系①的咬合

从陶云逵等人在20世纪40年代的田野调查以及50年代早期的社

---

① 本文中所讨论的"佛寺体系"其实更接近韦伯所说的"教会"。韦伯在（转下页注）

会历史调查中，可以看到西双版纳土司制度和南传上座部佛教的佛寺体系紧密结合的情况。

首先，车里宣慰使在当地又称为"召片领"，是西双版纳品佚最高的土司，具有高于其下各勐领主的声望，但不一定具有对地方的实际统治权。与之相应，车里宣慰使宫殿所驻之地建造有中心佛寺（也称"瓦竜"），等级高于西双版纳其他地方的佛寺，其下直辖若干佛寺，均分布在宣慰使领地内。各勐领主所驻地也建有中心佛寺，其等级高于本勐之内其他佛寺，其下亦直辖若干勐内的佛寺。

其次，僧侣的等级分为多层次，分别是：

"阿嘎门里"——最高等级的佛爷，只有召片领的血亲"勐"级的人，才能升到这一级；

"松列"——召片领小时候当和尚，即位后成为"松列帕兵召"；

"常卡拉鲊"；

"沙弥"；

"祜巴"；

"都"——"佛爷"，又分为："都竜"（即大佛爷），为一寺的主持；"都刚"为二佛爷；

"帕"——"和尚"，又分为"帕竜"（大和尚）和"帕囡"（小和尚）；

"科永"——预备和尚，即已住入佛寺但尚未取得"和尚"资格的小孩。

宣慰街"瓦竜"（即中心佛寺）的主持，要由"祜巴"以上的人担任，循例应当是召片领的血亲，如果其他等级的人当上了，也要认召片

（接上页注①）《印度的宗教》一书的"亚洲的教派宗教与救赎宗教"一章中，针对救赎宗教——佛教的宗教史问题提出，在公元前3世纪中叶孔雀王朝兴盛时期，佛教成为印度境内具有支配性的官方宗教，从原始教团发育出与世俗王权相结合的治国意识形态，并且促成了修道僧制度向僧院制度的转变，同时在教义上开始分为小乘部（以僧伽为基础严守原始佛教戒律派）和大乘部（普世教会）。这种佛教世俗化的组织和知识体系通过各种途径向东亚地区传播，与具体的社会组织结合在一起。对于小乘佛教而言，其最初的教会是锡兰的教会，以僧院领主制为特点（韦伯，2005：317~363）。但是由于"教会"这个概念后来更多指的是天主教和基督教，是否能用来确切形容西双版纳南传上座部佛教，还有待讨论。本文暂时搁置这一争论，而用"佛寺体系"来指称佛教在当地一切世俗化的制度、意识形态和宇宙观的综合。

领为教父，并由召片领主持提升。"勐"级以下的人不能升任"松列"或"阿嘎门里"。20世纪50年代时任宣慰街"瓦竜"主持、中国佛教协会副会长祜巴勐，因为出身于平民，所以只能升到第三级"常卡拉鲊"。此外，各勐的中心佛寺担任主持的如果不是各级领主的血亲，也要拜他们为"教父"（马曜，1983：48）。

再者，所有佛爷都要接受佛寺所在地的领主或其官吏的监管，一旦发现有犯戒的行为就会被申报领主处罚，逐出佛寺。"祜巴"以上无论任命、还俗或犯错都须由宣慰使许可或惩罚（中共西双版纳傣族自治州统战部，1956a、1956b、1958）。

此外，召片领和各勐领主每年例定在关门节、开门节这两个当地佛教节日的时候，分封各级头人，并向民众宣布在佛面前所加封的头人对当地统治具有合法性（马曜，1983：48）。

可以看到，南传佛教的佛寺体系依附于封建体系，其教区大致与封建领主的势力范围一致，其教权的支配方式与封建体系颇有相似之处。具体来说，从佛寺的关系而言，尽管都在宣慰街的中心佛寺的笼罩之下，但是各勐的中心佛寺彼此之间并没有等级之分；同时宣慰街的中心佛寺对各勐的佛寺具有更高的地位和威望，但没有直接的支配权力，甚至不能干涉这些佛寺的主持任选。在任何一个封建领地之内，中心佛寺具有对其下勐内各佛寺的监管权力。中心佛寺设有"窝舒拉扎"堂，是佛寺召开会议和处理宗教事务的机构。其中又以宣慰街中心佛寺集会最隆重。这个集会在密室内举行，每年大约召开两次，各勐的"祜巴勐"和重要佛爷都来参加（马曜，1983：48）。

表面看来，宣慰街的中心佛寺和各勐的中心佛寺的关系，恰恰折射出土司和封建贵族之间的关系。过去的研究多数从这点出发，认为西双版纳是政教合流或政教合一的社会（马曜，1983：48），然而这种说法忽略了一个基本的事实，即对最高等级僧侣的血统规定实际是要容纳被封建制度排除在外的王位继承人，而不是把最高宗教权力交予土司（杨清媚，2012）。这一点使我国西双版纳的宗教—政治结构与诸如缅甸、泰国、斯里兰卡等其他南传上座部佛教国家形成重要差别。在这些国家中，由于印度教更多地被保留下来，"神王"（即君主为神，或称世界之主、天王）的观念极深地渗入佛教的转轮王观念中——后者试图利用僧伽对更大的"法"的掌握来超越王权，使之变为福田最大的施主。佛教凭借这套智慧战胜了婆罗门，但也使自身被吸纳到神王的政治构架之中，使国王具有了神人二重性（古正美，2003：73）。而在西双版纳，土司的"神性"一极并没有发育起来，其原因来自中华帝国的封建制度与佛寺体系的共同制约。就政治构架而言，中华帝国承认土司对地方治理合法性的前提，是其先承认皇权的权威。就佛寺体系而言，承认佛法是这世界最高的道德原则，仅构成了对世俗权力的超越。因此，这同时也构成了中华帝国的封建制度和佛寺体系的内在紧张和竞争。就组织结构而言，我们综合上述材料便得到图1。

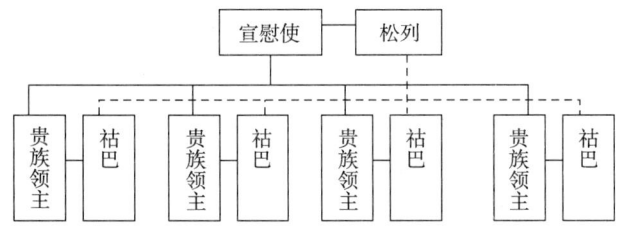

图1　西双版纳佛寺体系与封建制度关系结构

在图1中，政教双方不是一个平行的关系，土司及其封建贵族在政治上要高于僧侣，而在宗教地位上僧侣则要高于封建贵族。对西双版纳社会而言，如何应对来自中缅双方的压力已成为生存问题的关键。图1中所揭示的政教双方互有交叉的结构，表明当地社会所追求的不是并接两者，而是设法使封建制度和佛寺体系编织在一起，作为支撑自身的骨架。其运作的机制在于，贵族领主作为施主供养僧侣，但这种功德并没有通过直接的佛寺体系中介流通到最高等级的佛寺和僧侣那里，而是通过贵族领主的贡赋上缴到宣慰使处，再由宣慰使供养中心佛寺最终得以积累。[①] 照此推衍，贵族领主所供养的中心佛寺，其实不仅包含了贵族自己的功德，也包含了其下众多大小头人的功德。因此，土司和贵族既是供养人，又是代理供养人。在功德链条最末端的平民要积累功德有至少三条路径，第一条是在所属村寨佛寺进行直接供奉，第二条是通过税赋上达更高等级的佛寺，第三条是在节日大赕的时候到宣慰街的中心佛

---

① "版纳"作为贡赋单位。

寺供奉。在版纳社会中，并不会出于经济理性的考虑而尽可能减少供奉的渠道，恰恰相反，正因为这些渠道的存在，才保证社会阶层的上下交流。不过，其弊端也比较明显，就是容易加重平民的负担。例如后来民国时期由于战争和瘟疫流行，在社会生产遭到严重破坏的情况下，平民暴动便不可避免。

封建制度和佛寺体系的这种编织主要在两个环节上得以实现。

一方面，通过血统来决定高级僧侣，限制了以知识作为教阶标准来起作用的范围，再配合行政机构对僧侣的严密监管，妨碍了一个全版纳大佛寺体系的整合与出现。这种局面并不是说宣慰使不需要利用大佛寺体系来统一版纳，只是宣慰使本身的力量不足以驾驭这件事情。由于分封制本身的影响，宣慰使能够直接指挥的武装力量本就不强，再加上议事庭制度下主要由各领主派驻的代表和议事庭长决定重大事宜，明清两朝宣慰使都是威望大于实权。[①] 在此情况下，维持一种地方性的佛寺体系形式客观上也有助于防范实力强盛的地方贵族颠覆王权取而代之。不过，这种佛寺体系形式也存在一些问题，就是佛寺体系区分了上下两层，彼此关系仅靠威望来维持是比较薄弱的，一旦政治格局发生了变化，这些地方性的教区容易独立出去，挂靠到缅甸的佛寺体系之下。

另一方面，佛寺体系自身通过教育系统来实现对地方社会的整合，并试图抵消血统的障碍。土司、贵族和平民男孩但凡家中经济能力允许，在年约 7 岁时都要进入佛寺学习，一般十六七岁升为都刚；通常大多数人包括土司继承人在当了一两年之后就都会还俗，能识傣文，了解一些佛经基础和戒律，只有这时才被认为具有了正常社会人的资格（陶云逵，2005：253～254）。如果有志于宗教，则再花数年的时间继续升等，至都竜便可以外出游方，设若所到的佛寺长老有缺，就有可能被地方上推选为主持；直至到祜巴的级别，就等于终生遁入空门，例不还俗了（陶云逵，2005：254）。僧侣是除了贵族之外受到人们尊重的群体，

---

① 所谓议事庭制度，是由宣慰司议事庭诸官员商议全司大事，然后将决议呈请宣慰使核准，分发有关官员实行。议事庭之会议由内官及外官土司之驻宣慰司代表组成，例由总管或副总管（通常是宣慰使之叔或弟充任）主持，宣慰使本人不参加（陶云逵，2005：215）。

僧侣级别越高，所受尊敬越大，获得人们的供奉越虔诚，可以说僧团作为整个社会的福田提供了一种平等主义的幸福理想，毕竟救赎是不区分贵族或平民的。因此虽然僧侣并不参与政治事务，但佛寺体系却提供了另外一条超越与生俱来的社会等级的道路。

至此，由于我们所讨论的材料比较晚近，主要基于民国时期以及20世纪50年代的田野调查，上述推拟的西双版纳社会结构特点应被视为历史的结果。历史上西双版纳王权和佛寺体系所遇到的最近一次剧烈变革，很有可能是我们所追溯的这段历史的起点。窃以为，这个起点大约是清朝雍正年间的改土归流及一系列相关措施，如儒学的设立和科举制的开放，对整个西南地区的政治格局产生极大的影响，意味着清朝对西南边疆治理力量的深入。到了民国时期土司制度结束和新式学校教育的输入，成为民族社会必须面对的另一套全面推进的意识形态和知识体系。

二　政教并举："改土归流"之后
西双版纳知识格局的变化

清雍正四年（1726），鄂尔泰巡抚云南兼总督事宜，陆续上疏奏请对黔、桂、川、滇、粤等西南地区进行改土归流 [（清）魏源，2001：460～462]。在雍正皇帝授意下，从四川开始，将原隶四川的乌蒙、东川、镇雄三府革土知府职改置流官，以其地归云南管辖；继而推向滇边地区，后治黔桂 [（清）魏源，2001：466～476]。针对这些地区所用的改流手段不尽相同，但都是以大兵加之，武力推进。在滇边地区的改土归流采用先革土司、后剿倮夷的方法，从西往东推进。其土司改流者，例如沾益土司安于蕃，镇沅土司刁浣，者乐甸长官土司，威远州、广南府各土目，先后劾黜，而以同知刘洪度权知镇沅府 [（清）魏源，2001：470]。除了沾益土司位于川滇交界之外，其余这些土司所在地均分布于今天思茅市的景谷傣族彝族自治县、景东彝族自治县和镇沅彝族哈尼族拉祜族自治县，正是大理往南直下，至最南端的西双版纳车里宣慰使之间的地带。可以想见，所谓"后剿倮夷"所针对的是这些彝人大量杂居的地区。

在剿清这一地区的彝人势力之后，鄂尔泰又进剿澜沧江内孟养、茶山土夷，以 12 万人踏进这"自古汉兵所未至"之地 [（清）魏源，2001：470]。孟养、茶山和里麻土司原隶属腾越州（即今腾冲）管辖，所在属地跨于腾冲与西藏之间的中缅边界北段，也是现代中缅北段边界划界问题所涉地区（也称"江心坡"问题）。由于地跨中缅，历史上中央朝廷征服这些地方的时候，经常遇到兵至遁缅，兵退还巢的情况，自明以来无善策。因此鄂尔泰进剿时，车里土兵截堵在澜沧江以西，着投降的夷民向导带路，深入数千里搜寻村寨，所获极大。其结果升普洱为府，移元江协副将驻之；于思茅、橄榄坝各设官戍兵，以扼蒙、缅、老挝门户，一时间，缅甸镇焉 [（清）魏源，2001：470]。而对于最南端的西双版纳，则是澜沧江以西即江外版纳归车里土司，以东江内版纳部分改土归流，还增设了不少小土司，他们大多是随军征战有功的军官 [（清）魏源，2001：465]。

经此一改，西双版纳"改流"结果至少有四个方面：第一，车里宣慰使归普洱府统辖。第二，车里宣慰使所属各勐领主，因随军征战有功，授给土守备（正五品）职者 2 人，土千总（正六品）职者 6 人，土把总（正七品）职者 5 人，土便委、土目（均未入流）各若干人，均是及身而止，后嗣降等承袭。这虽然对原有的分封制度有所沿袭，但实权上已大打折扣，后来不少因嗣绝或被诛革职的，就彻底废土为流了（江应梁，1983：418~425）。第三，影响了十二版纳的重新划分界定。鄂尔泰将思茅、普藤、整董、猛乌和橄榄坝称为江内各版纳，在此基础上实行改土归流，实际上这些地方只是江内四个版纳的一部分，各自都不能称为版纳。到乾隆五十年，车里宣慰使的议事庭会议决定重新划分版纳，已然承认除了思茅和六顺、猛乌和猛得仍旧合为一大版纳之外，整董、普藤、橄榄坝都是独立的大版纳了 [（清）魏源，2001：464~465]。可见各贵族领主的统治已经受到流官统治的深刻影响，其领地范围逐渐趋同于流官治下的区划。第四，新设之普洱府，成立学校，于元江府学调训导一员，董率启迪，入学额数照滇省小学例，取进 8 名，其从前附入元江府各生，俱拨归普洱府学（江应梁，1983：370）。

因此，西双版纳的改土归流并不像有的学者认为的那样，其内部原有的政治经济结构仍保留未变，根基未受到触动，① 而是在土司制度的基础上，重新加入了流官制的制度设计。整个车里宣慰使实权进一步削弱，其下贵族领主降等承袭也意味着车里土司政治地位的下降。同时，普洱府的设置将儒学带到了土司们的家门口，从此以后，土司贵族子弟必须读汉人书、习汉人礼，不能有任何懈怠了。可以说，西双版纳自明朝土司制度成形开始，改土归流亦开始（江应梁，1983：356），这一过程实际持续不断，直到鄂尔泰之时达到高峰（江应梁，1983：360）。

府州县学，针对的首先是土司和贵族的教育。自元朝开始，西双版纳设立彻里军民总管府，为土司制度之始（江应梁，1983：209；宋立道，2000：70）。元朝在此设立土司政权后，在大小车里设立儒学和蒙古教授，实行以文教化。后因土司经常反叛难驯，并且天气炎热、瘴疠流行，派来的官员不服水土，许多人中瘴而死，元朝不得已将儒学和蒙古教授撤离。明代虽未在车里设立学塾，但对土司继承人的教育十分重视，规定土司子弟可以免试进入国子监学习。弘治十六年（1503）又明文规定："以后土官应袭子弟，悉令入学，渐染风化，以格顽冥。如不入学者，不准承袭。"

清代对土司地区采取"文教为先"之策，提倡让土司子弟入学习礼。顺治十八年（1661）"令滇省土官子弟就近各学，立课教诲"。乾隆二年（1737），在车里、倚邦、勐遮三地各建立义学馆一个，至乾隆五十三年（1788），因无人就读而并入思茅玉屏书院。光绪十八年（1892）后，倚邦、易武设私塾一堂。以后私塾有所发展。清宣统二年（1910），各地私塾经改良后设公学，易武、老街、旧庙等地先后设公学六所（西双版纳傣族自治州地方志编纂委员会，2002：1）。

与此相适，科举制同时在西南地区开放。康熙二十二年（1683），已题准云南土官族属子弟及土人科考应试，附于云南等府，三年一次，共考取 25 名，附于各府学册后，解部察核。雍正元年（1723）开始，随着改土归流的推进，西南遍设学府，按一定名额取进童生，俟人文渐盛，再议加额，以及选拔贡生，其规模增长很快，出贡的年限也不断缩短〔（清）冈修，2001：201～251〕。到了光绪年间，已不仅限于土司

① 如尤中、刘本军〔（清）魏源，2001：465〕。

后裔入学应试，而是强调科考本地考生用卷和客籍考生用卷分开，规定严格审查考生籍贯，要求考生在当地居住纳税 20 年以上，以免冒籍，可见改流之后云南科考情况已有大幅改善。

科举制的重大意义在于通过教育把土司转化为儒家官僚，而不再是边远的化外之民。因为儒学作为正统意识形态的输入，使得原来西双版纳的南传上座部佛教被降低为一种地方性知识来对待，成为儒教以礼化俗的对象。对于此点，早在鄂尔泰改土归流之前，康熙朝曾任云贵总督的蔡毓荣上《筹滇十疏》中说得明确，声称制土人需要从教育入手，移风易俗：

> 请以钦颁六谕，发诸土司，令郡邑教官，月朔率生儒耆老齐赴土官衙门，传集土人讲解开导，务令豁然以悟，翻然以改，将见移风易俗，即为久安长治之机，此其一也。……臣请著为定例去，嗣后土官应袭者，年十三以上，令赴儒学习礼，即由儒学起送承袭，其族属子弟有志上进者，准就郡邑一体应试，俾得观光上国，以鼓舞于功名之途。古帝'舜敷文德，以格有苗'，由此志也。其土官于岁终，开列所行事实申报督抚察核具题，不肖者降革有差，贤者增其秩或赐之袍服，以示优异，使知以朝命为荣辱，自不以私心为向背，此又其一也［（清）蔡毓荣，2001：426~427］。

意思是土司及其所治土民缺乏礼教，其民俗鄙陋，应灌输儒学教化其道德人心。自鄂尔泰改流之后，西双版纳的南传上座部佛教承受的压力陡增，政治上本土王权的进一步衰落，对佛寺体系的庇护和支持也相应衰落，而更重要的挑战来自儒学的推进——书院和科举制度本身是国家对地方社会基础的争夺。

然而，不同于苗瑶等西南其他民族地区，西双版纳自 13 世纪以来便有自己成熟的文字、经典，许多有关历史、法律、地理、天文、水利、医药、军事、文学等知识都有经典流传，并通过佛寺教育传承下去（张公谨，1986：52~64）。并且，这些老傣文并不只限于西双版纳傣族使用，中南半岛曾通用的梵文变体，与泰国、缅甸、老挝的文字同源，只要掌握字母形式的替换规律，就很容易相互通用（张公谨，1986：

43~51）。由于佛寺体系的存在，有力地抵制儒学在西双版纳民间社会的影响。虽然土司和贵族可以选择另外一套知识体系以抗衡佛寺体系的钳制，但是当儒学成为唯一选择，并且这种外来的知识同样不甘居王权之下的时候，他们对于儒学便更多持中间态度，并不特别热心。这两个因素造成了有清一代车里学府门庭冷落。

由于改土归流进一步分割和缩小了王权的统治，佛寺体系也不得已随之缩小为一种地方性的体系。回到前述佛寺体系与封建体系的结构关系，我们看到这种地方性佛寺体系之特点，其实表明佛寺体系紧紧依附地方要甚于依附王权。随着佛寺体系的向下延伸，它离王权中心越远，两者之间的关系越是象征性的；它在横向的区域关系上也会随之加强，因此倒向缅甸、泰国等其他南传上座部佛教中心的可能性也增加了。清代毕竟在车里维持了土司制度而不是彻底的流官制，也因此维持了对这些佛寺体系社会的控制。只是在清代，这套儒学教化的思路并没有收到预料中的成效，却为后来民国时期的民族国家建设预先铺设了轨道。后者则主张更为彻底地破除任何地方性的社会，建立同质性的民族国家。

总之，改土归流使西双版纳的知识格局发生了一个重要变化，即佛教开始面对一种倚身于国家意志的知识体系，这种知识体系意图将佛教当作一种地方性的文化风俗来对待，这一误解导致它在进入地方社会时遇到极大的困难，在根本上缺乏对僧侣和佛教的尊重。从佛教本身而言，则清楚地意识到这种知识格局改变的意义，后来民国时期所出现的佛教复兴，开始以一种超越国家的视野建构自己在世界性的知识格局之中的地位——当然，在某种意义上也超越了它与儒学的竞争。在西双版纳，这种超越国家的知识视野强化了区域社会的横向关联，事实上也突破了民族国家的意识形态和疆界。

三　破坏与重建：佛寺体系与社会互动的过程

张丕昌曾自述创办省立车里小学的经过。1936 年他本受教育厅长龚自知的委托欲创办省立宁江小学，因途中遇匪警，特绕道车里，遇到当时热心边疆教育的县长徐晓寒以及宣慰使刀栋梁、土司刀栋材等人，聚谈数日，相谈甚欢，即蒙对方挽留在车里筹备设立小学。校舍承蒙地方官绅帮助，拨给已故普思沿边行政总局局长柯树勋的祠堂和武庙使用。张丕昌注意到车里办学的困难不仅仅是钱款筹措，更主要的是招生困难，他将之归因于"缅寺教育的成功"：

> 车里的落伍，不言而喻，则教育之推进，自是较他县为难。人民素质视读书为畏途，系人人皆知。我到车里之后，每到乡村设学，人民闻风就将学龄儿童完全送入缅寺为僧。入寺以后，不论你用什么方法，都把他弄不出来入校。如果你要以政令强迫的话，那么逼成民变的事实是难免的。为此我曾绞尽脑汁，费尽心思，将职司沿边缅寺教育的总大佛爷刀栋臣（宣慰使司八弟）周旋一年之久，才做到借缅寺为校舍，以小和尚为学生，大佛爷、二佛爷为管理员，现在寺寺可以设学，个个可以为小学生。如果有款有师资，在车里甚至沿边各地，凡有缅寺之村寨，都可设学，这是我敢足呈担保而夸口的，也是我远跑边地地区于公无愧，于私足以告慰的成功（张丕昌，1938：25）。

可见，直到民国时期，佛寺仍旧被视为国家推行教育的一个障碍。但情况毕竟已经发生了变化。自清代陆续有汉人深入南荒，到民国时期，车里附近的六顺、宁江、镇越、佛海、南峤等县，已经有大批汉人，土民能说汉话者至少1/3。在抗战以后，泰国、缅甸一带排斥华侨，致使大批华侨迁回佛海、南峤开垦，只有车里没有人来（张丕昌，1938：26~27）。相对于汉人地区，这无异于一个"文化孤岛"；但对于缅甸，则"可以打成一体，合成一片，出关以后，直达缅属景栋，如不询问，简直分不出中地缅地、中民缅民，所以在这些夷族人的脑海中，只知他们的沿边广大，人口众多，外国的建设新奇，威权可畏，'中华民国'四字，少有印象，最多只知道勐货（汉人在地）而已，这样毫无国家观念的民族，尤其是处在国防要线上，我们对于宣传方面，应该特别努力"（张丕昌，1938：29）。张丕昌的话道出了民国时期绝大多数致力边政事业的知识分子的心声。久在边地经营的茶商、车里土司等亦在推广学校方面大为出力。在这种趋势之下，车里佛教佛寺体系亦不能不做出改变，除了张丕昌所说的接纳新式教育进入缅寺之外，还允许在大佛寺中成立短期的师资培训班，挑选 15 岁左右、具备一定傣文水平的大和尚为培训对象（刘献廷，2007：163 ~ 164）。

实际上，不只在西双版纳，内地佛教寺庙同样遇到政府和提倡新式教育的留学归国知识分子的压力，后者提倡要将大小寺院寺产充公以兴办教育（霍姆斯·维慈，2006：33 ~ 37）。这是一种在全国范围内对宗教进行清理的意图。也正是在这一段时期，由杨文会和太虚和尚发起建立一个全国性暨世界性的佛寺体系的努力统统失败了，但是留下了许多重要的痕迹，包括僧伽现代教育、弘法事业以及慈济工作等（霍姆斯·维慈，2006：26 ~ 27），并且在太虚身后由其友人马拉拉色克拉博士在锡兰成立了一个全球性佛教组织（霍姆斯·维慈，2006：52）。这一个阶段，内地还出现了以居士为主导的佛教中兴运动，以他们为主体的地方佛寺体系具有不同于僧侣主持的全国性佛教组织的特点，即佛寺和佛寺体系被视为积累功德的地方，因此更注意推行各种社会慈善服务（霍姆斯·维慈，2006：61 ~ 68）。但真正的大寺庙修复和新寺庙兴建通常不是居士所能为，而要仰赖于高僧的毅力和勇气（霍姆斯·维慈，2006：79）。

这两种振兴方式同样为西双版纳佛寺体系的重振提供了基础，它们是经历了长时段政治冲击后的南传上座部佛教依然能够迅速恢复的重要原因。

西双版纳佛教所遇到的重大现实挫折，是在 20 世纪 50 年代后期开始的。根据档案，云南全省的宗教工作大体可以分为三个时期。

第一，"文化大革命"前的 17 年。这一时期又可以分为三个阶段，第一个阶段是 1957 年前，结合社会镇反和土改，清理和打击了利用宗教进行反革命活动的分子，驱逐了佛寺体系内的帝国主义分子。各民族的宗教信仰、宗教用品、寺庙教堂以及和宗教有关的风俗习惯，一直受到尊重和保护。第二个阶段是 1957 年的反右斗争到 1963 年。1961 年后政府调整关系，部分地纠正了扩大化的问题，在此期间，先后选送了约 50 名教徒到全国佛学院、神学院培养深造。1963 年 6 月，召开了两教的全省代表会议，分别成立了省基督教爱国会和省佛教协会。两教省级宗教团体在反帝、爱国、守法等方面做了不少工作。第三个阶段是 1964 年到 1966 年 "文化大革命"前，这段时间一些 "左"的做法和思想开始抬头。1965 年后，由于受到所谓"佛寺体系是地主党、别动队"说法的影响，云南省宗教界人士和信教群众，也受到不同程度的打击。其中基督教受到的冲击更大一些。

第二，"文化大革命"10 年：消灭宗教，宗教已经进了历史博物馆。

第三，粉碎"四人帮"以后，恢复宗教活动：平反冤假错案；安排宗教界爱国人士重新主持教务；开展宗教房产的清理工作；两教省级的爱国组织，先后恢复了活动，省佛协组织和接待了边疆四县的佛教徒 300 余人共 5 个参观团自费到昆明拜佛、参观；在省政府统一安排下，参加了宗教方面的接待工作（杨一堂，1981）。

其中 1958 年"大跃进"可以被视为政府对宗教态度的转折点。国家一改之前对待宗教温和谨慎的态度，采取劳动改造、剥夺寺产、节制宗教活动的方式，极大地削弱了佛教的僧团组织和社会基础。例如在勐海县，据 1960 年统计，"大跃进"前后共有佛寺 259 所，到了 1960 年还有 180 所，"大跃进"时有祜巴以上佛爷 19 人，大、二佛爷 399 人，其中除病死 5 人、外逃 6 人外，还俗参加生产达 178 人。1960 年祜巴以上佛爷只有 16 人，大、二佛爷 213 人（当年新升 1 人）。大小和尚也在逐步减少，"大跃进"前有 1814 人，除病死 1 人、外逃 16 人外大量还俗回家生产，计 1959 年、1960 年还俗 812 人，仅剩大小和尚 982 人，包括 1960 年新升 24 人，全县总计还有佛爷和尚 1211 人。这些和尚白天上学读书，回家吃饭，晚上进寺睡觉，有些也不在佛寺睡觉，实际上成了挂名和尚。在农村贯彻了按劳取酬的分配原则之后，有的家长自动把自己的孩子接回家放牛、放马或领弟妹，以便自己出去劳动挣工分（中共勐海县委统战部，1961：10）。不仅如此，为了保证 1961 年持续"跃进"，稳定各阶层思想，又开展对宗教界进行一般科学、技术、文化知识教育，经常组织他们座谈。对边沿的布朗山，勐混区打洛、巴达、西定等地还未组织合作社的村寨，大力开展群众教育；对已经垮塌的佛寺，不再重新恢复和修理（中共勐海县委统战部，1961：10）。

相对于宗教问题，民族上层问题是政府更关心的。从 1953 年成立西双版纳傣族自治州开始，废除车里宣慰使的土司政权，各勐的封建领主统治相继濒于崩溃。1954 年农民掀起"反官租"运动，波郎以上的大小领主被迫相继放弃各种劳役和实物官租的剥削（马曜、缪鸾和，2001：248）。1956 年进行土改，彻底废除封建土地所有制，在此前已经开始把民族上层按照上中下三层分类安置，抛出了一大批原来官僚体制最低层的领主代理人（马曜、缪鸾和，2001：244～245）。根据 1958 年统计，西双版纳全州民族上层共有土司 23 人，总叭叭竜 565 人，老鲊 1039 人，老先 1090 人，其他 33 人，共计 2750 人。人大、政协安置 184 人。一年后安置的变化情况为：州政协死 6 人，逮捕 4 人，外逃 5 人。州人委死 3 人，逮捕 3 人。县人委外逃 2 人，劳改 1 人，一般干部中外逃□人[①]，逮捕 2 人。以上除掉死、捕、逃 26 人，实际安置 148 人（中共西双版纳傣族自治州统战部，1958：8）。能够得到政府安置的人员比例其实不高，大部分人被划入富农，成为劳动阶级的一部分。

可以看到，至 20 世纪 60 年代，西双版纳原有的佛寺体系和封建体系综合在一起的宗教政治结构已经解体，维系在中心佛寺和封建领主之间的关系链松开了。与此同时，出现了一些替代性的组织将佛寺体系与社会重新关联在一起。尽管 1958 年以后受"大跃进"冲击，西双版纳赕佛活动被压抑，但是缅甸的"塔竜庄永"因宣布佛教为国教后就更加活跃起来，年年都大搞"赕塔"，吸引了不少我国境内群众。受这一刺激，不少村寨暗地里重新组织赕佛活动，因此组织了社管会（公社管理委员会）或社干会（公社干部管理委员会）管理佛寺，有的地方组织由几个守戒老人管理，有的由社干、老人、青年、妇女、波章等组织起来管理，联系公社每个生产队，组织大赕（中共西双版纳傣族自治州统战部，1956a：10）。这些社管会或社干会后来就成为村落管理佛寺的常设组织，部分替代了封建贵族和头人对寺庙的监管功能。

但是，中心佛寺的地位下降也成为不可遏止的事实。如果说仪式规模缩水、僧团减少、高级僧侣外逃等都是外在因素，那么内在的原因其实是封建土地所有制的终结，将原来服役于中心佛寺的寨子解放出来，佛寺失去了服役的寺奴、宗教田和服役寨，其供养来源遇到困难。佛寺供养的渠道现在剩下非常单一的社区供养一途。随着这一时期缅甸、斯里兰卡佛教复兴运动兴起，这些地方的佛寺影响力大大增强，对僧侣和

---

① 原件缺字。——作者注

信众形成强烈的吸引。由于这场复兴带有由佛寺体系与政党的联合所主导的民族主义运动的强烈色彩，并在意识形态上"抵制共产主义的危害性"（宋立道，2000：10～12），因而也注定成为中国官方抵制的对象。因此整个20世纪50年代西双版纳所谓"宗教外向"问题也成为中国官方努力解决的焦点，只是如前所述，种种措施依然难以切断佛寺体系在区域内部的横向联系，这一时期对佛寺体系的破坏，总会被社会以替代性的方式进行修补。

20世纪80年代被认为是中国宗教复兴的重要时期，高级僧侣成为这场运动的核心人物。作为中国佛教协会副会长、云南省佛协副会长、云南省政协委员、西双版纳州政协副主席、西双版纳州佛协会会长的祜巴龙庄勐，和一些主要的"施主"——原来的土司和贵族一起参与了这项工作。祜巴龙庄勐从各勐的中心佛寺中寻找到一些不错的和尚苗子，通过他的私人关系，将他们送到缅甸、斯里兰卡的大佛寺或佛学中心学习。现任西双版纳州总佛寺二佛爷、州佛协会副会长的都罕听即是当年第一批被送出去留学的归国人才。至今，已经有三批学成归国的青年僧侣，他们中有的担任佛学院的教师，也有部分到地方上的中心佛寺任主持或二佛爷，后者也是地方佛寺的教师。

祜巴龙庄勐的个人影响还有力地推动了西双版纳州总佛寺的重建。这所总佛寺本是车里宣慰使的官寺，由周边特定的寨子供奉。1989年开始重建时，由西双版纳傣族自治州人民政府和云南省佛教协会共同出资。1990年建成后举行了隆重的开光法会，泰国佛像安奉团前来参加安奉仪式和朝拜活动。从这时候开始，西双版纳州总佛寺几乎每年都接待境内外僧团或王室的拜访。这与主持祜巴龙庄勐的对外联络密切相关。到2006年，总佛寺已有僧侣110名，其一日三餐均靠佛寺香火和信众布施，资金非常困难。根据记录，大宗的布施实际是来自泰国、缅甸的王室和僧团，也偶有来自内地大佛寺的（康朗叫，2012）。① 西双版纳州总佛寺在东南亚地区的地位得以恢复，也许不完全是祜巴龙庄勐的功劳，一部分原因也在于它与车里宣慰使的历史关系，但是寺庙得以

---

① 据说从2012年开始，云南省政府将适当给予佛寺僧侣生活补贴，这一动向表明国家宗教政策的进一步调整。

重建并声望日隆，必然少不了祜巴龙庄勐的推动。

另外，2003 年在还俗弟子的积极活动下，依托总佛寺成立了一个"佛光之家"的民间防艾组织。总佛寺从自己有限的香火钱中每年拨出一部分作为这个组织运作的资金。"佛光之家"参与了在中国的国际艾滋病联盟网络，但其活动经费依然十分困难。国际相关基金和项目通常对民间组织申请经费设置较高的门槛，而市民宗局等负责的国家项目通常更依靠其行政系统执行，不愿意相信民间组织。尽管如此，"佛光之家"仍然开展了不少工作。他们组织佛爷一起到寨子里宣传防艾知识，通过佛爷向人们开示"五戒"，将远离毒品和艾滋病与戒律联系起来；还组织歌手录制了防艾歌曲，有趣的是，歌词也和佛教戒律结合在一起。①

这些僧团重建和佛教世俗化的做法，和早年杨文会等人的佛教改革一脉相承。从这方面而言，西双版纳的佛教复振并不仅仅是一种地方性的民间信仰的回潮，还具备超地方的知识体系的传承特点。

固然，村村建寺、寨寨修塔是 20 世纪 80 年代以来更明显的社会现象，但这并不能充分表明佛教复兴。因为即使到今日，僧团的整体知识水平并没有超出 50 年代很远，西双版纳依然没有一个能够完整背诵《三藏经》的僧人；佛寺重建所表现的艺术风格，也只是重复延续了几百年的重檐式坡屋面、覆钵式的笋塔（贝波再，2001），很多雕花和壁画工艺都是从内地做好再运来的，并且泰式、傣式、缅式已渐趋一致。村寨寺庙修建的浪潮至少表明，在地方经济发展的刺激下，地方社会要开拓更多的积累功德的渠道，因此也对佛寺体系和僧团提出了需求。但是面对这样一个扩张良机，佛寺体系却遇到了困难。由于一个世纪以来国家的不懈努力，新式教育的普及，其结果一是本土社会已经产生不了精通傣泐文经典的僧侣；二是受主流社会观念的影响，家长已不爱送孩子去当小和尚，也不愿意他们终生献身于僧侣生活，本土僧团的来源和储备都受到影响。其直接的效果是地方仪式常遇到僧侣不够用的情况，地方佛寺也普遍缺乏高级僧侣为主持。2010 年和 2012 年笔者做田野调

---

① "佛光之家"工作简讯，http://www.aizaidai.blog.163.com/blog/static/113612292201
1103010112807/。

查时发现，当地佛寺存在一定数量的缅甸僧侣，他们驻锡本地长则三五年，短则一两年，这其实也从侧面反映了当地僧侣短缺的状况。

从 2010 年开始，根据云南省民宗局的要求，西双版纳州每个乡镇陆续清查登记佛教教职人员。其后，逐渐清理并劝返其中的外籍僧人。但是，地方上的反应表明他们有自己的考虑。以勐混为例，2011 年当地共有 33 个佛寺，17 座白塔，其中有两处佛寺仍空白无驻锡僧。全镇僧人教职共有 33 人，其中帕萨米 1 人、帕希提 1 人、吴帕赛 1 人；境外佛爷共 8 人。全镇宗教管理小组及成员共 90 人，其中宗教管理阿章 34 人，总管理宗教理事会负责人 2 人（岩吨，2012）。可见即使境外僧人所占比例已有 24%，佛爷还是不够用的。于是当地政府采取折中办法，由镇政府做中人监督，佛寺村民小组干部、佛协管理员和阿章为甲方，佛爷为乙方，签订合同协议书，规定双方权责。其中明确指出，佛爷要在当地任职三年，如果中间自动离开佛寺或者到其他佛寺任教职的，就要按照勐混镇《宗教事务条例》给予处罚，还要处罚 500～1000 元人民币。这实际上是变相地延长外籍佛爷的居留时间。这个合同之中体现了将佛教管理纳入行政体系之中的想法；但是与国家的考虑不同，地方社会并没有一种彻底行政化的主张，对境外僧人的宽容表明其中亦包含佛寺体系的要求——来自允许和鼓励僧侣游学的知识传统。

四 讨论

在简短地回顾了西双版纳社会与宗教体系的历史变迁过程之后，我们尝试比较：从改土归流到帝制时代结束、新式教育制度引入等不同时期西双版纳佛寺体系与社会关系的特点。

土司制度与佛寺体系的结合早发生在西南改土归流之前，关于当时的宗教政治结构，陶云逵在其《十六世纪车里宣慰使司与缅王室的礼聘往还》中，通过史料考证揭示车里"天朝为父，缅朝为母"的结构和心态（陶云逵，1944）。这场婚礼发生在明隆庆三年（1569），车里宣慰使刀应猛迎娶缅甸孃呵钪公主，在明朝官员和缅甸官员的见证下，正式确立了车里接受"天朝为父，缅朝为母"的双重封建的身份；从此以后直到 1950 年当地土司制度消亡 300 多年内，车里宣慰使的委任要由中缅双方共同确认。从图 2 可以看到，土司作为本土王权，如何面对缅甸送来的女人和佛爷——实际上是财富与知识，成为当地社会观念的一个重要问题。同时，本土王权也需要确立自身对当地土地的统治合法权，这使它需要中华帝国的封建承认。通过夫妻关系的确立，缅甸公主带来的福田变成夫妻俩的共同财产，由此也确立了土司和佛爷的福田施主关系。而通过兄弟之别，确保了长幼有序、嫡庶尊卑的封建宗法继承原则。这种双重封建制度通过家庭关系巧妙地展示出来（杨清媚，2012）。

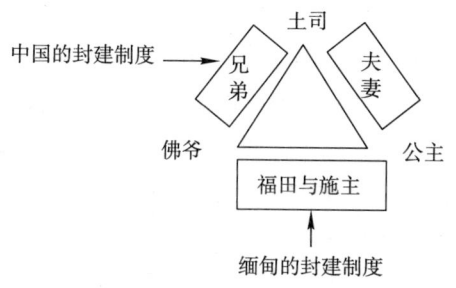

图 2　婚礼中的三者关系

佛教的佛寺体系正是以福田与施主的关系为基础，努力把土司纳入这一关系中来。正如田汝康的调查显示，社会的功德从每个个体流向佛寺体系。土司作为土地之主，他的存在是当地社会丰产的前提保证。西双版纳流传一句谚语："没有召（王）的土地，谷子不会黄"，也就是说通过土司，土地得以分享广布的丰产灵力，通过生产收获为社会所共享。从土司流向社会的灵力，通过社会个体的功德流向佛寺体系，实现了佛寺体系对社会的规训和约束——因为功德的大小和实现途径是由佛寺体系决定的。由于分封制下大大小小的贵族领主的存在，形成了类似割据政权，在某种意义上也是作为王掌管这种灵力，他的统治有明确的人民和地域。佛寺体系因此也发展出地方性的教区，以集中社会的功德。

在改土归流之后，这种地方性政治权力实际更为分散了，并且儒学的进入和流官制一起试图将国家自上而下的统治轨道贯穿起来。面对儒学的竞争，佛教在地方上与社会的联系越发紧密。由于佛教本身并不是一个地方性的宗教，还有自己的普世性主张，在它所流布的整个东南亚区域所形成的不同社会，主要是以福田与施主关系为基础的，因此这些社会之间可以通过更大的佛寺体系关联起来。这表明清朝在对待边疆治理问题上，实际是打击王权，而宽纵各种佛寺体系的社会发育。儒学教育、封建制度维持了车里社会的向心力；佛寺体系和封建体系互相咬合的关系不仅是一种相互制衡，其实也是一种互相支持。

经过民国的过渡时期一直到 20 世纪 50 年代，土司制度整套政治经济结构被彻底消灭，科举制度终结，使得儒学贯穿地方社会与国家的途径中断，新式教育作为一种替代性的边疆治理手段进入，但是缺乏相互配套的制度保障，因此收效不那么显著。直到 50 年代后期佛寺体系遭到破坏，新式教育才有大规模进入当地社会的机会。这一时期虽然对宗教极力打压，但来自社会的种种反应表明它在努力修补与佛寺体系的关系。正是依存在这些关系之中，佛寺体系得以保有重建和恢复的空间。80 年代的佛教振兴，一方面是在知识体系上的历史延续，另一方面是重新建构与当地社会的关联——但这个趋向仍不明显，既有行政化的趋势，也包含佛寺体系的倾向。

因此，重要的不是佛教被压抑和破坏，而是经过压抑和破坏之后，社会总要重新发育出它与佛寺体系的相互适应的关系来；同样，这种佛寺体系在产生之后一直支撑着社会结构，为其孕育文化精神。这并不像涂尔干所主张的那样，社会即教会，先构建社会才能有宗教的余地；相反，宗教组织与社会的相互适应才是西双版纳生存的基础。在这种关系中，外来的宗教并没有彻底化为一种本土知识，本土的社会也没有彻底失去自己的逻辑，遵从一种"陌生人—王"的秩序，双方均保持了有限度的开放。也许这种宗教和社会的关系，能对我们今天重新思考边疆民族问题有所启发。

参考文献

岩峰、王松、刀保尧：《傣族文学史》，云南民族出版社，1995。

张公谨：《傣族文化》，吉林教育出版社，1986。

田汝康：《芒市边民的摆》，云南人民出版社，2008。

陶云逵：《车里摆夷的生命环》，载李文海主编《民国时期社会调查丛编·少数民族卷》，福建教育出版社，2005。

〔德〕马克斯·韦伯：《印度的宗教——印度教与佛教》，康乐、简惠美译，广西师范大学出版社，2005。

马曜：《西双版纳傣族社会经济调查总结报告》，载《民族问题五种丛书》云南省编辑委员会编《傣族社会历史调查》，云南民族出版社，1983。

中共西双版纳傣族自治州统战部：《西双版纳傣族宗教情况》，载统战部档案（1956），全宗6号，目录1，卷号6，云南省西双版纳傣族自治州档案馆，1956a。

中共西双版纳傣族自治州统战部：《关于勐笼区宗教问题的调查》，载统战部档案（1956），全宗6号，目录1，卷号10，云南省西双版纳傣族自治州档案馆，1956b。

中共西双版纳傣族自治州统战部：《西双版纳全州民族上层统计》，统战部档案（1958~1959），全宗6号，目录1，卷号8，云南省西双版纳傣族自治州档案馆，1958。

杨清媚：《16世纪车里宣慰使的婚礼——对西南边疆联姻与土司制度的历史人类学考察》，《云南师范大学学报》（哲学社会科学版）2012年第2期。

古正美：《从天王传统到佛王传统——中国中世佛教治国意识形态研究》，商周出版社，2003。

（清）魏源：《雍正西南改流记》，刘本军校注，载方国瑜主编《云南史料丛刊》第8卷，云南大学出版社，2001。

江应樑：《傣族史》，四川民族出版社，1983。

宋立道：《神圣与世俗——南传佛教国家的宗教与政治》，宗教文化出版社，2000。

西双版纳傣族自治州地方志编纂委员会编《西双版纳傣族自治州志》，新华出版社，2002。

（清）冈修：《钦定大清会典事例》之"学校"，载方国瑜主编《云南史料丛刊》第8卷，云南大学出版社，2001。

（清）蔡毓荣：《筹滇十疏》，载方国瑜主编《云南史料丛刊》第8卷，云南大学出版社，2001。

张丕昌：《创办车里省小的经过》，云南省西双版纳傣族自治州档案馆，1938。

刘献廷：《解放前佛海县短期师资培训班简况》，载中国人民政治协商会议云南省勐海县委员会文史资料委员会编《勐海文史资料》（1），思茅方华印刷有限公司，2007。

〔德〕霍姆斯·维慈：《中国佛教的复兴》，王雷泉、包胜勇、林倩等译，上海古籍出版社，2006。

杨一堂：《中共云南省委统战部杨一堂副部长在全省佛教和基督教第二届代表会议上的讲话（1981年6月29日）》，统战部档案（1981），全宗6号，目录1，卷号29，云南省西双版纳傣族自治州档案馆，1981。

中共勐海县委统战部：《关于1960年统战工作总结及1961年工作几点意见的报告（1961年1月3日）》，统战部档案（1961），全宗6号，目录1，卷号10，云南省西双版纳傣族自治州档案馆，1961。

马曜、缪鸾和：《西双版纳份地制与西周井田制比较研究》，云南人民出版社，2001。

康朗叫：《西双版纳总佛寺基本情况》，田野搜集，2012。

〔老挝〕贝波再：《小乘佛教空间的幻化——浅议老挝寺院的总体布局及氛围》，《新建筑》2001年第6期。

岩吨：《勐混镇2011年度统战与民族宗教工作总结》，2012年2月搜集。

陶云逵：《十六世纪车里宣慰使司与缅王室的礼聘往还》，载《边政公论》第三卷，中国边政学会边政公论社，1944。

"叠写"的限度

——一个大理节庆的地方意义与非遗化

梁永佳

摘 要 大理白族的"绕三灵"节庆近年获得国家级非物质文化遗产并向联合国教科文组织申请世界非物质文化遗产。这一成功得益于地方政府的大力支持与积极组织。但实际上,参与"绕三灵"节庆的普通民众关心的是节庆所带来的家庭"发旺"和"清吉平安",以及地方庙宇组织为实现灵力的更新和传递而做的朝圣活动。国家将"绕三灵"非遗化是一种"叠写"大众宗教的努力。但由于这种努力建立在原始生殖崇拜的想象上,将"绕三灵"描绘成民族"狂欢节",而无法涵盖地方含义,呈现了一种"叠写"的限度。

关键词 非物质文化遗产 叠写 绕三灵 国家与宗教关系

导论:国家重建"叠写"功能?

2006 年 5 月,文化部公布了第一批 518 项国家级非物质文化遗产名录,大理白族自治州通过云南省向文化部申请的"白族绕三灵"作为"文化空间"项目名列其中。从官方的申请材料看,"绕三灵"活动中异于汉族节庆的活动成为标志这一"文化空间"的主要特色。这种描述和解释,迥异于过去一个世纪以来官方对"绕三灵"的态度,也明显不同于普通参与者的理解。地方文人一直对节庆中的所谓"情人"关系持否定态度,认为这些活动有伤风化并充满迷信。而 2006 年的

"非遗"申请文件则主张"隐秘的情侣关系……暗涌着白族对儒家封建礼教的修正"。从田野调查的材料上看，"绕三灵"的参与者一般不愿承认存在"情人"，并赋予"绕三灵"促进家庭"发旺""清吉平安"等含义。然而，"非遗"的申请材料则未考虑这个含义，而是强调一种无法证明的白族远古记忆。为何存在如此大的反差？"绕三灵"的参与者是如何理解这一活动的？为什么非婚关系成为焦点？如何理解"非物质文化遗产"的申请与授权在当下的含义？

本文将通过对申请文本和"绕三灵"活动本身的分析，对这些问题做一尝试性回答。笔者认为，将"非物质文化遗产"的头衔授给"绕三灵"活动，是国家建立对民间宗教权威的一种努力，可称之为重建"叠写"能力的尝试。但这种尝试建立在对一个"原始浪漫"民族的想象上，与地方意义相当脱节，呈现了一种"叠写的限度"。"非物质文化遗产"（Intangible Cultural Heritage）是一个评估当代中国国家与宗教关系的切入点。杨美惠（Yang，2008：1）认为这一关系在一个世纪以来一直比较"麻烦"。葛兆光（2001）指出，"宗教"范畴在中国语境下并无明确的对应事实。高万桑（Goossaert，2008）与张倩雯（Nedostup，2009）则提出，"宗教""迷信"是由民国时期的国家体制创制出来的范畴，与国家的现代化焦虑紧密相关。杨凤岗（Yang，2004）认为这种焦虑到1949年以后走向极端，形成一种打压宗教的"激进无神论"（militant atheism）。这些研究固然都很有意义，但多多少少预设了"国家"与"社会"的二分，或者更明确地说，预设了"政治"与"宗教"的二分，忽视了这种二分只是一种国家计划，而不是现实，尤其忽视了历史学者业已指出的国家的宗教性（Yu，2005；Lagerway，2010）。

笔者认为，杜赞奇在1988年提出的"叠写"（superscription）概念，有助于理解当下的国家与宗教关系。这一概念将国家权威置于一种与宗教活动的动态关系中。以关帝为例，国家通过给予关帝封号，将这一在民间延续和变迁的崇拜符号宣布为符合国家伦理（即"忠义"）的价值，所以关帝得到多次册封。这种"写"在地方意义之上的意义，即为"叠写"。它将潜在的异端纳入国家体系，给予民间的崇拜活动以合法性和活动空间。这种功能的前提，是国家坚持自己在道德、伦理和宇宙论上的超越性，即以具有形而上意义的"天子"的名义统治臣民的合法性（Duara，1988）。这个概念颇具解释力，历史上国家对民间神灵授予"封号"并派官员祭祀（Feuchtwang，2001）、国家促进神灵的"标准化"（Watson，1985），以及利用宗族组织和迎神赛会来实现地方控制（Wang，2004），都可以或多或少地用"叠写"概念加以理解。民国以来，国家权威的世俗承诺使国家不得不创造一个"宗教"范畴，再与之分离，从而失去了在符号上的"叠写"功能，使包括民间宗教在内的宗教活动难以纳入国家象征体系。最近，杜赞奇提出，国家应该正在考虑重建这种"叠写"功能（Duara，2010）。

很多学者都曾试图用从帝国到国家的断裂和延续来考察当代中国宗教问题。对于国民党和共产党来说，"宗教"和"迷信"范畴的创造与管理的确跟国家的世俗化承诺有密切关系。在共和国的前 30 年中，国家一方面实行严格的政教分离政策，另一方面又限制宗教的组织能力，从而形成了强力控制的政策（Goossaert and Palmer，2010）。但是从 1980 年以来，国家的管理手段逐渐软化开明，也发展了一些非正式的管理方式（陈进国，2010；赵力涛，2008）。欧铁木（Tim Oakes）和苏堂栋（Donald Sutton）提出，中国"改革时期的一个主题是国家努力调和（co-opt）与消化（subsume）宗教活动，并（明显地）通过行政和法律加以控制和引导……并在原则上消融于党和国家的框架内——就像帝国时代得到认可的神灵和宗教组织在意识形态上消融于帝国隐喻，在科层上消融于官僚体系一样"（Oakes and Sutton，2010：14 ~ 15）。这一看法显然呼应了杜赞奇提出的"叠写"概念。但是，笔者并不认为国家已经重建了"叠写"能力，最多是在努力重建"叠写"能力。国家"叠写"是有限度的，不能不考虑宗教活动本身的地方意义。笔者希望通过对"绕三灵"申请非物质文化遗产的过程和对"绕三灵"本身的分析，透视当下民间宗教与国家管理之间的关系及其困境。

一　地方实践中的"绕三灵"含义

"绕三灵"字面意思为"逛三个地方"。每年农历四月二十二晚开始，直至四月二十五结束。大理地区的大多数白族家庭都会有人参与，人数多达二三十万人。人们分别在大理盆地的三个地方住宿一夜，逛市场，"唱调子"（即兴唱歌），"到庙头磕磕头、烧烧香"，还有跳舞、看电影等其他娱乐活动。有关三个地方的说法并不确定，实际上包括了大理古城南门、古城以北十几公里的庆洞神都、洱海边的河矣城，以及南部的马久邑。整个行程按"平坝""山脚""海边"三种地形，顺时针绕大理盆地一圈。

"绕三灵"有"风流会"一说，指男女之间的挑逗和暧昧关系。有的甚至可以发展为事实情人，也可能导致婚姻。不少情人将保持比较持久的关系，甚至在各自结婚后仍然如此。正因如此，最常见的参与方式是同性之间的好友（白语称"老友"）一同前往，除全家游玩外，夫妻一般不会共同前往。随着联姻模式与两性关系的变化，这种隐秘关系实际上已不多见。

"绕三灵"的参与者中，"莲池会"是最有组织和目的的群体。这是分布在各个村落的地域崇拜组织的通称。这个组织的名称也有不同写法（如"莲慈会"），但在白语中仍然只有一种称呼"guyaoni hui"，即"老妈妈会"，由老年女性组成。她们的活动主要集中在"绕三灵"的庙宇，包括烧香、拜佛、上表（焚烧一封向神灵祈求的书信）、念经、送金姑、送驸马等，此外，她们还会占据庙宇外面的广场，参与歌舞娱乐活动，俨然是"绕三灵"的主角——她们也这样认为。这是"绕三灵"之所以被称为宗教活动的原因之一。①

"绕三灵"对于当地人的含义，与广布于大理白族各村的本主庙有关。本主庙与家庭之间存在明确的对应关系。家里的大事小情、婚丧嫁娶，都需要由家里的老年女性到本主庙"烧香"。到了本主的寿诞，全聚落的家庭都要派人来参加庆典。本主庙的结构异乎寻常地稳定，来烧香的人认为，各神灵都是促进"清吉平安""发旺"的。

"莲池会"由儿女已婚的家庭中的老年妇女组成。她们定期在本主庙聚会，认为自己是按佛教的规定"修行"，并因此给家庭带来"清吉平安"和"发旺"。可见，家户与本主之间存在"外求"的逻辑。家户的"清吉平安"和"发旺"，是由家中的老年女性从外部求得的，她们在重要的家庭活动时（如婚丧嫁娶、出远门、做生意、盖房子等），要去本主庙烧香磕头，很多人还在晚年参加莲池会，到本主庙修行。虽然

① 有关"绕三灵"的描述，见梁永佳（2005）。

家庭的平安和兴旺，不是仅仅求本主就够了的，但是这种"外求"的关系，则是绝大多数人，包括老年女性之外的人的共识，并在实践中受到几乎全社会成员的认可和支持。

如果说本主庙是家庭外求的目的地，那么"绕三灵"中的"神都"庙则是本主外求的目的地。"绕三灵"的主要场所，是农历四月二十三参与者们聚集的"神都"，位于大理古城以北十几公里庆洞村的苍山山脚。神都的主神是"爱民皇帝"，是统领所有大理本主的众神之神，有"五百神王"的称号。今天神都庙宇中的架构，是按照20世纪30年代的格局重建的，同样反映了这种隶属关系。在主殿中，"爱民皇帝"居中，旁边有一位本主，前面左右两侧各有五位本主像，手拿笏板面对头戴皇帝九旒冕的主神，恰好是"百官上朝"的阵势。剩下的神灵，则与其他本主庙无异。但是有一个重要的不同，就是神都并没有"太子释迦牟尼"像，却在"爱民皇帝"右侧多了一尊"国母阿太"小像。在普通的本主庙中，新婚女子如果用钱币击中太子释迦牟尼像，则意味着她不久将怀孕。而在神都，新婚女子则会用自己绣的一双小鞋，偷偷换掉"国母阿太"像前面的小鞋，据信效果跟击中太子一样，甚至更好。

来"绕三灵"的普通人，以到了神都为标志，一般也都要拜神和捐钱，后者被称为"挂功德"或"动功德"。这被称为"朝"庙。此外，还要"逛"（即"绕三灵"中的"绕"的含义），到市场上转转，买点零食和小货，与朋友熟人攀谈，还有大量来客跳舞和唱歌。唱歌被称为"唱调子"，是一种陌生男女之间的即兴歌曲比赛。

几乎大理盆地上每个聚落的莲池会，都会以自己本主庙的名义一一访问各处的庙宇，尤其要到神都"朝"神。她们要在这四晚三天的时间里身穿盛装，背着铺盖、凳子、香烛、食物，一站一站地拜神。除了烧香、磕头、上表、做饭、"动功德"等活动外，她们必须以莲池会为单位，一同敲木鱼诵经。与在普通本主庙不同的是，很多成员会在白天到庙外广场上打霸王鞭、打金钱鼓，到了晚上，又会在成员之间唱歌、打闹、开玩笑。但无论如何，她们都是以自己的莲池会为活动单位的。

我们看到，"绕三灵"的核心庙宇（神都）构成了各村本主的灵验的"外部"。如果说家户中的女性通过到本主庙拜神和修行来获取家户的兴旺和平安，那么莲池会则代表本主庙到神都敬拜本主的"本主"。

这里体现了一种与神都的等级关系。没有加入莲池会的女性，则在这个特别的日子来到神都，同样祈求家户的兴旺和平安。本主庙所保佑的项目——人、财、畜的平安与兴旺——同样能在神都中找到对应的神灵。不同之处在于神都高于本主。"绕三灵"所经历的四处，分别处于平坝、山脚、海边。根据以往的研究（Fitzgerald，1941；梁永佳，2005），平坝—山脚—海边构成明显的内外关系。因此，从家户到本主再到神都，完成了由女性实现的"外求"，其主题仍是兴旺与平安。

那么，神都自己是否存在"外部"？这涉及"绕三灵"的"史前史"，与大理地区广为流传的一个神话有关。神话描述的是大理古代的一位公主如何在野外与巍山来的猎人私订终身，并最终得到认可的故事。笔者曾多次撰文讨论这个神话以及它在"绕三灵"中的意义，认为这是一个"陌生人—王"的模式（梁永佳，2005，2009；Liang，2006，2007，2011），即权力来自外部，来自大理以南的巍山。而且，这种外部是"终极"的，即"陌生人—王"本身不再有外部。在"绕三灵"之前的农历二月初九，大理的各个莲池会分别要到巍山的"西边大寺"，把公主接回神都，称为"接金姑"。农历三月初三的时候，又要到神都以南的保和寺为金姑的丑陋丈夫送行，称为"送驸马"。农历四月二十二，莲池会还要聚集到大理古城南门的城隍庙外夜宿，并在第二天清早为金姑和驸马再次送行，将这对为大理带来丰产和"发旺"的伴侣送出大理。而这次送行，开启了接下来的"绕三灵"节庆。三次"接""送"，都按照神话里所说的日期进行。可以明确地说，"绕三灵"的核心神都，其灵力来自它的外部——巍山的驸马。

二　地方政府和学者：批评与淡化

"绕三灵"是一个颇有争议的节庆，其中的男女相会更在清末以来的文献中被认为是"不光彩"（unseemly）的（Fitzgerald，1941）。据笔者所知，这一风俗不曾见于清末以前的文献。[①] 从清末到民国的50多年

---

① 唐代的《蛮书》和元代的《云南志略》虽有提及男女交往的情节，但无法与今日的"绕三灵"建立严格意义上的关系。

中，不少人注意到"绕三灵"的奇异之处，他们的描述多强调参加者的奇装异服和庞大规模。清末一位叫段位的大理进士，曾作《绕山林竹枝词》来描述这一风俗。另一位地方学者杨琼，一面感叹盛况，一面又迷惑不解："此会相传起于南诏，数千百年不能禁止，盖惑于巫言，祈子嗣禳疾病。又大理为佛国，神佛之说尤迷信不可解云"［杨琼，1998（1910）：302］。杨琼的说法，认定该风俗是一个起源较久远的、具有延续性的神秘风俗。这成为日后有民粹主义和进化论取向的各种解释的主要思路，即承认这是一个应该禁止却又无法被禁止的古代风俗遗存。而且，前人准确地指出，这个节庆的目的是"祈子嗣禳疾病"，与今日参与者所追求的"发旺""清吉平安"的内容相同。

清末以来，地方政府以"迷信"为名诋毁甚至禁止"绕三灵"。民国五年（1916），官方修纂的《大理县志稿》说："二十三四五等日为'绕三灵'会，在喜洲圣元寺。居乡人多迷信之，今禁废，神像毁。"但正如杨琼所说，此俗无法禁止。笔者在一通民国三十六年（1947）的碑刻上看到，"绕三灵"在当年收入达国币 70 万元，规模相当大，当地缙绅都"动功德"了。缪鸾和也对 20 世纪 40 年代的"绕三灵"有这样的描述："榆有盛会，曰绕三灵……载歌载舞，竞艳斗奇，极一时之盛"［徐嘉瑞，1978（1948）：272］。对此，喜洲文人赵冠三［1999（1947）：307］延续了杨琼的说法："（绕三灵）相沿至一千二百余年而不废。似未易以一纸文告。遂能破除数十万农人之信念也。"可见，政府对"绕三灵"的解释与民间文人的解释有一定差距。

新中国成立后，白族成为国家认可的少数民族。"绕三灵"起初被地方学者以类似"雅驯"的方式重新解说。《白族文学史》的作者张文勋（1959：301）认为，"绕三灵"虽然曾有宗教色彩，很多内容也颇为淫秽，但节庆实质并不在此，而是"成了人民群众在辛勤劳动之后和更紧张的劳动（栽秧）之前的一次娱乐集会"。从而绕开了"不光彩"的内容。到了"文化大革命"，"绕三灵"则被明令禁止，原因似乎也与"不光彩"的内容有关。汪宁生（1997：77）曾记录，"文化大革命"中，不少去"绕三灵"的人以"乱搞男女关系"的罪状遭到逮捕。即使到了 20 世纪 90 年代，地方学者仍然不愿意讨论这个敏感的内容，例如，杨政业（1994：20～30）只是认为"绕三灵"是"农耕民族的祭典"。学者的观点，实际上符合参与者的愿望。当地人不仅不希望事实上并非普遍存在的情人关系被外人所知，而且在日常生活中也不愿意公开讨论这个情节，也有白族学者力图淡化这一"情人"关系（赵玉中，2008），这是可以理解并应该尊重的。

新中国成立前，汉族与少数民族的区分对于"绕三灵"来说并不重要（梁永佳，2008）。[①] 汉人与民家的区别在于语言和受教育程度，而不在于血统。1956 年的白族识别和民族政策的推行，则使白族与汉族的区别从语言和教育程度上的确认转向了按血统确认。与此同时，在斯大林民族定义基础上形成的有关白族的写作也逐渐增多，20 世纪 80 年代以来更有增无减，笔者曾称之为一个"积累性陌生化"的过程（Liang，2010）。到了 2005 年，这个过程使"绕三灵"突破了"临界点"，官方既不否定这一风俗的"落后"，也不回避"情人"的内容。相反，"落后"成为该节庆应当受到保护的理由，"情人"成为了论证"非物质文化遗产"的重要内容。

三 自我东方化：申请非物质文化遗产

联合国教科文组织于 2003 年 10 月通过《保护非物质文化遗产公约》，保护口头传说、表演艺术、社会风俗、礼仪、节庆等内容。中国于 2004 年 8 月加入该公约，并积极展开文化遗产保护，不仅进行了全国范围内的普查，还多次公布国家级非物质文化遗产名录。"绕三灵"就是在 2006 年纳入首批国家级非物质文化遗产的（共 518 项）。"绕三灵"入选后，其申请材料作为一个样本在网上广泛流传（云南省大理白族自治州，2005）。很快，地方政府又通过云南省和文化部向联合国教科文组织申请世界非物质文化遗产项目。

地方政府申请非物质文化遗产的动机比较容易理解。这样的名目既可以保护遗产本身，又能扩大该地方的影响，创造招商引资的机会，尤

---

① 一个例外是费子智的观察。他认为"绕三灵""对民家来说是一年中最重要的节庆，有点像乡间的狂欢节"（Fitzgerald，1941：122）。但是他更强调这是一种城乡差别，"在一定程度上，民家农人认为'绕三灵'是他们的仪式，城里的人即汉人或半汉人并不参与"（Fitzgerald，1941：131）。这符合他对民家/汉人差别不重要的说法。

其可以重振旅游业。作为中国西南的重要旅游城市，大理当然十分希望能够拥有"非物质文化遗产"项目。最终选择"绕三灵"作为申请项目的原因或许比较复杂，整个申请过程所涉及的人力、物力和公关资源，都将是十分有趣的研究题目。本文主要关注"绕三灵"是如何被重新解释的，故而将分析集中于申请书本身。整个文本突出了"绕三灵"的民族性、奇异性和脆弱性，是一种关于"本真性"的建构，一个主动的自我东方化的文本。

申请书正文一开始对"绕三灵"做了如下的判断：

> "大理白族绕三灵"是白族人民在长期农耕生活和稻作习俗中形成的以娱神、娱人为内容，以歌舞、崇祀活动为载体，含有历史、宗教、民俗、艺术、商贸等诸多文化内容的传统民间文化活动。"绕三灵"……原始意义可能是指逛古代的三处公房。

这个内容大致为"绕三灵"做了定位：它是白族特有的古老风俗，可能指古代的"三处公房"。"公房"之说最早见于杨政业的《白族本主文化》（1994），大概说这是一种古代群婚模式，"公房"即单身女子与前来求爱的男子相会的场所。这一说法可能来自对邻近社会（如摩梭人）的想象，并建立在早期进化论思想对人类婚姻形态的猜测之上。正因如此，"绕三灵"被赋予了一种民族特有的类似"活化石"的意义。

正因为"绕三灵"被视为是白族独有的，所以很多内容突出了"白族特征"。申请书提到的在西南地区较为常见的乐器和艺术，很多被冠以"白族"之称，如"白族唢呐""白族大三弦""白族舞蹈"等。此外，很多明显为汉族与其他少数民族共享的说法，也被渲染成白族的独特事项，如"霸王鞭""双飞燕""金钱鼓""太阳膏"等。众多"独有"事项合在一起，构成了一个独特的、集中的文化空间。如申请书所说："'大理白族绕三灵'是白族独有的娱神娱人的民间狂欢节，集中展示了白族音乐歌舞艺术。"

"绕三灵"似乎成为综合性地展示白族文化的舞台。这些代表白族文化的活动和物品，"体现了古老的白族'本主'崇拜和社祭文化，承载着白族许多重大历史文化信息和原始记忆"，"体现了白族民众多元宗教信仰的特点"。"绕三灵""实际上是白族民间文化的大荟萃，是各种音乐歌舞艺术的大展演，它集合着流行于大理白族民间的几乎所有门类的表演艺术，充分展示了洱海地区白族民间艺术丰富多彩的存在状况和高度的艺术成就"。此外，"绕三灵""在时间上和空间上都是个稳定的民间文化活动……包含的歌舞艺术不仅形成了自己特有的固定模式，而且通过活动本身使技能得到了不断的开发和提高"。它还"体现了白族的艺术审美观、高超的工艺水平和创作才能……记忆着白族民族服饰的形成、发展历史，折射出深厚的白族文化内涵"。这一系列的描述，无一不在突出"绕三灵"和"白族"之间的对应关系。

令人瞩目的是，申请材料里明确地表述了"绕三灵"里的"情人"内容，并认为这是"绕三灵"值得保护的重要价值：

> 在"绕三灵"节会期间，允许甚至鼓励男女开放相会，无论是男女老少，都可以在这几天中与自己婚前恋人相会。为不能成为夫妻的情人提供几天社会、家庭允许，不受道德谴责的公开相处的时间。

这是一个前所未有的官方态度，既不同于过去一个世纪（包括1949年以来）的官方态度，也不同于地方学者淡化这一内容的努力。这种"情人"关系，不再是"乱搞男女关系"，也不再是"生产动员"，更不再是事实上不一定存在的口头玩笑，而是一个"白族人民情感自由交流的场所"，它"保留一些古老群婚遗俗，为不能成为夫妻的情人提供几天社会、家庭允许，不受道德谴责的公开相处的时间"。这被认为是一种正面价值，一种"白族社会尊重女性、承认妇女地位的集中体现"。这一风俗因其不同于汉族的传统道德，而更值得称赞：

> 除农耕祭祀和本主信仰外，"绕三灵"活动的文化内涵中传递着白族非常重要的生殖崇拜信息。在活动中，白族男女可以通过对歌等形式，建立较为隐秘的情侣关系。这种道德规范的嬗变不仅暗涌着白族对于儒家封建礼教的修正，而且还表示了对人性的极大关注，外化为人与人、人与自然亲和力的标志。

这段文字十分有趣。它隐含了一个进化论的前设："绕三灵"保留了原始群婚的风俗。正因如此，它高于"儒家封建礼教"，显然，这里指的是从汉地产生的那种被认为不尊重女性的文化。换句话说，"绕三灵"是一个幸存于儒家礼教边缘的、白族古老的风俗。而且，它碰巧符合申请者想象的所谓个性解放、尊重女性的现代精神。就这样，一个形成于远古并流传至今的生殖崇拜活动，成为符合当代平等价值的遗俗。这正是它修正"儒家封建礼教"的原因。

很多白族学者也开始对"情人"内容进行分析。王炜（2006：51）认为"绕三灵"是"白族先民在母系氏族时代氏族之间群婚制度的遗存"。今天的"'绕三灵'这个民俗节庆被称为'白族的情人节'，这里的'情人'指的是婚前的恋人，它是白族婚姻家庭关系意外存在的另一种男女双方之间的关系"。"白族的情人节"说法，同样出现在中央电视台的一档节目中。2009 年 8 月 5 日，CCTV - 7《乡土》栏目中，讲述了已婚男女在这个被称为"风流会""情人节"的节庆中，如何与过去的情人相会，如何以这种方式"求子"。一位大理白族民俗专家详细解释了这种情人相会的方式和意义。

申请材料认为，正是因为"绕三灵"独具民族特征，古老而独特，即"本真"，所以"面对当今时代变迁和强势文化的冲击，'绕三灵'这一古老的民间文化活动正面临着逐渐消逝的危机"。原因也很吊诡：碰巧符合现代平等价值的"绕三灵"，最大的敌人就是现代化本身：

近 20 年来，随着农村产业结构的改变和现代农业生产水平的不断提高，大理白族的生活方式有了较大改变。加上大众传播媒介的普及、社会成员流动性的增强，使得拥有悠久历史文化传统的白族村落文化不能处于主导地位，长期以来维护和支撑着白族传统生活方式的价值观念也正发生急剧变化，白族传统社会的农耕文化日益衰弱，传统道德观念受到了巨大冲击。加之当地旅游业开发和村落人口不断增加等因素，使得"绕三灵"活动赖以生存的空间环境有了较大改变，这种变化加剧了"绕三灵"活动的衰退。这一古老的白族民间文化活动将面临着逐渐消亡的危机。

这里的逻辑是，正因为"绕三灵"是民族的、古老的、本真的，所以非白族的、现代的、混杂的因素就成为"绕三灵"的敌人，威胁着这一活动的延续，所以必须保护。换言之，与"绕三灵"参与者"外求"的逻辑相反，"外部"是"绕三灵"的真正威胁。

仅从申请非物质文化遗产的文本来看，官方做了迥异于"绕三灵"实践者的解释，将"绕三灵"解释为一个处在当代社会和儒家强势文化边缘的奇风异俗，并因此苦苦挣扎。当然，这种表述在很大程度上迎合了中国与联合国教科文组织对于非物质文化遗产保护所制定的标准，但同样不容否认的是，这种解释几乎全盘建立在一个想象的人类婚姻发展理论上，想当然地认可了所谓的"原始群婚"状态。这种解释，也十分明显地将"绕三灵"与民族、本真和古老等同起来，与汉语文献中描述边缘人群的方式一脉相承。这就是郝瑞（Harrell，1995）所说的三种比喻：祖先、儿童、女性。正因如此，以"绕三灵"为主题的《国家级非物质文化遗产代表作申报书》，不仅是一个内部的东方化描述（Schein，1997），更是一个比较明显的自我东方化的描述。

更值得注意的是，申请非物质文化遗产的文本与"绕三灵"参与者赋予节庆的含义不仅关联有限，甚至还运用了相反的逻辑。"发旺""清吉平安"这些层层外推的仪式诉求，不仅未被认可，甚至连"三公主金姑"这个"绕三灵"的核心章程，也没有被提及。如前所述，"绕三灵"实践者的逻辑是"外求"，即从家户到本主、从本主到神都、从神都到巍山的逐级向外的过程。但在非物质文化遗产申请者的逻辑中，节庆的意义在于绝对的内外区别，即"白"与"非白"的区别。"绕三灵"承载着白族内部的一切——白族的宗教、艺术、手工艺、文化空间，而来自外部的因素——现代农业、强势文化、大众传媒、人口流动、旅游开发——无一不是威胁"绕三灵"的因素，是"绕三灵"必须要得到保护的理由。

结论："叠写"的限度

从以上的分析可以看到，"绕三灵"节庆存在十分不同的解释空间。作为主体的参与者，通过一层层向外的活动，形成了复杂的社会组织、仪式活动和庆典。这些活动与他们的日常生活密切相连，并在这些联系中形成了总体的、朝向不可见的"彼岸世界"的、可以被称为民间宗教的节庆活动。它的核心是一个神话故事，一组被认为真实存在过的、现在仍然保佑整个大理的神灵，以及分布于大理各地的、有着各自传说的本主体系。神灵之间的关系，为民众与莲池会的"绕三灵"以及其他活动提供了基本的依据。即使不相信或者对此将信将疑的大理人，也并不反对相信者的活动，并积极参与这些活动。"情人"的结成或者象征性的挑逗，仅是一系列求子求财活动中的一环，而且有一定的强制性：笔者亲眼见到面无表情的男女双方在大庭广众下对歌，从始至终未瞟过对方一眼。而新婚少妇去各个庙里求子，往往也是在婆婆的压力下不得已而为之。因此，这些神灵并非远古的、无法证实的"生殖崇拜"，更不是记录白族文化符号的历史记忆：笔者不曾在普通白族民众间听到过这样的解释。这些神灵是与成千上万个家庭的"发旺"与"清吉平安"密切相关的一套庙宇体系。中国各地民间宗教的研究中，都不乏类似的论证。

在过去的100年中，如何解释类似"绕三灵"这样的节庆，与如何想象国家、民族、现代性和历史密切相关。"绕三灵"变得神秘不可解，政府也采取敌视态度。可是，学者并未真正嘲笑过"有伤风化"的情节，并有意识地迎合参与人的愿望。

非物质文化遗产申请则遵循了一个不同的逻辑。"绕三灵"被解释为白族独有的奇风异俗，并在现代性面前变得很脆弱，想当然地认为古代存在一种群婚现象，保留至今且符合现代人平等的伦理。"情人"的内容，不仅第一次被官方承认，而且被论证为修正儒家伦理、尊重女性的活动。官方的解释与参与者的解释之间存在巨大的反差。显然，参与者并没有在申请过程中真正参与解释过程。在这个意义上，"绕三灵"的"非遗"申请是一个典型的"国家视角"。

"绕三灵"的"非遗化"，仅仅是几十个上百个成功进入"非遗"行列的宗教活动之一。申请者、参与者的共识之一，就是"绕三灵"的宗教特色，尽管前者被想象为一个原始的"生殖崇拜"，后者被想象为一个历史上的"驸马与公主"。作为一个宗教活动，"绕三灵"并非五大宗教之任何一种，其活动无法以宗教的身份纳入现有的法律和法规体系。"非物质文化遗产"则提供了这样的机会，使得本主崇拜和"绕三灵"仪式可以用"文化"的形式得以存在，既保护了"绕三灵"，又有机会借此发展大理的旅游业，这当然一举两得。正是在这个意义上，笔者认为"绕三灵"的"非遗化"是一种"叠写"，一种国家对形形色色宗教活动的授权和管理。

然而，正如上面所说，官方的解释与参与者的解释之间差别很大。一方是主动的自我东方化，扮演浪漫原始的边缘角色，另一方则朴实地以"外求伦理"追求家庭的兴旺。以自我东方化"叠写"外求伦理，与其说创造了无穷的"互相挪用"的空间，不如说造成了一个无法弥合的解释鸿沟。至少到现在，双方的解释仍处于平行的、井水不犯河水的状态。地方政府十分智慧地排练了一场大型的"绕三灵"文艺会演，在与"绕三灵"没有什么实质关系的崇圣寺广场举行，供上级评估人员观看。"叠写"是在地方意义之上的"加封"，宣布它符合某种国家认可的意义。但在官方的"民族原始记忆"和"群婚状态"遗存与民间的外求"发旺""清吉"之间，还看不出这种"叠写"的空间。笔者提出"叠写的限度"，正是试图描述这样一种互不理解的状态是如何形成的。

2011 年 6 月 1 日，中华人民共和国《非物质文化遗产保护法》实施，"叠写"五大宗教之外的宗教活动，获得了更大的能动性和意义空间。当年 11 月 29 日，联合国教科文组织非物质文化遗产政府间委员会第 6 次会议在印尼的巴厘岛结束。"绕三灵"的世界非物质文化遗产代表作申请未获通过，委员会建议申请方重新申请。10 天后，文化部召开全国非物质文化遗产保护工作会议，副部长王文章称，在非物质文化遗产的保护和利用中，要充分尊重文化遗产的文化价值和特定内涵，坚决制止"伪民俗"。全球世俗化背景下非物质文化遗产的命运，已经在法律、政策、国际公约、地方动力、国家规范、经济驱动力等各个方面的共同作用下发生着更为深刻的转变。或许可以说，如何理解世俗时代重建国家的"叠写"能力，已经成为中国当下国家与宗教关系的一个亟待探索的问题。

参考文献

中文

葛兆光：《穿一件尺寸不合的衣衫——关于中国哲学和儒教定义的争论》，《开放时代》2001 年第 11 期。

陈进国：《传统复兴与信仰自觉》，载金泽、邱永辉主编《中国宗教报告》（2010），社会科学文献出版社，2010。

赵力涛：《中国的宗教复兴与政策转型》，《二十一世纪》2008 年第 10 期。

梁永佳：《地域的等级——一个大理村镇的仪式与文化》，社会科学文献出版社，2005。

梁永佳：《"陌生人—王"在大理》，载王铭铭主编《中国人类学评论》（第 11 辑），世界图书出版公司，2009。

杨琼：《滇中琐记》，载方国瑜主编《云南史料丛刊》第 11 卷，云南大学出版社，1998（1910）。

徐嘉瑞：《大理古代文化史稿》，中华书局，1978（1948）。

赵冠三：《龙湖文录》，香港，私人印行，1999（1947）。

张文勋主编《白族文学史》，云南人民出版社，1959。

汪宁生：《西南访古卅五年》，山东画报出版社，1997。

杨政业：《白族本主文化》，云南人民出版社，1994。

赵玉中：《地方风俗的诠释与建构——以大理白族"绕三灵"仪式中的"架尼"为例》，《思想战线》2008 年第 1 期。

梁永佳：《〈祖荫之下〉的"民族错失"与民国大理社会》，载王铭铭主编《中国人类学评论》（第 7 辑），世界图书出版公司，2008。

云南省大理白族自治州：《国家级非物质文化遗产代表作申报书》，2005。

王炜：《从"绕三灵"的活动形式看白族文化特征》，《大理文化》2006 年第 1 期。

英文

Yang，Mayfair

2008 "Introduction", in Mayfair Yang（ed.），*Chinese Religiosities*：*Afflictions of Modernity and State Formation*，Berkeley and Los Angeles：University of California Press.

Goossaert，Vincent

2008 "Republican Church Engineering：The National Religious Associations in 1912 China", in Mayfair Yang（ed.），*Chinese Religiosities*：*Afflictions of Modernity and State Formation*，Berkeley and Los Angeles：University of California Press.

Nedostup，Rebecca

2009 *Superstitious Regimes*：*Religion and the Politics of Chinese Modernity*，Cambridge：the Harvard University Asia Center.

Yang，Fenggang

2004 "Between Secularist Ideology and Desecularizing Reality：The Birth and Growth of Religious Research in Communist China", *Sociology of Religion* 65 (2).

Yu, Anthony

2005 *State and Religion in China: History and Textual Perspective*, Chicago: Open Court.

Lagerway, John

2010 *China: A Religious State*, Hong Kong: Hong Kong University Press.

Duara, Prasenjit

1988 "Superscribing Symbols: The Myth of Guandi, Chinese God of War", *Journal of Asian Studies* 47 (4).

2010 "The Historical Roots and Character of Secularism in China", in Zheng Yongnian (ed.), *China and International Relations: The Chinese View and the Contribution of Wang Gungwu*, London: Routledge.

Feuchtwang, Stephan

2001 *Popular Religion in China: the Imperial Metaphor*, Curzon: Routledge.

Watson, James

1985 "Standardizing the Gods: The Empress of Heaven (Tianhou) Along the South China Coast, 960 – 1960", in David Johnson, et al. (ed.), *Popular Culture in Late Imperial China*, Berkeley: University of California Press.

Wang Mingming

2004 "Mapping Chaos: the Dong Xi Fo Feud of Quanzhou, 1644—1839", in Stephan Feuchtwang (ed.), *Making Place: State Projects, Globalisation and Local Responses in China*, London: UCL Press.

Goossaert, Vincent and David Palmer

2010 *Religious Questions in Modern China*, Chicago: University of Chicago Press.

Oakes, Tim and Donald Sutton

2010 "Introduction", in Tim Oakes and Donald Sutton (eds.), *Faiths on Display: Religious Revival and Tourism in China*, Lanham: Rowman and Littlefield.

Fitzgerald, C. P.

1941 *The Tower of Five Glories—A Study of Min Chia of Ta Li, Yunnan*, London: The Cresset Press.

Liang, Yongjia

2006 "Fertility, Kingship and Ethnicity among the Bai in Southwest China", working paper series No. 178, Department of Sociology, National University of Singapore.

2007 "Ethnicity in Legend: the Gwer Sa La of the Bai in Southwest China", Contemporary China Research Centre, Hong Kong: Shue Yan University.

2010 "Cumulative De-familiarization: Making Sense of the Bai in Southwest China", Conference on U. S. China Ethnic Policy, Boston: Tufts University and American Academy of Arts and Science, July 31-Aug 2.

2011 "Stranger-kingship and Cosmocracy; or, Sahlins in Southwest China", *The Asia Pacific Journal of Anthropology* 12 (3).

Harrell, Stevan

1995 "Introduction: Civilizing Projects and the Reaction to Them", In Steven Harrell (ed.), *Cultral Encounters on China's Ethnic Frontiers*, Seattle and London: University of Washington Press.

Schein, Louisa

1997 "Gender and Internal Orientalism in China", *Modern China* 23.

Chau, Adam

2011 "Introduction: Revitalizing and Innovating Religious Traditions in Contemporary China", in Adam Chau (ed.), *Religion in Contemporary China: Revitalization and Innovation*, London: Routledge.

"藏彝走廊"的宗教人类学研究[*]

王铭铭

我从前面文章里学到了很多东西，我先依发言顺序谈我的理解。

张原的论文，写得很漫长，今天讲其中一小段就可以了，我只有一部分的理解。我想他的论文的意义很重大，就像我这种从福建南蛮到西南做研究的人，当然会带着南蛮的汉学人类学，就科大卫教授（David Faure）这种带有南蛮加英国的这种混血，他跑到湖南去的时候，他也会带着所谓汉学人类学的偏见。张原的文章似乎是想克服我们带来的这种偏见，企图心很大，而且把我列为两派之一，而不是两派的综合。我自认为是北派的人，愿意走南派道路，我是东部的人，想要穿行西部。在"中间圈"这个事情没有完成之前就过早地把它"再综合掉"，似乎并不利于我们进行"中间圈"和中央心态的区分，这是我的一个质疑，但是没有必要回答。我听到张原关于神山和山神的历程的区分，这个很有意思，值得更进一步解释，为什么张原要区分神山和山神？这在宗教学上有什么含义？张原是做了一些解释，但我还是希望多听一些。

陈波的这篇文章我不是很懂，因为尼泊尔我没有去过，不能瞎掰。他可能是想回到"cave age"（洞穴时代）的宇宙论里去做另一种宗教人类学吧。而我有两个问题。第一，陈波讲的这套宇宙论和修行制度的关系是什么？陈波因为个人偏好把这个制度说得都和性有关系，这个我觉得有问题。与此相关的，修行地和寺庙的两分，在藏传佛教修行地，

---

* 本文根据王铭铭教授在"第二届宗教人类学学术论坛"上的评议整理。

和寺院似乎是相互区别，但是必须有制度性的关联，因为这两种东西都和洞穴很像，无论是修行地的山洞，还是寺庙的内部结构。第二，关于人和山洞形成的关系，陈波认为通过出与入是否也是一种上和下的穿行？我以为如果不解决这个问题，而只是在讲那些故事，在宗教学上是不大恰当的。

汤芸的文章我很喜欢，讲降乩，我自己也很喜欢这种题目，因为我们知识分子和童乩是一回事，在我看来，我们以为某种精神降到我们头上，我们手上的钢笔就开始动了，我们于是开始判定这个社会的是非。也正是因为有这样巫术与知识的关联想象，我感到汤芸的文章过于务实，可能这是因为她想开设法律人类学这门课，才把宗教人类学的东西综合一些，好像造成了某种创新吧。可是，我们从降乩这件事情看到的是这些知识分子中间的路，士大夫的社会地位，这群人在汤芸的个案当中，角色到底应该是怎么样的，我们没有得到很充分的信息。希望汤芸增补一点。

杨清媚的文章也很精彩，她通过西双版纳的个案，梳理了从改土归流开始到现在的一个历程，想告诉我们这牵涉社会学的理论问题。怎样从社会学理论上来认识我们今天政策的改良？怎么样进行政策的改良？我们的政策都是采取政治经济决定论观点，而杨清媚论文的精彩之处就是想要指出某种宗教决定论的意义。因此，她也自然而然引申出马克斯·韦伯的观念，因为在社会学之大家里，只有此人是一个宗教观念形态的决定论者。我的问题是，韦伯的"教会"概念是否符合佛教？我还是希望听到她的更多的指教。

梁永佳的文章特别重要，重要在通过大理 2006 年风俗的遗产化进行论述，我感觉这应当可以说是国内人类学界书写的最早的批判性遗产研究（Critical Heritage Studies）领域的论文之一，而且，这篇文章是基于他原来的民族志研究来写的一个批判性遗产研究，而不是一般性的遗产研究，两者是有根本区别的。我们从他的文章里面可以看到很多对比，尤其是关于灵与不灵的遗产的对比，当然他延伸出很多内容。我有一两个问题。一个是他的论文与杜赞奇最近的有关论点之间的关系是什么？另一个小问题就是，他作为一个学者进入大理，与其他学者之间的关系是什么？别的学者也在参与，我就想问，尤其是民俗学家在参与制造"非遗"时，在梁永佳的个案中有没有扮演什么角色？我想，只有看清楚这些学者的参与和你的参与之间的不同，梁永佳自己的批判性研究才可以凸显出来。

这组文章是有类别的，我认为第一类文章应该是张原和陈波的，他们两个人都想解释"原始宗教"是什么，原始宗教如何演化为神圣性的宗教。第二类是汤芸的文章，在讲所谓古代宗教在向近代的转变过程中，有一个很像是世俗化的仪式制度产生。第三类的文章是杨清媚、梁永佳的，前者讲的是改土归流以来西双版纳佛教的变化，后者讲的可能是 2006 年到现在的变化。如果我们这样分类，我们就能理解这组文章在宗教人类学里面到底要说什么了。宗教人类学家有的研究宗教是从何而来的，有的研究"宗教的中世纪"，有的研究当代宗教的情景，这组文章的作者大略也可以这么分。

昨天吴科萍博士做了一个很精彩的发言，她提出一种三分法，我认为在座各位也应该给予考虑。不同宗教在控制人生和情感时施加的压力是不同的。那么，你们研究的这几种宗教，是不是也应该从这个角度来看？我不认为用管理和控制是恰当的，因为你如果站在教徒的角度来讲的话，问题就变成一种"文化自觉"或"自律"的观点了。你们研究的原始宗教、佛教，或者大理、贵州的这种中间情况，这些对于个人控制的要求是不一样的。

本土眼光
LOCAL VISIONS

妈祖造像与"标准化"问题讨论

张　珣

摘　要　华琛（James Watson）的"标准化"理论多数被运用在历史上的神明传记或宗教仪式的标准化中来作讨论，本文另辟蹊径，从神像造型的标准化着手，以近年世界各地华人社区到处林立分身的湄州祖庙巨型妈祖立像，以及各地方主动模仿增设妈祖立像为例，说明标准化是当代正在进行的过程与现象，是国家与地方的共同策略，地方除了地方精英、神职人员、庙宇头人，还有捐款的信徒、设计神像的艺术家与雕刻家等的共同作为。在整体的标准化趋势之下，也难掩一些歧异的地方表现，而令人注意的是标准化过程中牵涉的人类的模仿行为。

关键词　标准化　妈祖　造像

一　标准化概念

美国人类学家华琛（James Watson）在 1985 年提出"标准化"（standardization）概念，用来说明清代朝廷透过一个官方认可的神明信仰来收编并齐整各地方的淫祀邪神，尤其是整理了华南边疆地区的无名地方神祇。杂乱的地方神祇的标准化和统一化，代表中央的行政、法律、税收等政策进入地方，也落实了国家力量对地方的统一。

"标准化"概念一经提出，引起西方研究汉人社会文化的人类学家的极度重视。科大卫（David Faure）是阐扬标准化概念成为理论的一位重要的学者，在他的许多著作中，都可以见到此概念的运用。例如他指出明代广东地区家礼与宗族能够成为当地重要文化权威，必须先得力于一套标准化礼仪的推行。他认为宗族研究应该超越西方人类学的血缘团体或亲属组织的概念。华南地区（珠江三角洲）宗族开发是明代以后国家政治变化和经济发展的表现。尤为重要的是宋明理学家利用文字改变国家礼仪，文化象征权力在地方上推行教化，建立正统的国家秩序与权威。

表现在地方上的是，庶民可以建立祠堂祭祖，宗族与孝道成为一套意识形态，提供一个渠道，让地方认同国家并向国家靠拢，也让珠江三角洲的非汉人（疍民、瑶族）可以成为汉人。这种宗族不是一般人类学家说的血缘团体，宗族意识形态也不是一般人类学家说的祖先与血脉观念，而是国家与礼仪的概念。嘉靖年间所推行的标准化礼仪，让不同版本或地方士人写作的《乡约》都可以依据《朱子家礼》作规范，而达到以《朱子家礼》为标准化的成果，让各地的家礼与乡约具备了同一意识形态与管理目的（科大卫，2003）。

另一位厘清标准化概念的人是宋怡明（Michael Szonyi, 1997、2007），他的博士论文所研究的是明清时代福州的五帝信仰。他提出无论是真标准化或伪标准化，或幻象的标准化，都可以达到帝国大一统的成果，都可以让地方认同国家。宋怡明认为标准化有"真假标准化"之别，以名实（言行）是否合一而定，地方上的五帝庙经常假借官方核可的五通庙来逃避取缔，是为假标准化。真的标准化是地方上建立官方核可的五通庙，以祭拜官方神明为依据。对宋怡明来说，国家可以是不清楚的，不是具体的法律或行政、军事或边界、税收或儒家官僚，而是一种意识形态、文化权威。而地方势力，无论其为宗族，还是士绅或地方官都会利用"国家"来合法化自己。

在《历史人类学刊》2008年一篇题为《标准化还是正统化?》的文章中，两位作者科大卫与刘志伟讨论到，无论是"标准化""正统化"还是"文明化"，同指地方社会接受国家施行的文化权威，跻身国家文化礼仪的过程；从国家立场来说是标准化，是国家收编地方社会的过程；从地方立场来说则是文明化，是从边疆社会或少数民族跻身汉民族与汉文化的过程。如果如宋怡明所说，标准化都只是名义上的，那么帝国的统一是否仅为名义上的统一？科大卫认为，并不是名义上的统一而已。国家有多套正统化，地方也有多套正统化，礼仪专家也有多套正统化，彼此之间必有重叠。正统化（标准化）是重重叠叠的卷标组合，而不是要求整齐划一、一成不变。所以，千百年建构的大一统并不是表象（科大卫、刘志伟，2008）。

为什么"标准化"概念如此受到汉学研究者的重视？因为汉学人类学长期以来存在着一个学术的核心问题，即为"偌大的中华帝国，是依赖什么机制来达到统一？"或说"中国社会是如何可能？""中央与地方是如何衔接的？"早在20世纪60年代，施坚雅（W. Skinner）以经济组织来解释，他在四川盆地看到市场由小到大，可以层层被整合起来。从最小的每天可以见面的街坊邻里购物的小市集，到每月定期开张的中型市集，到超乡镇或县市层级的大型市集，不同层级的市集可以交换不同需求的货物。他勾勒出一个"六角形市场模型"，有如蜂窝般的六个小市集整合成一个中市集，六个中市集整合成一个大市集。人们也因此可以将小市集、中市集，到大市集，层层地被串联起来。他还勾勒出全中国由数个区域经济所衔接起来的模型。

而弗里德曼（M. Freedman）提出的解答则是从亲属组织着手。他发现广东、香港一带的宗族组织不但严密，而且负责了地方上的经济生产、治安防卫、行政协调、税收交缴、沙田开发等事务与功能。闽粤边疆地区官方力量薄弱，加上稻作农业需求水利灌溉与大量人力，都有助于大型宗族的自治与发展。亲属组织不但提供了人们生活物质所需，提供了坚强的人群纽带关系，还提供了森严的道德规范。因此能够将零散的个体衔接起来，由宗族整合地方，尤其是单姓村，更可以看到地方是如何被整合到亲属组织里面的。

上述两个理论模型一旦跨越四川或广东，就会捉襟见肘，有所不足。整个帝国的整合有许多是超越各省的大区域，甚至是全国性的联结，不是市集或宗族的力量可以达到的。因此，华琛的标准化概念可以弥补许多不足，可以说是将研究典范由表面上可见的具体组织转移到无形的文化象征，将帝国统一的力量来源由社会组织转移为文化力量，亦即神明的信仰与崇拜。无形的信仰与崇拜所发挥的力量更具有渗透力与弥漫力，可以用来解释跨越省份、跨越世代的权威。

二 民间信仰与文化权威

视宗教信仰为一套文化权威，早在武雅士（A. Wolf）已经提出民间信仰的关键逻辑是"神、鬼、祖先"架构，马丁（E. Ahern）将宗教信仰与政治力量结合，王斯福（S. Feuchtwang）进一步提出"帝国隐喻"充分说明了民间信仰所折射出的大一统的中华帝国。武雅士的"神、鬼、祖先"架构将民间宗教中的神灵结构视为帝国时期中国社会结构之投射。神、鬼、祖先三个类别分别反映官员、亲属、陌生人三个俗世人间社会类别。神明既然有如人间的官员，则一般人在膜拜神明时，是否有如在与官员互动时之心态与模式？在向官员求情时是否有如向神明祈求时之意识？马丁针对这一组"官员—神明"之对应，做了进一步的延伸讨论：如果民间宗教中祭拜妈祖或祖师公的宗教仪式与排场，是以政治官僚体系的礼仪与排场为蓝本，则当一般中国老百姓在行使或参与宗教仪式时，他们其实也同时学习了一套政治游戏与来往规矩（Ahern，1981）。可以说马丁将民间信仰视为帝国官僚体系与其权威展现方式之模仿。

王斯福在他1974年的文章中已经显示了他对政治与宗教之间关系的兴趣。他注意到清代及民国政府对地方庙宇的管制政策有所不同。台北市在20世纪多了几个大型庙宇，如孔庙、行天宫、觉修宫、指南宫、省城隍庙。它们的共同特质为神明形象是比较道德教化的，与旧社区无关，而可以吸引来自各地的信徒；它们并非一般香火庙依赖信徒香火收入，而是有政府经费支持；它们也不是某个老庙的分支。作者认为这几个大庙的成立或推展应该与国民党政府合法化其为外来政权的政策之一有关。王斯福1977年的文章借着传统中国在许多城市举行的城隍祭祀与信仰说明国家宗教（state religion）或说官方宗教（official religion）是政府治理民众的一套工具，兼由意识形态与官僚体制来控制民众。他在1992年的书中更进一步引用了马丁的架构，提出他的"帝国隐喻性的统治"（imperial metaphorical domination），认为民间信仰不纯粹是模仿官僚体制，民间有其自己的版本，有时甚至与官方说法相反。然而无论是城市内城隍信仰，还是明朝颁布的保甲制度要求村里按月祭祀、宣读乡约管束行为、组织团练保卫村里等，帝国上下内外均有行政官僚体制可以透过宗教信仰来达到管制人民之目的。民间信仰仍然很大程度地反映了中央权威以及帝国官僚体制的意识形态逻辑。

我们可以说一般学者均同意村庙与地方政治有密切关系，但是这几位学者更关心村庙与更大范围之政治，或说中华帝国政治之间之关系。尤其是一般小民可以参与的村庙祭仪，长久以来被渗透了浓厚的帝国统治所需的意识形态。闽粤与台湾，或山区村落仍然在意识形态上接受了帝国（透过宗教）的统治，使得中央与地方之间有了一个看不见的象征层面的连接。

这个帝国象征所能产生的约制力量甚至大过军事或行政力量，因为透过无形的宗教信仰所塑造出的宇宙观是代代相传、不容置疑，甚至一个人无能力跳脱的。也因此，帝国可以改朝换代、政权递嬗，但对于人民来说，天高皇帝远，帝力于我何有哉？人民对于帝国与皇帝的臣服不会改变，这种臣服不是来自有形的奖惩或教育，而是来自风俗与信仰。

另一位将社区内的地方祭祀活动的重要性提升到解释社会文化层面，将民间信仰视为文化中重要价值观的象征表现（symbolic representation）的人物是桑高仁（S. Sangren）。他的最初疑问是仔细看每个人，或每个村庄举行的祭祀活动，或对宗教信仰的诠释均不相同，那么总加起来如何成为一个中国的宗教信仰？桑高仁认为在实际行为层面，经由进香将不同村庄聚合，互相比较与互动而形成一体感。而在信仰层面，彼此之间共同的阴阳宇宙观将所有人纳入同一宗教体系内，他称之为具有支配性的宇宙观（hegemonic cosmonogy）。因此，即使在地方或社区层面似乎差异性很大，但是整体来说，整个中国文化区域内的宗教相似性仍很高（Sangren，1987）。他明确指出，多年来他研究村落的仪式象征目的即在找寻那张看不见的联结中国成一个文化的网。村落进香在超越社区的同时也建构社区之认同，而认同是多面向而且复杂的（Sangren，2001）。桑高仁和王斯福两人在发展他们的理论时均受惠于施坚雅的市场理论，注意到地区与中央如何衔接的问题。然而在台湾的田野调查又都让他们观察到祭祀组织与信仰符号对社区界定之不可或缺性，让他们尝试在政治（王斯福）、经济（桑高仁）之外，增加宇宙观与地方象征体系（神明崇拜与进香活动）之间关系的探讨。

　　有了武雅士、马丁、王斯福和桑高仁等人一步一步地铺陈并建构了民间信仰背后的政治意识形态，以及文化象征系统的理论之后，中国社会与宗教之研究可以说开始进入另外一个阶段。视野更广、层面更多、分析也更深。杜赞奇（Prasenjit Duara，1988）自称受解构分析者和后现代主义者之影响，身为文化研究者之一的他开始探讨文化与权力之间的关系。他认为象征符号、思想意识和价值观念本质上都是政治性的。它们或是统治机器的一部分，或是反叛者的工具，或是二者兼有。象征符号（如宗教）之所以具有权威性，正是由于人们为了控制这些符号和象征而不断地争斗。作者用了一个新创的词"权力的文化网络"（cultural nexus of power），指一切非正式的人际关系网及其象征与规范，而宗族与宗教是其中最重要的成分。文化网络是小民赖以生活的准则，也是小民据以抵抗国家权力的凭借。因此，国家常要驾服并收编文化网络以便渗入小民的世界，进入村庄，征税、征粮、征劳力等。长期以来，国家在宗族与宗教的信仰观念层面均已经取得某种和谐，例如，在宗族内的是士大夫科举价值观与服务天朝的观念；在宗教内的是神明阶层与官僚体制互相增强，官僚体制借着祭孔或祭拜关帝、天后等神明来笼络小民，也合法化此些民间信仰。国家与宗族或宗教之间的和谐还有另一个媒介，就是乡绅，作为一个上情下达、下情上传之媒介。杜赞奇认为中国就是这样借着国家的正式权力以及文化网络的非正式权力二者之协调，进行中央与地方、国家与社会之间的制衡与统治。然而民众也不是任由国家蹂躏的顺民，国家固然在宗族与宗教上千方百计笼络民众，但是每当暴政或苛税无度时，民众也会利用宗族或宗教来反抗国家。因此，宗族与宗教等文化权力是制衡国家正式权力之利器。

　　杜赞奇明确表示现代化后的中国新政权把社区庙会与宗族都解散了，此举在表面上是现代化的措施，其实不仅削弱了乡村民众与乡绅之间的关系，也疏远了民众与国家政权之间的联系。在国家来说其实损失大于收获。作者认为宗教在中国不是如马克思所说的亚细亚帝国统治模式的鸦片，或韦伯说的以儒教为主的一套意识形态与科举制度。作者以水利会的龙王祭祀与村庄内的关帝信仰为例，说明中国宗教是由农民信仰加上儒家思想交织而成的。在杜赞奇诠释下宗教不只有其主动性，他赋予宗教更民间化、更非正式化、更具渗透性的权力观点，因此称"文

化的网络"是一个小民赖以维生的准则与宇宙观。他提出乡村宗教组织
与国家政权之间有三个关联：（1）村庙组织经常是村民讨论公共事务
之地点，也是最开放的公共空间。（2）村庙组织也是小民利用来晋升
为士绅、取得地方政权，甚至乱世时夺取政权的工具。乡村庙会中的香
首通常是乡绅，乡绅也经常被委派成地方领袖或青苗会等组织之领导
人，以服务国家并满足地方政府的需要。宗教活动与庙会因此也常是地
方领袖进身仕途之最佳场合与机会。（3）关帝等信仰使乡绅在文化意
识和价值观层面与国家以及上层士大夫理念一致。因此宗教与政治的和
谐存在是传统中华帝国统治成功不可或缺之因素。

三　国家与地方的共谋（accomplice）

关于"村庙组织是小民获取地方政权的途径"这点，萧凤霞
（F. Helen Siu）有更精彩之说明。她的《南中国的代理人与牺牲者》
（1989）一书也是想从"文化肌理"（cultural tissues）与"权力的区域
网络"（regional nexus of power）来说明无论是马克思的阶级斗争论，还
是施坚雅的市场理论，均只是看到"经济人"。萧氏希望同时处理政治
人、经济人以及最重要的文化人。她企图说明清朝帝制的中国乡民与毛
泽东的社会主义改造下的中国乡民有何异同，而其中文化更是作为一个
判准。文化是什么？如果村子是一个个的社会细胞，乡土中国的文化就
是由无数细胞组成的肌理，而乡土中国的丰富文化意涵尤其呈现在村子
的仪式行为中（Siu，1989：10）。过去学界重视中国乡民社会制衡国家
政府的一面，萧氏要指出其实中国社会与政府双方是互相渗透影响的，
尤其是透过早期的乡绅或现代基层干部。她强调中国乡民是经过选择决
定的参与人。虽然改革开放后的宗教仪式或进香活动逐渐恢复，并有挥
霍之倾向，但萧氏认为此并非旧日宗教之复苏，而是经过社会主义洗礼
后之宗教仪式与信仰。虽如此，亲属宗族与社区宗教仍然是乡民手中握
有的最重要的文化权力资源，以之与旧日文化接续，也以之与国家政府
互动。

可见萧凤霞和杜赞奇两人均有意识地使用并反省施坚雅和弗里德曼
的模式，以更符合田野数据之复杂性。两人均强调市场与宗族在架构地

方社会组织上之力量，但是乡民生活糅合有更多精神文化层面之成分，诸如仪式或娱乐戏剧乃至道德教化之成分。此些琐碎、庞杂的生活机能及组织，均被二人统称为"文化网络"，既可包含市场网络与亲属网络等一切非正式权力，以与国家正式权力区分，也可以不包含市场经济，只是指称比较松散的信仰与精神层面的力量与组织。

笔者得力于杜赞奇与萧凤霞的"国家与地方共谋"观念的启示，认为人民并非毫无思考能力的顺从者，尤其我们在田野调查中所看到的，无论是庙宇的管理人、信徒，还是社区头人，都是在精打细算之下，或做出庙宇重建翻修的决定，或举办建醮庆典活动，或做出跨庙宇联谊会的选择。由于乡村资源有限，每个人无不精挑细选出其所能行的方式。因此，说国家单方面地主宰统治民间、中央单方面地控制掌握地方，是忽略了人民的主动性与决策能力。

本文即以湄州祖庙近年来纷纷给各地方捐赠巨型妈祖石雕立像，以及各地方主动模仿增建妈祖石雕立像来顺应潮流，说明"标准化"是国家与地方共同一致的策略。其中牵涉地方精英的媒介、神职人员与庙方管理人的新观念，信徒捐款以修福报，艺术家设计雕像，雕刻师傅着手雕刻，等等。

四　湄州祖庙的大型妈祖石雕立像

"文化大革命"期间湄州岛祖庙由军队看守，1983年中共福建省委书记项南做出湄州岛祖庙可以恢复的指示。1987年湄州祖庙开始大规模重建，正殿又称太子殿，是清代姚启圣重修的。寝殿是供奉妈祖和祭祀妈祖的主要殿堂，另外还有梳妆楼与升天古迹等。1987年10月31日（农历九月初九）湄州祖庙向各地妈祖庙发出千封邀请函，吸引各地约10万信众参与。台湾大甲镇澜宫董监事一行13人绕道日本抵达湄州参加庆典。1988年莆田市政府批准成立湄州岛旅游公司。1989年中共莆田市湄州岛旅游经济区工作委员会、莆田市湄州岛旅游经济区管理委员会正式成立，翁毅彪担任湄州岛党工委书记兼管委会主任（杨鹏飞，2012：357）。

从1987年开始，台湾北港朝天宫就与祖庙建立联系，1988年与祖庙缔结至亲,此后还互赠妈祖巨型石雕像,作为缔结至亲的标志,两尊妈祖石雕像分别竖立在海峡两岸,隔海相望。1987年湄州巨像奠基,巨像高14.35米,号称海上和平女神,乃北港朝天宫捐赠给湄州祖庙的,1992年湄州祖庙赠送给北港一尊同样的妈祖立像。

湄州岛妈祖巨像由厦门大学美术系李维祀与蒋志强两位教授设计,1987年农历九月初九妈祖羽化千年纪念日奠基,历时三年雕造成功(见图1)。海峡对岸北港朝天宫楼顶花园也有一尊材质完全相同的妈祖石雕像,为1992年湄州祖庙赠建(见图2)。湄州巨像高14.35米,喻寓全岛面积14.35平方公里之意,重约300吨,用365块洁白花岗岩精雕而成,象征一年365天,天天平安幸福。根据李丽娟从社会符号学角度来解读妈祖立像的意涵:妈祖目光深邃而执著地巡望着大海,遥望着台湾,眼神充满期盼,期盼台湾海峡永久安宁,祖国早日统一,被世人公认为海峡和平女神,维系两岸同胞骨肉之情,促进祖国统一巨业(李丽娟,2010:74)。

图1 湄州妈祖立像

(2011年张珣拍摄)

图2 北港妈祖立像

(2011年林鼎盛拍摄)

由以上简短的背景说明可以知道,湄州妈祖石雕巨像是在湄州与北港缔结两岸和平关系、两庙至亲关系的目的之下,由厦门大学美术系两位教授设计,神像造型完全迥异于传统妈祖神像。笔者以为至少有四点差异:采取立姿;使用白色花岗岩;矗立在户外;妈祖脸部造型以佛教的菩萨像为构思原型,而非道教神像造型。台湾信徒认为妈祖石雕立像不符合传统神像要求，神明应该坐着接受信徒膜拜，不应该以白色材质造像，不应该在户外风吹雨淋。

笔者于 2011 年暑假亲访李维祀教授的门生，现为厦门大学美术系的吴荣华教授。据说，当年李维祀教授设计妈祖立像时，有意让此尊雕像成为湄州岛地标，耸立在湄州岛最高山巅上，照见四方海域，庇佑众生。异于传统庙宇内的妈祖神像采取坐姿，接受万民朝拜，此尊妈祖石雕立像不是给信徒朝拜的，而是给信徒与非信徒一个瞻仰妈祖精神的依托。其设计理念是妈祖的真善美，一种普世价值观念的传达。当时李维祀教授屡获中国城市景观雕塑大奖，其设计的林则徐雕像、郑成功雕像、施琅雕像都是全国有名的作品，可以推想此一妈祖立像也是为了提升湄州岛旅游景观的目的而雕造的。

吴荣华表示，在湄州现场设立的石雕场开始工作后，艺术家原来的设计逐渐变样，放大的妈祖，无法保持原样，雕塑脸部的弯度与线条，更是差之毫厘失之千里。考虑到在湄州山丘上立像，可能危及山坡等因素，跨步散步的妈祖只能做成裙摆微张样子，看不出巡视海边之意。此外，艺术家不得不与现实妥协，湄州岛管理委员会、莆田市领导等都会给意见。很多时候是官员说要增添某某元素到某某雕像，而不是艺术家要模仿。

另外，根据许培元所记，湄州岛、北港朝天宫与金门料罗湾三尊石雕像都是由莆田黄石镇金山村人朱伯英雕刻。朱伯英自幼随父亲学工艺，1988 年在湄州岛妈祖石雕现场招标比试中脱颖而出，一举成名，从此名扬海峡两岸，为两岸妈祖交流作出了贡献（许培元，2012：311）。

此尊妈祖石雕立像雕造完成之后，由于其丝毫不带有封建迷信色彩和完全符合现代美术工艺的造型，成功地进入中国知识分子与普通百姓心中，并且此后便常出现在湄州祖庙的各种文宣品封面及学者著作的封面上。这代表了新中国对妈祖的接纳，也赋予了妈祖新的国家使命——完成祖国统一大业。1992 年 10 月 4 日妈祖羽化 1005 周年纪念日，邮电部发行妈祖特种邮票一枚，图案即为矗立在湄州岛祖庙山巅的妈祖石雕像。莆田市举行隆重的邮票首发式，全国科协副主席、中国科学院院士林兰英为首发式揭幕。同一天，湄州岛成立中国湄州妈祖文化基金会，林兰英的胞弟林文豪担任会长（杨鹏飞，2012：359）。

五 海内外各地的模仿与标准化

由台湾台南的奇美文化基金会斥资 2000 多万元新台币捐赠的林默娘公园占地 2 公顷，于 2004 年 4 月开放。公园内主要的雕塑——林默娘雕像，由奇美文化基金会捐建，蔡宜璋建筑师事务所规划设计。雕像高 16 米，基座高 4 米，俨然已成为安平新地标。奇美公司委请厦门大学美术系李维祀教授设计雕像，以花岗岩雕刻而成，造型流畅优美。公园以林默娘为名，旨在发扬孝女情怀，借以抒发先人移民开疆辟土，后人当饮水思源的美德。公园与占地近 8 公顷即将建设完成的港滨历史公园连成一气，在安平港滨形成一条水岸绿带，不仅成为台南市民平时休闲的热门去处，还吸引许多观光客到此一游。

1998 年 10 月 25~31 日湄州妈祖祖庙组织了 184 人的祭典团队参加澳大利亚 19.99 米高的汉白玉妈祖石雕立像开光典礼（杨鹏飞，2012：365）。澳大利亚墨尔本妈祖石雕立像头部造型虽有冕旒，但没有头巾，乍看类似有冕旒的观音，左手中握有如意，霞披裙摆不张开，收拢也类似观音，面向北方。庙方人士表示这几年正在募款筹建新庙，此一大型立像是由南京的信徒于石雕场雕造的。

2003 年在路环岛叠石塘山，新建澳门天后宫占地近 7000 平方米，为澳门规模最大的妈祖庙。而早在 1998 年即由澳门文化司署建造了一尊澳门妈祖石雕立像，高 19.99 米，重 500 多吨，汉白玉质地。造型类似湄州妈祖立像，差异处是如意握在左手，湄州立像的如意握在右手。其他冕旒与霞披均同于湄州立像。最大差异在于澳门妈祖为十五六岁的少女，神情天真烂漫，面向北方。湄州妈祖约为 30 岁少妇，比较有威严，神情严肃，目光凝重，面向东南方（见图 3）。

2005 年 10 月 11 日（农历九月初九）妈祖羽化升天纪念日，湄州祖庙赠送给金门料罗湾妈祖庙一尊妈祖石雕像，像高 9.9 米，重 140 吨，由 96 块花岗岩组成。且金门妈祖信徒 304 人组成进香团直航湄州祖庙参加捐赠仪式。该妈祖立像位于金门料罗湾妈祖公园内。马祖列岛的南竿岛上也建有一尊妈祖石雕立像在山顶上，远望神像与湄州立像有几分类似，与湄州立像造型不同的是，妈祖右手拿着一盏石灯，作为渔民航海靠岸的指引标志（见图 4）。

图 3　澳门妈祖立像　　　　　　　　**图 4　马祖列岛妈祖立像**

（2011 年蔡瑞珍拍摄）　　　　　　　　　　（2012 年曾琼莹拍摄）

　　除了已经设立的上述地点之外，还有正在规划的澎湖大仓岛妈祖观光文化园区。我们由澎湖县政府的规划书中可以看到，县政府要利用妈祖立像的是其所具有的带动观光游客人潮之功能，而非其传统信徒来朝圣进香之宗教功能。事实上，澎湖群岛历来民间信仰以王爷、城隍、观音、妈祖等为主，但是受近年两岸兴旺的妈祖信仰影响，为了发展观光旅游，计划在大仓岛上设置"大仓岛妈祖观光文化园区，建构世界最高的妈祖雕像（雕像高 48 公尺，基座高 18 公尺，总高度 66 公尺）环绕俯视澎湖群岛海域，庇佑所有民众平安，形塑成为国际级的观光景点，促进澎湖内海及整个澎湖群岛的观光产业发展，以造福澎湖乡亲"（澎湖县政府，2012）。

　　厦门岛东北边何厝村顺济庙，一间古老的妈祖庙于 2004 年翻修。庙宇外海边建有一座妈祖立像，会议厅内有一尊小型妈祖立像模型，管事人员称是石狮工程队石雕场提供的样本，造型如湄州妈祖立像。原来真是所谓标准化的过程，只是不由国家官员，而由石雕场师傅来进行说服庙方的工作。妈祖立像旁有石碑写"惠宁石雕场陈培忠 0592 - 5980852，0595 - 7610912"，"捐资芳名　李国兴合家敬献　何羡亮女士人民币二十五万元　总造价六十八万元　公元二零零一年十月十日"。另外在环岛路上，地图上标明"一国两制"的地点，海边也有一尊妈祖立像，也是同样造型，该地没有庙宇，仅为一观光化妈祖铜雕立像。经过风吹雨打，雕像显的黝黑不清。旁边耸立着两个字牌，写着两岸和平统一（见图5）。

图5　厦门环岛路妈祖铜雕立像

（2011 年林育建拍摄）

图6　贤良港妈祖立像

（2012 年张珣拍摄）

厦门市同安区大嶝岛双沪灵济宫也有妈祖立像。2008 年 5 月 19 日山东青岛妈祖巨像落成。2007 年广东省陆丰市东北部飞鹅山建立一尊高达 24.99 米的妈祖石雕立像，重约 3000 吨。1994 年珠江口经南沙或是广州经南沙都可以见到天后巨石雕像。福山天后宫在福山妈祖文化公园内设立了一尊石雕妈祖，由 365 块精石拼砌。武夷山天上宫妈祖庙，庙内正殿安立一尊木雕妈祖立像，造型也类似湄州立像。

2010 年 5 月 6 日（农历三月二十三）贤良港天后祖祠后山上妈祖林默娘白色石雕立像落成典礼，十届全国政协副主席、中华妈祖文化交流协会会长张克辉，全国政协常委、港澳台侨委副主任、中华妈祖文化交流协会副会长林兆枢，省旅游局原副局长张木良，市领导蔡尔申林素钦，以及北岸党工委书记俞建忠，管委会主任林金波等，参加林默娘雕像揭幕仪式。此雕像由在众多参赛者中夺魁的中国工艺美术大师方文桃设计，基座高 3.23 米，身高 9.9 米，是向妈祖诞辰 1050 年所献之礼物，为天后祖祠与正在加速建设的湄州湾北岸妈祖城增加了一个景观（见图6）（许培元，2012：312）。

除立像石雕之外，还有大型"海神妈祖"瓷板像，造型也类似湄州妈祖立像。瓷板像由一级美术大师福建艺术专科学院副教授许少辉亲自绘制而成，选用色泽明亮、质量优良的 56 寸大瓷板，配以高档红木座架一幅，以景德镇四大传统名瓷之首"青花"为主色调，瓷质细腻，釉直清亮，花色幽雅，纹样庄重，具有东方艺术特色与民间风格。

六　一个造像背后的共谋故事

　　福建省建瓯市位于闽江上游，境内溪流甚多，古时水运极为发达，人民普遍信奉妈祖。建瓯市最大的妈祖庙于"文化大革命"之后被改作钟楼村村委会，改革开放以后，顺应宗教信仰恢复潮流，从 1993 年起，钟楼村村长陈长婢等信众就四方募集，想要在城东郊坑里筹建新的天后宫，但好事多磨，一直无法取得迁建批准。1998 年农历三月二十三妈祖诞辰日迁建工程终于获准破土动工。农历九月初九坑里天后宫主体基本完工。然而新的妈祖神像究竟是要仿效湄州用巨石雕刻？还是就地取材选择木材雕刻？正当议论纷纷时，九月初十筹建组的朱文钦取出一个木材样本，那是八月下旬筹岭村村民余声茂从百里外特地送来的，并告知朱文钦神木的种种神奇之处。木料样本一经打磨，清香弥漫、细腻光洁，非常适合雕造神像。

　　此神木原来有一段神奇故事。1998 年 5 ~ 6 月间福建省闽北大雨倾盆，多年罕见。6 月 20 日连日大雨突然停止，建瓯市玉山镇筹岭村居民照常出外工作，突然发生山崩地裂的土石流，三四万平方米的泥石流夹带着草木砂石，横冲直撞，直扑筹岭村，泥石流汹涌数百米之后，有如听到命令一般，在村口戛然停止。原来是一棵长 7 米多，四人可围抱的巨木随着土石流一路被冲撞到村口，横躺在村口挡住了顺势而来的泥石流。这棵挽救全村村民的巨木横断面年轮有 983 圈，科学鉴定其为柳杉，依据专家估计应该是埋在地底下千余年，因为泥石流而见天日。长年埋于地底，不但不烂，反而芳香屡屡。为了疏通道路，村民千方百计想要挪动或是锯断来分批挪动，都无法伤害巨木。

　　钟楼村村长陈长婢想起妈祖传说中"枯槎显灵"的故事。第二天会同工艺师傅朱文钦、李德友搭车前往筹岭村实地勘查神木，仔细丈量神木长度，与坑里天后宫正殿圆拱高度不多不少，恰好匹配，有如虚席以待的神座，两村民众一致同意就以神木雕造神像。农历九月十六搬运巨木的运输车到了筹岭村，费了九牛二虎之力，都无法将这棵长 7.63 米成宝塔形、下半部直径达 2.28 米的庞然巨木搬上车，或是粗大铁链无法绑住神木而断裂，或是车厢太窄、角度不对，大伙忙碌到第二天天黑仍一筹莫展时，奇迹发生，无人看管的吊车滑轮突然晃动一下，巨木自己翻转一个角度，正巧挤入车厢。两村相距 150 里的山路峰回路转、狭窄险峻，一路险象环生，深夜大家终于抵达坑里，驾驶员说他也不知如何驾驶的，迷迷糊糊地到达了。

神木运抵坑里天后宫的第二天，福州雕刻工艺大师李华峰恰巧因事来到坑里，陈长婢简要说明神木来源并恳请李华峰领衔雕刻，李华峰一口答应。在当地雕刻师傅朱文钦、李德友的密切配合之下三个月内大功告成。栩栩如生的相貌与矗立在湄州岛的妈祖大型石雕神像十分相似。或许是工艺师傅巧夺天工，或许是神木注定要雕造成神像，木料下半部微微翘起的枝杈，恰好成了妈祖临风飘拂的衣摆，笔直的下端无须任何凿斧，便成了妈祖直立的双脚。

2004 年坑里天后宫理事陈德松特地到湄州祖庙，拜访人称"活妈祖"的"阿八"——祖庙原常务董事长林聪治女士，说明神木奇迹。林聪治的儿子与祖庙现任董事长林金榜亲临坑里天后宫上香，加强了坑里天后宫与湄州祖庙之间的关系（许更生，2012：108～113）。

每个妈祖立像背后可能都有一个故事，说明着地方上头人、精英分子、庙宇管理人、工艺师、信徒等的共同合作与谋略，一起完成妈祖的造像。地方头人与精英分子担任的是媒介的工作，他们有机会到处旅行与外地接触，到达湄州岛参观祖庙的建设，深懂湄州祖庙与国家对于妈祖信俗推行的用意，他们将外围环境与高层级的新观念介绍到小地方上，他们选择工艺师傅来设计造型。而村落居民是妈祖信仰的基础，有了民众的存在和参与，国家层级的新观念才能够落实到民众身上。

七 "标准化"之下的歧异

如果我们仔细看的话，每一尊妈祖石雕立像并不全然一致。有的左手拿笏板，有的右手拿笏板，有的双手合抱，有的右手拿石灯，有的右手拿定风珠。每一尊石像的脸部神情也各有细微差异。当然其原因可能是现代创作权保护观念的影响，李维祀教授的创作权必须受到尊重。但是我们可以从马祖列岛与贤良港的妈祖立像造型来举例说明造型歧异显示不同的目的。马祖列岛的妈祖石雕立像（见图4），头戴垂珠凤冠，左手拿笏板显示其为朝官，仍然具有帝国时期官僚体制的含意，右手拿石灯显示其为渔民照亮光明有定航作用，带有浓厚的为民服务的实用意涵。贤良港妈祖故居后山上的妈祖石雕立像（见图6），一样是白色花岗岩立像，但是妈祖不戴凤冠，而是轻挽长发，右手拿红色定风宝珠，左手搭在右手上。此妈祖造像完全是民妇模样与神情，平易近人、温柔婉约，而手拿定风宝珠，更显示妈祖为渔民造福的慈悲，定风宝珠显示妈祖的海神能力与掌握自然风害的智慧。

马祖列岛与贤良港妈祖立像是有意的创作，有意展现某一种理念，而不是担心危害李维祀的创作权所做的更改，亦即，在整体的"标准化"造像之下，从狭义来说，是每一位不同的艺术家的创作，或是从广义来说，民间信仰会有一些细微的歧异存在。

还有一种歧异是，某些地方的信徒拒绝接受湄州岛的"标准化"造像。湄州祖庙与台湾北港朝天宫互赠妈祖石雕立像这个事件，在重视竞争的台湾各大妈祖庙之间，似乎并未引起注意或模仿。台湾几个老大妈祖庙竞相前往湄州祖庙进香或是捐建山门殿阁，却不见这几个老大妈祖庙增设妈祖石雕立像，笔者询问新港奉天宫相关人士，其回答是："那只是一个地标吧！顶多是一个精神象征，并不能膜拜！"

大甲镇澜宫自1987年开始至今，20多年来每年前往湄州祖庙谒祖进香，而且发起"台湾妈祖联谊会"，号召台湾数十家妈祖宫庙一起捐款完成贤良港妈祖故居的重建工作，但是镇澜宫并不增设妈祖石雕立像。台南大天后宫是1997年湄州妈祖首次游台环岛100多天的邀请机构，是湄州祖庙指定的对口庙宇，是负责招待湄州妈祖抵台第一天的驻驾庙宇。大天后宫至今也不增设妈祖石雕立像。还有更多台湾妈祖庙均未设立石雕立像。庙方管事人员以及信徒认为，经过开光、点眼以及举行过"入灵"仪式的神像才需要膜拜，才可以膜拜。石雕立像虽然外观"好看，但是没有用"。一些庙宇的回答是"庙外没有足够空间设立"。

台湾信徒并不是无法接受户外神像，台湾有名的彰化大佛，或是观音菩萨，或是关圣帝君等一些户外大尊的石雕神像，主要是提供给信徒观赏，提高庙宇知名度，招揽游客使用。信徒要祈求膜拜的还是庙内正殿的坐姿神像。

官方"标准化"之下的地方歧异，可以说明国家政策有其实行的弹性，湄州岛祖庙给予各地方妈祖庙弹性与缓冲空间。有限度的歧异其实是健康的，允许良性竞争与适度地释放民意，对一件工艺品（妈祖造像）、一尊神像，或是一个信仰（妈祖信仰）来说，都可以带来更多的创造、想象与演绎。

结　　论

虽然对比起全国数千座妈祖庙来说，有新形式的妈祖石雕立像不过数十个，但是我们已经可以看到一股风气，是以湄州祖庙为核心，认同到祖庙为妈祖信仰的中心，并作为联结全国妈祖信仰的枢纽。而国家也以湄州岛祖庙为妈祖信仰中心，我们从国家对于莆田市行政单位的重新规划和给予许多例外的方便行事，以及从历年来造访湄州岛的国家领导人名单来看，可以知道湄州岛祖庙身负统战重任，是国家赋予它的新任务。

湄州石雕妈祖立像的建立象征着新中国对妈祖信仰的新认识，其造型宣扬博爱、慈悲与勇气，意图让信徒与非信徒都可以接受妈祖的新时代精神。此一造型的成功设计也带动了海内外华人社区竞相模仿与设立。国家做出一个标杆之后，会在全国各地达到标准化的效果，其背后可能是地方上人士的主动模仿。无论是湄州岛祖庙主动捐赠，还是地方庙宇自行设立，都会到祖庙上香参拜，企图与祖庙建立联结关系。这些动作背后说明了祖庙谋求经由妈祖立像达到联结各地妈祖信徒的目的。

人类文明本来就是一个模仿过程，我们借用法国社会学家加布里埃尔·塔尔德（Gabriel Tarde）所称的"模仿法则"（Tarde，1903）来加以说明。首先，当人群密切接触时，容易引起模仿行为。尤其当交通发达、旅游观光兴盛之后，妈祖信徒借着进香或旅游都可以观看到湄州石雕立像，从而激发学习模仿的动机。其次，有上行下效的效果，当官方或是贵族阶级引领风骚，社会里的低层级人士会竞相模仿，湄州祖庙是国家授权的妈祖信仰中心，其石雕立像轻易地带领出一股风潮。再次，新的妈祖造型会取代旧造型或超越于旧造型，尤其在历经"破四旧"、扫除封建迷信等运动之后，传统妈祖神像造型不易讨好一般中国人，湄州石雕立像造型拥有崭新的时代精神，符合当下对于"和平女神"的想象。

"标准化"因此是一个由上到下、由下到上，双方共同谋略与模仿的过程。国家提倡一个新的政策或战略，地方精英接受并认识到迎合国家政策的必要性，可以带来迁建庙宇或整修庙宇的方便，可以合法化民间信仰的复苏，一些原先以妈祖为配祀神的庙宇，也都纷纷改以妈祖为主神，坐上正殿主神位置，如厦门岛上湖里区忠仑神霄宫。一些不以妈祖为主神的地区，也积极增建妈祖庙宇或神像，如前述澎湖大仓岛。

本文以当代妈祖造像为讨论焦点，更可以看到"标准化"的实践机制。以湄州石雕立像为例，在参与"标准化"过程中，艺术家、工匠师也不可避免地接受了妈祖的新形象、材质与造型。笔者2012年访谈莆田市艺术家陈立人，他说的"湄州妈祖立像是新雕像，是工艺品，不是神像"可谓一语中的。新中国赋予妈祖雕像的新时代精神是展现艺术与城市景观，此一世俗目的大于宗教信仰的目的。

参考文献

中文

〔英〕科大卫（David Faure）：《祠堂与家庙：从宋末到明中叶宗族礼仪的演变》，《历史人类学学报》2003年第1期。

〔英〕科大卫，刘志伟：《标准化还是正统化？——从民间信仰与礼仪看中国文化的大一统》，《历史人类学刊》2008年第6期。

〔美〕杜赞奇：《文化、权力与国家：1900～1942年的华北农村》，王福明译，江苏人民出版社，1988。

杨鹏飞主编《妈祖文化三十年》，海峡文艺出版社，2012。

李丽娟：《从社会符号学角度解读妈祖石雕神像——再现意义》，载莆田学院妈祖文化研究中心编《2009莆田学院妈祖文化研究成果汇编》，2010。

许培元：《妈祖石雕像两岸谱新篇》，载杨鹏飞主编《妈祖文化三十年》，海峡文艺出版社，2012。

澎湖县政府：《澎湖大仓岛妈祖观光文化园区规划书》，2012。

许更生：《妈祖文丛》，莆田市文化广电新闻出版局，2012。

英文

Watson, James

1985　"Standardizing the Gods: The Promotion of Tien-hou (Empress of Heaven) along the South China Coast, 960 – 1960", in D. Johnson, A. Nathan and E. Rawski (eds.), *Popular Culture in Late Imperial China*, Berkeley: University of California Press.

Szonyi, Michael

1997　"The Illusion of Standardizing the Gods, the Cult of the Five Emperors in Late Imperial China", *Journal of Asian Studies* 56 (1).

2007　"Making Claims about Standardization and Orthopraxy in Late Imperial China: Rituals and Cults in Fuzhou Region in Light of Watson's Theories", *Modern China* 33 (1).

Ahern, Emily

1981　*Chinese Ritual and Politics*, London: Cambridge University Press.

Feuchtwang, Stephan

1974　"City Temples in Taipei under Three Regimes", in M. Elvin and G. W. Skinner (eds.), *The Chinese City between Two Worlds*, Stanford: Stanford University Press.

1977　"School Temple and City God", in G. W. Skinner (ed.), *The City in Late Imperial China*, Stanford: Stanford University Press.

1992　*The Imperial Metaphor: Popular Religion in China*, London: Routledge.

Sangren, Steven

1987　*History and Magical Power in A Chinese Community*, Stanford: Stanford University Press.

2001　"American Anthropology and the Study of Mazu Worship", paper presented at the "International Conference of Mazu Cult and Modern Society", Chau-tian Temple, Yunlin, Taiwan.

Duara, Prasenjit

1988　*Culture, Power and the State: Rural North China, 1990—1942*, Stanford: Stanford University Press.

Siu, F. Helen

1989　*Agents and Victims in South China: Accomplices in Rural Revolution*, New Haven: Yale University.

Tarde, Gabriel

1903　*The Law of Imitation*, New York: H. Holt and Company.

本土宗教研究的人类学视角

——以儒家祭祀文化为例*

王霄冰

摘　要　人类学视角的本土宗教研究是一种带有比较眼光和文化相对主义意识的学术行为。它的研究对象包括整个大中国文化区域内所发生的各种信仰形式及其仪式和象征制度。研究的出发点则应是社会事实本身，而非抽象的观念或意识形态。本文借用莫斯和于贝尔的"献祭的图式"，分析了三个儒家祭仪个案：孔庙释奠礼、颜林祭祖礼和桦溪农家谢年祭。它们在本质特征上具有一致性，都属常祀，且都以日常食品为主要祭品，但牺牲的屠杀都要在幕后完成，而不在祭祀中上演"仪式性屠杀"。在仪式过程中三种祭礼都始终保持中庸平和的氛围，没有出现莫斯—于贝尔图式中的波峰状态。由此可见，与基督教信仰所不同的是，儒家文化中的生与死、神与人、圣与俗之间并无绝对的分隔，而是存在着一种家庭成员般的亲密、信任、互为惠利的伦理关系。

关键词　宗教人类学　祭祀　儒家文化

一　何谓本土宗教研究的人类学视角

中国的本土宗教带有自身特有的文化特征和发展规律，在研究中不

---

* 本文为教育部人文社会科学重点研究基地重大项目"非物质文化遗产与民间信仰"（批准号：12JJD780007）的阶段性成果之一。

能完全套用西方传统宗教学的理论框架来进行描述和解释，而需要具备人类学的比较意识和文化相对主义视角。但这样的视角在以往的研究中似乎并不多见。海外汉学、宗教学和人类学界对于中国宗教的研究大部分以西方宗教学的理论体系为基础，有时甚至带着明显的一神教/基督教信仰者的目光乃至偏见。虽然说，当西方学者把目光投向异文化的中国时，这种行为本身就已经带有了人类学研究的意味，但这并不等于说，研究者们会自动放弃本文化的出发点和固有成见。与此同时，本土的宗教研究者则往往采取一种"闭关自守"的态度，对海外学者的研究漠然以对，采用传统的历史学/文献学或现代的民俗学/社会学方法，探讨各种宗教形式的历史发展、本体结构、生存状况等。在对自我的本位文化缺少反观和反思精神这一点上，他们与大部分西方学者并没有本质的不同。新兴的人类学视角下的宗教研究，或曰宗教人类学的兴起，正可弥补上述缺憾，从而使得有关中国本土宗教的研究一方面可以减少来自基督教背景之下的西方宗教学话语体系的影响，另一方面又可超越自说自话的自观自守态势，与世界其他宗教形成平等对话。

何谓本土宗教研究的人类学视角？除了前面已经提到的比较视角和文化相对主义的基本意识之外，笔者认为还有两点必须得到强调。一是应从人类学的广义宗教概念出发来界定研究对象。人类学对于宗教的定义向来都比一般宗教学要更加宽广，正如其先驱者爱德华·伯内特·泰勒（Edward B. Tylor，1832～1917）在《原始文化》（*Primitive Culture*，1871）一书中指出的：

> 在系统地研究原始社会宗教的时候首先提出的就是宗教本身的定义。假如在这个定义中为宗教要求信仰上帝或死后的审判，崇拜偶像，有祭祀的习俗或其他某些或多或少地流传的学说或仪式，那么，无疑会把许多部族从宗教的范畴中排除出去。而且，如此狭窄的定义具有这样的缺点，即它把宗教跟作为基础的深刻的动机统一起来。看起来最好马上转而依靠这一主要来源，简单地把神灵信仰判定为宗教的基本定义（泰勒，1992：412）。

泰勒把"神灵信仰"作为界定宗教的唯一标准，这在当时无疑具有先进性。他的定义，不仅把许多原始部落的信仰现象，而且还把作为个人行为的信仰实践如巫术全都纳入了宗教的范畴之内。于是，在此后出现的人类学著作中，巫术便成了最热门也最经典的话题之一。和传统意义上的宗教相比，巫术的信仰内涵极其纷繁复杂，在很多情况下就连它的实践者自己也不能解释清楚，因此人类学家的巫术研究大多从描述其表象出发，注重仪式行为、技术和社会功能，而很少去建构巫术背后"作为基础的深刻的动机"——信仰系统。例如埃文斯－普里查德(E. E. Evans-Pritchard，1902~1973）的阿赞德人民族志，就以阿赞德人生活中的巫术、神谕、魔法等为重点描述对象，而不是他们的神灵体系（埃文斯－普里查德，2006）。

事实上这里已经涉及了笔者所要强调的第二点，即人类学视角的宗教研究更重视与信仰有关的社会实践模式、仪式行为及其符号象征系统，而不仅仅关注其内在的、先验的、精神性的部分。如果说，在泰勒、弗雷泽（James G. Frazer，1854~1941）、缪勒（Friedrich Max Müller，1823~1900）的时代，人类学家还十分重视信仰背后的意识形态体系的话，那么，至少在涂尔干那里，物质化的仪式就已变得与精神性的信仰几乎同等重要了：

> 宗教现象可以自然而然地分为两个基本范畴：信仰和仪式。信仰是舆论的状态，是由各种表现构成的；仪式则是某些明确的行为方式。这两类事实之间的差别，就是思想和行为之间的差别（涂尔干，1999：42）。

涂尔干认为，宗教完全是社会性的，它并非源于对超越现世的神灵的信仰，而是在社会群体中产生的"力"（即"马纳"——超出人们的寻常力量和自然的共同进程之外的一切）。因此，"宗教力是现实的，而无论人们记忆想象这些力的符号是多么不完善"（涂尔干，1999：269）。同样属于社会学年鉴学派的马塞尔·莫斯（Marcel Mauss，1872~1950）在对巫术行为进行理论总结时提出了三个基本的要素：巫师、行动（即仪式）、表征（即观念、意义）。虽然他承认"所有的仪式都是一种语言，因此它传递着各种各样的观念"，但也同时不断强调，

"巫术思维无法在抽象层次上开花结果","巫术哲学……是一系列虚幻而空洞的形式,产生的因果律也常常未经严格的构想"。巫师其实是在"利用神灵","正是因为存在对神灵的信仰,所以巫术用他们来实现自己最终的目的。但是,魔鬼,跟神灵和死者的灵魂一样,都是集体表征的对象"。"最后,我们要记住,大多数巫术精灵只有通过仪式和传统才得到了唯一的表现"(莫斯、于贝尔,2007:91、93、103)。显见得,在巫术实践中,仪式是第一要义的,表征以及相关的神灵信仰是第二要义的,且依附于仪式之上。这种符号论和象征主义的宗教观在战后的人类学研究中占据了主导地位。如格尔茨(Clifford Geertz,1926~2006)就把宗教定义为:

1)一套行动的象征制度;2)其行为的目的是建立人类强有力的、普遍的、恒久的情绪与动机;3)其建立的方式是拟定关于存在的普遍秩序的观念;4)给这些观念加上实在性的光彩;5)使这些情绪和动机仿佛具有独特的真实性(格尔茨,2008:91)。

在格尔茨看来,文化模式就相当于是一个"符号体系或符号复合体",是"象征符号集",是"一些'模型'","这些模型与另一种'模型'的关系是'比照''模仿'或者'拟态';这些模型是对物理的、有机的、社会的或心理的体系中实体过程或其他关系的摹写。""在仪式中,生存世界与想象世界借助一套单一的符号体系混合起来,变成相同的世界,从而在人的真实感中制造出独特的转化"(格尔茨,2008:98~99)。

综上所述,人类学视角的本土宗教研究是一种带有比较眼光的、本着文化相对主义意识的学术行为。它从人类学的广义宗教概念出发,研究的对象包括整个大中国文化区域内所发生的各种信仰形式及其仪式和象征制度——不管世俗眼光或当事人自己是否视其为宗教,也不管这些行为是集体的、有序的、模式化的,还是个体的、随意的、不合逻辑的。研究的出发点则应是社会事实本身,而非抽象的观念或意识形态。从原则上讲,观念和意义只有通过解读当事人所应用的符号象征体系才能获取。研究的最终目的,一则在于揭示该仪式行为和符号体系所代表的文化模式，二则通过新的案例来检验人类学的相关理论与方法，使其得到完善与发展。

二　莫斯—于贝尔的"献祭的图式"

以上的原则该如何应用到具体的研究当中？本文将以儒家的祭祀文化为例加以阐述。首先必须说明的是，在此使用"儒家"这个定语的目的，并非是要从儒家思想和意识形态出发来探讨其祭祀行为，而是为了圈定一个大致的研究范围，意指源自古老的华夏文明并以周礼为基础、后经孔孟等先哲的总结和汉代以后先儒们的传授而发展起来的一种本土文化传统。儒家的祭祀文化不仅包括精英阶层所坚守的"礼"，也涵盖了流行于民间的"俗"。从大的层次上它可分为三类：

第一，官祭典礼，即国家/地方政府祭祀圜丘、方泽、祈穀、太庙、社稷、天神、地祇、太岁、朝日、夕月、历代帝王、先师、先农、先医和贤良、昭忠等祠的国祀/公祭行为；

第二，家族祭祖礼，即以家庭为单位的、祭祀历代先祖的礼俗，其中也包括人生礼仪中的祭祖仪式；

第三，民间的节日祭，即各地民众在不同的节日自发举行的祭祀各路神灵的习俗，活动规模可大可小，既可以村落也可以家庭、个人为单位。[①]

但在开始进入具体案例之前，我们得先为这项研究确定一个基本的分析模式。迄今为止对祭祀进行专门研究的著作不多，最为系统的大约要数马塞尔·莫斯和昂利·于贝尔（Henri Hubert，1872～1927）的《献祭的性质与功能》（Sacrifices: Its Nature and Function，1898）了。他们所提出的"献祭的图式"，将祭祀仪式分为"进入—牺牲—退出"三部分（范热内普，2010），[②] 涉及的要素包括（1）祭主（个人或集体）；（2）助祭人（祭司/中介者）；（3）场所和工具。在祭祀行为中，

---

① 对于这样的分类方法，特别是第三类的民间祭祀是否属于儒家文化范畴的问题，其他学者或许会持有异议。而笔者一贯认为，中国民间以村社和家庭为单位的祭祀行为在很大程度上都带有儒家色彩，和前面两种祭祀具有共通性。

② 这种"三段式"的过程描述与范热内普提出的"过渡礼仪"有些类似。

贯穿始终的是一个"圣化"（consecration）的问题：谁/什么被圣化？怎么圣化？如何解除圣化？"进入"阶段行为的主要目的是为了赋予祭主、助祭人、祭祀时间和场所以神圣性，使他们从原有的日常状态进入神圣的境界。"圣化"祭主和助祭人的形式多种多样，最常见的有隔离、斋戒、净身、换装、在一段时间内对自己的言行小心谨慎等。时间的圣化主要通过选择吉利的日子和时辰，空间则可通过洗涤、除秽、布置场景等加以圣化。"牺牲"的圣化有时与物种相连，有时它必须具备特殊颜色，且是完整的和健康的，有时则被戴上特殊的装饰或做特别处置。被奉献时往往有一连串的仪式行为相伴随。随着"牺牲"的净化达到极致，仪式也将达到高潮。然后它将被以神圣的方式屠杀或烧毁，被圣化、被献祭（sacrificed）、被神化（sanctification），并像凤凰涅槃一样地获得重生。在献祭时，祭司通过与牺牲的接触把自己的人格分给牺牲，后者又通过洒血、涂脂或让祭主吃下其剩余的部分而将其获得的神圣性传达给祭主。于是，牺牲就成了联结祭主和神灵的物品，神圣和世俗在它身上得以沟通。作者把"牺牲"期间的大量仪式归结为以下的图式：

> 牺牲先被圣化；然后这种圣化在它身上业已激起和集中的力量将溢出，有些去到神圣世界的存在那里，有些去了凡俗世界的生灵那里。它所经历的一系列状态或许可以表达为一个曲线：宗教性质一路上升到波峰，保持一阵，然后逐渐下滑（莫斯、于贝尔，2007：204）。

献祭完毕之后，所有在仪式中获得了神圣性的人与事物都要逐渐退出"魔法圈子"，回到凡俗世界之中。退出的仪式恰恰就是进入献祭的仪式的翻版。在这个过程中：

> 祭主的宗教处境也呈曲线状，与牺牲的曲线对称。他一点点升入宗教领域，达到波峰，并由此处再降回到凡俗领域。每个在先献祭中有角色的生命和物品，也经历同样的过程，好像从进入到退出，经历了两个对称的波线一样。但是如果说这种曲线的轮廓大体相同，那么它们达到的高度则不尽相同。代表牺牲的曲线理所当然

达到的高度最高（莫斯、于贝尔：2007：207）。

三　儒家祭仪的三个案例

在此笔者将借用莫斯和于贝尔的"献祭的图式"，分析三个在田野中采集到的个案，即孔庙释奠礼、颜林祭祖礼和榉溪农家谢年祭，以探讨其在本质特征上的一致性，同时检验莫斯—于贝尔图式的普适性与实用性。

案例 1：孔庙释奠礼

释奠礼是对祭祀孔子的典礼的传统称法，它的基本形制起源于汉代，成熟于隋唐时期，礼仪之繁杂与华丽在宋元明清几代发展至极致。（彭林，2003；王霄冰，2011）在传统时代，孔子被作为"先师""先圣"而受到历代帝王的尊崇，往往亲自或派员在京师孔子庙或前往曲阜孔子庙定期举行祭典。自唐代以降，各州县府学都建有孔子庙，在春秋两季举行释奠典礼。释奠礼的形制与其他国家祀典基本相同，因此可被视为是儒家祭祀典礼的代表。特别是在 1911 年以后，其他各项国家祀典均已退出历史舞台，只有祭祀孔子的释奠礼在一定程度上还得到了传承。如在中国台湾，祭孔礼仪在日据时期也从未间断，1952 年后蒋介石政府又对其进行改革，特别是 1968~1970 年的"中华文化复兴运动"期间，曾对祭孔礼乐大加改良，基本恢复了清代以前释奠礼的古典形制。目前，台北孔庙一年举办两次祭孔典礼，秋祭设在公历的 9 月 28 日，春祭则根据"春秋二仲月上丁日"的传统择选日期。如 2010 年笔者参加的春祭，就在公历 3 月 20 日（星期六）举行。

作为当代公祭的一种形式，祭孔典礼的利益主体即祭主实为台北市的广大民众（包括外国侨民），所以祭礼的主办单位为台北市政府，由台北市民政局和孔庙管理委员会共同承办。这恰如莫斯和于贝尔所指出的，当祭主是一个集体时：

> 有可能是由集团来集体地实现祭主的职能，也就是说，它是作

为一个身体参加献祭的；但有时它也会委派它的一个成员作为代表和替身。因而，家庭在一般情况下都是由家长来代表的，而社会则由其官员来代表（莫斯、于贝尔，2007：179~180）。

当日，台北市民政局局长作为正礼官站立在大成殿前的佾台一角，台北市副市长任正献官，其他配位、哲位、东西庑先贤先儒神位分别由台北市府局官员、孔庙管理委员会委员、驻台北外国使节和外侨学校校长等担任分献官。助祭人是一群身穿白衣黑裤的礼生，和数十名扮演乐生和舞生的当地中小学生。此外还有大批的外来嘉宾、各界代表、当地市民和观光客在场观礼。

按照传统，释奠礼的准备阶段应在 20 日前就已开始，包括选择祭品、洒扫和准备器物、通知有关人员、排练乐舞等。祭品在 15 日前由祭主亲自挑选和监督准备，其中最高规格的牺牲是"太牢"（牛、羊、猪），所用的牲牢都有严格要求：牛要选纯黑色的没有一根杂毛的公牛，猪和羊也要公的。祭前三日，主祭（即正献官，在曲阜孔庙由孔氏家族宗子——衍圣公担任）和他的助手们搬入孔庙的斋宿所居住，实行斋戒。前二日演礼听乐，前一日迎牺牲入庙并习仪。届时由专门的屠夫在孔庙内的"神庖"放血后洗烫、刮毛（仅在头部、四蹄和尾部留毛），取去内脏，处理干净。"省牲"的时间必须是在申时，由正献官率摄献官亲自监督，礼生手捧牲盘、毛血碟伺候，屠宰仪式如下：

> 赞相唱："省太牢！"宰人执弯刀解其领。次唱："省少牢！"其各坛之羊俱割项。相唱："省群牲！"其各坛豕、鹿、兔俱割项。礼生俱取毛血盛碟内，各执毛血碟，礼乐引导，敬供各坛案上。这时，正献官、摄献官以下随出，归斋宿所。宰人、庖人宰割牲体，务令洁白，或全或破，照坛运送陈设（孔德平等，2009：348）。

在 20 世纪 80 年代中期恢复的曲阜孔庙祭孔典礼中，几乎每年都使用实物的"太牢"，但做法已与从前大为不同。牲牢一般都向屠宰场订购，在当天早上杀好后连毛带血搬入孔庙，祭祀完毕后再运回屠宰场处置。台北孔庙近年来出于节省和保护动物的考虑，索性用面粉制作的动物假体代替了"太牢"，由此也就省却了"瘗毛血"（将动物的毛血埋入土中）这样的仪式行为。而在仪式之后的抢拔"智慧毛"的活动，也被分发"智慧糕"所代替。

除此之外的祭品还包括：（1）蜡烛；（2）盛放在登、铏、簠、笾、豆装和尊等容器中的各类食品：太羹、和羹、黍饭、稷饭、稻饭、粱饭、黑饼、白饼、榛子、菱米、芡实米、红枣、栗子、藁鱼、鹿脯、形盐、芹菹、韭菹、菁菹、笋菹、醓醢、鹿醢、兔醢、鱼醢、豚胉、脾析（羊肚、牛百叶）、祭酒、香、帛；（3）乐舞；（4）祭文；（5）群众代表朗诵《论语》章句。这些事物的"圣化"主要体现在"必丰、必洁、必诚、必敬"的要求上，即食物必须丰厚、洁净，准备、表演之人则必须满怀虔诚、恭敬之心。

祭祀当日献祭的过程包括迎神、初献、亚献、三献、送神等环节，每一章节均有乐舞伴奏。三献完毕之后，主献官作为祭主代表接受太祝的降福，称"饮福受胙"，因2010年台北春祭采用的是"素祭"形式，所以改为"饮福受果"。送神后需将祝版、香、帛等在燎炉中烧毁。"退出"仪式从关扉、撤班开始，之后布席、更衣、序昭穆，主宾欢宴。第二天，监察官和省牲生、视膳生、掌宰官、司馔官撤去各坛祭品，把祭品按照各人在祭礼中担任职务的不同分送给主祭、助祭人和孔氏族人等，称"分胙"。

案例 2：颜林祭祖礼

孝道与祖先崇拜是儒家思想的基石之一。早在商周时期，祭祖礼在贵族阶层中就已十分盛行，并从商代前期目的性较强的祭祖仪式，逐渐发展到了商代中后期无具体目的的祭祀。周代的祭祖礼属于"常祀"，即祭祀按照一定时间规律进行，而不是有必要时才祭，或是临时通过占卜决定祭祀日期（刘源，2004）。周人发明的"四时之祭"后来成了儒家的祭祖常礼，并且主要以家族为祭祀单位，祭祀的场所一般设在家族祠堂或是祖墓所在地。当然，各家各户也可在自家厅堂或上坟时进行祭祖活动。2011年，笔者在山东曲阜参加了以颜回为始祖的颜氏家族的坟祭仪式。祭祀的时间设在清明节，这是一般中国人上坟扫墓、慎终追远的日子。场所则是在有着颜回及其儿孙之墓（应为后人重修的坟茔）

的颜林，但仪式并没有在颜回的墓前，而是在他的孙子、颜氏家族"三世祖"墓前举行，这是因为当年族人为这位祖先打制了一面新碑，所以这次是借着为新碑揭幕的机会行祭祖礼。

和公祭不同的是，祭祖礼的利益主体是以血缘关系为基础的家族，祭主则是作为宗族代表的宗主或族长。当日的祭主是颜氏家族的第79代宗子颜秉刚和作为代表的20多名宗族男性成员。这些人胸前都系着一根象征"血缘关系"的红色绸带，由此也"圣化"了他们的祭主身份。一位75岁的长辈颜承信和几名宗族成员担任助祭人的角色。观礼者只有宗主夫人、笔者和几位陪同人员。

和释奠礼相比，祭祖礼的"进入"程序比较简单，当事人没有提前几日进行斋戒，而只是在头一天晚上聚在一起做了些准备。祭主在现场进入"圣化"状态的主要手段，除了系结红布带之外，还有全体人员在颜回墓前下跪、磕头，宗主在仪式开始前实行盥洗等。牺牲的种类包括：（1）纸制的花圈；（2）蜡烛、香、帛、酒、全鸡、全鱼、肉块、五种点心、三样水果、两碟馒头；（3）爆竹和用录音机播放的音乐；（4）祭文；（5）宗亲致辞。祭品的做法据说完全按照当地传统，献礼时由宗亲一一摆到祭台前。在礼仪结束时还有献帛、奠爵礼，即把酒水洒在土地上，用火烧毁布帛和写有祭文的卷轴。之后宗主代表族人两次跪接福酒，饮毕叩头。众亲参拜并给三世祖墓培土。最后大家一起在颜林所在的防山乡享用午餐，估计祭品也会在这时被分发给直接参与的族人。大家饭后告辞，"退出"仪式。

案例3：榉溪农家谢年祭

2012年农历春节期间，笔者还在浙江省磐安县榉溪村观察了普通农户春节期间的谢年祭，因当地人习惯称所有神灵为"佛"，所以又叫"谢佛礼"。由于榉溪村的习俗不像附近一些地方那样是在初一而是在元宵节上坟祭祖，所以旧年最后两天和初一这天所要祭祀的对象就只有天、地、门神、灶君、猪圈神（家里如有的话）和附近一些庙中的神灵。从旧年二十八（这年的旧历最后一天是二十九）开始，家家户户便已开始准备祭品。当晚已有农户率先"谢佛"。而笔者所在的农家则准备在二十九这天祭祀。

当天一早，天上下起了小雪，山上早已是白皑皑的一片。早饭后一家人准备先上1400米高的高姥山祭拜"娘娘庙"。因雪地路滑，本来打算开车上山的计划落空了，大家只好徒步攀登。大约八点半从家出发，携带的祭品包括一个煮熟的猪头、一只全鸡、一块发糕、一块豆腐，还有若干苹果、橘子、糖果、馒头、米饭、酒、茶，金箔纸做的"银两"、香、烛、黄表纸、爆竹等。因重量不轻，主人叫了年轻力壮的弟弟来帮忙挑担。随行的除他俩之外还有女主人、男主人的母亲和妹妹，再加上笔者。一路上，两兄弟、女主人和年过六旬的老妈妈四人轮换着担当祭品。经过两个多小时的艰苦上行，于中午时分到达山顶，来到供奉着当地一位名叫陈十四娘娘的女神及其姐妹的小庙中。在案前摆上祭品，点上香烛，母亲领着儿女、媳妇一起祭拜，口中念念有词，好像是把全家人的名字都报了一遍，大约是求娘娘保佑他们。然后烧纸和"银两"、插香、燃放爆竹。在娘娘庙拜完后又到山顶新建的观音阁去拜了一圈，不过没带什么祭品，而只带去了香、烛、"银两"、黄表纸和爆竹。拜完后，我们吃了守庙人提供的简单的"斋饭"：稀饭、馒头和素菜，便告辞下山，带来的祭品则被留在庙中，供常住在山上的守庙人一家享用。

到家已是下午2点多。吃完午饭，女主人就开始在厨房忙碌了起来。她要准备晚上"谢佛"用的各种食品：除了煮猪头、猪尾巴和全鸡之外，最费时的则是在猪大肠里灌满糯米，然后放在肉汤里煮熟。因"谢佛"必须在吃年夜饭之前完成（如果有人在此之前偷吃了祭肉，以后他/她会再也不想吃肉），所以她怕时间来不及，特意叫在同村居住的妈妈来帮忙。娘俩忙活了一下午。到了傍晚时分，男人们开始在门口贴春联、在门上贴写有倒"福"字的红纸，这是"谢佛"前的必经程序。四方的供桌被抬到门口，祭品一一摆了上来：最华丽的是一对锡制的、凤凰形状的烛台，听说是女主人的陪嫁品，上面红烛高照；最排场的是整猪头，猪尾巴从它的口中穿出，周围盘绕着装有糯米的大肠，旁边是一只整鸡，头被别过来朝着天空；其他的祭品还有：一碗水、两块豆腐、两块自制发糕、三碗米饭。

祭祀由家里的男主人在他母亲的辅佐下分三步进行：第一步先在门外祭天祭地，祭词曰："天地造佛，旧年换新年，保佑国泰民安，风调雨顺，五谷丰登。保佑家人身体健康，财源广进。"然后在门外烧纸和

"银两"、放爆竹。第二步把供桌搬进门内，祭祀门神，祭词曰："保佑好人进门，坏人不进门，保平安，保青春（健康之意）。"之后在火盆里烧纸和"银两"。第三步在厨房的灶君位前点上一对蜡烛、一块发糕、一碗米饭、一块豆腐，因灶君在小年那天回到天上"度假"，今天又被接回来，所以祭词曰："灶君菩萨，上天奏好事，下地保平安。家里添水不添米（意指富足、粮食不会减少）。"之后又在火盆里烧纸和"银两"。全部祭祀完毕之后，全家人才一起围坐到餐桌上吃年夜饭，菜肴以祭祀用过的猪头肉、鸡、发糕和豆腐等为主。

以上的祭拜活动都以家庭为单位，"娘娘庙"祭祀前后上下山的艰难过程可被视为是"进入"和"退出"仪式，而家中的"谢佛礼"则从贴春联开始"进入"，直到守夜到交更时分燃放爆竹、烟花才算"退出"。为准备过年，男主人一家早早地对新盖的房屋进行了打扫、布置，门前挂上一排蒙着红纱的灯笼。女主人亲自动手准备各种牺牲用的食品、物品，包括折叠黄纸、"银两"等，都是一个使祭品得到"圣化"的过程。祭肉在"谢佛"前不可食用，等祭拜完毕后被大家分享的事实，也符合莫斯—于贝尔的以牺牲联结神圣和世俗的"图式"。

四　分析与结论

以上三个案例分别代表了三个不同层面的儒家祭祀仪式。虽然它们在祭主的范围大小、祭品的丰盛程度、祭仪的繁复与华丽方面有所差异，但其性质特点却基本一致。首先，祭祀都属常祀，即按照规定的时间进行，目的都是为了谢神、祈福，而不是为了占卜、禳祓、除秽，也没有其他具体的目的，如求雨、去疾。其次，牺牲都以日常食品为主，配以香、烛、黄纸、纸制的"银两"、爆竹等一般宗教用品。显然这属于"礼物献祭"或"食物献祭"的类型，而与"契约献祭"或"赎罪献祭"无关。由于儒家讲究"事死如事生"，所以给神灵、祖先准备的饭菜都有荤有素，且讲究丰盛、全美。似乎祭品的种类越多，制作时花的时间越长，其"圣化"程度就越高，也就越能代表祭主虔敬的心情。但有一点值得注意的是，牺牲的屠杀都必须在幕后完成，而不能在祭祀中上演"仪式性屠杀"的一幕。甚至近年来孔庙把连毛带血的太牢搬上祭台，也遭到了一些当地民众的非议，因为传统上祭品必须是在除毛洗净之后才可被摆上祭坛。再次，三种祭礼的仪式过程都始终保持中庸平和的氛围，我们在其中看不到莫斯—于贝尔所描述的那种"曲线状"变化——祭主和牺牲一起"一点点升入宗教领域，达到波峰，并由此处再降回到凡俗领域"。儒家的祭祀礼仪在进入献祭阶段之后，其神圣性似乎始终保持在同一水平线上，无论是祭主的情感、行为还是牺牲的境遇都不会出现波峰状态。对此笔者的解释是，莫斯—于贝尔所谓的"随着'牺牲'的净化达到极致，仪式也将达到高潮"的现象，只适用于一些被雕饰和着意渲染过的宗教仪式当中。比如天主教的弥撒礼，当"圣体"降临时，所有人都要起立或下跪，他们双手交合，低头默想，全场一片静默，仪式的肃穆气氛便达到了高潮。但这种特殊的礼仪设计，应是历史上的天主教神学家、礼学家们对古代的宗教牺牲仪式加以水晶化和抽象化的结果。而儒家的祭礼从上古直至今天都没有经过这种十分刻意的神学加工与修饰，尽管自孔子以来，历代的儒学精英像朱熹也曾试图规范这套礼仪，包括王权统治者及其手下的礼学家们也在祭礼的整合方面做了许多努力，但儒家的祭祀文化从整体上相对来说还是保留了中国本土宗教的那种质朴情致与天然韵味。祭祀对于中国人来说从古至今都像是在招待亲朋好友：人们把日常生活中的美味佳肴奉献出来，馈飨神灵，并和他们一道快乐地分享。其间，世俗与神圣、人与神之间的关系自始至终都是亲切、自然、和谐的，不存在任何人为的对立，因而也就没有了一个需要通过献祭消解对立以求得和解的曲折过程。①

用莫斯和于贝尔的图式解释中国本土的儒家祭仪，一方面让我们看到了这一模式在一定程度上的普适性，另一方面也提醒了我们，两位学者虽是人类学家，但却也未能逃脱以西方宗教观为基础和出发点的文化本位视角。因为如果用他们的宗教性或神圣性标准来衡量儒家的祭祀礼仪，后者的"圣化"程度显然不能与基督教、犹太教、伊斯兰教等世

_____

① 在基督教的礼拜中，人们常常会以"罪人"的身份、怀着赎罪与反省之心步入教堂。他们在仪式中经过"圣水"的净化、自我的忏悔、基督圣体的降临、神父降福等环节而最终达成与上帝的和解，获得神的宽恕。

界宗教相比，因此也就很容易被描述成是"世俗化的""非宗教的"。然而当我们身处其中时，却又能深深感受到本土宗教对于天地、神灵和祖先所怀有的那份真诚朴素的信仰之心。这里其实涉及了一个世俗和神圣的划分标准问题。不管是莫斯、于贝尔还是涂尔干或其他的西方人类学家，当论及神圣之"力"及其源泉之时，他们的脑中或许早已嵌入了一个对于神圣状态的固有想象：它应与日常生活完全不同，或是极度庄严肃穆，或是极度高亢激昂，人们进入冥想或沉醉状态，就如同灵魂附体一样……然而他们却在无意中忽略了另外一种宗教文化，就像中国本土的儒家祭祀那样，自然地发生于日常生活当中，而不具备那种人为建构而成的崇高的宗教性。在这里，人们是用最世俗的形式来实现"圣化"；生与死、神与人、圣与俗之间并无绝对的分隔，并非如米开朗基罗所作的西斯廷教堂天顶画所描绘的那样，二者之间永远不可企及，而是存在着一种家庭成员般的亲密、信任、互为惠利的伦理关系。

参考文献

〔英〕爱德华·伯内特·泰勒：《原始文化》，连树声译，上海文艺出版社，1992。

〔英〕E. E. 埃文思－普里查德：《阿赞德人的巫术、神谕和魔法》，覃莉莉译，商务印书馆，2006。

〔法〕爱弥尔·涂尔干：《宗教生活的基本形式》，渠东、汲喆译，上海人民出版社，1999。

〔法〕马塞尔·莫斯、昂利·于贝尔：《巫术的一般理论 献祭的性质与功能》，杨渝东、梁永佳、赵丙祥译，广西师范大学出版社，2007。

〔美〕克利福德·格尔茨：《文化的解释》，韩莉译，译林出版社，2008。

〔法〕阿诺尔德·范热内普：《过渡礼仪》，张举文译，商务印书馆，2010。

彭林：《祭祀万世师表：释奠礼》，《文史知识》2003 年第 10 期。

王霄冰：《孔子庙祀期考》，载贾磊磊、杨朝明主编《第三届世界儒学大会学术论文集》，文化艺术出版社，2011。

孔德平、彭庆涛、孟继新：《祭孔礼乐研究》，文物出版社，2009。

刘源：《商周祭祖礼研究》，商务印书馆，2004。

三时系念与净空派居士道场

——以临江净空派某居士道场为例*

谢燕清

摘　要　本文旨在以三时系念为个案，探究这一宗教仪式在佛教复兴和实践中的意义。通过研究临江净土居士信徒，笔者发现这一仪式经过改造和诠释后，在行动中呈现出利他—利己主义的混合品质，扩大了居士参与度。圣俗二元观赋予居士行动的压力和框架，导师的说教对于指导居士的具体实践有着至关重要的意义，也是仪式改造的关键。发起一项仪式运动对凝聚宗教导师和信徒之间的关系有着极大的帮助。

关键词　净土　三时系念　居士

一　净空派与新兴教派

基于历史和现实的政策法律框架，大陆佛教寺院组织呈现出某种内敛性，其宗派组织化程度一直很低，除了保持传统的寺庙宗派（主要以禅宗宗门）标记外，就是师徒传递形成的派系网络。佛教的困顿为其他宗教的兴起提供了空间，诸如基督新教、新兴宗教等乘势挤压佛教的空间。当政府严厉打击了以法轮功为代表的"邪教"（在佛教看来是典型的

---

*　此研究系"国家985工程南京大学宗教与文化创新基地"课题成果。北京大学社会学系卢云峰副教授和法国国立东方语言文化学院汲喆博士，以及本书的两名匿名审稿人对本文的修改提供了富有建设性的批评意见，在此深表谢意！

附佛外道），此举受到佛教信徒的衷心拥护也就不足为奇。在政府的管制下，很多法轮功信徒或者练气功的人都转入佛教门下。因此我们只有在政府严厉镇压异端宗教的前提下，才能理解佛教徒接受政府严格管制时所表现出的顺从，此时的管制对佛教而言可能还意味着一种垄断性保护。

然而随着宗教政策进一步宽松①，宗教竞争出现了新的形式。进入21 世纪，一些大的寺院的硬件设施建设已经告一段落，僧伽组织初具规模，有些寺院已经形成了自己初步的传教网络，年富力强的领导人被推上位，通过不断地出书、进行社会活动，有意识地塑造克里斯玛型的高僧，一个个不同以往的新兴宗派团体呼之欲出。当然，大陆佛教的新宗派团体，因为各种原因还不能称之为新宗派，例如河南少林寺各方面发展都很迅速，但理念发展相对滞后。②

以笔者（谢燕清，2009）对江苏临江居士佛教近年的观察而言，居士佛教中以念佛求生西方极乐世界为主流，也就是通常所说的净土信仰。在 20 世纪 90 年代中后期，其组织形态主要为念佛小组，同时居士们依照一定的地缘、人缘关系和寺庙及寺庙内的特定僧侣组成相对稳定的供养关系，俗称"香火"。这种组织形式传统，组织化程度低，其成员主要为离退休人员、老年人、妇女等被社会边缘化的人群。在信奉净土的临江居士中间，台湾净空法师的影响力是最大的。但到了世纪之交，居士们中间就出现了分歧，分歧点在于对净空法师的尊崇程度应该到什么地步。有一部

---

① 目前中国大陆的宗教政策仍无结构性的变动，但随着经济改革与社会开放，宗教竞争活动的空间，事实上已经在其他的维度上得以延伸。借助复兴传统文化、发展地方旅游经济、对外开放（海外交流，对海外华人、对台统战等）名义，不同的决策部门、不同层级的地方政府、不同的行业根据各自需要"开口子"，造成了宗教活动事实上比宗教管理部门规定的活动范围要宽泛得多的局面。

② 李向平、高虹（2008）对四个佛教寺院的调查研究，揭示出当下中国各大寺庙在宗派化阶段上起点不同，既有内部原因也有外部的制度约束。文章作者比较强调寺庙内部的原因制约了寺庙向现代型寺庙的转进。不过也有学者将大陆佛教界传教事业发展迟滞的原因主要归因为国家体制（Ji Zhe, 2008a: 239）。这个体制对大陆佛教界是一把双刃剑，它既限制佛教界传教自由，但也赋予其一定的传教垄断权和合法权，大陆佛教界可以借此来打压和限制其竞争对手，部分由于其推动的结果，净空派在大陆的许多传教项目被终止，而净空法师本人也自 2008 年后没有访问过大陆（Sun Yanfei, 2011）。王兰永在 L 寺的田野调查揭示了临江地区的寺庙体制落后，内部矛盾丛生，2009 年台湾发生了该寺庙监院杀害方丈后自杀的惨剧，这正是矛盾恶化的结果（王兰永，2006）。

分主张无条件信奉净空法师，非净空法师的书不读。而另一批居士则不接受这种做法，主张兼容并包，吸取其他高僧大德的说教。无疑那部分无条件信奉净空法师的信徒已经呈现出教派的教主崇拜和排他性的基本特征。

当笔者和临江佛教居士助念团接触后，终于可以肯定在临江地区存在一个净空派马家街①净土道场。首先，该组织有一个独立的活动空间，由某信徒提供一套两室一厅的居民住宅作为该组织的日常活动地点，起初是小型的公共念佛堂；② 此外，组织相对完善，建立起辐射全市的网络，在当地有相当的影响力；③ 再次，在组织内部推行对净空法师的排他性崇拜，即非净空法师的说教和物品一概不允许带入道场，除了净空法师推荐的高僧大德的书；最后，定期到净空法师的道场去朝圣。净空法师本人在台湾寺庙系统并没有太大的发展，其外围组织为净宗学会。④ 据笔者所知，大陆这里所谓的净空法师的道场，主要是其信徒建立的寺庙，并以其主张为根本立场而已。⑤ 安徽庐江实际禅寺就是

---

① 此道场名称以所在街道名称命名。

② 该念佛堂的产生也是一种派性矛盾的结果，一般而言，寺院为了吸引居士，都会在寺庙里提供特定的场所作为居士活动的空间。而这些居士就是因为过于尊崇净空法师而与寺庙方面以及其他居士发生冲突，最后决定另立道场。当时分离出去的还有一个道场，现在临江城东郊区的颐养院道场。这两个道场骨干分子都是从当时临江最大的寺庙枫叶寺的居士群里分离出去的。

③ 该组织大致分为两级，即以念佛堂为基本组织形态，这和临江地区居士念佛堂没有区别；此外，在念佛堂成员基础上招募助念团成员，原则上是 70 岁以下身体健康者即可。其领导人和核心成员都是助念团的成员。所谓助念团，是佛教信徒为濒危信徒诵念佛号，帮助其提起正念往生西方极乐世界的组织。

④ 台湾的净宗学会的组织特点是各个组织独立，互不隶属（施伊姿，2004：121～122）。从台湾的网站介绍来看，其在台湾和世界范围内有 50 多个组织，从名称上看大部分都是居士组织。此外，由于大陆的法律和政治原因，大陆的净空派信徒并没有成立公开的组织，抑或稍微大型化的组织也没有在其网站上公布出来。网站公布的净空派组织原则，基本是奉请净空法师为精神导师，具体组织管理由本地人负责，各个组织之间没有横向的、纵向的关联（http：//www. amtb. tw/jzplace. htm）。这与笔者在临江观察到的情况吻合，可以判断这是当前净空派组织的宏观特征。

⑤ 浙江省临安市东天目山昭明寺、山东省庆云海岛金山寺，这两座寺庙与安徽的实际禅寺共同构成了临江地区净空派信徒心中的三大"圣地"，用他们的话来说，这几座寺庙就是"老法师的寺庙"。当然，中国台湾地区和澳洲净空法师长期生活传法的地方自然也是"圣地"，但对于临江地区的信众而言，太过陌生和遥远，几乎不可触及。对该地区信众而言，可以定期去朝圣的地方，首推安徽实际禅寺，其次是天目山的昭明寺，至于海岛金山寺，目前马家街道场的居士还没有人去过。

这样一个寺庙，地近净空法师的家乡，现在临江居士去那里就有朝圣的性质，主要有两件事，一是参与净空法师倡导的三时系念运动，二是给净空法师的父母上坟。

净空派作为新兴教派发展起来，三时系念仪式是一个显著的特点。按照施伊姿的调查，在台的佛教团体，只有佛光山和净宗学会以三时系念为本团体内部的主要仪轨，且主要是内部僧尼使用，普通信徒还处于逐步接受的过程。其他寺院里该仪式还处于边缘的位置，一般出现在法会收尾仪式、特定日期度亡仪式、信徒有事自行提出需要等场合（施伊姿，2004：98~100）。纪华传也提到三时系念在台湾十分盛行，著名的僧团组织如佛光山、法鼓山等年年举行三时系念法会，而专弘净土的净空法师则在各地大力演讲推介三时系念（纪华传，2006：98）。三时系念在大陆的流行与台湾佛教的影响有关联。在临江搜集到的文本大多是本地信众翻印的净空法师的相关论述。至少我们可以认为，净空派信徒和三时系念的兴盛有关联。施伊姿的调查主要是在寺庙中进行的，而依据笔者对马家街净土道场的调查，三时系念已经成为净空派居士信众区别于其他净土信众的重要修行内容。[①] 笔者将依据对马家街净土道场的研究，分析三时系念作为一种由来已久的佛教仪式，如何被净空法师改造为净空派信徒区别于其他净土信徒的重要修行仪式。

二 三时系念[②]的基本内容与结构

三时系念由元代国师中峰禅师编纂而成，中峰和尚身兼禅宗几个法系的传承，生前受到皇帝的推重和达官显贵的礼敬，诸如赵孟頫、高丽沈王都出入其门下问道，是当时佛教界受到世俗社会推崇的代表人物。中峰的"三时"指早晨、日中、日没三个时间段，系念指将心系于一处（往生弥陀净土）。三时系念分为《三时系念仪

---

① 净空法师明确指出，三时系念比焰口和水陆好（《正确处理冤亲债主附身等问题》，http://www.dizang.org/wd/cd/039.htm，2009 年 7 月 11 日下载）。

② 这里论述的三时系念是依据笔者搜集的《中峰三时系念全集》，这个本子以《三时系念佛事》（FS）为基础，体现了当代净土宗净空法师所倡导的系念法会特色，和古本最大的不同是在起香阶段加入了《心经》。

范》（YF）①，用于结会自修、念佛求生净土；另有《三时系念佛事》（FS）②，用于度亡法会，目的是超荐亡灵往生西方。此二者皆由诵经、称名、白文、行道、忏悔、发愿、唱赞七个部分组成，与普度的净土忏法类似。《三时系念佛事》（FS）第一时重点开示亡灵及行者要具足信愿行，第二时开示唯心净土、本性弥陀，第三时开示念佛要恳切，直至一心不乱；《三时系念仪范》（YF）的重点在劝人念佛及讲解念佛正因等（杨明芬，2007：326；纪华传，2006：98~99）。

另据研究，宋永明延寿创制的三时系念是瑜伽焰口中的一种，俗称"小焰口"，由密转净，倡导念阿弥陀佛。元代中峰发展出三时系念仪轨，重点在于劝人念佛，在普度六道一切鬼神上反而略显不足。于是明代莲池又重新发掘整理唐代密宗瑜伽焰口遗产，作《修设瑜伽集要施食增仪》，又撰写"补注"（俞为洁，2004：48）。

由此可见三时系念是佛教圆融的结果，作为法眼宗的传人，永明禅师③用密宗教法来弘扬净土信仰，而这一做法被禅宗后人中峰继承，他完善了三时系念仪轨，消除了其密法的特征，强化了该仪轨弘扬净土的特点，通过制定净土修行仪轨，落实禅净融合的思想。《三时系念仪范》（YF）和《三时系念佛事》（FS）将自我念佛求生西方与荐亡度生结合，自利利他，有利于净土的普及。④ 明代的莲池大师又重新整理密宗仪轨以满足普度六道众生的需要，显示出汉传佛教里显密、禅净之间互为依托的圆融关系。

现在尚不清楚中峰国师的三时系念在过去的流行程度以及具体的操

---

① 《卍新纂续藏经》第 74 册 No. 1464，http：//yzzj. fodian. net/BaoKu/FoJingWenInfo. aspx？ID = X1464。

② 《卍新纂续藏经》第 74 册 No. 1465，http：//yzzj. fodian. net/BaoKu/FoJingWenInfo. aspx？ID = X1465。

③ 有关三时系念的作者，因为中峰明本和永明延寿都曾经得到过智觉禅师的谥号，这可能是造成作者混淆的原因。据考辨，永明延寿身处割据一方吴越，其背景与三时系念中反映的大一统国家观念不太协调，因此一般认为是中峰明本所作（冉云华，1995：216~217；纪华传，2006：99）。

④ 纪华传的研究还指出，中峰明本创制三时系念的用意在于迎合民间信徒的净土信仰思潮，他的三时系念禅净兼修，是为禅宗派系扩大信众基础服务，是以净土补充、辅助禅宗，并不能说明他本人彻底皈依净土（纪传华，2006：99）。

作情况，仅从文本内容看，《三时系念》①包含了经、咒、主法法师的祈请开示、唱赞等内容。第一类内容是经，主要包括两部，一为《般若波罗蜜多心经》，二为《阿弥陀经》，《心经》和《阿弥陀经》的关系代表了大乘佛教基本教义与净土宗旨，两部经都短小精悍。②据称《心经》是根据《小品般若经》《金刚经》等撰写的提要，集中体现了早期大乘般若空观的观点，即诸法实相即是空相。该经朗朗上口，易于记诵，流传极为广泛，其义可深可浅，又涵盖大乘基本宗义而为各宗各派所推崇（陈士强，2000：74）。

就净土三经而言，《阿弥陀经》和《无量寿经》分别有小经和大经之称，《无量寿经》一经译出，即成为初期净土的中心经典，而道绰、善导推重《观无量寿经》，使其也成为净土的中心经典，隋唐以前大经与观经共同构成了主要经典。自唐代起小经的地位逐渐抬升，到了明代小经一跃成为净土的主要经典（坪井俊映，1979：20、22、208）。就信徒而言，《阿弥陀经》比大经精练，比观经通俗，更便于日常课诵，且体现了净土的基本教义，因而更贴近人数众多的中下层信众。此外，《阿弥陀经》提出"称名念佛"的方法比其他两部经更加简易，进一步简化了往生的条件（潘桂明，2000：355）。就念诵时间而言，一部《阿弥陀经》十分钟左右就可以念完，而《无量寿经》则需要近一个小时。笔者曾询问一些居士每天的课业内容，凡是能够在每天的课业里加入诵读《无量寿经》（大经）的，都显示修行者在修行上额外的刻苦。诞生于元代的三时系念法事也在《阿弥陀经》成为净土中心经典的历史潮流中起了推波助澜的作用。③随着净土信仰的普及，《阿弥陀经》

---

① 这里分析依据的是净空法师的本子：《中峰三时系念全集讲记》（JJ）（1983）、《中峰三时系念全集》（XNQJ）、《中峰三时系念法事全集》（FSQJ）（2003）、《系念法事讲话》（JH）（2008）。这些本子均为信徒发心翻印，并无确切版本说明。

② 在古本《三时系念仪范》（YF）和《三时系念佛事》（FS）里均无心经，尚不知心经是何时加入。在净土宗的早晚课功课本子里都有心经，而且心经短小，也是大乘佛教的基本教义经典，因此渗透进三时系念仪式也是可以理解的。由于笔者掌握的仅仅是净空系流通的三时系念本子，它的普遍性有多大尚不得而知。

③ 《卍新纂续藏经》收录的《三时系念佛事》（FS）以诵念阿弥陀经为主，而《三时系念仪范》（YF）则在三时里依次为《无量寿经（上）》《无量寿经（下）》《观经》，但注明三处均可以用《阿弥陀经》替代。这体现了三时系念平衡净土三经的意图，抑或反映了《阿弥陀经》取代无量寿经和观经的趋势。

因它的实用性在三经中脱颖而出。

我们看到两部经各有特点，《心经》是大乘经典早期具有纲领性特点的一部经文，而《阿弥陀经》则代表了成熟的净土思想，在三时系念法事中，两者的比重和位置不同，《心经》只是在开场仪式中出现，且在整个法事中只诵念一遍，而《阿弥陀经》则是贯穿整个法事，成为整个系念的中心文本。它们构成了仪式的两个坐标点，前者是大乘佛教的标签，后者则是净土法门的标签。两者组合在理念上能最大程度统合汉传佛教，在实践上贴近民众，易于上口，是少有的佛教内部精英和普通信徒都认同的经典。

第二类内容是咒，依次出现的有般若波罗蜜多咒、往生咒、变食真言、甘露水真言、普供养真言。系念法事是人道供养六道①众生的仪式，在仪式中需要摆一些供品供养六道众生，这些供品按照佛教要求都是素食，但由于其他空间的众生不能直接享用这些供品，因此必须通过特殊的咒语。变食真言就是将供品变现为诸天肴膳，具有五色香味，且有以少变多的功效；普供养真言则是将食物变现为清净法食，并巡回周天法界普遍供养；甘露水真言和变食真言一样，能将供品（水）转化为"甘露"，使得鬼神能够享用，并获得清凉。这三种咒结合起来，基本可以照应到六道众生，特别是饿鬼道的众生。往生咒是莲池大师附在《阿弥陀经》后的密咒，它的功效和念佛一样，是求生西方极乐世界。不过莲池强调念佛优先于持（往生）咒，持咒是从密宗那里引入的辅助手段，主次不可颠倒。往生咒一般用来超度亡灵，生者不用，除非自己修持时作为一门附加功课。心经本身以观音菩萨为核心，而观音也是西方三圣之一，是在信众中认知度最高的菩萨，但《心经》和般若波罗蜜多咒本身与净土思想并无直接联系。

信众办三时系念法事，其出发点是为自己的亲属增加福报。通过密咒可以召请"冤亲债主"和亡灵；密咒可以为众生进行供养和超荐；密咒还具有破迷开悟、坚定信心的作用。因为众多亡灵和众生，都带有很强的怨恨性质，一些信徒需要依靠经咒来提起信心和勇气以面对这个

———————

① 六道，即地狱、饿鬼、畜生、阿修罗、人间、天上，又称为六趣。现在佛教徒在交谈时也用"空间"来替代"道"和"趣"。

仪式（暗示）。

第三类内容是主法法师的祈请开示，主法法师的开示主要是针对亡灵所作，对一起参加法会的大众也有意义。首先是在开场的"主法白文"里介绍斋主、作法对象、时间，其意义不仅在于法会是基于斋主的金钱、物质供养而必须有所交代，亦因为斋主和作法对象的不同，召请的有缘众生也不同。接下来三时法事里，念完《阿弥陀经》后，主法法师就开始对亡灵进行开示，每一时内容不一，层层递进。第一时主要开导亡灵自性弥陀，但因贪嗔痴而堕落，应当立即忏悔发愿；第二时开导亡灵往生净土，发愿再来；第三时恭祝亡灵往生西方净土。最后是主法恭读疏文，阐述三时系念法事宗旨。[①] 祈请开示言简意赅地阐明往生西方极乐世界的目标、原理、方法，不过真正明白其中意思的人并不多，普通居士只知道是对亡灵或者前来与会的有缘众生的开示，说白了就是当着活人面讲给鬼听的。

第四类内容是各种唱赞，这些唱赞也常见于佛教早晚课等其他科仪。有莲池赞、回向偈、赞佛偈、弥陀大赞、三宝赞等，这些唱赞或是导向净土的思想，或是礼敬三宝。此外还有大量的称名，即反复称念佛、菩萨的名号。称名念佛是佛教向民间普及化的一个重要突破，在净土法门中，称名念佛更是成为根本手段。在弘扬净土的三时系念法会里穿插大量的称名，既符合日益高涨的净土信仰潮流，也能贴近普通大众。

三时系念法事从时间举办上看，有早晨、日中、日没三时之说，比较贴合一天的三个时间段自然划分。后改在午后合并进行，[②] 只在每一时中间略作休息。整个仪式过程分为起香、三时法事、回向三个大的阶段，每一时法事也均由诵经、称名、白文、行道、忏悔、发愿、唱赞七个部分组成（杨永兵，2007：122）。三时法事结构相同，层次清晰，循环递进，是一种比较容易操演的仪式。

三 马家街净土道场与三时系念

有关三时系念在当下流行状况的研究并不多，有研究者简略地提到

---

① 参见净空法师的《中峰三时系念全集》（XNQJ）。

② 这个变化发生于何时尚不清楚，关于时间挪移到午后，台湾佛光山永藏法师的解释是亡灵在午后活动，召请比较合适（施伊姿，2004：100）。

在晋南三时系念作为一种仪式颇有取代焰口的趋势，但该研究也没有介绍三时系念仪式是何时如何逐渐在当地兴起的（杨永兵，2007：122）。以笔者在临江调查的经验而言，在 20 世纪 90 年代末期，居士们做法事尚没有提到三时系念，有老居士听说笔者访寻三时系念的本子还比较惊讶，说一般人是不愿意在家里存放三时系念的本子的。这一情况在 21 世纪发生了较大转折，2009 年上半年笔者对临江马家街净土道场进行跟踪调查，发现居士发心倡印三时系念的本子已经比较平常，而相关的本子也很容易找到。现仅就笔者调查所得情况，对三时系念与临江马家街净土道场净空派信仰的关系作一些分析。

1. 不同场合的三时系念及问题

我们粗略了解了三时系念的历史、结构和基本内容，但其具体操作起来是什么样的景观呢？笔者在 2009 年 4 月 4 日清明节随同临江马家街净土道场的居士们前往安徽庐江实际禅寺作三时系念，早晨 5 点在指定地点集合，6 点钟发车，中午 12 点到达目的地。[①] 途中组织者收集了随喜功德钱，一般在 10 ~ 20 元，另有大功德主，买了法物和供水与大众结缘。[②] 12 点 20 分开始围绕大雄宝殿绕佛，人数有近 300 人，男众在前，女众在后，男众大约有 30 人，基本上都身穿海青。13 点大众进入大殿落座，依次在主法法座的左、右落座。14 点大殿两个角落的钟鼓开始敲击，接着陆续进来四个尼众，其中两人在法事中负责导引功德主回向、绕佛等事宜。又过了一阵子陆续进来几位师父，分别顶礼问讯，最后是主法师进来。第一时到下午 16 点 40 分才结束，居士们纷纷议论时间太长了。第二时从 17 点开始，到 18 点半结束。第三时从 19 点开始，到 20 点半结束。21 点半发车，次日零点 30 分回到临江。

2009 年 5 月 24 日，笔者参加了临江市马家街净土道场[③]举办的一

[①] 一共来了 5 辆大巴，200 人左右，以笔者所观察的马家街净土道场为中心，组织了临江市区若干处居士道场，不过它们彼此的组织关系还有待进一步调查。

[②] 这样的人是专门为家里人来作功德的，因此需要另外交钱给寺庙，还要拿些东西给参与法事的大众结缘。用世俗的话来说就是"意思一下"，象征性地给点好处。结缘品是"娃哈哈"矿泉水，零售价在 1.5 元/瓶，每人 2 瓶；另有压塑观音像小挂件 1 枚；总计不超过 1000 元。

[③] 该道场属净土宗净空派，主持道场的核心人物信奉净空法师经教，通过网络下载净空法师最新的演讲，道场里免费流通的全部是净空法师主讲和提倡的经（转下页注）

场三时系念法会。时间是从 14 点开始，实际上居士们提前一个小时就到了，笔者是 13 点半到的，已经是满屋子人了。大家先念《弟子规》《太上感应篇》，接着开始做三时系念。有三时系念光碟录音播放，居士们大体是跟着这个节奏做法事，但现场也有专人指挥定时跪拜。一时、二时连作，大约一直做到 18 点，休息半个小时，18 点半开始做第三时，20 点结束。马家街净土道场的三时系念法会完全由居士主持，①参加人数接近 100 人。

居士去寺庙举办的应该是三时系念佛事，而在居士道场应该是结会自修，但目前这两者区别不大，都使用净空讲解的三时系念本子，区别在于前者是僧人主持，后者是在录音的辅助下，居士自己主持的。②还有一种情形即个别居士在家中自己作三时系念法事，节奏基本由自己掌控，一般都是播放三时系念的录像跟着作，自己选择在某一时的间隙休息一下。

由此我们可以发现，操作三时系念的地点有三种，分别为寺庙、居士道场、家庭；其主法人分别是僧人、在家居士；时间呈现压缩的趋势，原先的三时系念是分布在一天的早中晚三时完成。现在压缩到午后，寺庙里做法事总计 8 个小时左右；居士道场压缩了一个休息时段，控制在 6 个半小时到 7 个小时；而在家里则可以不间断一直跟着做，大约 5 个小时。这三种情形下依据的都是《三时系念佛事》（FS），或者说现在已经很少听说有区分《三时系念佛事》和《三时系念仪范》的。理论上讲，那种每天当作功课来自修的三时系念使用的应该是《三时系念仪范》（YF）本子，但居士都是按照《三时系念佛事》（FS）的录像

（接上页注③）教。其修行方式和听闻经教也全部是净空法师及其门人的主张。念佛的声调、节奏、绕佛的步伐与念佛声调的结合等细节一切都按照净空法师的指导去做。他们的活动规律是每周二、四从早 8 点到下午 4 点，念佛听经；初一、十五做三时系念，从下午 2 点到晚 8 点；阴历二十三，从早 8 点到晚 8 点精进念佛。

① 在临江的寺庙也专门拨出一个场地给居士活动，居士们自己独立作早晚课等活动。从做法事的角度而言，一些老修行都会一些常见的法事活动，甚至在一些小寺庙里，人手不够的时候，居士还可以帮僧人操办各种仪式。王居士解释说这是寺庙挽留居士的一种方式，居士常到寺庙活动，寺庙才有人气有香火。

② 当下净土信众似乎已经不再从版本差异上强调佛事与结会自修的区别，现在基本都用三时系念佛事的本子兼做超度和结会自修。或许这是笔者观察净空派道场的情况，其他居士道场还有待进一步勘正。

碟作，似乎呈现出佛事和仪范合并的趋势（见表1）。

表1　临江居士三种场景下的三时系念仪式情况

地点	安徽实际禅寺	马家街净土道场临江市居士道场	家庭
时间	百七	初一、十五	每天
参与规模	人数在200～300人	人数达百人	少数个人
主法	出家人	在家人、录像	录像指导
参与频度	一年3～5次	每个月至少一次	基本坚持
活动特点	朝圣	较大规模聚会	自修
距离	远（长途汽车）	适中（市内公交）	不出门
体现神圣性	高	中	低
反映虔诚度	低	中	高

　　对临江的净空派居士来说，去实际禅寺不仅是聚会，还有朝圣的性质，[①] 朝圣本身就带有旅行的意味。一路上要好的居士们坐在相邻的位子上窃窃私语，领队的居士在大巴上前后巡视不断提示不要说闲话，要么念佛，要么默念，要注意保持信佛人的形象，并让司机打开念佛机，整个车厢里环绕的都是悠扬的念佛声，渐渐地居士们就安静下来。到寺庙后，居士们或去法物流通处选物，或去禅房拜师访友。仪式中间休息和结束后，虽然有些居士很疲惫，抓紧时间闭目养神，但仍有居士三五成群，兴奋地交流心得和最新消息。在居士道场举行的三时系念仪式同样也存在这种现象，仪式中间的休息时间，居士们主要是吃东西和上厕所，狭小的空间里不太可能恣意交谈，且十分拥挤，大多数人保持了静默，但还是有一些人在角落里窃语。在仪式结束后，居士们神情明显放松得多。互相打招呼、交谈，有的一面交谈一面向外散去。在家里因为没有外人，比较专心，但容易受外力因素干扰而导致仪式中断。

---

① 该寺出"肉身菩萨"，即僧人圆寂后肉身不腐烂，是继九华山之后第二个出现"肉身菩萨"的地点，截至目前已经有三位肉身菩萨。最近（2009年）刚刚圆寂的主持也发愿坐缸，等待三年后勘验，这一切都给实际禅寺赢得了"小九华"的美誉。

做法事是要钱的，这会导致居士们决定以何种方式参与三时系念法事。王居士说，做一场三时系念法会需要 3000 元（2009 年），曾有居士和他联系，听说了这个价格就知难而退了。几年前一个宜兴的居士辗转找到他，委托他联系寺庙做三时系念。因为信任他，就全权委托他做主，当时做一场是 1500 元。做法事的过程中还要给一次红包，红包的价码不一，根据斋主的经济情况而定。当时他作为中间人和寺庙里谈，觉得那位居士的家庭条件比较好，就按照最高的标准给红包了：主法 80 元，维那 60 元，其他人 40 元。现在是什么价码不太清楚了。红包是用红纸包起来，在做法事的过程中，由斋主将红包放在法师身边的桌子上，法师是不会用手接的，可以在念经的时候去发红包。在结束的时候，还要给每一位参加法事的人发东西，一般是一条毛巾和一块肥皂。如果是在自己家里做小型的三时系念法事，参加助念的人不多就发四样——毛巾、肥皂、水果、寿桃。忙不过来可以请护法居士帮忙发。大体上是要准备这么三笔费用，即办法事的费用、红包、结缘品（见图 1）。①

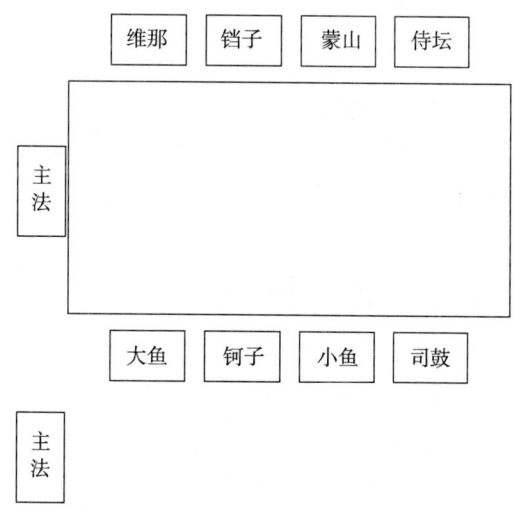

图 1　三时系念佛事经台上的位置摆设

说明：由于马家街净土道场空间逼仄，无法摆放经台，因此在那里看不到相关的摆设（王兰永，2006：21）。

① 王居士说了几个寺庙做法事的时间，似乎有错开来避免竞争的迹象，但他也不太确定。他指出临江寺院中，尼姑庵是阴庙，其中鸡鸣寺里面供奉的是观音，做三时系念他从来不去鸡鸣寺，都是去阳庙（和尚庙），那里效力更大。

如果居士不去寺庙里做三时系念，还可以选择在家里或者到居士道场里做法事。家庭内部的三时系念法事简化到最低限度，没有佛堂的人家，只需要一个相对清净的环境，一般在家里腾出一个角落，摆上亡者的遗像、牌位、阿弥陀佛画像、西方三圣像、香烛（现在都是电器化的）、供品等物件，亲眷跟随光盘录像做三时系念法事。在家里做三时系念，一切以方便为主，最重要的是要清净，① 做法事的人要以清净心来做才有效力。马家街净土道场有自己周期性的三时系念法事，有需求的居士可以向道场负责人提出要求立个牌位，原则上是不需要费用的，自己可以出点功德钱，相比寺庙而言费用低很多。

这两种场景下基本都是在家居士自行举行的三时系念仪式，一般很少请出家人前来主法，那么仪式的有效性何在？净空法师认为三时系念超荐的有效性关键不在于主法是不是比丘或比丘尼、出家人或在家人，而在于主法者自身的修行程度。② 于是选择在何处做三时系念成为一个综合考量过程，费用、时间、地点、期望、功效等变量经过加权运算后，当事人会在特定的时期选择上述一种方式为亲眷做法事。寺庙、居士道场、家庭其等级递降还是很明显的，居士们嘴里说着在哪里做三时系念都一样，但还是期待在寺庙里为亲眷做一个专场的法事。

董居士宣称做三时系念前，主法师最好要禁身三天，禁身口意三业，董居士只是说这样主法效果会更好。这里可能还有辟邪的问题。因为法事操演过程中会召请大量"众生"③ 前来，对于与会居士而言，这些"众生"往往会做些意想不到的事情。董居士提到某居士在某寺庙

---

① 清净指眷属没有不同意见，没有不洁净的东西和言行等，诸如腥膻恶臭之物、宰杀生物、嬉戏等。

② 综合净空法师的意见来看，他还是承认出家人主法的优先性，而在家人主法则是一种补充，即在合格的能够主法的出家人稀缺的前提下，允许在家人在一定条件和限制下主持三时系念法事。这些条件包括受菩萨戒、不可以僭越僧宝地位等。但由于净空法师强调最本质的标准是德行，使得在家人可以相当程度上脱离出家人举行更为独立的宗教仪式活动（《三时系念法会比丘尼法师可以主法吗？》，http://www.dizang.org/wd/cd/031.htm；《在家居士可否诵经念佛做超度？》，http://www.dizang.org/wd/cd2/005.htm；《在家居士能否主持三时系念法事？》，http://www.dizang.org/wd/cd2/041.htm。2009年7月11日下载）。

③ 按照最广义，十法界内，除佛以外，一切有情识的动物都是众生，如此来看，菩萨也算在内了。

参加三时系念时被"众生"附体。附体只是一种众生缠绕最极端的方式,更可怕的是一场法事后一些莫名其妙的众生不声不响就跟踪回家,潜伏一段时间后开始作祟。怎么办?① 正信居士的做法是把这种情况当作增上缘,与这些"众生"友好相处,以慈悲的心态去化导、超度他们,因而不存在恐惧的问题。而没有这样愿力的居士则尽量避免沾惹到这些东西,一般的做法是做仪式期间谨慎行事,包括不乱说乱动,不单独行动等。

2. 居士们为什么做三时系念?

临江马家街净土道场的骨干分子丁居士的妹夫突然查出脑瘤,辗转在各大医院治疗,病情不断恶化,丁居士的妹妹本是临时抱佛脚,委托姐姐帮忙求神拜佛。鉴于大医院拒绝收治,丁居士建议妹妹回家一心念佛,但妹妹依然四处联系医院求医问药。丁居士只好自己替妹妹去放生,在家里播放念佛机和三时系念光碟,诚心发愿忏悔。张罗完这些事情后,妹夫检查发现脑瘤大大缩小,并且能下地走路,丁居士坚信是自己上述努力的结果。

实际禅寺的三时系念大法会是净空法师为"护国息灾"倡导举办的,除了几个出钱较多的居士从头到尾作为功德主做完了三时,其他的居士则是作为参与法事的居士群体的代表在不同时期充当功德主,这叫同沾法喜。那么没有被点名的居士是如何看待这件事情的呢?在随后的一次助念活动中,笔者和马家街净土道场的三个居士聊天,询问起被请上去做功德主和没被请有什么区别。其中一个正色说:"没有区别,不过是一个形式而已,关键在于发心。"另两个居士因为都是街坊老姊妹,立即笑着说:"把你叫上去,帮你消了多少业障啊!"从这里看来,做三时系念对参与者也是有好处的。②

---

① 有个例子可以显示导师为信徒驱邪的义务,某居士因为感觉被众生缠绕,就恳请他们去找净空法师,众生说净空法师太忙。于是该居士求教净空法师。净空法师的答复是,没问题,让自己堂上的护法神放行(《超度佛事,为何要立牌位?》,http://www.dizang.org/wd/cd/041.htm,2009年7月11日下载)。

② 能够被遴选为功德主代表的居士,基本都是居士群体中的骨干分子,比如提供道场活动地点的任居士、积极分子彭居士,其他都是道场的各个层级的负责人、联系人以及有一技之长的骨干分子(比如会念经、敲法器、领众为道场做服务工作等)。这个声称无差别的居士在马家街净土道场中也是一个骨干分子,能在仪式中得 (转下页注)

通过上述两个事例，我们看到净土居士们做三时系念的动机是追求利益。[①]从前一个例子可以看出，这种求利行为是建立在一套信仰基础上的结果，信仰程度的差异会导致行为模式不同，例如丁居士在马家街净土道场指出她妹妹不明白发生奇迹的根本原因，乃是放生与三时系念，显然丁居士深深遗憾自己的妹妹没有通过这件事获得觉悟，但还是呼吁道场的同修们，作为净空法师的弟子，应该全身心相信师父的教导，遇到类似的事情后就不会产生"迷惑"。

净空反复强调传统孝道对净土信众修行的重要性，而临江净空派信徒也不断以孝道解释自己的行为。孝的人伦关系符合费孝通的"差序格局"（费孝通，1985：21～28），仪式所产生的利益沿着以信众个人为中心，向外扩散形成的同心圆关系网络进行输送。三时系念最频繁的对象是直系亲属，依次是父母、夫妻、子女、祖父母、外祖父母、兄弟姊妹等。

普通信徒出资超度的对象总是具体的亡灵或为生者祈福，而寺院和僧侣如果一味迎合和应付这类要求，就会沦为为人所诟病的经忏佛教。大乘佛教具有强烈的普世主义精神，个人修行过程和解脱过程是与拯救众生分不开的。因此三时系念法事里有普度性的回向，将仪式所产生的功德利益普遍回向给有情众生，即和功德主（斋主或者说出资方）没有直接关系的对象。而净空法师推动百七三时系念法会的宗旨是"专为祈求中国境内风调雨顺，国泰民安，一切众生化解怨恨，消灾免难"[②]，

（接上页注②）到特殊的照顾也就不足为奇了。有居士抱怨说，其实都是负责念名字的人搞名堂，按理说应该让大家轮流上，不能说谁出钱多谁就上，这不是有分别心吗？这就透露选择居士代表做功德主的决定权在居士团体的负责人手里。此外在仪式中，做功德主和一般参加法事相比较，消业障的效果还是有差别的。特别是与功德主同列，是一种特别优待。

① 这个术语来自佛教"利益众生"，意思就是佛法播布对世间一切生灵都有好处。我在调查中，发现信徒常常用这个术语表示在精神和物质两个方面因信佛而获得好处，例如有人强调信佛后自己通过念佛，原来经常发作的病痛减轻了，乃至不发作了，这就是念佛得"利益"了。通过这种阶段性的利益，很多信徒树立起对往生西方极乐世界的信心。

② 在净空法师的号召下，安徽庐江的实际禅寺率先举行了百七护国息灾三时系念法会（从2008年4月25日到2010年3月25日），浙江临安东天目山昭明寺、山东庆云海岛金山寺也相继启动百七法会。http：//www.amtb.tw/news/news_content.asp？web_index=116&web_select_type=2，2009年7月10日下载。

极大提升了净空派信徒修行的宗教追求境界。在马家街净土道场的集会上，道场的负责人反复提醒各位居士反省自己，有没有把心发出来，做事情是为自己做还是为大众做，有没有听老法师（净空）的话。

净空法师在《持戒念佛祈请文》和《三时系念祈请文》里提到中国、三界、世界三个概念，在原本的冥阳二元对立中，三界—中国是对称的，中国即尘世的代名词，而三界则是对这个尘世的超越性的想象。中国和世界则构成一个传统和现代的架构，显示出佛教现代化变迁轨迹。①

以普度为宗旨的法会基本是由上层宗教精英（领袖）发起，而普通信徒可以通过在法会上为自己的亲眷立往生牌位或延生牌位②，在精英话语体系下建立自己的表达空间。这种公私两利的活动一直是寺院的传统，公益法会凭着这个吸引信徒前来参加法会，而信徒又是在宗教领袖的号召下前来参加公益法会。居士群体的动机差别形成了居士分层的一个重要依据（见图2）。

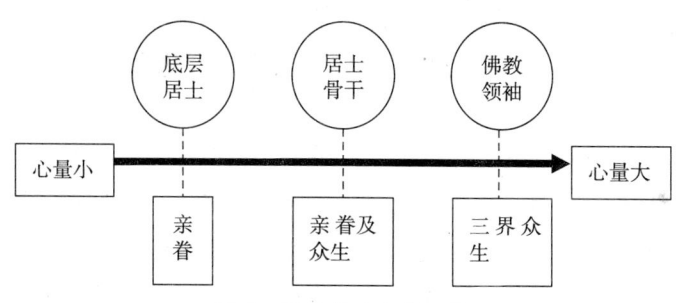

图 2　居士做法事的目的

三时系念除了祈福消灾还兼具自修的功能，否则我们无法理解净土信徒为何如此频繁地参与三时系念活动。佛教经忏自天台忏法以来就形成了超度和禅修两大功能，只是在宋元佛教民间化过程中，特别是经忏逐渐成为寺院经济的重要来源之后，经忏的禅修功能就日渐淡化，变成

---

① 现在佛教等传统宗教中又出现了祈祷世界和平之类的词汇，这个世界（涵盖海外）是对中国中心主义的消解。因此当代汉传佛教信徒在祈请尘世和平的时候，中国与世界总是出双入对。这是1840年以来华夏中央帝国崩溃在宗教观念上的一个反映，也是佛教现代化的一个表现。

② 往生牌位是为超度亡者立，延生牌位是为生者祈福立，牌位颜色分别为黄色和红色。

为人诟病的工具化、形式化仪式（圣凯，2004：80，372）。在临江居士群中的三时系念并不是回归早期的禅修，而是净土宗意义的强化训练。净空法师在阐述参与他倡导的七百天三时系念运动的重大意义时，指出："我相信约到了三四百天的时候，功夫得力的人就能得三昧，得念佛三昧、华严三昧。五六百天就可能有人开悟，多殊胜！"① 正是在净空法师的感召下，很多居士尽管不能去寺庙里参加百七法会，还是坚持参加居士道场的三时系念，更精进的居士则每天坚持在家里做三时系念，把三时系念当作功课来做，这就和那些注重功利主义和实用主义的斋主们区别开来。我们将在后面看到，三时系念本身已经比早期的经忏大大简化了，更无禅修冥想。它的障碍主要在于修行者能不能克服心理障碍而经常性地参与法会，去与不洁净的"众生"接触，而这恰恰体现了一个佛教徒到底心胸有多宽广，或者说慈悲程度。

四　净化、过渡、简化与普世情怀：
三时系念仪式与现代性调适

1. 二元对立与净化

在净土信仰体系里充斥着大量的二元对立范畴，它们构成了信仰修证的压力差。有研究者详细罗列了九品往生的因行果报，陈述了往生者因修行程度的差异，在净土相应的果报待遇也有差别，这些差别使得不同品级的往生者在极乐净土的成佛时间也有比较大的差别（魏磊，1998：372~373）。对于净土修行而言，往生前修行者因业力习气而分层，往生净土后还会因消除业力习气的程度而分层，可见分层对于净土信仰必不可少。

净土的居民相对于六道众生而言统称圣众，在各类《往生传》里谈到，往生者能够得到西方圣众的接迎。净土里的凡圣差别就是尘世里的凡圣差别的对照，在信徒中它体现为居士和僧众的对立，确立了两者

---

① 《实际禅寺、昭明寺、金山寺相继启动百七护国息灾三时系念法会》，http：//www.amtb. tw/news/news_ content. asp？ web_ index = 116&web_ select_ type = 2，2009 年 7月 10 日下载。

在修行过程中的基本分工，即居士供养僧众和僧众度化居士的相互关系。僧人有传法的权力，白衣不能传法，作为一种变通形式，受戒的居士可以参与法事活动，打法器、宣讲等。

尘世中另一种对立体现在信徒和非信徒之间，而这个对立需要通过"众生"这个概念来体现。马家街净土道场的居士助念团面对的阻力和威胁主要是亡者的冤亲债主，一类是看得见的，他们往往以亡者的亲眷身份出现，对佛教仪轨不理解、不配合，甚至公开顶撞，要求以自己的方式悼念亡者。按照助念团成员的解释，这些人就是亡者累世以来的冤亲债主，现在机会来了，变相地上门讨债，妨碍亡者往生。另一类是看不见的冤亲债主，恐惧、怨恨、留恋、昏迷、疼痛等妨碍亡者有清醒的念佛往生意识的情绪和病痛，都是冤亲债主前来索债造成。助念团的人并不和看得见的"冤亲债主"发生直接冲突，一般由亡者信佛的亲属作为中间调解人。助念团议论最多的是那些看不见的"冤亲债主"，因为这中间没有调解人，完全依靠助念者自己的正念来克服。对于这些"冤亲债主"，助念的居士们统称之为"众生"，却说不清他们的来历，[①]但用民间的说法应该对应的是"鬼"。

马家街净土道场的居士助念团 2009 年 4 月为一位张居士往生助念，值夜班[②]的魏居士去公共厕所的时候，看到一个老太婆从里面出来，魏居士回到助念的灵堂里，骇然发现居然是躺在床上的亡者张某。事后马家街净土道场的居士们多次以张居士为例，讨论其往生不理想的原因。大致的结论是张居士的现世修行还不够精进，导致临命终时不能抵挡冤亲债主的干扰。在张居士往生过程中，看得见的障缘就是两个儿子不理解、不支持，消极应付助念活动，家里没有直系亲属参与助念；看不见的障缘主要是张居士生前是妇产科大夫，居士们认定她造了深重杀业（参与流产手术）而招致如此严重的现世果报（罹患癌症）。

---

① 有神通、明因果的人才能说得清楚这些东西各自来处，现实中我们几乎很难碰到有这样神通的人。对于普通信徒而言，面临一个两难窘境，一是有神通的大和尚不会轻易张扬，二是显示神通的人更多可能是邪魔外道，其解释可能会把你引入歧途。因此，居士们常常遇到的告诫是"不能说"，但又有交流的需求，于是变成了在私下说和悄悄说，从而陷入一种莫名的恐惧和焦虑中。

② 佛教助念讲究 24 小时不间断，因此助念团安排了白班和夜班，保证助念佛号声不间断。

笔者参加了张居士的白班助念活动，不止一位居士悄悄说这个地方气场不好，众生太多。魏居士形容张居士的遗容是"一脸凶相"，这表明亡者正被冤亲债主缠绕，因而显示出痛苦和惊恐的神情。亡者临终时的业障现前，被冤亲债主缠绕的恐怖场面使得助念居士深感世事无常，果报分明。马家街净土道场充斥着这样的经验和话语，即有信仰的亲眷或者受到感化亲眷，则会参加助念；没有信仰的亲眷则会干扰亡者往生。而依据净土信仰现实社会中的人是分两类的，一类是有信仰的具有普度众生的慈悲心愿的信众，另一类是没有信仰的随时会业障现前充当冤亲债主的社会大众。现在将各种二元性的范畴罗列如表 2 所示。

表 2　净土信仰的二元范畴关系

俗—不洁	圣—洁净
往生者	佛、菩萨
僧人、居士	佛、菩萨、圣众
居士	僧人
未受戒居士	受戒居士
亡灵、有缘众生	僧、居士
畜生、饿鬼、地狱（三恶道）	天、阿修罗、人（三善道）

往生的决定因素和社会阶层有很大的相关性，但净土法门从众生平等的角度来破除阶层划分的局限性，以彰显净土法门的普度性。净土信徒的信仰模式是基于六道轮回与极乐净土的对立而形成的修行模式，理论上讲，在修证的可行性上，六道的众生机会并不均等，三恶道众生过于苦和愚痴而无法解脱，阿修罗嗔恚心重，天人是六道中最美妙的世界，但由于安于享乐而无心问道，而人道虽然苦多乐少，但有条件修行。这种"人道"中心主义的模式将解脱的可能和普度的责任都放在人类身上，从而凸显了信仰在世俗社会中区隔分层的意义。

涂尔干认为社会的生活分为神圣和世俗两个界域，社会（失范）问题最终还将依靠社会自身的神圣性得以解决（涂尔干，1999）。不过玛丽·道格拉斯却在此基础上提出了一种更为复杂的社会建构理论，她认为对于肮脏以及相应的危险进行的规避和仪式，同样也在构建神圣秩序 [Douglas，1985（1966）]。佛教传入后，印度文化对肮脏与不洁的深度审视与细致描述让汉人的审美与道德观念受到极大冲击，同时对于空间的想象与转换能力也令人眼花缭乱。某种意义上从根本上变革了中国人建构社会秩序的思维，洁净与不洁成为社会分层的符号象征，信徒通过宗教的救赎行为来谋求现实社会分层之外的再分层。

举例来说，先秦时代中国人对鬼神的观念缺乏一个系统的形而上的理解，表现如下：死后世界的名称没有确切的说法，黄泉、蒿里、泰山等说法不一；鬼神属性模糊；从汉代起"视死如生"，用帝国的官僚体系来描述死亡世界，试图用世俗经验与死亡世界沟通（余英时，2005：127～153，2004：7～23；蒲慕州，1993：207、212、223，1995：271～279）。印度佛教的六道、各种天以及无穷大千世界，这些空间的属性、居民乃至空间的存在与毁灭，以及空间之间的转化、过渡则依据克服污秽的程度（萧登福，1989：122～203）。据考证，梁皇忏是梁代僧人真观汇编而成，有关梁武帝为化为鳞类的亡妻超度而创的说法是附会。同样水忏的作者也不是唐末高僧知玄，其原因更不是因知玄腿上长了人面疮（圣凯，2004：77、266、244）。但附会故事很直观的说明这两个忏法的用意所在，即通过仪式去除忏悔者自身的污秽与不洁，所谓超度也就是经过洁净（忏悔）后，可以进入一个更美好的空间。

认识污秽并克服它对于佛教信徒而言十分重要，如上所述，它是信徒的救赎通道。但只有少数精英分子可以通过苦行去面对，普通信众只能依赖前者的帮助，通过仪式以集体的方式来克服。因此从技术的角度看，宗教救赎一定是群体性的行为。通过推动信徒三时系念，帮助汉传佛教信徒去勇敢面对他们平常不敢正视的三恶道众生，改变净土信众"自了汉"的社会形象。净空法师倡导的三时系念在基层信徒中产生的实际影响，可以从该仪式对信徒克服污秽获得拯救的效力角度来进行探讨。

2. 过渡仪式

在个体的层面上，三时系念法会可以是一种利己主义的宗教仪式，虽然包裹着利他主义的程序（回向）；在社会层面上，它也可以是一种利他主义的宗教仪式，同时也不排除利己主义的参与动机。作为一种利己—利他主义的实践，其参与者的气质特点是什么呢？套用涂尔干对混合型的利己—利他主义自杀的气质分析（涂尔干，1999：279）。是依靠某种坚强意志缓解压力的忧郁品质。在佛教信徒身上，表现为对世界"苦谛"的认识与克服方式。对底层信徒而言，现实世界是令人厌恶和畏惧的，在大乘佛教外向、乐观的利他主义的导引下，这种苦行、自闭的忧郁倾向得到缓解。

在谈到为什么要做三时系念仪式时，居士们说得最多的就是"冥阳两利"，这也是净空法师的讲解中最常见的一个词汇，而居士们也将它作为回答笔者疑问的一个重要依据。如何才能"冥阳两利"呢？那就是在把冥界里的亲眷超荐到净土的过程中，亡者和超荐者均受益。正是由于其他五道众生在救赎能力上的缺点，与人道事实上形成了二元性对立，人道与西方极乐世界又形成了一个二元对立。在这两组二元对立中，人道成为西方世界和其他五道的中介，担负普度众生的责任。只有听闻佛法的人生起了度众生的慈悲心愿才可以担负这样的责任，因而人身难得、佛法难闻成为佛教徒特有而含蓄的"自我礼赞"，与之相对应的是犹太—基督教的上帝选民观念，基于这种特殊的荣耀感，信徒们担负起拯救世界的责任。

三时系念仪式的发起无论从个人或团体层面，都是因为有众生在受苦而威胁了世界的安定。个人层面上最常见的起因往往是亲眷有病苦或者什么不顺利的事情，乃至托梦等，总之是现世生活秩序受到扰动，因此按照差序格局的排查法，寻找导致现实问题的具体亡故亲眷是谁，通过树立牌位将超度仪式产生的功德以"精确制导"的方式定向传输给亡者，亡者获得利益从而恢复生活的安定。而"护国息灾"法会的安抚对象更为宏大，例如净空法师推动的三时系念仪式运动，发起原因和禽流感、汶川大地震、缅甸风灾有关，通过仪式为一切众生消除怨恨。[①]

范·根乃普（van Gennep）认为个体在不同世界之间过渡，都要经历一个中间阶段，过渡仪式就是解决中间阶段所面临危险的仪式（Gennep，1960）。三时系念仪式则打开各个封闭空间，让各个空间的存在物

---

① 《实际禅寺、昭明寺、金山寺相继启动百七护国息灾三时系念法会》，http：//www. amtb. tw/news/news_ content. asp? web_ index =116&web_ select_ type =2，2009 年 7 月 10 日下载。

流动起来，其流动是可逆的，而范·根乃普的理论局限于线性单向的流动。而特纳在前者的边缘（margin）或阈限（limen）的概念基础上，提出了交融理论。按照特纳的理解，所谓阈限或者阈限人是在结构之外的，它自身特征不明确。特纳的理论是反乌托邦的，他认为人类现实的社会结构永远是不平等的，而交融则是人类生活反抗这种不平等结构的一种辩证的策略。交融的结果不是取消（不平等的）结构，对于阈限人而言，无结构的交融只是暂时把大家联合在一起，它只是提升个人的通道而已（特纳，2006：95、131、154）。

在三时系念法会上有召请仪式，即将西方世界诸佛、菩萨请到法会现场，同时也召请亡者和有缘众生前来法会。这个召请仪式其实就是一个消融结构和边界的过程，通过这个仪式，处于结构高层的诸佛、菩萨屈尊降格来到法会现场，而不净的众生也被破例放进法会现场，于是在法会现场呈现出凡圣同居的暂时场景。这种交融的现场特点是即时性的无结构和平等性、抽象性。只有当法会现场出现附体①，才能够形象地体现交融所具有的乌托邦式的剧场效果（特纳，2006：112）。一旦这种现象发生，意味着仪式的程序化和参与者的科层化分级也有可能随之打破。②

三时系念仪式有一个严格可控的程序，因此其乌托邦—狂欢节色彩被降低到最低限度，如同图3所示，通过仪式召请而来的各路佛、菩萨与众生共聚一堂，仪式结束后又各归其位。凡圣共聚的乌托邦消失，依然回归到仪式进行前的六道分离、娑婆世界与极乐世界凡圣不通的局面。超度仪式后，有一些有缘众生的等级会被提高，比如从三恶道投生到三善道。这都是仪式净化效力的体现，最圆满的解决当然是直接超荐到西方极乐世界。经过超荐，众生们共聚一堂，闻经听法，通过密咒共享"圣餐"，结局是解怨释结，皆大欢喜。此外参与法会的超度者本人

---

① 附体一般有两种情况，一是众生附体，即低等类别升格到高等类别，二是佛菩萨附体，即高等类别降格到低等类别。但一般而言普通信众是被低等众生附体。
② 有居士传言三时系念法会上发生过附体事例，但笔者在临江尚未搜集到有关附体的案例，目前一些净土网站上公开提供附体的影像资料似乎集中于东北地区，附体内容十分广泛，一般为畜生和人类亡灵附体，讲述的内容基本是谴责被附体者的罪业。附体期间现世的人被降格，嘲讽、戏弄、责骂，死人复活、畜生骂人，一切秩序都颠倒了。

也受益，前面我们已经提到仪式本身也是一种修行法门，如果认真参与，净空法师声称，百七法会进行到一半时就会彰显效益。

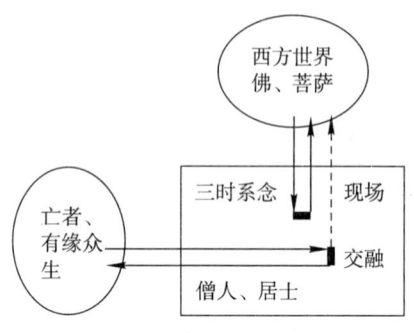

图 3　三时系念法会仪式

临江少数净空派信徒坚持在家里自修三时系念，并伴有和"众生"共修的神秘主义体验，这种自我降格与低等的不洁净的"众生"（畜生、鬼魂）亲近，和他们（她们）期待一个更高的评价有很大的关系。马家街净土道场的三时系念仪式的参与者，从静默不语到亢奋不已，各种表现的人都有，貌似百无禁忌、口若悬河的居士会忽然噤若寒蝉，而唯唯诺诺、谨小慎微的人依然按时来参加集体共修的三时系念仪式。三时系念仪式这种混合型的利己—利他主义行动模式独特的诱人之处体现在，利益与意义存在于危险之中。与会的居士都明白，来到这里就是和危险的"众生"共修，当然他们追求的并不是现代人与狼共舞的刺激，而是挑战自我的宗教修证。

3. 简化与普世情怀

笔者所接触的居士，虽然大部分人都是退休老人，但相当一部分退而不休，仍需要替子女照顾孩子、做家务。最常听见的一句话就是，"我还得回家接送孙子（孙女）"或者"给孙子烧饭"，就匆匆从道场离去。邓居士说自己早晨一般5点半开始做功课，先念七遍咒，再念一遍经，到7点半结束。邓居士自己一般不做晚课，理由是一天忙下来，心散乱了。居士们从不同的角度抱怨日常生活中有各种意想不到的事情会干扰自己做功课，可行性成为宗教实践所必须考虑的因素。

三时系念作为一种仪式在当代的突然崛起，和其自身特点有着一些关系。首先是仪式所依据的文本出现单一化的趋势，三时系念仪轨原始本子分两个场合，其所选取的经本也不一样，原则上将净土三经平均分布在两个本子里。现在都以佛事的本子为基础，通用《小阿弥陀经》。其次是时间呈现出压缩和合并的趋势，三时系念仪式举办时间原来需要一整天，三时均摊在早、中、晚，经过调整转移到午时以后举行，中间休息时间压缩。而在寺庙、居士道场和家里三种场合下，通过调整节奏和休息时间，时间还可以压缩近一半。最后是在向信众推广过程中趋于简便，基于条件（时间、交通、价格等）的限制，居士们无法去寺庙里做三时系念。但居士们可以自行举办仪式，仪式的铺陈、时间乃至辅助人员都可以比寺庙的仪式大大简化和压缩，所有这些变化都以迎合和方便在家居士为主。①

埃利亚斯认为文明的历史进程就是死亡的相关仪式过程的遮蔽、压缩（Elias，1985），如果结合中国佛教的发展来看，我们可以看到居士佛教兴起的轨迹大体符合这个"文明的历史进程"。这种简化是为了方便更多的信徒进行修行，其宗旨是基于宗教的普世情怀，两者互为依托。例如笔者在安徽实际禅寺拍摄的供奉西方三圣的祖先堂牌位画像，共计十二个牌位，涵盖了各方面，从右到左，从上到下依次为"佛力超荐一切众生""法界各星球先祖""世界各族众姓祖先""佛力超荐历代祖宗""中华民族万姓祖先""百家姓氏先祖神位""佛力超荐冤亲债主""各地城隍土地众神""历次灾难中丧生者""佛力超荐堕胎婴灵"②"所有因病苦去世者""历代战争中死难者"。这一组牌位的本质在第一块牌位就已经揭示出来了，"一切众生"，而后面的牌位则与时俱进的对其进行注释。冤亲债主、城隍土地、灾难战争丧生者、病苦去世者以及祖先是比较恒定和传统的对象，历来做法事就是和这些对象解怨释结；而法界各星球与世界各族众姓祖先，既让人感受到占据未来高度的宇宙学气息，又让人体会到佛教真真实实是一个包容世界的当代宗教。

立牌位的意义在于回向所有对象，同时还可以表明你的心量。在马

---

① 这种变化在佛教界颇有争议。净空派之所以有较大的发展，乃在于对在家居士的修行方便给出了较大的承诺。这可能和净空法师弘法的组织路径有关系，他的特色是侧重在居士中弘法，针对居士修行的特点开一些方便法门。

② 堕胎婴灵成为单独的安抚对象，最先是在台湾产生的。因现代社会转型，人们的生育观念与生育行为发生冲突造成焦虑和困惑，接着这个信仰行为也传播到大陆。笔者在安徽九华山各大寺庙都看到大量的堕胎婴灵牌位。

家街净土道场也有一个小小的祖堂，遵循了净空法师的教导，从万姓祖先、三皇五帝、历代祖师大德到道场的宅基主都供奉。在居士道场笔者还看见一个小纸盒里放着几叠黄纸往生牌位，① 牌位不仅在仪式中充当了功德利益回向的定位器，还充当了仪式入场门票。净空法师的解释是道场有护法神，“众生”不能随意出入，因此需要立牌位，护法神得到照会就可以放行了。② 这里我们从对待“众生”的态度可以知道，无名“众生”本身对于信徒而言是一种危险和威胁，人在一般情况下是不能和这些“众生”混杂在一起的，只有在特殊的情况下才可以，即做法会等仪式，通过仪式召请。这是极具挑战性的接触，通过参与者的表现，可以测试参与者的心量（虔诚度与参与度）。而牌位的指向则显示了参与者心量的宽广度，通过乐观、外向的利他主义平衡自闭、忧郁的利己主义。法会通过召请、诵经诸多仪式营造的是想象的乌托邦，居士们不太容易体察抽象的乌托邦的快乐与祥和，但为了感受涂尔干式的集体主义温暖，坚持定期前往道场参加聚会。现实情况是，很多信徒在20世纪90年代末和21世纪初尚不太参与三时系念，现在都“发心”投入到这一利国利民、护国息灾、冥阳两利的三时系念运动中来。

“自利利他”③ 是大乘佛教徒普遍的一个行动准则，通俗的解释就是修行学佛是一个对自己有利，同时也是对他人有利的事情和过程。“自利利他”创造了一个包容性的行动框架，净空法师等弘扬佛法的导师们首先强调修行佛法在个人层面上是利己的，由这个个人中心的利己主义开始，按照同心圆的圈子扩大，和睦夫妻、孝顺父母、尊敬领导、亲近朋友，“消灾免难”也正是从个人广结善缘开始的。④ 同时，法师

① 有一种说法是最好不要这样叠压着放，这样放置其所代表的众生有压迫感。专门有信徒询问了净空法师，净空法师表示有道理，并解释之所以最好不要叠压放置，主要还是取一个恭敬心。但由于场地空间限制，实在没法把每个牌位立起来，对此净空法师表示牌位电子化是一个好办法，存在电脑里大家都自在。

② 《法会中没有牌位，能礼请到亡者吗?》，http：//www. dizang. org/wd/cd2/038. htm，2009年7月10日下载。

③ 佛教不否认信仰的自利利他，特别强调利他过程中自己得利更大。一般有七分利益，自得六分，亡者得一分的说法。“若有男子、女人，在生不修善因，多造众罪。命终之后，眷属小大为造福利、一切圣事，七分之中，而乃获一；六分功德，生者自利”（《地藏菩萨本愿经·利益存亡品第七》）。

④ 当代佛教中，净空法师是比较强调儒家伦理的重要性的。他是从佛教修 （转下页注）

们再反复强调佛法的利他性，即修行学佛还要拯救一些看起来和自己毫无关联的人和事情，传统的说法就是有情"众生"之类的，例如对畜生道的"众生"要有慈悲心，因此就不要杀生，最好吃素，或者吃三净肉。[①]现在佛教又把这些和动物保护、环境生态、世界和平、人道援助、种族平等等结合起来，强调当下的这些运动都是佛陀倡导的慈悲的应有之义，佛教徒应以更高的姿态参与进去。

实际禅寺的三时系念法会，其实就是净空法师发起的一场普世主义的运动。参与的信徒对世界和平、汶川大地震、缅甸风灾遇难者等几乎没有什么表述和感受。相反，他们主要的参与动机一者是出于对净空法师的崇信，包括认为实际禅寺是他的寺庙，因此这个寺庙和法会的法力更强大；二者为自己的亲朋前来做超荐。而道场的组织者，则反复提醒活动参与者，"要发心啊，多想想老法师是怎么教导我们的"。这个所谓的发心，其实就是告诫活动参与者，在参与过程中将自利的心提升到利他的心。这样看来，就净空派而言，在三时系念这一普世运动中，导师站在普世主义的高端反复劝导，而道场的精英则在理念和行动上紧紧追随，普通信众大体在行动上保持一致。从表面看普通信众并不能够理解导师的利他和普世主义精神，但基于"自利利他"的大前提，可以保障基层信众在表面行动或者形式主义上与宗教领袖保持一致。

五　尾言：宗教仪式与新兴教派

马家街净土道场这类草根教团基本是自发形成，教团的领袖都是在分离运动中产生的具有演讲、行动、管理、筹款等综合能力的本土精英。它和净空法师的关系类似于加盟店与品牌的关系，具体表现在组织上，该道场和台湾净宗学会等组织没有隶属关系，但他们必须承担相应责任，即非净空法师的经教不读，才能自我标榜为净空法师的弟子（贴

（接上页注④）行实践的社会路径和合法性来谈的，即佛教徒修行所强化的社会关系是沿着儒家伦理的路径扩散，即类似费孝通所说的差序格局，同时佛教徒修行的社会效果与儒家伦理取向相同。因此净空派日常实践中还推广儒家的《太上感应篇》《弟子规》，马家街净土道场正式功课开始前就将这两篇文章作为"开胃小菜"集体诵念。

① 通俗的解释是眼不见杀、耳不闻杀、不为己所杀。

牌）。为此他们必须时刻牢记、紧跟净空法师及其弟子的经教，现在主要是通过网络获得净空法师及其弟子最新的说法影音资料，刻录成光盘，作为道场日常功课中主要的开示内容。

由于体制限制以及大陆佛教界内部弊窦丛生，海外和异端教派仍然可以获得自己的发展空间。即使如净空派这样的教派，在大陆刻意保持低调，在体制内放弃了建立科层化组织的诉求，① 以避免和现行体制发生冲撞，但其传教事业依然取得了令人惊讶的成果。②

仅就临江地区的马家街净土道场而言，其内部自我组织和管理相当完善，运营状态良好。③ 但和所有加盟店一样，由于没有自主品牌和知识产权，马家街净土道场尽管在组织管理和运作上十分独立，却十分依赖净宗学会源源不断地提供产品。净宗学会通过加强产品的更新和维护来吸引和控制各地的基层教团，相比较内地，特别是临江地区的寺院，净空法师及其弟子不断推陈出新，经教演讲层出不穷，既有系统性的基础讲演，也有层层递进的提高辅导，还有特殊问题的一对一解答，形式多样、贴心到位。净空派的主要作品都是净空法师口授，在他认可的范围内，一些弟子也讲经传法，形成了净空派多层次的生产体系，据说净空法师门下弟子悟字辈的法师出名的有四个，不过在马家街净土道场他的几个居士弟子似乎更受欢迎，诸如蔡礼旭、胡小林、钟茂森。

就净宗学会方面而言，控制住生产和解释权，就能在现有条件下维

① 这些组织之间存在一些横向的参访联系，但没有达到组织整合的程度，也没有听说有整合的意向。
② 以大陆的情况而言，净空法师的弘法似乎更注重理念和法物（主要是其讲法的载体，诸如书、光盘的翻印）传播，信徒中的骨干精英成为其在大陆的组织者。齐素萍居士是信徒中杰出代表，她发起重建了浙江省临安市东天目山昭明寺、山东省庆云海岛金山寺。由于在临江地区并没有崇奉净空法师的寺庙，因此临江的净空派居士日常活动以居士道场为基地。
③ 2010年年底该道场迁至城南郊区龙泉寺边，建立了龙泉寺精进念佛堂。该念佛堂租用龙泉寺旁村庄的房屋，建筑使用面积可能有二三百平方米，软硬件设施有巨大提升，另在市区仍保留了一处活动点，据负责人说，和龙泉寺无实质关系，只是赞助了一笔香火费，以龙泉寺的名义出面租赁房屋而已。笔者在龙泉寺看到，该寺的藏经是由台湾净宗学会请奉的，具体是由香港的邝美云等净空弟子布施，龙泉寺能为马家街净土道场出头也就可以理解了。

系整个教派不解体，而基层的管理则释放给基层内部自主进行。由于没有有效的科层管理机制，保持信徒的凝聚力和信仰的纯洁是一个比较大的问题。① 以笔者对马家街净土道场的观察而言，维系该道场凝聚力和活力的关键是道场能够为成员提供净空法师的产品和正确的使用方法。如果仅仅是一劳永逸的产品，那么道场也就不能持续存在，在这个问题上，道场和净宗学会面临的压力是类似的。

从这里我们可以约略看出临江地区寺庙和净空派这样的新兴宗派的区别，以杨凤岗和杨江华（2008：93~112）的观察，前者无疑处于红色地带，而后者则处于灰色地带。不过借用宗教市场比喻，目前的状况更类似于 20 世纪 80 年代初，体制内的寺院如同国营体制企业，划片经营、坐等客户上门、产品单一；体制外的新兴教派则如同自由市场的个体户，采取游击战术，躲避管理者（国家）巡查，寻找体制的缝隙，主动寻找客户、更新产品。

马家街净土道场在临江地区生存，一方面有属于自己的本地化宗教

---

① 有两个例子可说明在临江地区，净空派信徒建立教派团体是经历过排他化斗争过程的。笔者最初认识净空信徒是通过临江地区的著名居士伍先生，他早在 1992 年就促成了净空法师来临江地区传法，而笔者所认识的马家街净土道场的绝大部分居士当时都还没有皈依信佛。伍先生后来反对夏莲居居士的净土五经会集本，其根据是印光法师明确反对该会集本，苏州灵岩山和庐山东林寺两大道场都公开反对翻印流通。而夏莲居的弟子是台湾的李炳南居士，净空则是李炳南的弟子，净空宣传这个会集本。于是伍先生和临江地区的净空派弟子直接发生了冲突，并断绝往来，而净空派采取的报复措施就是停止宣传其母亲往生的事迹，尽管该事迹曾经得到净空法师亲口认可。另一个例子则是笔者认识的老王居士，他是临江净空派居士分离运动的早期参与者之一，我们前面说过，临江净空派组织主要有两个小团体，一个是马家街净土道场，另一个是颐养院道场。老王居士在枫叶寺的时候就是居士群的骨干分子，当时搞分离运动的时候被撺掇去了颐养院道场，笔者问及他为什么没有去马家街净土道场，老王居士表示看不上马家街净土道场负责人的素质。不过据笔者综合一些信息，马家街净土道场兴起主要是以女性居士为骨干，且信佛的资历都比较晚，基本都在 20 世纪末，而老王居士信佛不仅在 20 世纪 80 年代初，而且有家世渊源，能说出几代人信佛和出家的掌故来，很看不上这些信佛的激进新晋们。他不太愿意具体讲分手原因，但很显然他所秉持的传统观念与分离派追求的独尊净空的宗派主义很难长久维持下去，不到一年，他又回到枫叶寺。这两个例子都说明，曾经的净空弟子，在派系化运动中会被剔除出去。正如伍先生宣称的，他对净空法师的信仰和感情一直没有变化，但是时移世易，他不仅不被本地净空派认同，就连当初和他相敬如宾的海外净空派人士也形同陌路。这其中的原因可能是伍先生依然秉持大陆佛教居士圆融多元的信仰形式，而不能进入宗派化的信仰阶段。

产品经营策略①，另一方面它又严重依赖于净宗学会的宗教产品供给。净宗学会提供的产品大致可分为这样几类：一是信仰类辅导产品，这是净空派的核心产品，主要是用来奠定核心信仰和修行的；二是道德教化类产品，是净空派的次级产品，是为信仰打基础的，大多是三教合一的道德宣教产品；三是应用类产品，主要是仪式、符咒等实践方面的。三时系念仪式属于应用实践类的产品，在过去都是由寺庙里提供，该仪式分为超度和自修两个部分，但在临江地区，事实上仪式的自修功能已经消失，居士基于对死亡的禁忌，连系念的本子都不愿意存放在家中供奉。

本文的研究发现，传统的三时系念仪式已经蕴涵了简化变通的可能性，而净空法师在某些方面对居士又做了进一步的"方便"。三时系念虽然是一个相对古老的宗教仪式，但在宗教复兴过程中，对其进行了必要的现代性修证，诸如文本的单一化、标准化，时间压缩，操作便捷化（居士可以单独操办、光盘辅助），成本低廉化。三时系念自修的一面被发掘出来，是该仪式深入居士团体和个人的重要原因。对净空派而言，自修只是在意义上强调，操作上自修与超荐并无区别，这样就省去了许多麻烦。

在佛教中，圣与俗、洁净与不洁的二元对立是相对紧张的，其界域也是比较清晰的。在当下的实践层面，二元论的存在提供了救赎的行动框架，而交融和降格则是使救赎成为一项普世主义运动的前提。正是通过仪式（交融和降格），高等级的存在与低等级的存在汇聚在一个空间，甚至还会发生附体，总之通过仪式产生特殊的后果（功德）净化了低等级的存在。在这个过程中，法会的参与者（居士们）的信仰程度（心量）是关键，心量大则召请的圣众多，六道众生也多，因而普度的功德也大。正是三时系念这种交融和降格（见图3）使得该仪式具有了普度众生的可能性，而基于对净空法师的崇信，信徒们将个人或多或少的利己取向的超度动机融入净空法师倡导的普世

---

① 马家街净土道场的本地化经营策略有两个方面，一是道场内部营运，主要是面向道场内部成员，围绕净空法师的经教提供场所共修；二是以助念团为核心，面向社会提供临终助念服务。临终助念活动为马家街净土道场赢得了相当大的社会活动空间，该助念团在临江地区提供从助念到火化一站式的服务，特别是为亡者洗身换衣这一环节。

运动中来。

在中国佛教界白衣（居士）弘法的合法性仍然具有很大的疑问，出家人和寺庙在信徒心中具有神圣不可或缺的地位，这对于净空派而言是供给上难以克服的短板。临江地区没有净空派的寺院，虽然有安徽庐江的实际禅寺，但远水解不了近渴，信徒聚集在居士道场也是一种不得已的选择，有需求又严重缺乏供给，净空派与临江当地寺院为举行仪式等细节问题而发生矛盾就不可避免。2008 年净空法师的四大出家徒弟之一来到临江最大的寺庙枫叶寺主持三时系念仪式，马家街净土道场的几个居士在 2009 年和笔者谈起此事还耿耿于怀。他们抱怨：寺院举行仪式的节奏和净空法师的节奏不一样，让在场的净空派信徒十分不适应；法事所得的布施完全被寺庙方占有；净空法师的弟子当晚下榻居然不在寺庙而是去宾馆。[①] 居士们抱怨当地寺庙不尊重净空法师的弟子，其实更多还是传达了他们所感受到的强烈的被排斥感，而这又加强了他们对道场的"我们感"。

可见大陆净空派信徒缺乏寺庙活动场所，其主要的组织形式、活动场域为半地下的念佛小组和念佛堂，而道场的主持者也基本是在家居士。净空派信徒活动最大的特点就是：缺乏职业僧侣的直接指导，主要依赖于道场的居士精英带领信众，通过光碟学习净空法师的讲话，在达成共识的基础上，依靠道场的骨干分子的组织才能将普通信众的个人修行转化为集体行动。换句话说，基层的居士精英掌控了进一步诠释净空法师教导的话语权和活动的组织权。或许净空法师曾经师从李炳南居士，因而倾向于居士弘法，这在佛教界还是比较少见的；此外净空法师在海外乃至大陆的传教路径，基本不依托于寺庙，因而对于居士在家修行给予更多的方法建议和合法性解释。

宗教专职人员的专业能力主要体现在对经典的诠释能力和仪式的操控能力两个方面。在净空法师这里，他赋予了居士很大的说法权力和仪

---

① 据笔者侧面了解，各个寺庙做仪式都有自己的风格，赶场子的和尚遵循所在寺庙的规矩这是惯例。至于分账的事情，当事人可能自有约定，按理主法师的红包是少不了的。至于住宾馆的问题，笔者不止一次听说净空派的师父住宾馆，这似乎折射出和当地寺庙的关系。

式操控力。① 前面我们提到的王居士以及马家街净土道场居士们的实践告诉我们，在仪式上出家人和寺庙无疑拥有绝对的权威。但由于供给能力的问题，一方面，举行个人专场法会价格昂贵，除非家里有急重病人，一般居士很少去寺庙做法事，最多供个小牌位；另一方面，现有寺庙分布偏远，交通极为不便。政府一再强调只能在法定宗教场所内举行宗教（集体）活动，但事实上，临江市市区的寺庙无论在数量、空间、僧人数量还是地域分布上，都无法满足现有信众的活动需要，这是大量的念佛小组和念佛堂从 20 世纪 90 年代开始在居民社区里散布开来的一个重要原因。

由于 20 世纪 80 年代寺庙刚刚恢复，百废待兴，很多事情都是居士帮忙才能办起来，就连早晚课也是如此。而居士也正是在这个过程中学会了做早晚课等佛教的一些基本仪轨。但类似三时系念这样大型复杂的法会，居士们并不自己操作，尤其是三时系念法会时常伴随着"附体"事件发生，因此居士们一般不敢在家里保留和它有关联的东西，以免招来三恶道里的众生。净空法师鼓励信徒参加多种形式的三时系念活动，鼓励信众在居士道场和家里做系念互动，提高参与度，这势必允许在家人自行主持这一重要仪式，同时还会采取一些变通，而这都需要净空法师给予解释和认可，这在一定程度上消解了出家人对这个仪式的垄断性，进一步强化了净空派净土信众居士佛教的特点。②

三时系念只是净空法师为信徒提供的众多产品的一个，并非是一劳永逸的终极产品。在这个过程中，净宗学会和基层的道场都对如何使用这个产品进行了自己的深度加工。从净宗学会方面，播发净空法师关于三时系念的讲座，反复号召督促信徒自行参加三时系念仪式运动，举行由净空派主持的三时系念仪式，号召信徒参加。围绕该产品，净空法师

---

① 例如蔡礼旭、胡小林、钟茂森等人的讲座录像在马家街净土道场居士中拥有很大的影响力，居士们私下依次给出了有效力的排序。据道场居士们说，净空法师还赞叹齐素萍是菩萨（出处没有查到）。虽然实际情况还值得进一步探讨，但有一点可以肯定，那就是在净空派里居士的地位和能动性得到空前提高和释放，而这也成为佛教界反净空派人士的论据。

② 虽然仪式本身的规范和程序仍将整个运动控制在制度化宗教层面里，当附体事件发生的时候，还能明显地体会到交融和降格。居士们往往在家里个人自修时出现与神鬼的感应，而这需要通过听净空法师统一开示，解除信徒的困惑和恐惧。

做出了一些创新修正，首先是破除了三时系念仪式中主法人的身份限制，以修行而不是身份来确定仪式的有效性，打破了出家人对该仪式的垄断，为居士主持仪式和道场的合法性开了一个小口子；其次是不再区分佛事和仪范，统一使用一个仪式脚本，便于居士熟悉操练；最后是拓展了世界观念，在传统佛教徒心目中，中国即世界的观念置换为现代世界，将超度和禅修合一，其实也是佛事和仪范统一的结果，提出在七百天的三时系念运动，时间过半可得三昧，接近尾声可以开悟。

对净宗学会的号召与净空法师的解释，道场和信徒又各自做出不同的取舍。基层道场响应和配合净空法师的教导，这是维系道场合法性的基本前提，而马家街净土道场方面，则组织成员观看学习净空法师的讲座，在道场内定期举行三时系念仪式，组织成员去参加庐江实际禅寺等净空派系的三时系念仪式。对道场而言，必要的"运动"有助于提高和振奋道场的凝聚力和士气，道场自身无法提供此类产品，主要是道场的主持者不具备赋予运动合法性和意义的能力，因此道场对净宗学会的依赖是切不断的。而普通信众参与三时系念是基于对净空法师的信仰和追随，他们的信心是建立在这种信任和产品消费的积累基础上的，因此参与和不参与是一个态度问题，是划分净空法师弟子和非弟子的标志；至于参与程度则是一个缘分问题，是积极分子和普通分子的区别。

道场的成员以女性为主，年龄在 50 岁以上，文化程度偏低，工作履历偏体力劳动岗位，她/他们对信仰的追求主要是获得个人的解脱，但由于获取信息、理解力等问题，必须依赖组织的力量。具体说，净空派的信徒追随净空，还是期待通过净空在往生的过程中获得某种确保，净空的说教是佛教"自利利他"的现代化和国际化版本，对此居士们通过跟随净空法师的学习，觉得自己有所提升，这种提升主要是体现在利他方面，正如道场的精英们经常鼓励成员说，"我们大家要听从老法师的教导，把心发出来"。"把心发出来"，常常是用在呼吁居士们做一些常人不能做到的事情，去克服自己的局限。以三时系念为例，事实上没有多少居士能够连续做到七百天，大部分人能坚持日常功课就已很不容易了。参加道场的三时系念活动，成员可以在最大程度上与导师和群体保持一致，同时消除三时系念仪式禁忌给个体造成的窘迫。

围绕三时系念这个产品，净空法师、净宗学会与基层居士道场、一般信众形成了三角关系。净空法师方面拥有合法性的资源，但缺乏有效的组织掌控能力和空间资源；道场方面拥有组织掌控能力和空间资源但缺乏合法性；信众则在组织、空间和合法性三个方面对前两者有不同的依赖性。这是一个互相依赖和拉动的关系，各方面均作出了让步和得到了自己所要得到的东西。

从上述研究可看到，类似三时系念这样特殊的仪式，没有净空法师的讲解和倡导，许多信徒基于中国人对于死亡的理解是不会参与的，这种类型教派的危险就在于当第一代克里斯玛人物消失后，由什么来提供凝聚力？谁有提供宗教产品的合法性？台湾新禅宗的案例展现了处理此种危机的很不同寻常的方式，教主李元松通过自己的皈依，将整个教派转移到另一个克里斯玛人物的托管之下。集体改宗没有导致教团溃散，这完全依赖于李元松本人的克里斯玛（Ji Zhe，2008：61）。

在和临江马家街净土道场的居士交谈中，发现他们非常关心净空法师的传法弟子问题，揣测钟茂森可能是净空法师的传法弟子。[①]临江居士们关于净空法师传法弟子的议论可谓切中肯綮，因为传法弟子的身份将最大程度消除教派内对发言者权威的质疑。特别是净空派这样一个缺乏科层制的宗派，继承了上一代的克里斯玛，也就意味着继承了上一代的宗教遗产和处置权。从马家街净土道场参与三时系念仪式运动来看，净空法师的合法性对于基层道场和信徒是不可或缺的，对于维护和凝聚净空派具有重要的意义。从目前状况看，净宗学会似乎还不足以承担取代净空法师在信徒心目中地位的任务。

---

① 其他净空派的弟子是不是有同样的观感很难说。就马家街净土道场而言，主要就是播放净空法师的演讲录像，此外也曾经播放过蔡礼旭、胡小林的，在笔者调查期间，钟茂森已经取代二者，成为仅次于净空法师的播放对象。按照几位马家街净土道场居士的私下议论，他们认为钟茂森在追随净空法师前已经是博士和教授，讲法的水平确实比蔡、胡二人要高，这两个人学历比钟差太多了。但他们没有比较几个出家弟子，似乎直接就把他们排除在这个问题之外；抑或在家人议论出家人还是有些忌讳。在谈到钟茂森未来如何成为净空法师的传法弟子，这些老太太们猜测，钟茂森可能会先以居士的身份学习几年，然后剃度出家。可见在一般信众心目中，出家人的身份对于成为合法的领袖，还是一个必不可少的要件。

参考文献

中文

李向平、高虹：《人间佛教的制度变迁模式——当代中国四大寺庙的比较研究》，《法音》2008 年第 10、11 期。

王兰永：《"场域"内边缘个体的实践行为考察——以南京 L 寺四位中老年僧人为例》，南京大学硕士学位论文，2006。

谢燕清：《往生西方——临江佛教居士的净土信仰》，南京大学博士学位论文，2009。

施伊姿：《三时系念仪式及其于台湾实践之研究》，国立成功大学硕士学位论文，2004。

纪华传：《江南古佛——中峰明本与元代禅宗》，中国社会科学出版社，2006。

杨明芬（释觉旻）：《唐代西方净土礼忏法研究——以敦煌莫高窟西方净土信仰为中心》，民族出版社，2007。

俞为洁：《对南宋"锡雕版"的再认识》，《东方博物》2004 年第 1 期。

冉云华：《从印度佛教到中国佛教》，台北，东大图书公司，1995。

陈士强：《中国佛教百科全书·经典卷》，上海古籍出版社，2000。

〔日〕坪井俊映：《净土三经概说》，张曼涛主编《净土典籍研究》，台北，大乘文化出版社，1979。

潘桂明：《中国佛教百科全书·宗派卷》，上海古籍出版社，2000。

杨永兵：《晋南仁寿寺"三时系念佛事"仪式实录》，《黄河之声》2007 年第 18 期。

费孝通：《乡土中国》，三联书店，1985。

圣凯：《中国佛教忏法研究》，宗教文化出版社，2004。

魏磊（释大安）：《净土宗教程》，宗教文化出版社，1998。

〔法〕爱弥尔·涂尔干：《宗教生活的基本形式》，渠东、汲喆译，上海人民出版社，1999。

余英时：《魂兮归来——论佛教传入以前中国灵魂与来世观念的转变》，载余英时《东汉生死观》，侯旭东等译，上海古籍出版社，2005。

余英时：《中国古代死后世界观的演变》，载余英时《中国思想传统及其现代变迁》，广西师范大学出版社，2004。

蒲慕州：《墓葬与生死——中国古代宗教之省思》，台北，联经出版事业公司，

1993。

蒲慕州：《追寻一己之福——中国古代的信仰世界》，台北，允晨文化实业股份有限公司，1995。

萧登福：《汉魏六朝佛道两教之天堂地狱说》，台北，学生书局，1989。

〔英〕维克多·特纳：《仪式过程——结构与反结构》，黄剑波、柳博赟译，中国人民大学出版社，2006。

杨凤岗、杨江华：《中国宗教的三色市场》，《中国农业大学学报》（社会科学版）2008 年第 4 期。

英文

Ji Zhe

2008a   "Secularization as Religious Restructuring: Statist Institutionalization of Chinese Buddhism and Its Paradoxes", *Chinese Religiosities: Afflictions of Modernity and State Formation*, ed. by Yang, Mayfair Mei-hui, Berkeley: University of California Press.

2008b   "Expectation, Affection and Responsibility: The Charismatic Journey of A New Buddhist Group in Taiwan", *Nova Religio: The Journal of Alternative and Emergent Religions*, Vol. 12, No. 2.

Sun Yanfei

2011   "Religious Dynamics in A Fragmented Authoritarian State: Explaining the Differentiated Growth of the Chinese Buddhist Establishment and the Jingkong Buddhist Movement".

Mary Douglas

1985 (1966)   *Purity and Danger: An Ananlysis of the Concepts of Pollution and Taboo*, London: Routledge & Kegan Paul.

Arnold van Gennep

1960   *The Rites of Passage*, Chicago: The University of Chicago Press.

Nobert Elias

1985   *The Loneliness of the Dying*, NewYork: Basil Blackwell.

村落间的仪式互助

——以安国县庙会间的"讲礼"系统为例*

徐天基

摘　要　"讲礼"是安国乡村的地方术语，是地方民众用礼物馈赠的方式建立和维护关系的主要实践。它不只限于日常生活的红白喜事场合，更体现在庙会期间村际接收和馈赠香火钱的实践上。本文通过对当代安国县诸村落庙会期间"讲礼"实践的考察，勾勒出村际在仪式实践层面的互助及其关系的建构。通过"讲礼"，安国县各村落的庙会得以维系，且与其他庙会形成一种互助关系。在这样一种互助体系内，"讲礼"既是对地方感的重塑与加强，又是对大众宗教之社会网络的再生产。以"讲礼"为代表的村际的仪式互助作为一种民间机制，为大众宗教的实践提供了一个必备的社会关系网络。

关键词　讲礼　走神亲　仪式互助　安国药王庙会

20 世纪 60 年代以来，海外中国研究对于村际关系的考察，多限于使用通婚圈（冈田谦，1938a，1938b；石田浩，1980）①、市场圈（Skinner，1964：363~399；中村哲夫：1984；Crissman，1972）及祭祀圈（冈田谦，1938a；许嘉明，1978；王世庆，1972；施振民，1973；

---

*　本文为国家财政部经费资助第一批试点项目"中国节日志·安国药王庙会"（编号：JRZ2009027）成果。

①　冈田谦在该文中指出祭祀圈（尤指几个大字联合之祭祀圈）与通婚圈互相重合的现象。

林美容，2008）等研究范式。它们背后的理论预设均为跳出传统的单村落民族志范式，将农村社会的基层单位看作种种不同的圈域单位，而非以单个村落作为研究单位。① 此种研究范式在 20 世纪 80 年代以后不断得到反思和修正，继而逐步走向综合的社区研究。②

本文以安国地方社会中的"讲礼"实践为切入点，考察冀中乡村的村际关系网络之形成和运作。此种关系网络的形成依赖于村际仪式互助体系的建构，"讲礼"是其主要的实践——它以馈赠和接收香火钱为标志，并附带花会、走会及会宴。文中的"讲礼"概念，并不涉及日常生活中的礼物流动，也不包括个人之间的关系实践。它被限定在村际的交往框架之中，是一种带有仪式性互助性质的村际实践。它发生在祭祀同一主神的诸多村落之间，亦常见于祭祀不同主神的庙会往来之中。作为生产和维系地方社会关系网络的民间机制，它为村落仪式（village ritual）的发生提供了可供利用的关系网络。

通常，具有"讲礼"关系的村落有两种情况。一种范围较小，是发生在有"神亲"关系的诸村落间的仪式互助；另一种范围较大，涉及所有发生仪式互助关系的村落。前者往往限定在祭祀同一主神的诸村落间。但需强调的是，这些村庙之间未表现出东南中国村庙间的"分香"体系（Dean，1993；Dean and Zheng，2010；郑振满，1997：171~204；林美容等，2003；张珣，2003）。换言之，具备神亲关系的村庙并未形成母庙—子庙之间一来一往的分香与进香制度。庙宇之间的关系虽被赋予了拟亲属称谓，但并不表现为东南中国"母庙（根庙）—子庙"的依附关系。③ 后者被限定在祭祀不同主神的村庙间，"讲礼"的对象往往带有一定的变动性（往往依据礼尚往来的原则进行）。可以说，"走神亲"是所有"讲礼"实践中对象最为固定和具体的。

---

① 桑高仁将施坚雅以市镇社区（marketing community）为研究单位的方法引入其在台湾大溪的民族志研究中（Sangren，1987：49）。
② 张珣（2002，1996）曾对祭祀圈的理论发展作过精彩的学术回顾，她倡导一种"后祭祀圈"时代的研究。
③ 韩书瑞（Susan Naquin）在对华北（北京附近）碧霞元君进香体系的研究中，将其特点称为"泰山类型"（Taishan Type），以区别东南中国的"母庙—子庙"体系。在"泰山类型"的进香活动中，村庙间不具备闽台地区的分香体系和庙宇层次的高低（Naguin，2000：511~554）。

此项考察的时间跨度为 1980～2010 年，是对 20 世纪 80 年代以来，大陆地区地方社会"宗教复兴"（Jing，1996；Chau，2005：236～278，2006a；Dean，2003：338～358）现象的一个侧写。考察地点设定在现安国市的南关及附近乡村，它们共存于一个市镇体系之下，因此，本项调查的基本社会单位设定在一个市镇社区（marketing community），而非某一村落或聚落。

一 安国地方社会的"讲礼"体系

（一）"讲礼"系统下的村庙

20 世纪 80 年代以后，大量安国地区的乡村庙宇获得了重建，相应的庙会活动亦日渐丰富。在各村落（或聚落）的庙宇中，药王、娘娘、龙王、关帝、真武以及其他许多神灵的塑像被重新竖立了起来，地方社会的村庙网络继而形成。本文所讨论的"讲礼"系统便建立在这个村庙网络之上，它作为一种地方的民间机制，亦为此村庙网络的维系和发展提供了必要的支持。这种支持既包括相互赠送"香火钱"的经济互助，又包含了相互走会（或者学习花会表演）等对宗教性资源的共享行为。下面是此种仪式互助体系中村庙的基本情况。

祁州（现安国）的庙宇种类大致有如下几种：关帝庙①、五道庙、土地庙、观音庙、真武庙、奶奶庙、马神庙、刘猛将庙、老母庙、药王庙、金龙大王庙、全神庙。一般而言，村落越大，历史越悠久，村庙也就越多。以上诸庙之中，五道庙、关帝庙、真武庙三者最多，其次较多的为全神庙、奶奶庙、金龙大王庙。

以上诸庙之中，五道庙、真武庙、关帝庙通常不参与"讲礼"，而

---

① 祁州城内的关帝庙即"武庙"，位于"文庙"之右（西向），也享有"春秋二祭"。该庙清乾隆年间拥有 50 亩土地作为庙产"以资膏火"［（清）王楷等修、张万铨等纂《祁州志·建置》，清乾隆二十一年刊本］。城外的关帝庙又称"老爷庙"，祭祀的主神为三国名将关羽，有的村落配祭周仓、关平，该庙通常为单进一开间。在祁州属村中，关帝庙通常无庙会活动，只在农历五月十三这天，有村民们自发地拜祭活动（Alexeiev，1928；Yang，1981）。

全神庙、奶奶庙、药王庙、金龙大王庙和观音庙通常存在于"讲礼"的实践范围内。就安国县现存的庙宇分布而言，几乎村村有庙，因此，每村各自围绕其主庙有 1～2 场的庙会。有些行政村的不同角头甚至有着相互独立的祭祀活动，如东西庞各庄分别祭祀其主神刘守真。因此，如果将一个地方社会中的庙宇和仪式专家当作宗教资源的话，安国周边乡村的此种资源较为平均。即多数村落为有庙村（temple village），而较少为附属村落（dependent village）。① 且就实地考察所得的田野材料而言，几乎村村有"香头"（李慰祖、周星，2011；岳永逸，2010；DuBois，2005：65～86；杨德睿，2010）。他们通常在庙会期间，在正殿前的角落摆桌或在村庙内为村民治疗。

（二）"讲礼"的组织与时间周期

根据实地考察，安国县现在依然参与"讲礼"实践的村落有三四十个，分别是：北七公村、南七公村、大文村、观音塘村、瓦子里村、杨翟村、南章令村、北章令村、西章令村、舍仁村、霍庄村、大南流村、东长仕村、北辛庄村、西伏落村、流昌村、马固村、瓦子里村、郑章村、南娄底村、流霜村、奉伯村、安国南关村、东河东村、东河西村、南堡村、北堡村、子娄村、南祁村、韩村、东王奇村、西王奇村、南章村村、东庞各庄村、西庞各庄村、马村、南段村、南阳村、侯村、西徐村等。

这些村庙中的主神有全神、观音、娘娘（碧霞元君）、金龙四大王、八郎爷（刘守真）几个类别。其中全神信仰是冀中乡村庙宇较为常见的形式。这种庙又被称为全神庙，庙中一般不供神像，而是挂神轴。神轴上有单幅神画像，亦有诸神画像。这种诸神的神轴有着一定的神位排列顺序，下面以瓦子里村全神庙为例说明。

正中：天地三界十方万灵真宰。从中间往东依次为：奉天行威雷公电母之神、奉天行威行雨龙王之神、奉天行威通海龙王之神、金龙四大

---

① 作者将村庙和民间教派人士看作沧州村落重要的宗教资源，将村落视作共享宗教资源和仪式的共同体。据此，DuBois 将村落大致划分为两种，一种是有庙村（temple village），另一种是附属村落（dependent village）。前者拥有独立的村庙与仪式专家，是一个仪式共同体；后者则缺少此种宗教资源和知识，需要依附于前者的宗教生活。

王之神、蚖瘟黏虫之神、将军河伯之神、刘猛将军尊神、释迦牟尼之神；从中间往西依次排列为：风伯雨施之神、敕封山邑大川之神、敕封雷声普化天尊之神、敕封虫王八蜡之神、敕封水府三官大帝之神、协天大帝之神、宣司水神、伏魔大帝之神、青山水草之神、青苗水草之神、境内山川之神、本县城隍之神、当方土地之神。

参加"讲礼"的村庙，其庙会会期形成一个时间周期，几乎覆盖了整个农历正月至四月。主神为观音的村落有南七公村、观音塘村、霍庄村、大南流村、北辛庄村、东王奇村、南阳村，它们的会期为农历二月十八至二十，二月十九为正日子；主神为娘娘的村落有南阳村、北七公村、西伏落村、流昌村和马固村，庙会的正日子为农历三月初三；主神为全神的村落最多，有大文村（农历正月十二）、瓦子里村（农历正月二十一至二十三）、侯村（农历二月初三）、舍二村（农历二月十七）、南章村（农历三月初八）、马村（农历二月十五）。这些庙会的会期基本错开，集中在每年的农历正月至三月。因此，就安国县乡村的"讲礼"实践而言，年首的前三个月最为密集。至于何时去何地"讲礼"，已经成为当地人的地方性知识，就如同他们对市集的熟悉程度一样。

负责一年之中"讲礼"事宜的人在当地被唤作"庙上的"。他们均为本村成员，以自愿原则组织分工，由 4~5 名老年人构成，人员组成较为固定。"庙上的"中有一个人带头，此人为会首，对外称作"×××庙上的"，例如安国药王庙会负责"讲礼"的人称作"安国药王庙上的"。"庙上的"的其他成员属于委员，主要分担如下工作：×××庙会前的敛钱、定戏、神像维护和换袍、记账、食物采办、贴布施账、送帖子等。各委员统一听从会首调度。

"庙上的"一般在加入"讲礼"组织前均为该庙的虔诚香客，有的还是庙中负责看香的人。他们的背景比较复杂，不一定为村落的传统权威，也并非具有官方背景，但必须人脉较广，有比较丰富的人际关系（村落内和村际的）。凝聚"庙上的"之地方准则为"修好"，在当地方言中指的是行善积德的观念。有时，"庙上的"会说自己只是"修好的"。因为，在"讲礼"的实际运作中，远不止会首和委员发挥作用，还需很多"帮忙的"共同配合完成。他们中的部分人负责会期的灶饭，

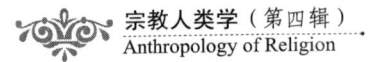

部分人负责指导老百姓进香、披袍等。

（三）"讲礼"的对象范围及过程

具有"讲礼"关系的村落在一定程度上形成了一个礼物交换圈。交换圈中的村落有着相对固定的伙伴关系，但亦存在着动态的关系。这取决于对方村落庙会的规模和态度。一般的原则是礼尚往来，"庙上的"把这种"讲礼"原则叫做"为往"。他们会在对方庙会会期内前往对方处，带着礼品，前去"讲礼"。有时，"庙上的"还会带本村花会前去走会，进行朝贺。

整个"讲礼"的过程有着明确的主—客意识。作为庙会举办者的村落为主家。如果将"讲礼"实践看作事件（关系）的生产（event production）的话，那么主家承担着东道主（hosting）的责任。最主要的体现是，主家安排花会和专门的人员负责接待"庙上的"，并以之后的"会宴"为代表（在当地俗称为"管饭"）；而作为前去"讲礼"的客家，亦有责任体现礼物流动过程中的互惠原则，即带领客村的花会在主家走会。

事实上，"讲礼"实践中的结构体现为"主—客"①（Kipnis，1997：39~57）的对立与转换。这种对立和转换通过"讲礼"的文化语境得以实现，体现着地方社会的文化逻辑和行为准则。"讲礼"系统中的每个村庙都有充当主家与客家的机会，且此种机会在一年中的机会是均等的，呈现出周期性的特征。这为理解村落社会的时间观念提供了很好的视角。

本文所提及的"讲礼"实践，在性质上不同于进香、团拜等仪式，它作为一个个事件，深刻反映着大众宗教是如何根植于其社会土壤，又是如何被社会化生产的过程。从这个角度来讲，"讲礼"实是民间庙会背后的社会机制，通过对事件的生产和重复为庙会或仪式提供可能性。这也正是大众宗教这种"最小化的宗教"（minimalist religion）（欧大年，1998）所需要依赖的社会土壤。作为事件的"讲礼"在具体的实

---

① 做主与做客被 Kipnis，看作关系的生产之重要实践，主客之间存在着阶序的差别，这种差别在做主和做客的过程中被一再强调。

施中又可分为以下几个阶段。

其一，前期准备阶段。在这个阶段主要完成的是交换请帖，以便双方约定具体的"讲礼"时间。请帖的格式如下：谨订于×年×月×日×午×时×分在×庙前举办×庙会。届时恭候×××庙会全体光临
×××庙会诚邀。

"讲礼"时间一般订在"正日子"当天或之前，有着约定俗成的习惯。例如，东西庞各庄村是两个独立的"讲礼"单位（两村的关系较为紧张），他们均与南阳村的娘娘庙会有"讲礼"关系。南阳村"庙上的"便会错开接待东庞各庄村与西庞各庄村的时间。

前期准备还包括安排会宴。会宴是体现主客关系最好的场合。会宴饭菜的丰简都影响到"讲礼"村落的关系。因此，主家极为重视会宴的筹备。前来赴会的人，其就餐的最低规格是四菜一汤一碗饭，如果高过此规格会得到客家的赞赏。因此，会宴成为评价主家"为往"水准的一项标准。会宴通常在村庙旁的凉棚内完成，也是整个"讲礼"的最后部分。前期准备会宴的主要工作就是统计前来吃会的人数，并确定菜式和分量。

其二，接会和礼物馈赠阶段。在约定的"讲礼"日子，主家的会首连同其他"庙上的"事先恭立于村口。前去"讲礼"的客村则将"福包"（点着红点的馒头）、糕点、香捆（一捆约由30支香绑在一起）、纸元宝等供品装入木奁之中，雇三轮车前往主家。主家会首先与客村的会首打招呼、寒暄，双方其他"庙上的"之间再相互问候。客村会首当面将"香火钱"赠给主家会首，之后交由"记账的"处，并将"香火钱"的金额记录在"庙会往来簿"上。

馈赠香奁内的供品和"香火钱"是"讲礼"的重要环节。"香火钱"的多少一般依据对方上一年给予本村庙会的数额而定，一般情况下，要达到慷慨互惠（generalized reciprocity）或等价互惠（balanced reciprocity）的标准（萨林斯，2009：234~236）。在"讲礼"的过程中，社会关系随着物品流动的变化而变化。而"讲礼"的规格与村落间社会距离的远近亦有着直接关系。一般而言，关系较近的村落近于慷慨互惠，而较远的则趋向于达到等价互惠。这构成了安国县"讲礼"实践的普遍模式。据此，有神亲关系的村落在"讲礼"时，基本都要做到

慷慨互惠，这接近于利他的交换过程。

村落的"面子"和"关系"也在"讲礼"实践中得到了体现和维系。瓦子里村的玉枢胜会在安国很有名气，据村民说，这是因为该村经常在"讲礼"之时给予其他村更多的"香火钱"。因此，从这个角度上说，"讲礼"实践实现了对于社会距离和关系的再确认。而既成的社会关系网又会反作用于"讲礼"实践。"讲礼"作为安国地方社会的一种机制，或多或少的参与了社会关系网的建构。

待"香火钱"入册后，主家将客村"庙上的"带至本村村庙正殿前。客村"庙上的"便向主家的主神进香。形式为"集体香"，即将带来的大把香捆置于香池，待三拜九叩后将疏文化掉。这种疏由黄表、元宝、信瓢儿构成，长约 25 厘米，宽约 5 厘米。其中疏文格式如下：

河北省保定府×××县×××乡居住甲保安宅上弟子率领×××等×××上文×××神前叩拜　伏祈　风调雨顺　四季平安供奉×××之神位×××年×××月×××日　敬呈

其三，花会、走会与会宴。待客村"庙上的"敬奉完主家的主神后，客村的花会须在主家进行表演。花会表演一般不进庙，至多在正殿外围进行。安国地区现存的花会有如下几种：架鼓、少林会、狮子会、高跷秧歌、地蹦子、跑旱船、吹歌、二鬼摔跤等。通常，客村只会带本村保存最完整的花会前往主家。例如，大南流村、郑章村、南娄底村、流霜村的架鼓和奉伯的少林会。

花会队列是华北庙会的主要活动之一，村际的走会行为对于塑造地方感和仪式共同体起到了至关重要的作用（韩同春，2006；郭丽云，2005）。这区别于冀南地区及华南地区广泛存在的"醮"，它较多地涉及道教科仪程序，并且大量雇用仪式专家（以正一火居道士为主）。如果说在东南中国，道教科仪为民间的社区醮仪提供了仪式框架的话（Dean，1993），那么，冀中乡村诸如花会等地方业余团体则填补了仪式专家缺失的空白，为乡村庙会赋予了更为民间的表现（Jones，2010）。

会宴是整个"讲礼"的最后一个环节，也称"吃灶上的"。宴毕，主家会首送客村"庙上的"至村口，道别。上述三个阶段之中的后两者，主家"庙上的"在会期会重复数次，迎接不同的客村，与之"讲礼"。事实上，主家对于客村的"香火钱"是有所期待的，通过"香火钱"的流动，村际形成一个仪式互助的体系。每个村落均有充当主家和客村的机会，且机会均等。这也正印证了劳格文所提出的村落社会理想模型（劳格文，1999；Lagerwey，2010）。

在"讲礼"形成的仪式互助体系内，"讲礼"对象及其亲疏关系可以透过"礼单"得以表现。"礼单"在当地又名"庙会往来簿"，是记载每次"讲礼""香火钱"的账本，体系内的村子皆有。它同布施账有很大区别。布施账用红纸写成，主要记录香客所捐的钱款数额。在庙会会期，会被张贴在庙门外，待庙会过后，便会放在香池内化掉；而"礼单"记录的是"庙上的"馈赠的"香火钱"金额，礼单在会后一直保存在会首处，并作为下次回礼的依据。

根据礼单，安国县庙宇的"讲礼"体系得以呈现。这个体系在民俗地图上的几何图案为多点发散型，即以该体系中的任意一个村落为中心点，与之存在"讲礼"关系的村落与它构成一个发散型图案。就整个安国县而言，存在 30 余个这样的发散型图案。一般而言，拥有越多神亲关系或"讲礼"伙伴的村落，以它为中心点所形成的几何图案就越复杂。在行政地图上标示"讲礼"的关系网只是为了更形象地理解安国地方社会丰富的社会关系脉络，此种几何图案的形成与安国宗教环境有着密切的关系——多数农村拥有独立的宗教资源，但又需要其他村落的仪式互助——既表现在"香火钱"和礼物的流动上，又反映在花会相互走会的实践上。

现以南阳村的"讲礼"关系网为例。该村在 2010 年农历三月初三举办"娘娘庙会"，主神为天仙圣母（实为碧霞元君，当地人唤作娘娘），该村最主要的庙宇一为圣母行宫，二为观音殿。是次庙会在圣母行宫内外举行。与该村保持"讲礼"关系的村落有 18 个，它们几乎分布在安国县的各处：北七公村、大文村、观音塘村、南段村、侯村、西徐村、瓦子里村、安国南关村、东长仕村、东河村、南七公村、东王奇村、南堡村、舍仁村、南章令村、杨翟村、北堡村、马村。这 18 个村落主祀的主神不同，会期也不一样，但熟谙彼此前去"讲礼"的日子。这个"讲礼"的日期与实际的庙会会期并不完全吻合，但多发生在正日子之前，有些甚至要提前一个月。

表1记录了南阳村前往以上各村具体的"讲礼"日子。

表1　安国县南阳村的"讲礼"关系

村名	"讲礼"日期	庙会日期（正日子时间）	给予对方的香火钱金额（元）
北七公村	正月初九	正月初九	150
大文村	正月十二	二月初二	135
观音塘村	正月十九	正月十九	100
南段村	正月十七	正月十九	100
侯　村	正月十九	正月二十	140
西徐村	二月初二	二月初二	100
瓦子里村	正月二十四	正月二十四	300
安国南关村	四月二十八	四月二十八	300
东长仕村	四月初四	四月初八	100
东河村	二月十九	二月十九	120
南七公村	二月十九	二月十九	150
东王奇村	二月十九	二月十九	100
南堡村	二月十九	二月十九	100
舍仁村	二月十七	二月十七	100
南章令村	三月二十	三月二十	150
杨翟村	九月十三	九月十三	150
北堡村	正月二十四	正月二十四	100
马　村	二月十五	二月十五	80

说明：本表依据南阳村庙会礼单上的数据绘制而成。此表是南阳村对外村"讲礼"时给予"香火钱"和"讲礼"时间的参照，绘表人：徐天基。

每个村"庙上的"都持有两种礼单，一种用来记录客村所给予的"香火钱"金额，另一种用来记录本村要回赠给其他村落庙会的金额。虽然，一般情况下，村落间的"讲礼"属于等价互惠，但亦有很多与对方慷慨互惠的例子。因此，"讲礼"体系中的村落既是"香火钱"的接受方，亦是"香火钱"的给予者，即就整个体系内的村落而言，每个村一年之中都有机会且必须实践"香火钱"的流动——或是作为主家，接受"香火钱"；或是作为客村，给予"香火钱"。

（四）走神亲：对象较为固定的"讲礼"实践

就一些庙神的信仰而言，有一种情况是多个村落均祭拜同一主神。当地村民将此种同祭一类主神的村落视为"神亲"，并用"拟亲属称谓"称呼对方村落。以安国县杨翟村、南章令村、北章令村、西章令村、子娄村、淤村为例，它们均是以金龙四大王[①]为主神的村落，金龙四大王庙（当地简称"大王庙"）是村落宗教生活的核心。当地村民认为，杨翟村的金龙大王是杨翟本村人，姓翟；南章令村是金龙大王的姥姥家，而淤村是金龙大王的爷爷家，至于子娄村则为其姨家，北章令村和西章令村分别为金龙四大王的大哥、二哥。在村民的认知图式中，神灵所在村落的关系用带有血缘亲属制度意味的称谓加以呈现。

这些带有"神亲"的村落，具有地缘性的互助关系。但在村民的习俗意识中，可借用拟亲属称谓所代表的血缘联系来维持和体现这种地缘关系。按照黄涛的理解，在宗法社会里，地缘互助关系在血缘宗亲关系面前显得软弱无力，只能服从或借助后者。村民之间温情脉脉的血缘联系只不过是地缘互助关系的体现形式和维持手段。在一个村落社会内部，异姓之间的亲属称谓与异支同姓之间的亲属称谓没有什么不同。（黄涛，2001）。因此，一些村落的村民庄乡关系是以地缘关系为基础，以血缘关系为体现形式和组织方式的。安德鲁·克普尼斯（Andrew B. Kipnis）在其《山东邹平的民族志》中，亦对此种拟亲属称谓给予了关注，他将其视作村落内部关系生产的重要实践（Kipnis, 1999）。

在安国的个案中，此种拟亲属称谓的使用已经超出了村落内部，被用来描述和维系村际的关系。在地方术语中，具有此种关系的村落互相称对方为"有神亲的"。它们内部有着庙会的往来。这主要体现在迎请主神的仪式上。同样以杨翟村诸村的金龙大王信仰为例，每年农历的六月十三，南章令村会遣花会前往杨翟村大王庙"请大王爷"，继而将杨

---

① 国内已有学者对金龙四大王进行过详尽的历史学考察，虽然互相对其起源点及传播路线有所争议，但一致认为金龙四大王为重要的运河神，且后来与清代的济宁商帮有着密切的关系（王元，2005；申浩，2008；王元林、褚福楼，2009）。

翟村金龙大王的神像迎至本村大王庙主位。当地称之为"起庙"。待到农历九月十三前，南章令村又会将大王神像送回至杨翟村大王庙，名为"送大王爷"。

杨翟村、南章令村、北章令村、西章令村和淤村还会联合进行"大王巡境"——即在农历五至六月干旱的时候，用轿杆子抬大王的泥胎像绕村境巡走。巡境之时，各村会派出本村花会组成一条队列，为"大王爷"开路，并沿街表演，又名"踩街"。队列有着比较明确的先后顺序：狮子会—架鼓—少林会—高跷秧歌—吹歌—二鬼摔跤。巡境之时，遇庙便拜，各花会会首进香作揖。当地村民会在家门口摆好供品，又名"上三供"，以示虔诚。通常，参与"大王巡境"的诸多村中，杨翟村为主村，这里的金龙大王庙也是队列表演的起点，其后依次到南章令村、北章令村、西章令村及淤村，待巡境毕后，又回到杨翟村的大王庙。此时会在大王庙前搭一凉棚，用以供奉金龙四大王。民国初年之时，须在大王庙的对面搭台唱戏，直至落雨。此后，各村联合进行"夸官儿"仪式，其主要仪式过程为"耍轿子"，意为酬神。

安国地区金龙大王的"巡境"带有联村仪式（刘铁梁、赵丙祥，1997：205~258）的特征，是具有"神亲"关系的村落形成仪式共同体的表现。参与此种联村仪式的各村在举办庙会时，会"传唤"其他村落的庙委会前来"讲礼"。前来"讲礼"的村落不限于具有神亲关系的村落，但有神亲关系的村落必须参加，且"讲礼"的金额较其他村落更高，这是狭义上的"走神亲"。广义上讲，所有具备"讲礼"关系的村落又被称作"有讲礼的"。因此，通常说的"讲礼"涵盖了"走神亲"及广义上"有讲礼的"两种关系实践。后者较之前者，对象具有一定的可变性，呈现出动态的交往关系。

二 南关药王庙会的个案

在本部分，笔者以安国药王庙会为主线，勾勒地方社会中透过"讲礼"所形成的村际关系网络。安国药王庙会是该地区最大的庙会，作为地区性跨行业庙会，在地方社会的社会史中有重要的作用。同治年间至1937 年，以十三帮、五大会为代表的商帮团体和以本地宗族（卜、崔、党、刁）的利益为代表的安客堂，垄断了安国药王庙会的组织，并早在乾隆年间已将本地皮场王与药王、汉将邳彤相糅合，建构出符合药市需求的象征资源——药王邳彤（刘铁梁，2005；徐天基，2011）。1937 年后，药王庙会停办，直至 1980 年才又重新被地方民众组织起来。此后，药王庙会的举办者经历了分化，日渐融入地方社会的"讲礼"系统之中。"讲礼"为药王庙会的复兴提供了一个地方的机制和动力。

（一）近代的安国药王庙会（1819~1937）

有明一代，庙会的香火主要来自民间筹集，其主要资助人都是乡邻。庙会在嘉庆二年（1797）之前的会期为每年清明，据现有的地方志材料看，庙市不限于药材交易，应是普通的农村集市。至迟到嘉庆二年，庙会会期已经发展为冬春二会，且商品交易主要为中药材，"百货倍多，药客云集"。药王庙在原有皮王阁的基础上得以扩建，这来源于外地商贾的资助。至此，祁州庙会已经变成真正意义上的南关药会，且其组织者已经由单纯的香火会转变为以药材商人为主的商业团体。

> 祁州南关药会，天下驰名久矣，祁州会药全，况以北京人多，久成俗语……其所由来，厥惟皮王明灵昭惠显佑感于四方，以有此冬春二会……迩年来，百货倍多，药客云集，每逢朔望，男男女女进香了愿者指不胜屈……夫庙宇之建，肇于宋，扩于明，而当庙宇未建之先，旧有皮王阁一座，在今庙之右后北偏南向，上下六间，外有围墙、大门，虽与庙连，别为一院，盖皮王之故宫也。今者庙宇辉煌，而阁之旧址依然残缺，未谋完造，其何以安神灵而大观瞻？主持道人拜恩首事人等，募化四方商贾、高官贵客及本郡各施主，鸠工庀材，因前日之旧制扩为五间，重新建造，不日功成。[①]

1. 组织者：安客堂与十三帮

道光年间（1821~1850）至同治四年（1865），是祁州中药市场发展的重要时期，这期间，往来祁州的外地商帮愈加增多，最后形成了十

---

① 《重修皮王阁神碑记》，清嘉庆二年，安国药王庙文物馆藏拓本。

三帮。而祁州本地市场相应形成了五大会①和安客堂。因此，安国的药市在结构上大致可划分为内部市场、外部市场两个范畴，它们之间有着密集的流通，相互依存。内部市场以本地药商、五大会为代表，外部市场则主要指以十三帮为代表（除黄芪帮外）的帮商。

十三帮是对外地帮商的一种统称，他们是药商按地区和经营范围组成的商业团体，在安国药市一般均设有办事处。各帮均有会首，由帮商中财力和名声最显赫的商人担任，负责解决帮内及对外的一切事宜，与安客堂有着密切的合作关系。然十三帮之称约同治四年始成，在《河南彰德府武安县合帮新立碑记》中已明确提及"凡药商载药来售者，各分以省，省自为邦。各省共得十三帮"。而从《铁铸旗杆座铭文》中看，直至道光九年还尚未有十三帮之说，只在北座铭文中有"五台厂""蔚州厂""曲阳厂""甘草行"的字样，概"厂"和"行"乃是十三帮的前身。据同治十二年（1874）起至光绪五年（1879）《众商义捐布施碑记》记载，十三帮实是对诸多外地客商的一种统称，商帮的具体数量和所指在历史上略有增减。不晚于同治十二年（1874），怀帮、山东帮、山西帮、京通卫帮、天津卫帮、陕西帮、关东帮、古北口外帮、武安帮、宁波帮、江西帮、黄芪帮、广昌帮的提法已在碑记中出现；另有五台厂、山货行、估衣行、皮货行、杂货行、北大会、南大会之名盖为"五大会"之前身。

安国药材市场的经营方式主要依靠经纪人，属于信托似的经营模式。这些经纪人由安客堂统一管理。安客堂事实上是安国地方社会中的民间权力机关。它在道光初年成立，由地方社会的大户卜、崔两氏轮流执掌。它虽属民间组织但在对外联络药商、对内维护药市经营秩序等方面发挥了重要作用。凡本地药商和外地药商在安国的交易均由它来管理，并起草了"庙会公约"：药材地道、公平交易、童叟无欺、一诺千金。其主要职能是组织药王庙会及安国药市的有秩序运作。药王庙的历次修缮多由安客堂及药商十三帮共同完成，这在道光年间及此后的庙碑中均有所体现。

安客堂是药王庙会的实际组织者，十三帮则为药王庙会费用的主要

① 五大会为南大会、北大会、皮货估衣会、杂货会和银钱号会。

赞助者。从会费筹集、庙会各项礼仪程序制定、街道门面装点，到邀请演艺团体以及安排客商食宿，安客堂均指定专人负责落实。十三帮既是药市的主体，亦是参与药王庙会团拜的主体，它们于每年的春秋两次庙会中，为展现本帮实力，会轮流集资请戏。最多的时候有三台戏：大戏楼一台，大药市一台，木货台一台。当地老百姓又管这种唱戏方式叫"耍对台戏"。

2. 药王庙会的形式（1821～1937）

近代药王庙会主要由本地安客堂及十三帮包办，在仪式形式上，较多受到儒家祭礼的影响。在仪式结构上，主要体现为请神—迎神—送神的结构。这亦符合大多数华北庙会的仪式结构（Overmyer，2009）。在这三个阶段，药商团体的会首及本地安客堂的会长是实际的参与者，这个过程又被称为"团拜"。此形式的团拜大体形成于道光年间，发展至民国二十六年（1937），其基本形式未有大的改动。

春冬两会各有其正日子。春会的正日子为农历四月二十八，冬会为农历十月十五。团拜开始于农历的四月二十七或十月十四，即正日子的前一天。团拜队伍由药商团体的代表构成。在团拜伊始，先鸣放鞭炮，再由乐班吹奏鼓乐。乐曲有两种，一为《迎神曲》，二为《送神曲》，分别在请神及送神阶段使用，曲谱早已亡佚，但词依存。其中《迎神曲》为"神之来来乘黄越人秦缓从期傍蓬莱之药贮满囊，诛二竖走三彭置我民兮春熙之堂"，《送神曲》为"神之去鸾锵锵仓公素女同翱翔龙虎之药留丹房，砭散露艾旗张登我民兮不死之乡"（寇建斌等，2002：69）。该《迎神曲》与《送神曲》的词牌部分与明成化年间《重修皮场祠记》中的记载一致。换言之，道光年间团拜所使用的乐曲挪用了宋代皮场王的乐曲，至少在词牌上并未做任何修改。至于曲牌是否有改动，今已不可考。

团拜的主要仪式就是行四叩礼，并献上面食和三牲。会首行三拜九叩礼，礼毕，会众行叩拜礼。有主持一人，以其口号为准。参拜前先上香，每人手持三支香，待插进香炉后方行四叩礼。献贡是团拜的重要内容。一般分为四抬或八抬大供，这是药商团体酬神的主要形式。具体的贡品清单，无据可考。

乡邻亦是药王庙会的参与者，并承担着一部分的庙会开支。乡邻酬神的方式大体有如下几种：献鼎、树伞、塑金身、挂铜匾、献袍、捐地。其中捐地和修庙属于分量最重的酬神。一般而言，十三帮和安客堂通过重修庙宇的形式加强其共同意识。药王庙在道光年后的几次大修，均与地方宗族势力关系密切，卜、崔两家为最大的捐助者。光绪六年的《增修明灵昭惠显佑王庙碑记》中有着明确记载：

> 顾增修既久，剥落渐多，公之侄凤鸣公暨公孙名兆晋者，惧终无以妥神栖而承先志也，复倡议捐资，增其式廓，而规模愈宏壮矣。

安国药王庙会最重要的活动之一就是献戏。这些戏班由十三帮从各帮请来，由他们轮流主持，每帮大致三天。费用由各帮负担。演戏之前，首先向药王粉黛献戏，而后将写有本帮名字的旌旗吊挂，将灯笼、幔帐挂满戏楼及药王庙各殿。十三帮所雇之戏班，一般会同时雇请三台戏，三个戏台同时演出，通常为京剧、梆子、老调或者丝弦。每帮在第一天献戏时，会于药王庙正殿前摆供、上香。在献戏的日子中，雇请戏班的商帮不做生意。在献戏的最后一日，本帮商户在戏台前聚餐，谓之"乐宴"。历次庙会以京通卫帮最为豪华富丽，北京同仁堂乐家父子备有京剧行头，每年必亲临戏台，亲酬药王（牛国桢等，1986：15、24）。

献戏一般持续一个月，春庙从农历四月二十八始至五月下旬，冬庙从农历十月十五至腊月底。庙期开戏，由京通卫帮占正日子。这一天人们抬着两尊藤胎药王神像，前往三个戏台看戏，神像所到之处，各家门前设供相迎。十三帮中，山东帮最后献戏。

献戏是药王庙会仪式中重要的一环，戏剧应被看作仪式过程中复杂表演的两个方面。有时候，仪式本身就内在的带有戏剧的成分。团拜中的迎神和献戏都带有"献"的成分，它们共同构成了庙会仪式的核心。姜士彬（David Johnson）已经在他的著作中对这点进行了强调，在此不赘述（Johnson，2009）。

（二）安国庙市的衰落（1937～1978）

安国药材市场的衰落始于20世纪20年代。其原因有多种，仅就外部局势而言，动荡的政治局面使市面的繁荣一落千丈。民国十六年（1927），军阀混战波及安国。1927 年 9 月，国民三军徐永昌所部之别动队"兵败安国，散而为匪，一时城乡内外，盗匪如毛，小民不得安枕"，造成工商衰落，民不聊生（封汉章，2005）。10 月初，晋军刘香九师进驻安国。中旬，奉军何柱国部抵安国，双方大战，晋军败退。晋县流匪陈海峰歼灭部队散兵，进驻县城，大肆搜刮勒索，扰民甚重；至民国十九年（1930），安国县国民政府党部斗争日趋激烈，同年 7 月，"乡村派"砸毁"城关派"的机关县党部（赵英，1996：15、21）。至1937 年"七七事变"后，日军三次攻占安国，当地药业大部分迁往天津、北京及东北，当地药材商户仅剩80 户（安庆昌；1989：33～34）。

1937～1978 年，因药材市场的衰落，药王庙会停办，但在"文化大革命"之前仍有地方民众前往药王庙烧香问卜。"文化大革命"中期，药王庙遭到严重破坏，庙宇先后被改制为学校和仓库。现今看到的药王庙会是 80 年代以后恢复的传统。

（三）当代的药王庙会（1980 年至今）

20 世纪 80 年代以后，"复兴"的药王庙会所赖以维系的"讲礼"机制是怎样运作的？这样一种重视交往/关系实践的民间机制又是如何与地方政府的药交会模式相互作用的？

有明一代，安国（药王）庙会尚处在民间香火会的阶段，其主要资助依赖地方社会的善信。清嘉庆以来，伴随着药商团体和本地宗族对药王邳彤——这一新发明的地方神祇——的敬奉，直至 1937 年之前，安国药王庙会的实际组织者为安客堂，十三帮、五大会等商业团体是庙会的实际资助人。药王庙会在仪式上带有强烈的儒家祭奠色彩，以药商团拜和献戏为其主要构成。当地百姓亦有参与，大多属于个人性质的占卜、问药，尚无明确记载的民间朝贺。概言之，近代的药王庙会的组织者经历了从民间到药商团体的嬗变。

1937～1978 年，药王庙会停办，但依然有少数民众前往故地偷偷祭拜。80 年代以后，是药王庙会的全面复兴阶段。其实际组织者是地方政府和民众代表。两者存在着一定的张力，对于药王这一地方社会的神圣符号，他们有着完全不同的阐释策略——借用魏乐博（Robert

P. Weller）的术语可以表述为实用性的互释（pragmatic interpretation）及意识形态化了的阐释策略（ideologized interpretation）。① 在庙会的实际运作中，由于此种张力的作用，药王庙会实际充当了地方国家（local state）与地方社会之间的"沟通区域"（channeling zone）（Chau，2006b：238~239）。

对于药王的不同阐释策略，一定程度上反映在药王拜祭的仪式区别上，两者代表了当代农村社会"做宗教"（doing religion）的不同实践策略。按照周越所总结的"做宗教"的五种模式（Chau，2006b：75），地方政府对于现代药交会的举办强调其仪式模式（liturgical/ritual），即由仪式专职人员主持繁复的仪式程序——只是这个仪式专家不再是专业的宗教人士，而是政府部门聘用的司仪；民间机制中的药王庙会，其方式更侧重于关系/来往模式（relational），即强调人与神之间的关系以及宗教活动中人与人的来往；对于个体进香者来说，他们所遵循的模式为即时灵验（immediate-practical），旨在用简单的仪式或法术获得立竿见影的效果。

从这个角度说，当代的药王庙会存在于两个层次之中。一个层次处于官僚模式②的框架之内，它由地方政府组织、宣传并最终执行，以发展地方经济为口号；另一个层次处于民间"讲礼"的机制内，它建立在地方社会关系网络上——这个关系网络由"讲礼"的实践生产来维系——更体现了民众是如何具体地理解并运用礼物经济（gift economy）（Palmer，2011：569~594）的。

1. 药交会：一种官僚模式（bureaucratic model）

安国地方政府组织药交会的机构为药交会指挥部，该部门由多个单位共同组成，包括安国市委市政府、宣传部、药业发展局、药监局、工

---

① 魏乐博（1987）将此概念作为与实用性的互释相对立且对应的一个范畴，两者共同存在于民众信仰的生活世界之中，并作为两种赋予宗教经验意义的结构化的方法而发生作用。不同的是，精英更倾向于发展出一套意识形态化的宗教阐释系统，相应的，民众则更偏向于使用一种实用性的阐释策略。魏乐博（1987）同时强调，这并不意味着民众不具备使用意识形态化的阐释方案的能力或者说此种阐释方案要比实用性的阐释策略更为合理。

② 韩明士（Robert Hymes）用官僚模式（bureaucratic model）和个人模式（personal model）的概念来研究宋以来民间信仰的神灵信仰模式（Hymes，2002：171~205）。

商局、市场管理局、公安局、税务局、教育局、文联、工会、电视台。该组织的办公地点设在药业发展局，各组工作人员从以上部门中抽调。药交会组织部又分为 11 个工作组：秘书组、邀请接待组、宣传组、城市形象建设组、药王庙扩建捐款仪式组、药王祭礼组、专项会议组、展示展销组、文艺演出组、安全保卫组、督导组。

药交会于 1991 年开始举办，一年一次，每年农历四月二十六举办，会期为 5 天。地点设在现安国市国贸中心广场举行，并非在原有的南关药王庙。其间，广场中央竖立药王的铜铸坐像，坐东朝西，披黄袍，会场写着"药王祭礼"。药交会的主要环节有两部分，一为药王祭礼，这又包括奠基、捐款、领导讲话几个部分，在地方政府的安排下，附近村落选派花会进县城进行文艺表演；二为药材交易和展示部分，这一部分和商业贸易关系最为密切。

药交会是一项被发明的传统，其组织者是地方政府的官僚体系。它动员了几乎整个安国地方社会的各项资源，体现了地方政府对于地方资源调度的能力和实践。通过对药王邳彤这一神圣资源的调度和利用，地方政府在一个新秩序之中试图完成对宗教资源的垄断，并试图将其作为获得经济资本的必要转化媒介。药王祭礼的仪式过程便是在这样一个背景中被同时发明的。

那么，谁发明了药王祭礼？这个新的地方传统又是如何挪用传统地方资源的？事实上，整个药王祭礼的仪式与民国以前的药商团拜礼有着极大的相似处。不同点在于，民国以前的团拜礼人员是安客堂及药帮的会头，他们带有更强的商业团体性质；当代的药王祭礼，其主要的仪式参与者为各官僚机构的头目，他们将此仪式视作完成其政绩的过程。

当代的祭礼由五项内容组成：领导致辞、鸣礼炮、宣读祭文、敬献花篮、敬香。宣读祭文是发明传统的集中体现。传统团拜时代的祭文早已散佚，目前所使用的祭文是今人编撰出来的，编撰者为药业发展局的干部寇建斌，现摘录如下（薛仲勋，2006：6 ~ 7）：

> 泱泱华夏，卓立万邦。医药国粹，源远流长。伟哉邳公，青史流芳。
>
> 匡扶东汉，伟业昭彰。兼修医道，精湛岐黄。术衍灵枢，仁爱

无疆。

神游南宋，皇封药王。始奉庙寺，画栋雕梁。肇基药业，降福我乡。

轮蹄辐辏，驰奔祁阳。商贾云集，熙熙攘攘。过山人海，薰天药香。

明清鼎盛，药都名扬。改革开放，国药重彰。回归自然，世人崇尚。

千年药都，续书辉煌。继五大会，承十三帮。药聚天下，吞吐八方。

政通人和，民富世强。药王圣诞，惠风和畅。药都兴旺，万众其祥。

工业主导，项目辉煌。各色腾飞，四座竞上。众志成城，扬帆远航。

猎猎旌旗，铮铮鼓簧。上档升级，豪情万丈。恩泽长久，载吉载祥。

缅怀懿德，明志图强。掬诚告奠，伏惟尚飨。

现在所使用的《祭药王文》完成于 2006 年，此后一直被沿用在历届药交会的祭礼之中。这实是有关部门对文本选择之后的结果。2006年，安国市举办了一次名为"药王祭礼征文"的活动，收集到了大量撰写出来的药王祭文，药业发展局的有关领导对这些祭文进行了筛选，最终该局寇建斌的作品被选择为唯一的标准文本。

地方政府为赋予当代药王祭礼以合法性，以意识形态化了的阐释策略定性药交会，认为它"弘扬中华民族传统中医药文化、发掘安国药业的历史渊源，广交朋友，增强安国药业的凝聚力和号召力，振奋精神、再创辉煌，推动安国经济社会全面发展"（薛仲勋，2006：1）。因而，带有官方印迹的药交会与民间"讲礼"体系下的药王庙会带有了完全不同的实践诉求。前者是借用一个神圣符号，旨在通过事件的生产改造地方的经济状况；后者的多数参与者为乡民，赶会的目的是寻求神灵的庇佑，其关键词为"灵验"与"求"。两者在"做宗教"的过程中，运用两套不同的模式，并对各自的模式有着不同的解释。

2. "讲礼"体系中的南关药王庙会

20世纪80年代以来，重新恢复的安国药王庙会，其会期为一年两次，分别在农历四月和十月。四月的会期为农历四月二十六至三十，又称为春庙，其中二十八为正日子；农历十月的会期为十月十五，又被称为冬庙。春庙和冬庙都参与当地的"讲礼"实践，但相比之下，春庙前来药王庙"讲礼"的村落要远多于冬庙。至2010年笔者调查时，春庙和冬庙的组织机构已经出现了分化，两个相对独立的庙委会并存，分别负责春庙和冬庙。

春庙"庙上的"现在主要有五个核心成员，均为女性，平均年龄60岁。会首为张彦同，其余核心成员为李俊霞、金辛改、李云瑞、甄辛爱。另有负责伙房工作的张栓池和负责记账的贾玉华。五位核心成员分担了主要的庙会事务，包括筹钱、写戏、订戏、联络花会、招待、布置药王庙等，均为自愿加入。她们用"修好的"来形容自己的工作。

冬庙"庙上的"是从原有春庙庙委会中分立出来的。原春庙庙委会第一任会首为张瑞花，现已过世，她于1985年始从事药王庙会的组织工作。1995年，原春庙的会首由张彦同接替，亦在同年，冬庙庙委会从春庙分立。冬庙的现任会首为胡淑娟和姬小朋，其他的核心成员有张彦彩、吴秋艳、许洪海等人。

在安国当地，一般称春庙"庙上的"为"桥北的"，而冬庙"庙上的"为"桥南的"。"桥南的"与"桥北的"在药王庙会上存在着重大分歧，关系极为紧张。双方争执的最后结果是，"桥南的"负责冬庙，而"桥北的"负责春庙，双方没有合作和经济往来。"桥南的"和"桥北的"在地理范围上亦有着明确的界限，即以石桥为界，双方只能在其南侧或北侧范围内分别筹钱，以备庙会之用。

需要提及的是，地方政府对药交会的筹办投入了大量人力、物力，对于在药王庙举办的春庙和冬庙却未给予经济和人力上的资助，因此，现在药王庙会的正常举办基本上完全依靠"讲礼"所提供的仪式互助体系。而"庙上的"成员之社交网络又直接影响着药王庙会的进行。

相比之下，春庙时前来"讲礼"的村落较之冬庙时多。来春庙"讲礼"的村落有十几个，它们散落在安国南关的周围：子娄村、东河东村、东河西村、西徐村、瓦子里村、韩村、南段村、南章令村、东长仕村、观音塘村、侯村、西庞各庄村、东庞各庄村、南阳村、北七公村、东王奇村、杨翟村等。每村"讲礼"的金额平均为 100 元，"香火钱"金额最高的为瓦子里村，通常为 300 元。冬庙期间的"讲礼"村落只有 2 家，分别为韩村和北七公村。因两村一年之内亦有两场庙会，它们与冬庙保持着"讲礼"的互助关系。韩村与北七公的春季庙会与药王庙的春庙"讲礼"，相应的，其冬季庙会与药王庙会冬庙相联系。图 1 是药王庙春庙期间的"讲礼"关系网示意图。

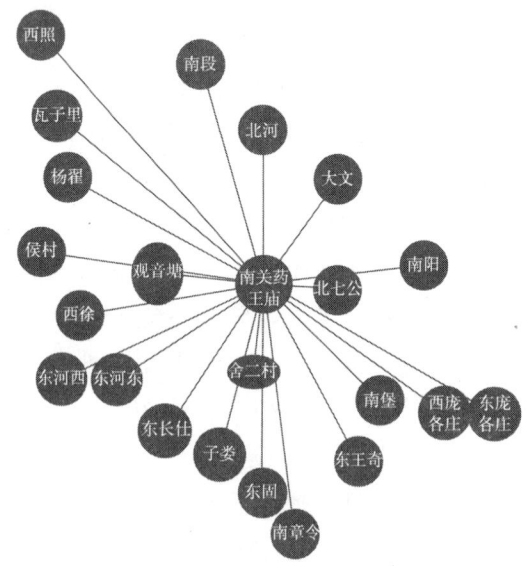

图 1　安国南关药王庙春庙的"讲礼"关系网

说明：此图依据 2009 年春庙礼单和安国市地图绘制。村落间的位置为相对位置，并非依据地图 1：1 的比例尺绘制，绘图人：徐天基。

三　余论：仪式互助与人情社会

本文对于当代安国县存在的"讲礼"体系进行了描述和梳理，旨在一种仪式互助的框架内理解和阐释"讲礼"实践。通过南关药王庙会的个案，村际动态且丰富的关系网络得以呈现。对于药王庙会的历时性考察，更突出了当代庙会重建背后所依赖的地方社会关系网络所发挥的重要作用。在本文中，仪式互助体系被视为一种民间社会的运行机制，它透过"讲礼"的实践不断地生产和再生产，并反作用于村落社会的宗教生活。

从这个角度说，当代安国的乡村并不是孤立的，它存在于一个多种社会关系编织而成的网络之中。这种关系网络有一大部分是建立在村际基础上的，这包括区域社会的市集体系、姻亲关系、仪式互助关系等跨越单一村落的社会关系。本文仅从仪式互助的角度，对此种社会网络进行截面的考察。值得一提的是，地方社会关系网络中的任何一种关系并不是孤立存在的，需将其置于具体的社会语境和历史语境之中去理解。本文仅对仪式互助体系的结构功能进行了考察，至于它在整个社会网络中的位置及关系，另有他文论述。

每个村落既不是全然独立的个体，又表现出各自独特的实体性。作为公共生活的庙会（刘铁梁，2001：48~54），在超越单一村落的时空坐标中，对于地方社会秩序和宗教生活的建构发挥着重要的作用。在药王庙会的案例中，药王庙会先前所依附的药商势力不见了，却寻找到以"讲礼"为代表的民间仪式互助体系，以继续维持其宗教实践。这个体系所对应的地理空间是现安国县的一个市镇社区（marketing community）。

村际的"讲礼"实践，对于此市镇社区的时空坐落之形成起到了一定的作用。从时间周期来讲，村落间的"讲礼"呈现出日历性（calendric）的结构，在空间上，复杂交错的"讲礼"关系编织了一个个射线型的关系图。那么，"讲礼"仅仅是作为一种地方民众文化实践的逻辑而存在吗？它与地方礼物经济（gift economy）系统的运作又有何关系？这是一个值得思索的问题。

通过对安国诸村落之间"讲礼"实践的考察可知，礼物经济在当地宗教复兴的过程中扮演了重要的角色。它不仅为各村落庙会的重建提供了一种民间互助意义上的机制与动力，又在很大程度上塑造着村落间的秩序与关系。从这个意义上说，每一个村落的宗教生活均与其他村落形成了相互依存的结构性关系。这个关系在共同的社会经济共同体中得以维持，并通过群体间的互惠和仪式性馈赠得以再生产。

值得注意的是，村落之间的礼物交换实践，其根本的落实者依然是村落中的个体。换言之，代表村落"讲礼"的人，他们的个人关系网络之大小直接影响了一个村落"讲礼"对象的多少。因此，村落间的

"讲礼"关系实是建立在传统社会之"人情"及礼尚往来的观念上的。如果说，村落间通过象征层面的礼物交换（"讲礼"）实现了关系的生产，那么维持这个关系的根本性因素——人情和礼尚往来——占据了中心的位置。在这类社会性的交换①行为中，人情是媒介，也可以说社会性交换是靠这些人情来维持的。

参考文献

中文

〔日〕冈田谦：《臺灣北部村落に於はる祭祀圈》，《民族学研究》1938 年第 4 卷第 1 号（1938a）。

〔日〕冈田谦：《村落と家族——台湾北部の村落生活》，《社会学》1938 年第 5 辑（1938b）。

〔日〕石田浩：《旧中国农村市场圈と通婚圈》，《史林》1980 年第 63 卷第5 号。

〔日〕中村哲夫：《清末华北における市场圈と宗教圈》，《近代中国社会史研究序说》，京都，法律文化社，1984。

许嘉明：《祭祀圈至于居台汉人社会的独特性》，《中华文化复兴月刊》1978 年第 11 卷第 6 期。

王世庆：《民间信仰在不同祖籍移民的乡村之历史》，《台湾文献》1972 年第 23 卷第 3 期。

施振民：《祭祀圈与社会组织——彰化平原聚落发展模式的探讨》，《中研院民族学研究所集刊》1973 年第 36 期。

林美容：《祭祀圈与地方社会》，台北，博扬文化事业有限公司，2008。

张珣《祭祀圈研究的反省与后祭祀圈时代的来临》，《国立台湾大学考古人类学学刊》2002 年第 58 期。

张珣：《光复后台湾人类学汉人宗教研究之回顾》，《中研院民族学研究所集刊》1996 年第 81 期。

郑振满：《神庙祭典与社区公共秩序：莆田江口平原的例证》，载王铭铭、

---

① 马林诺夫斯基（Malinowski, 1922）将人与人之间的交换行为区分为两种，一种是经济性的交换行为（economic exchange），另一种是社会性的交换行为（social exchange）。前者通常以钱为媒介，基于交换之价值，以市场原则为指导，后者则与前者相反。参见当代学者彼得·布劳（Blau, 1964）亦持这种看法。

〔英〕王斯福主编《乡土社会的秩序、公正与权威》，中国政法大学出版社，1997。

林美容、张珣、蔡相辉主编《妈祖信仰的发展与变迁：妈祖信仰与现代社会国际研讨会论文集》，台湾宗教学会、财团法人北港朝天宫，2003。

张珣：《文化妈祖：台湾妈祖信仰研究论文集》，中研院民族学研究所，2003。

李慰祖著、周星补编《四大门》，北京大学出版社，2011。

岳永逸：《灵验·磕头·传说：民众信仰的阴面与阳面》，三联书店，2010。

杨德睿：《在家、回家：冀南民俗宗教对存在意义的追寻》，香港树仁大学当代中国研究中心，2010。

〔加〕欧大年：《中国民间宗教的秩序和内在理性》，赵昕毅译，载《香港中文大学崇基学院宗教与中国社会研究中心通讯》，1998。

〔美〕马歇尔·萨林斯：《石器时代经济学》，张经纬等译，三联书店，2009。

韩同春：《京西庄户千军台幡会——村落联合体的文化认同》，北京师范大学博士学位论文，2006。

郭丽云：《村落联合体的民俗文化传统及其再造——北京丰台区"花乡十八村"个案研究》，北京师范大学硕士学位论文，2005。

〔法〕劳格文：《中国宗教的合理性》，范丽珠译，载《法国汉学》第4辑，中华书局，1999。

王云：《明清时期山东运河区域的金龙四大王崇拜》，《民俗研究》2005年第2期。

申浩：《近世金龙四大王考——官民互动中的民间信仰现象》，《社会科学》2008年第4期。

王元林、褚福楼：《国家祭祀视野下的金龙四大王信仰》，《暨南学报》（哲学社会科学版）2009年第2期。

黄涛：《村落的拟亲属称谓制与"亲如一家"的村民关系》，《中国人民大学学报》2001年第2期。

刘铁梁、赵丙祥：《联村组织社区仪式活动——河北省井陉县之调查》，载王铭铭、〔英〕王斯福主编《乡土社会的秩序、公正与权威》，中国政法大学出版社，1997。

刘铁梁：《庙会类型与民俗宗教的实践模式——以安国药王庙会为例》，《民间文化论坛》2005年第4期。

徐天基：《地方神祇的发明：药王邳彤与安国药市》，《民俗研究》2011年第3期。

寇建斌等编《安国药王庙：药界圣地唯一皇封》，香港，银河出版社，2002。

牛国桢等编《药都安国》，工商出版社，1986。

封汉章：《20 世纪 20 年代河北兵灾初探》，《河北大学学报》（哲学社会科学版）2005 年第 3 期。

赵英主编《安国县志》，方志出版社，1996。

安庆昌编《药都春秋》，北方中药贸易货栈资料馆印，1989。

薛仲勋主编《丙戌年药王祭礼》，安国市药业总商会，2006。

刘铁梁：《作为公共生活的乡村庙会》，《民间文化》2001 年第 1 期。

英文

Skinner，W.

1964　"Marketing and Social Structure in Rural China", *Journal of Asian Studies* Vol. 24.

Crissman，L. W.

1972　"Marketing on the Changua Plain, Taiwan", in Willmott, W. E., *Economic Organization in Chinese Society*, *Studies in Chinese Society*, Stanford, Calif. : Stanford University Press.

Sangren，Paul Steven

1987　*History and Magical Power in a Chinese Community*, Stanford, Calif. : Stanford University Press.

Dean，Kenneth

1993　*Taoist Ritual and Popular Cults of Southeast China*, Princeton, N. J. : Princeton University Press.

2003　"Local Communal Religion in Contemporary South-east China", *The China Quarterly* No. 174.

Dean，Kenneth and Zhenman Zheng

2010　"Ritual Alliances of the Putian Plain," Handbook of Oriental Studies Section four, China. Vol. 23/1 – 2, Boston：Brill.

Naquin，Susan

2000　*Peking : Temples and City Life, 1400 – 1900*, Berkeley：University of California Press.

Jing，Jun

1996　*The Temple of Memories : History, Power, and Morality in A Chinese Village*, Stanford, Calif. : Stanford University Press.

Adam Yuet Chau

2005　"The politics of Legitimation and the Revival of Popular Religion in Shanbei,

North-Central China", *Modern China* Vol. 31, No. 2.

 2006a *Miraculous Response*: *Doing Popular Religion in Contemporary China*, Stanford, Calif.: Stanford University Press.

 2006b *Miraculous Response*: *Doing Popular Religion in Contemporary China*, Stanford, Calif.: Stanford University Press.

Prasenjit Duara

 "Superscribing Symbols: The Myth of Guandi, Chinese God of War", *The Journal of Asian Studies* Vol. 47, No. 4.

Alexeiev, Basil M.

 1928 *The Chinese Gods of Wealth*, London: School of Oriental Studies and the China Society.

Yang, Winston

 1981 *From History to Fiction*: *the Popular Image of Kuan Yu*, Renditions 15.

DuBois, Thomas David

 2005 *The Sacred Village*: *Social Change and Religious Life in Rural North China*, Honolulu: University of Hawaii Press.

Kipnis, Andrew B.

 1997 *Producing Guanxi*: *Sentiment, Self, and Subculture in A North China Village*, Durham, NC: Duke University Press.

Jones, Stephen

 2010 *In Search of the Folk Daoists in North China*, Farnham, Surrey, England; Burlington, VT: Ashgate.

Lagerwey, John

 2010 *China*: *A Religious State Understanding China*, Hong Kong University Press.

Overmyer, Daniel L.

 2009 "Local Religion in North China in the Twentieth Century: The Structure and Organization of Community Rituals and Beliefs", *Handbook of Oriental Studies*, section four, "China", Leiden, Boston: Brill.

Johnson, David G.

 2009 "Spectacle and Sacrifice: The Ritual Foundations of Village Life in North China," *Harvard East Asian Monographs* Vol. 315, Cambridge, Mass.: Harvard University Asia Center.

Robert P. Weller

 1987 *Unities and Diversities in Chinese Religion*, The Macmillan Press.

Hymes，Robert P.

2002　*Way and Byway ：Taoism，Local Religion，and Models of Divinity in Sung and Modern China*，Berkeley：University of California Press.

David A. Palmer

2011　"Gift and Market in the Chinese Religious Economy"，*Religion* 41：4。

B. Malinowski

1992　*Argonauts of the Western Pacific*，London：Routledge& Kegan Paul.

Blau，Peter Michael

1964　*Exchange and Power in Social Life*，New York：Wiley。

从超验到通俗

——弘阳教诉求主题变迁的研究

杨德睿①

摘　要　本文旨在讨论弘阳教（红阳教、混元门）自创教迄今400余年来诉求的变迁。弘阳教在创教之初的诉求核心是"离散—回归"这一基本认知图式，"大五部"经卷为此图式提供了"显""密"两种诠释途径，即把"离散—回归"图式具体化为一套神圣家族从分离到团圆的元叙事，或者把这套元叙事进一步理解为一套内功修炼功法的隐喻。在清朝政府的迫害下，弘阳教的密宗趋于边缘化，显宗则走向了仪式的内卷化蔓生，导致该教的自我认同危机。而今仍泰然潜隐在蠡县附近草根社会里的弘阳教，一方面积淀了属于不同历史时期的各种诉求和意义诠释，另一方面进一步呈现了"通俗化"趋势：神圣家族繁衍的神话脱离了对"离散—回归"图式的指涉，被当成历史事实来演绎，且其演绎结果使神圣家族繁衍的模式与河北一般农民家族的发展模式一致，这种结果消解了弘阳教原始诉求中的彼岸性，使之成为彻底认同俗世的宗教。

关键词　民间宗教　弘阳教　超验　通俗化

2009 年 10 月，笔者到河北蠡县访查在当地传衍已久、信徒颇众的"混元门"，也就是曾经遭到清朝长期迫害、酿成大小教案无数的弘阳

---

①　本文为教育部人文社会科学基金项目"宗教的传习与接受——认知人类学与心理学的探索"的研究成果。

教，才知道这个创建于明万历年间，曾经在明清民间宗教的脉流中发挥过承前启后作用的教派，竟依然健在！经过这次实地考察，在收集了文本和口述材料，以及比对图书馆里所藏的相关文献后[1]，笔者确认了蠡县的"混元门"就是历史上的弘阳教，其中最无可辩驳的证据，就是当地混元道人所持有的20多种经卷当中除了一种以外其他全属弘阳教[2]，而且涵盖了弘阳教所有主要的经卷（即"大五部"和"七部宝忏"）。然而，尽管经典文本确实是三四百年前祖师所传之物，当地教门的传承谱系也相当详尽，但并不令人意外。笔者旋即发现当地混元道人口述的飘高祖师创教传说和飘高的自传（即《混元弘阳飘高临凡经》和《混元弘阳苦功悟道经》这两部经卷），以及史家根据教案档和地方志等材料所提出的说法都不一样，还有最近数年内才写成的一本存有最关键教内知识、很可能是供信徒背诵之用的手册——《混元祖教根源家谱》，其中所述也和流传下来的正宗经卷出入甚多，此一发现促使笔者开始追索弘阳教如何论说其创教和弘教的过程，以期理解同一时期中国民间宗教文化的普遍特质和变异趋势，本文就是此一工作的初步成果。

一 弘阳教简史

首先在此简短勾勒一下弘阳教的整体轮廓。[3]

弘阳教的名称不一，最复杂的全称应属《混元弘阳飘高临凡经》

---

[1] 本文用以比对的依据都是王见川与林万传（1999）主编的《明清民间宗教经卷文献》和王见川等（2006）编的《明清民间宗教经卷文献·续编》这两套经卷汇编中搜集的版本，以下将不再一一注明出处。

[2] 不属于弘阳教的是指《销释混元木人开山宝卷》，该书原名《销释木人开山宝卷》，是大乘天真圆顿教（即东大乘教）的经典。此外，有一本不在谱录上的《销释混元方寸宝卷》，但经过比对，除了一些传抄错误导致的小差异以外，它就是《弘阳显性结果宝卷》的上卷。

[3] 关于弘阳教的总体样貌，迄今为止最完整而深入的一本专著应属宋军（2002）的《清代弘阳教研究》，此外，值得推荐的还有马西沙与韩秉方（2004）的《中国民间宗教史》第九章"弘阳教的渊源与变迁"所作的简明扼要的介绍。以下的弘阳教历史简介基本上是从以上这两份材料中摘引出来的，为免累赘，以下将不再详细注明出处。除此之外，有兴趣深入了解弘阳教史的读者，可参阅泽田瑞穗（1975）、韩秉方（1987，1985）和 Shek & Noguchi（2004）的著述。

中所说的"混元门、源沌教、弘阳法",简称弘阳教、弘阳法、元沌教、圆沌教、混元门等。自乾隆以后,为避清高宗弘历讳,"弘阳教"被迫改名为"红阳教",由于清政府对该教的迫害是从乾隆朝以后才开始加剧,所以关于该教的绝大多数官方文件都以"红阳教"称之,故此一被迫冠上的"红阳教"之名竟盖过了该教的自称而广为世人所知,甚至还因此衍生出一些诙谐的误会——比如有不少人把后起的"白阳教"当成是从"红阳教"衍生出来的,只因为两个教名都来自"三阳劫变"说。不过,在该教最早、最核心的根据地河北省,它还是被普遍称呼为"混元门"。

弘阳教是明直隶广平府曲周县人韩太湖所创。[①] 韩太湖,号宏阳,又号飘高,生于隆庆四年(1570),死于万历二十六年(1598)。他出身贫寒,据说父亲早逝,与母亲相依为命,青少年时还曾因为家乡遭灾(可能是旱灾导致饥荒)而被迫流亡河南,似乎未上过学。19 岁时,他不顾母亲的反对出了家,也许就此开始习医。在四处云游、接受了多位师父的教育以后,他在河南遇上了真正让他信服的王师父。这位王师父所传的应该是罗教(无为教)或罗教衍生的支派。[②] 不久之后,他就成为王师父门下的一名成绩卓著的"释迦护教人"(即传教士),在黄河沿岸吸引了很多信徒,之后,他向王师父提出要回河北老家宣教,度化他的母亲和邻人,这件事不知为何引起了王师父极大的不满,但争吵过后,他还是回到河北老家宣教,不过,这次宣教之旅显然是失败了,不仅他的母亲拒绝与他离开老家迁往河南,邻居们也对他谤议丛生,如此灰头土脸地回到河南,自然不能不遭到王师父训斥,进而被罚离开师门,出外游方传教。挫败、失望到了极点的他,在渡过黄河以后并没有马上开始宣教,而是隐遁到太虎山(一说北禅山)曹溪洞里闭关修行,结果,他自称在洞中经历了目睹金牌、受命于天、梦游金城、吞服灵丹、红光摄身等一连串奇迹,于是决定自己开山立派,建立弘阳教,这

---

① 清人黄育楩所著的《破邪详辩》一书曾给韩太湖的身份问题制造出了一定的争议,见泽田瑞穗(1972),但如今已被马西沙与韩秉方(2004)、宋军(1996)等当代学者的考证所否定。

② Shek & Noguchi(2004)认为这位王师父所传的很可能是西大乘教,该教虽不是罗教直接衍生出来的,但深受其影响。

时正是万历二十二年（1594），时年他才 24 岁。

第二年，韩太湖北上京师，开始向权贵阶层传教，据说最早是通过看风水和算命而结识了罢官在家的明朝开国元勋徐达的九世孙"定国公"徐文壁，随后，他被安顿在奶子府（管理、训练为皇子、皇孙供应人奶的乳母们的单位）中，开始在太监和皇亲国戚的关系网络中传教，结果得到御马监主管太监程某、内经厂主管太监石某、盔甲厂主管太监张某、西宁侯宋世恩等达官贵人的支持，据说还曾经为正宫国母治病成功，于是得到万历皇帝敕封"正德明医真人"名号。尽管这些人与事都无法考证，但可以确定的是，在明清两代众多民间宗教经卷当中，唯有弘阳教的五部"大经"确实是内经厂所印制的，这也足以证明韩太湖的京师之行取得了绝大的成功。可是就在他到达事业巅峰之后不过三年，韩太湖就因交通事故意外丧生了，[①] 享年仅 28 岁。他死后，除了在他的家乡曲周县建有供奉他的祠堂外，在蠡县的北齐村也出现了一座传说是由万历皇帝命徐文壁督建的韩祖庙（又名药王庙）。

韩太湖死后，弘阳教的声势似乎更加兴旺了，首先继续有印刷精美的经书再版问世；其次似乎有不少有宗教热忱、有宗教学识的人加入了弘阳教的阵营，这些人援用佛、道两教的知识资源来创作弘阳教的经典和经忏科仪（宋军，1995：48 ~ 53），把弘阳教发展成一个能满足多种诉求的"百货公司"式宗教；最后确立了"九杆十八枝"（其实应是"十杆十九枝"）各自独立发展的组织体系，[②] 以北京与河北中南部为中

---

① 这是据《北齐村古庙韩太湖记载·药王传》里的神话式记述推断来的，见贾作林（2005）。

② "九杆十八枝"这个说法的概念源起于西大乘教，该教的《销释接续莲宗宝卷》说"先八大总引，分六枝杆头续，共续六八四十八个头行"，这是"杆""枝"这两个字成为宗教组织称谓之始。韩太湖承袭发展了此一提法，形成了"九杆十八枝"一词，在《混元弘阳悟道明心经》下卷的《老母临凡顺十杆品第五》中明确讲"圣中有九杆十八枝"，并用一定的篇幅来解释这个词，然而，这不是刚好和该品的标题——《老母临凡顺十杆》——相矛盾吗？紧接在这一品后的《排祖列十杆品第六》又一次提到了"十杆"，此外，同经上卷的《排祖顺十杆品第八》，里面竟还有"吾今参透西来意，留下九杆十八杆"一句，所以，究竟是九杆、十杆还是十八杆？不明。无论如何，"九杆十八枝"一词变成了一个固定的词组，成为弘阳教及后来的民间宗教（如曾盛极一时的弓长圆顿教）普遍袭用的组织规则称谓，嘉庆二十二年（1817）十二月初七直隶总督方受畴折（中国第一历史档案馆藏，宫中朱批490卷24号）就记载了这套规则在山东德州的体现形态，该奏折说德州的弘阳教属于"接（转下页注）

心，向四周的山东、山西、河南等地散播，进而扩散到东北。

对于曾经得到明朝权贵支持、感情上也高度忠于明朝的弘阳教来说，明亡清兴自然是一大挫折。自顺治朝起，清廷就开始镇压弘阳教，康雍两朝稍微放松了些，可到了乾嘉时期，对弘阳教的镇压又转趋严酷，尤其是嘉庆十八年（1813）通州弘阳教首刘兴礼参与了八卦教领袖林清所领导的"癸酉之变"，引来了清政府极其酷烈的大搜捕，此后，弘阳教在华北平原的声势大挫，但并没有消失，甚至继续向南方传播，道光初年，云南人黎明占将弘阳教传播到了湖南、湖北，最终又酿成了道光二十年（1840）的一场大教案。

晚清到民国期间，作为弘阳教中心的华北平原一直处在水、旱、兵、蝗各种灾难肆虐之下，保守隐秘的弘阳教在一贯道、九宫道、还乡道（圣贤道）等新兴教派逼人的声势之下似乎被遗忘了，直到1949年中华人民共和国政府下令取缔封建会道门，公安机关才又开始"追踪"弘阳教。据《中国会道门史料集成》（2004）载：1950年安平县在扫荡一贯道的时候牵连出混元门（即弘阳教）信徒15名；1953年夏，河北疫疠流行，在六个专区境内出现了80多个开放给民众取"神药""圣水"的地点，公安机关在这些设点者当中又查获了混元门信徒的踪影；1957年，人类学家李世瑜先生在天津市北郊宜兴埠发现还保有三间大殿、宝卷50余册的弘阳教普荫堂（李世瑜，2007）；1960年，定县公

（接上页注②）圣杆·金荣玉花枝"，该枝的首位掌教是韩太湖的徒弟巨鹿县张家庄人张光临。然而，笔者从河北蠡县获得的手抄本《混元祖教根源家谱》中却有不同的说法。尽管这份家谱中也有"九杆十八枝"一词，但却又自相矛盾地说韩祖传了十大弟子，每位弟子掌一杆，除了"金宝杆"下只有"玉明枝"一枝以外，其他九杆每杆都下分两枝，所以其实是"十杆十九枝"，这刚好符应了《混元弘阳悟道明心经》中屡次出现的"十杆"说。此外，这份家谱的记载还有诸多与方受畴折不符之处，第一，如韩太湖的十大弟子中仅有一位姓张，名张妙弥，定州清水桥人，不是巨鹿县张家庄人张光临。第二，张妙弥所接的是"如日杆·天成自性枝"。第三，"接圣杆"下辖的是"元亨利贞枝"，不是"金荣玉花枝"，其创派者是临城祁村人马玉，不是巨鹿张家庄人张光临。第四，"金龙玉华枝"（而非"金荣玉花枝"）属于"通天杆"，其创派者也来自巨鹿县，但不是巨鹿张家庄人张光临，而是神堂坡人牛玄黄。从这份家谱的认真详细程度来看，似乎不是随意编造的，尤其蠡县的弘阳教徒宣称他们接的刚好就是牛玄黄所传的"通天杆·金龙玉华枝"，对于本支派的名号和祖师的身份，他们搞错的可能应该不大，再加上该家谱中"十杆十九枝"的记载与《混元弘阳悟道明心经》中一再提到的"十杆"完美呼应，所以，笔者认为该家谱在这点上的准确性恐怕要高于方受畴折。

安机关破获了涉及千余人的秘密还乡道案，从中牵出了巨鹿、无极、新乐等地的混元门徒众；1975 年，安平县查获混元门信徒 11 名；1989 年，河间县调查境内会道门活动情况，发现有 40 多名混元门信徒散布于 16 个村庄中。2009 年秋，笔者在蠡县见到已经传承了二十四代的混元门"通天杆·金龙玉华枝"，其核心成员不超过 20 人，但据说当地曾拜师入教的徒众有上千人。

二　离散与回归：弘阳教论说的基本图示

弘阳教在中国宗教之林里算是经典不多的宗教，据宋军（2002：104～136）考证，目前存世的仅有 44 种，而其中最受推崇的也是成书最早的，自然是飘高祖师亲撰的、被弘阳教徒尊称为"大五部"的《混元弘阳飘高临凡经》《混元弘阳苦功悟道经》《混元弘阳悟道明心经》《混元弘阳叹世经》《弘阳显性结果宝卷》五本经卷。

简单地说，这五部经典所呈现的就是这样一套"元叙事"：混元老祖创造了宇宙，他的子孙成为诸天神佛，之后，以他为首的这个神圣家族又创生了 96 亿个"原人"（又称"元人""婴儿""皇胎儿女"等），这些原人奉派下凡到"东土"历练，原意似乎是指望他们经过这番历练后性灵达到更高的境界，不料这些原人到达东土之后为红尘欲念所执，迷失了原本的神性，不事修行，从此堕入六道轮回的苦海中，无法归返在"圣中"的极乐世界，即"真空家乡"或"金城"。于是，混元老祖先后派遣燃灯佛和释迦佛下凡降临东土传法，寻访、渡化迷失的原人。不料，燃灯佛和释迦佛办事不甚得力，在他们分别主宰的青阳、红阳两劫之中只渡化了 4 亿原人，还有 92 亿皇胎儿女依然沉沦东土。眼看红阳劫即将结束，在弥勒佛主宰的白阳劫到来之前，世界先要经过一番彻底的毁灭和重构，届时还没回家的原人也将被一并消灭，于是混元老祖急忙派遣飘高祖师下凡"收圆"，期许他赶在红阳劫尽之前把剩下的 92 亿原人渡回金城，于是飘高祖师带了比燃灯佛、释迦佛所传的法门还要方便快捷得多的弘阳法门下降东土，接引皇胎儿女回家。

以上这套元叙事有至少两种可能的阐释途径，我们姑且称之为"显宗"（exoteric）和"密宗"（esoteric）。所谓"显宗"基本上就是"望文生义",把神话文本当成客观存在的历史事实记录,而密宗则是把神话看作隐喻,把经典文本看作是密码的汇集,其真意不在字面上,而是需要经过解码方能得知。

弘阳教的显宗主要依据《混元弘阳飘高临凡经》《混元弘阳苦功悟道经》《混元弘阳悟道明心经》《混元弘阳叹世经》这四部文字浅显、意旨明确的经卷,以上的神话元叙事就是从这四部经里直接摘引出来的。由于这些经卷文字浅显,没有进行字义注解的必要,所以,以"本本主义"(literalism)知识态度为基础的显宗,主要表现为一种"虔信"的精神气质,也即漠视(或鄙视)现实世界、将一切的价值归诸彼岸世界。这种倾向一方面表现为对仪轨的偏重——因为凡夫俗子们是如此的卑污愚钝,所以与其寄望于凭自力修炼求得开悟,不如仰凭祖师所制颁的仪轨功德来恳求神佛垂怜拯救;另一方面,此种沉迷和本本主义相结合,就会触发对经卷中所描绘的神话世界进行考证、整理、细化雕琢的旺盛兴趣。韩太湖本人对于这种发展方向显然是积极鼓励的,比如在《混元弘阳悟道明心经》上卷《谈家乡留无字紫金城品第九》中,他详尽地介绍了圣中家乡诸神佛所居的"金城"的殿、门、台、桥等一大串建筑和地景,而在几乎每一片地景的几句介绍词之后,他都以"谁人知道?""那个知闻?"这两个挑衅意味浓厚的质疑句来做结尾,显然意图刺激读者去幻想并熟记这些景物。而该经下卷的《安天宫劈魔头品第七》更是把"熟稔圣中金城的景物和神谱"这一点拔高到成为辨别正邪的标尺。在说完"你今不知家乡景,只是造罪作业根……不知家乡把人度,引得迷人入火坑……谈破家乡安养殿,才敢传法度众生……"这段偈子后,紧接着就列出长长一串关于圣中景物和神佛谱系的考题,明确表示答不上这些考题的就是邪魔外道,这无疑促使信徒执迷于对彼岸世界的想象,并且借互相考问来进一步巩固这些缥缈的幻想。

弘阳教的密宗所依据的是《弘阳显性结果宝卷》。这份经卷全文分上下卷,共二十四品,可惜笔者无缘见到下卷,只看到泽田瑞穗先生手抄的上卷。就其上卷十二品来看,这份宝卷讲的是弘阳法门的核心——"十步修行"功夫,除了最后的《叹世归家品第十二》一节外,其余完全不提神话故事。这种删除神话篇幅的特点,显然不是单纯说明"十步修行"功夫不涉及太多神话。事实上,韩太湖在一开头的《端然见性品第一》起始处所按的"提纲"——"密传秘点明本地，现出金刚不坏身"，就已经明确点出了这部经卷独特的"密教"属性：它和显宗的"虔信"趋向刚好颠倒，要求修炼者的第一要务就是"明本地"，也就是把投向彼岸灵山的目光倒转回来反观自身，让自身固有但一直被遮蔽了的"身光""佛性"或"本来自性"显露端倪，然后才能加以培养，以渐次到达后面的九个境界——从左右逢源、出玄关到小涅槃、见天阔等，做到了"见天阔"这一步，也就是回到了家乡、根源，见到了无生老母，在这一过程中，《弘阳显性结果宝卷》不断强调修炼者应该自尊自信、不落文字障、活学活用自身的智慧和悟性来追求开悟，这和显宗的走向刚好南辕北辙。总之，《弘阳显性结果宝卷》所呈现的这套"密教"能够很通顺地把前述的元叙事变成一组隐喻——所谓的"原人"或"元人"，就是迷失了原本面目（即"本性""佛性""如来"）以致"性命不能相见"（喻为"无法归家"）的凡人，免不了生老病死之苦（喻为"红阳劫尽"），而习练弘阳法门"十步修行"功夫，则能使性命重逢（"收圆"），让人返本归原（回到"真空家乡"），到达精神不死的境界（"无生"暗喻"不死"，故"与无生老母团圆"即暗喻证得仙佛果位、长生不死）。确实，密宗不可能把元叙事里的元素全部改造成隐喻以吸收到自己的框架里面来，比如"三阳劫变说"这个在元叙事里极重要的动机就没办法被纳入，但是它毕竟提供了另一种可能的阐释途径，让那些无法认同显宗的虔信趋向、对喜好明中叶以来流行于儒释道三教人士中"性命双修"之道的人（可想而知是知识水平相对较高的人），也能在弘阳教的屋顶下找到安身之处。

不论显密二宗对元叙事的阐释途径有多么南辕北辙，二者的共通点还是很显著的——这也是它们能在弘阳教这个屋顶底下共处的前提，那就是"离散—回归"这一幅心智图示（schema）①，只不过这个图示在

---

① 心智图示（schema）一词源出格式塔心理学，后成为认知心理学的关键概念之一，它在心理学界内的简短演化史，可参见 http://en.wikipedia.org/wiki/Schema_（psychology）#History_of_schema_theory。本文是沿袭认知人类学家 Edwin Hutchins（1980）和 Roy D'Andrade（1995）的用法，将 schema 理解为一种把知识组织起来的方式，它不是人类普遍的天赋而是文化的产物，其内容主要是一些简单抽象的典型模式和分类框架，其功能主要是方便人们理解新经验事物并进行快速的推理，因此，它也可以被理解为"制造知识的结构"。就本文所采用的这种比较宽泛的（转下页注）

显宗那里被具体化表述为以"离乡—回家"为中心的一组日常的词汇概念，或者也可以反过来说，用老百姓日常经验里的"离乡—回家"这对概念词来表达"离散—回归"这一抽象的图示，同时把在日常语境中和"离乡—回家"经常相联结的意象，诸如时空上的分隔、流落他乡的孤苦、期盼游子归来的亲人、旅途的曲折艰辛等一起掺和进来，让抽象的图示成为不仅可知而且可感的东西，这就成了所谓的"显宗"，相对于此，密宗是用"离散—回归"这幅图示来表述抽象程度更高的东西——人类灵体和肉体的构造及性命双修的过程，所以密宗不仅不会用日常语境里的"离乡—回家"来表达这个图示，反而把众多其他同等抽象的隐喻，比如天地、东西南北、金公、黄婆、如来、阎王、珠走盘、顶上针等——和"离散—回归"这个主导图示链接起来，形成一个诡秘的交叉索引网。不过，撇开朝向具体还是朝向抽象发展这一点不论，显密二宗一致用"离散—回归"这幅图示来划定人类在世界中存在模态的坐标维度，这是最根本而重要的共识。当然，这一共识并非弘阳教独有，"返本归元""达本还原""逆返先天"等的说法所反映的都是同一个心理图示和追求，这个心理图示大概从北宋末开始就在全中国的宗教界、哲学界占据了支配地位，①生于晚明的韩太湖及其门人大概不需要经过争论，就会一致使用"离散—回归"的图示来构思自身在宇宙中的位置，这在经过进化论洗礼的我们这些现代人看来，无疑是很有趣的。

（接上页注①）用法而言，它和其他一些认知人类学家所爱用的"语义学网络"（semantic network）、"脚本"（script）、"心智模型"（mental model）、"俗民理论"（folk theory）、"隐喻"（metaphor）等概念无太大差别，但为了避免语言字词的意象在这里被过分夸大，所以笔者不喜用"语义学网络""脚本""隐喻"这三个词。此外，为了避免过度夸张 schema 的逻辑性，掩盖它最重要的"前知识性"和"知识生产性"，笔者也避免使用"俗民理论"一词，所以，笔者将 schema 译为和"心智模型"一词很相近的"心智图式"，就是有意突出它和 mental model 的亲近性（Schank & Abelson, 1977; Casson, 1983; Brewer, 1984; Keller, 1992）。

① 这一心智图示在中国思想界崛起的征象很多，在道家，以自身为鼎炉、以自家精气为丹药的内丹学压倒了向外界求索的外丹学；在儒家，探索内在心、性、理、气的宋学夺去了以学习经典为宗的汉学的光彩；在佛家，追求省顿悟的禅宗逐步排挤掉了讲究读经修行的大乘各宗，这些变化都反映了"退返"——从外界退回自身之内，从末世倒退回淳古，从后天回到先天——而非向外、向未来追求，成为三教人士普遍拥护的心智图示。

三 内卷化和异化

在号称飘高祖师亲撰的"大五部"之后，陆续出现了数十种以弘阳教为名的经卷，这当中最早出现的可能是继飘高祖师之后该教的前一两代领袖人物所撰的"小五部"①，即《销释混元无上大道玄妙真经》《销释混元无上普化慈悲真经》《销释混元无上拔罪救苦真经》《销释混元弘阳拔罪地狱宝忏》和《销释混元弘阳救苦生天宝忏》五种经忏科本。或许"小五部"的编撰创下了成功的范例，完美地满足了弘阳教士及老百姓的一致需求，此后弘阳教士又积极地编撰出了《混元弘阳明心宝忏》《混元弘阳血湖宝忏》《混元弘阳明心中华宝忏》《大法祖明经》等数十部经忏科本。相对于科仪本的不断推陈出新，关于修行方法的阐释只出了《后续天华宝卷》一本，尽管这份宝卷的水平颇高，把《弘阳显性结果宝卷》里讲的"十步修行"功夫修饰琢磨得相当圆熟漂亮，深刻借鉴了佛道两教已发展得极为精致的修炼方法，但是就从这份宝卷竟成为关于弘阳法门之讨论的"末后一着"这一点来看，我们不能不说弘阳教的密宗相对式微，而作为显宗之表征的仪轨偏向则明显居于优势。当然，我们不能因为没有新创作出现就假定密宗已经从弘阳教士的思维与实践中消失，但说它逐步退缩到了注意力的边缘，应该不诬。

然而，仪轨的大发展是否就能证明显宗的思路与精神气质真的成为了主流呢？答案是否定的，首先，因为仪轨的内卷化蔓生，使"虔信"难以聚焦，自然也就渐趋散佚。其次，和其他宗教一样，弘阳教的仪式大多是集体性的，理念上，信众集体只是激发、表达虔信热情的工具，是再现"离散—归返"这一神话主题的舞台和手段，但后来集体本身变成了目的，于是注意力的方向刚好颠倒了过来，从仰望彼岸的救赎变成了关注此岸的人生。何以如此？详解如下。

先说仪轨的内卷化蔓生。弘阳教的经忏科本的文类（genre）可以

① 虽然弘阳教内部有传说"小五部"也是飘高亲撰，《混元弘阳明心中华宝忏》的序言中甚至说飘高撰写了七部宝忏，但宋军（2002）根据这些经忏的文风、体例推测这些传说不可信，认为它们都出自飘高的弟子或再传弟子之手，笔者赞同宋先生的论点。

说完全是照搬佛道两教经过数个世纪的互相借鉴——或者干脆说互相抄袭——而形成的几乎是统一的一套分类框架：最根本的是划分"清"和"亡"，"清"场是指在节庆之日群众集体上供神佛时举行的仪式，其下又依作用（目的）不同分成三小类，即祈福（多称经）、解怨释结赦罪禳灾（多称忏）和普度亡灵（或经或忏，不一）；"亡"场指的是家属为个别死者办的丧葬仪式，这一大类也勉强可分为为死者求神赐福救度的经（如《弘阳叹世》《拔罪救苦》《普化慈悲》等）和为死者求解怨释结赦罪的忏名，如果丧家有条件的话，还可再增添灯仪、立幡仪、放施食焰口等项。弘阳教的科仪本种类的增加，完全是在这一既有的框架内部"填空格"，也就是把佛道教已经有了而弘阳教还没有的仪式给补上，而且补上的方式也很简单粗糙，就是仿照佛道教既有的科仪的模式，沿着"净坛—召神—宣意—上供—谢神—送神—回向"这套框架来设计，只是把其中一些零部件换成具有弘阳教味道的零部件罢了（也就是到"大五部""小五部"等较早出版的弘阳教文献里去抄），①而且这种置换还通常只在极为表面的层次，连作为仪式核心象征的物件都一仍旧贯，比如佛道教用灯、旗幡、纸钱，弘阳教也用同样的东西，没有任何创新可言。总之，弘阳教科仪虽然种类增加了却没有创造出任何新鲜的东西，只是把既有的事物经过一番边际性的修改，而且为了表面上看起来有别于旧的，通常采取的手段是添加而非减少不必要的繁冗细节，② 因此笔者称之为内卷化发展。

就仪轨来讲，"以添加不必要的繁冗细节来形成特色"是做起来最简单、结果也最显而易见的办法，就是把科仪所诉请的神祇从佛道教的

---

① 例如宋军（2002：165～167）就明确指出《混元宝灯提孤施食科仪》是抄自佛教密宗的瑜伽焰口。其实所有的弘阳教经卷的情况均与此类似，比如该教的《大法祖明经》和正一派火居道士的《斋天》的结构相同，《十献》和正一派火居道士的《十献》连标题都一样，《灯光经》和《灯光华藏经》抄自唐宋以来道教的分灯科仪，不胜枚举。

② 当然，弘阳教也会为配合贫困的主家而推出简化版的科仪，比如《大法祖明经午科》和《销释混元弘阳土经谢圣》这两个安宅谢土的科仪，就是《弘阳佛说镇宅龙虎妙经》与《弘阳佛说镇宅龙虎宝忏》这一套复杂科仪的简化版，《销释混元弘阳荐亡本》则是《大法祖明经科仪》等众多丧葬科仪的简约版。但是这都是在弘阳教已经推出了繁复的完整版科仪之后才做的。

神祇换成弘阳教的神祇，也就因此，民俗佛道教科仪动辄召请数十甚至上百位神祇的夙习也直接影响了弘阳教。或许为了看上去能够与佛道教等量齐观，或者单纯为了使道场看起来威仪壮盛，随着内卷化的愈演愈烈，弘阳教士们编造出了规模越来越庞大的神佛、老母、祖师队伍，而且，在官方镇压使弘阳教不可能建立统一的组织的前提下，这些科仪本的编写和传播只能是个人或者小群体自发的、隐秘的行动，教内不可能有出版审查体系来遏制神谱的膨胀——连弘阳教士直接拿佛教的《普门品》、道教的《三官经》或其他民间教派的经卷来进行宗教活动都无法管制，遑谈遏制神谱的膨胀？于是，我们不难想见，除了少数有能力、有机会读到"大五部""小五部"等老经的弘阳道士还有可能记得稍微多一点以外，绝大多数普通信徒可能记得的不过是混元老祖、无生老母和飘高老祖三个名字罢了。这也就是说，在无组织、无纪律的条件下进行的仪轨内卷化蔓生，实际上迫使信众自行选择注意力聚焦的方向而放弃其他，于是，韩太湖在《混元弘阳悟道明心经》里所标榜的"熟稔圣中金城的景物和神谱"成为不可能的任务，这一来，就大大削弱了"虔信"的精神气质。

除了因注意焦点散乱而削弱了"虔信"的维系外，在佛道两教的霸权已经存在了上千年的环境下，始终靠抄袭、模仿佛道教经典来"发展"仪轨，导致了弘阳教无法树立自身独特的"品牌"，特别是对不识字或者识字不多、看不懂恐怕也看不到"大五部""小五部"等老经的普通信徒而言，无法让他们从仪式上感受到弘阳教的特点，就难以使他们对弘阳教产生排他性的忠诚和认同，而若连排他性的忠诚和认同都没有，"虔信"的精神气质自然也就无从谈起。仪轨的内卷化蔓生侵蚀了虔信精神的根基，显宗的发展走到了自身的对立面，而原本就是抄袭自佛道两教的密宗，就算没有真正式微，恐怕也难以激发其修炼者产生多么强烈的排他性忠诚与认同，这无疑意味着弘阳教已经面临意义空洞化的危机，即弘阳教在其信徒甚至教士的生活中渐渐不再有什么特定的意义，他们完全可以在撇开弘阳教的情况下继续其习惯从事的一切宗教活动。相应于这一危机，弘阳教出现了三项比较突出的对抗反应：先以为人治病来建立有道德重量的人际关系（"恩/报"关系），然后再将之转变为宗教上的师徒关系；突出宣传创教者韩太湖的事迹——特别是关于行医的神话——以树立弘阳教的特殊性；加重入门仪式的分量和例行性的动员来强化教徒的宗教身份认同。

关于第一项反应，清代的教案档里记录了相当多的案例，虽然对这类案例的全面系统性研究迄今似乎还未出现，但邱丽娟（2003）对乾嘉道时期弘阳教医疗传教的案例已经做了相当好的整理，尤其具有说服力的是该文根据庄吉发（1991，2002）所做的案例整理，统计出嘉庆年间直隶弘阳教案的41名案犯当中有33人是为了要治病而加入弘阳教的，占总数的八成，与此一数字相呼应的是：一方面，由于经常以茶叶为药给人治病，弘阳教被老百姓冠以"茶叶教"这个新诨号①；另一方面，连高踞九重之上的嘉庆皇帝都被弘阳教士擅医之名所惊动，谕令大学士曹振镛等人将捉拿到的教犯王尚春（别号王寡妇）个别审问，以搞清楚这位以茶叶熬水治病的著名的弘阳教首"究竟有何方术能令求医之人如此信从"？这些史料无疑证明了弘阳教的医疗传教路线走得非常成功，为弘阳教在草根社会里扎下了不显眼但却很牢固的根基。

与医疗传教路线齐头并进的是韩太湖神医形象的塑造。韩太湖究竟是不是位高明的医生？如今当然已不可考证，但笔者认为此说多半要归功于明末至乾隆初年间弘阳教徒的塑造。原因很简单：在"大五部""小五部"等弘阳教最早期的经典中，特别是韩太湖用以神化自身的《混元弘阳飘高临凡经》与《混元弘阳苦功悟道经》这两部自传中，都没有提到过任何他为人治病的事迹。为了神化自己而写出两部经卷的人，怎么可能会只字不提自己是位神医这么一件值得大肆夸耀的事呢？同样的，按这五部老经阿谀奉承明朝政权的热情来看，如果韩太湖真像民间传说的那样曾经治好了"国母"的病，因而获得万历皇帝召见并亲口敕封为"正德明医真人"，韩太湖绝不可能不在他的自传里大肆炫耀一番！所以，笔者认为常被拿来做相关传说佐证的乾隆十年版《曲周县志》和乾隆十二年版《广平府志》中的相关记载，其所能证明的不过是相关传说到了乾隆初年就已经相当盛行而已。确实，弘阳教的《大

---

① 嘉庆二十二年（1817），直隶弘阳教案犯宋家辛庄农民贾敬供称"本村住的张汶，系红阳教，又名茶叶教"，见《军机处档·月折包》52854号，嘉庆二十二年九月初一，英才、英绶奏折。

法祖明经》中的确给韩太湖冠上了"南无太虎漕溪春坡弘阳明医真人帝君"的尊号，但是这份经卷的问世时间肯定晚于"大五部""小五部"，所以依然无法推翻上述推断。总之，笔者认为韩太湖被塑造为"药王""神医"是与弘阳教士将主要传教手段从科仪转向医术并获得成功的过程相平行的，两项趋势相辅相成、互为表里，都为把弘阳教打造成一个独特的"品牌"作了贡献。

前两项宣教的作用终究要通过强化教徒身份认同的措施才能巩固成果。弘阳教自一开始就用"原人""皇胎儿女"等词表述了它与众多末世论教派一致的"预选说"，而且还承继了可能是由无为教所首创的"标名挂号""查对合同"等官僚行政的语汇来想象"收圆"的手续。正是基于这种官僚化行政管理的想象，韩太湖才会在《混元弘阳悟道明心经》里极力劝说信徒要熟背圣中家乡的神佛谱系和景物，否则通过不了"答查对号"，看守金城的罗汉就不会放行，那后果将无比严重：只能再被打回东土在六道四生中轮回不得解脱！也就是沿着这套思路，所以论列三宗五派九杆十八枝（或十杆十九枝）极其重要，因为只有在这套组织体制里得到一个身份，才有可能获得救赎的入场券！既然如此，我们可以猜想弘阳教的入门仪式应该从创教伊始就很认真，但是关于该教早期的入门仪式，目前似乎还未见到任何文献资料。

如今我们能看到的只有一份没有标题的科仪手册。这份文本应该是《大法祖明经午科》原件的持有者用手抄在该经后面多余的空白页上的，后来随着《大法祖明经午科》一并被收录进了《明清民间宗教经卷文献》第六册，我们才有幸得以一睹弘阳教入门仪式中师父宣读的文本。依据这份文本上所提供的地址——山西大同广灵县——来推测，这份文本问世的时间当在雍正六年（1728）以后，因为广灵县在雍正六年才改为直隶大同，在此之前隶属于大同府之下的蔚州。当然，我们不能排除这份文本的抄录者懒得把蔚州写上，但是，从这份文本的白话文风格来看，笔者认为可能是清中叶以后的作品。

一如预期的，这份文本要求入道者在诸天神佛见证下发愿，立誓遵守三皈五戒，然后重述一遍弘阳教最根本的神话教义，并勉励入道者"下了苦中苦，才得到家中。到家中，伴老母，永不投东"。然而，这份文本还是有令人讶异之处，首先，它向佛教和无生老母崇拜靠拢的强烈倾向，其"三皈依"的对象就是佛教的"佛、法、僧"三宝，诉请来鉴坛作证的神祇也只有"金城诸佛、诸祖母、云城诸神、地府阎君、满空圣众、过往诸神"，最后提示弘阳教的神话教义时也只是再三提及无生老母，总之，全文当中竟然只字未提混元老祖和飘高祖师。其次，这份文本竟然彻底不提"预选说"，从头到尾没提过在该教早期经典中极为重视的"收找元人""标名挂号""答查对号"等与"预选说"有关的概念，入教者须小心牢记的身份标志似乎只剩下"某年月日时投庄古佛会……进道……接香……"这个空间和时间标记而已，和早期弘阳教经典所强调的"三宗、五派、九杆、十八枝"这套神圣家族的谱系学已经没有任何关联。再次，这份文本还让人感觉有不少黑社会的色彩，从一开头师父要求入教者"发弘愿"三道——一道是皈依三宝，二道是不得开斋破戒（即饮酒吃肉），三道是不得"欺师灭祖、撒漏佛法"——就隐然有种暴力的色调，让人怀疑这"弘愿"就像清洪帮常用的暗语一样，其实是指某种毒誓。毕竟，佛法理应普度众生，不是机密，何以会有"欺师灭祖、撒漏佛法"这样的概念？这一揣测绝非空穴来风，因为在这三道弘愿之后，师父随即就说"某某！乃是你今遵了三恶之道、三皈五戒……"，后头又更清楚地说"打得是恶愿，上得是善簿"，似乎只有把三道弘愿理解为三道毒誓，"三恶之道"和"恶愿"这些用词才能说得通。在这之后，师父又说"说与你年月日时，要你小心牢记，错记年月日时，与我传法人无过……他若久守斋戒，进步加功，引他一字正法，他若不久守斋戒，叫他发愿人一面承当"。这又是黑社会干部招收新进小弟的口吻，仿佛在说"是你自愿来投效本帮，将来若不守家法，莫怨帮规铁面无情"。丝毫没有一点慈悲为怀普度众生的味道。

总结起来，这份文本可能是清廷开始镇压弘阳教、斩断了部分地方的弘阳教杆枝传承之后，余下与宗枝失去联系、所继受的传承也不完整的弘阳教徒潜伏在民间自行发展出来的东西。它一面躲在势力根深蒂固的佛教庇荫下，一面追随无生老母崇拜大流行的趋势，与奉混元老祖为宇宙至尊的传统正宗以及把飘高祖师吹捧成药王的新宣传路线都拉开了很大的距离，也完全不提传统的"预选说"，这些都反映了弘阳教显宗的彻底失落。同时，它深受黑社会文化浸润的修辞，则显现出在对彼岸救赎的虔信失落之后，弘阳教开始采用黑社会的手法，把入教仪式塑造成一套以隐喻暴力（我们不知道是否曾涉及实质的暴力）为后盾纪律的洗礼，教育信徒把组织的纪律（不得欺师灭祖、撒漏佛教）抬高到与信仰的纪律（三皈五戒）同等的地位上。

除了以富含黑社会风格的入门仪式来强调组织纪律、锐化信徒的身份意识外，还要经常进行组织动员，让信徒过组织生活、为组织作贡献，方能保持弘阳教在信徒的生活与意识中的鲜明形象，很幸运的是，与前述入教仪式文本一同被抄录在《大法祖明经午科》后面的两份文本——《销释归依觉愿妙道玄奥真经》以及一份没有标题的手抄科仪文本，让我们得以窥见这种组织生活的形态。

这两份文本的内容结构基本相同，可以看得出两者都是在信徒家中进行小规模聚会（应该就是清代教案档中所说的"作会"和"上供"）时必须举行的仪式的科本，其差别仅在于《销释归依觉愿妙道玄奥真经》的佛教色彩较强，诉请的神祇除了"后土母共豪光一十六子"外没有任何与道教有关的民间神祇，其仪式风格也较类似民俗佛教，从头到尾都是唱诵，没有任何动作的提示，像是为稍大一点的聚会、参与者彼此间不甚熟悉的集体诵经场合所用。另外一份文本的民俗道教色彩较重，以道士常用的"三上香"模式来律定整场仪式的进程，所召请的也包括大量的道教神祇，对掌管地府三城的阴司诸神着墨也较多，这很可能是因为这份文本是用于普通信徒的家里举行的上供仪式，这种仪式需要附带有镇邪除妖的功能——若非因为感觉家里不干净，需要镇宅押煞，普通信徒应该不会请人来自家上供，而是选择到师父的家里作会以减轻负担。撇开这些差异，在此值得关注的是它们的共通之处，那就是二者都贯穿着一种极为突出的"贡赋"想象：《销释归依觉愿妙道玄奥真经》的全文几乎就是依序请一尊一尊的神祇来"领弘愿"，而且还要在"愿簿"上"计分明"，比如"混元老祖领弘愿，子暑老母计分明；冲天老祖领弘愿，愿簿上边计分明……"云云，等到善男信女们把"弘愿"发完，这仪式也就结束了。这实在不能不令人联想到"弘愿"是否就是"红包"的隐喻，而整个仪式就是民间红白喜事里的送礼/收礼仪式的再现？至于另外一份无标题的文本，则更为写实地描绘了"贡赋"想象，除了也需要在"功簿"（"愿簿"的另名）上记写分明以外，它还提到了《销释归依觉愿妙道玄奥真经》中没有的三种执事神仙——催公（催供）、计公（计供）和收香童子，估计催公是负责催缴贡赋的，计公是负责计算登录实际缴纳的贡赋种类数额的，收香童子则是负责把贡赋解运入库的兵丁，此外，它还对这三种神仙工作的程序提出了期望——"催供计供二位祖，将功簿展开，有一供上一供，上供功劳计分明。守香童子收去供，先供交与家乡九龙库，押上弘阳印，不坏元人达本还原。分供楼前差对号，寸此不昧"①，也就是说，信徒所上的供会进入一个分税系统，一部分钤上弘阳印解往圣中家乡的九龙库，也就是人间上缴给皇家的"天虞正供"，这部分的贡赋直接关系到信徒将来获得救赎（达本还原）的机会，另一部分则要解送到"分供楼"前拆分，大概是要分发给天曹地府各衙门的赍敬，信徒叮嘱这些经手的神仙要照规矩办事，事实上也就是暗示他们不要上下其手、贪污舞弊，末了，这份文本还写上了"验行"两字，为这份文本添上一点公文的色彩。总结这两份文本为弘阳教徒的组织生活所提供的暗示，其核心的主题就是以"上供"来维系两种关系——"凡人/神祇"关系和"信徒/教会"（其实也就是师父兼会首）关系，而且这两种关系的运作程序和伦理都深刻浸染了官府收取税赋的意象，连对于俗世中税官的道德批判都一并反映到了对天庭税官的怀疑上，几乎就是葛希芝（Gates，1996）所描绘的"贡赋经济模式的象征再现"。

至此，相信我们已经清楚地呈现了弘阳教的异化：教人即刻立志了脱生死轮回、归根还乡的先知飘高祖师，变成了给世俗身家性命赐福解厄的"药王"；"慈悲为怀""普度众生"的情怀，被覆上了严禁"欺师灭祖、撒漏佛法"等诸般"恶愿"的组织纪律的阴影；人与神祇之间的关系，从"原人""皇胎儿女"等词所表现的"预选说"和亲属关系想象，换成了小民百姓与贵族官员之间的"被治/治人"关系。这里不再有攀亲带故的余地，只有忠顺地缴纳贡赋一途。质言之，仪轨的内卷化蔓生给弘阳教带来了消散的危机，弘阳教于是产生了三种较为突出的反应来树立自身的独特性、强化信众的认同，然而这些反应无一例外地使世俗社会组织——家庭、教会、帝国——及其伦理规范更深地嵌入弘阳教的肌理中，或者反过来说，让弘阳教更深地陷入既有世俗社会秩

---

① 笔者推测手稿抄录者在此写了一个白字，原文当为"寸尺不昧"。

序罗网里去，其结果不仅是作为原教旨核心诉求的"彼岸救赎"被维系此岸秩序的关切给排挤到了边缘，更深层次上，也使得"离散—回归"这一心理图示淡化甚至消散，取而代之的是也许更为经典的"三层金字塔"图示——它可以幻化为"佛祖/道教神/阴曹地府"（Sangren，1987），"神/祖先/鬼"（Wolf，1974），"神佛/仙官童子/凡人""贵族/官吏/百姓"等各色各样上下三分的图样，而这也是最稳定的、不暗示任何流动与变异的图样。

四　隐没和延续

如前文的简史所说，自道光十七年（1837）年底的盛京陈喜一案后，弘阳教就潜隐到草根社会之中，它的诉求在这 170 多年来究竟发生了什么变化？目前似乎只能找到非常零星、片面的材料，比如李世瑜先生于 1957 年针对天津市北郊宜兴埠弘阳教普荫堂所做的一篇田野调查报告，还有从各地地方志中提取、汇集而成的《中国会道门史料集成》（2004）。这些材料对当时弘阳教的处境的描述也很少，大概能总结得出来的只有这三点印象：第一，弘阳教（混元门）是相当温和、低调、守规矩的，大多数弘阳教徒涉案都是被别的比较张扬的教派（如一贯道、圣贤道、还乡道等）给牵连进去的，基本上没有发生过弘阳教众本身从事造反、诈财、骗色而被逮捕的案例；第二，弘阳教与其他教派间的边界已经非常模糊，有宗教倾向的人经常在各教派间游走交友，甚至不同的宗派以同一座庙宇为聚会点，所以各教派都很容易受其他教派的牵连；第三，弘阳教已经凋零到差不多只是一种残缺的仪式传统，经卷虽然都还在，但没有人读，更没有人照着修行，以致竟有弘阳道人对李世瑜先生做了如此令人发噱的坦白："佛堂这些经都没有用，也就是晒经会的时候摆摆样子，其实有上半部《苦功经》、半部《伏魔卷》、半部《十王卷》就能念一辈子！"值得注意的是，这位道爷提到的三部经当中的两部——《护国佑民伏魔宝卷》《泰山东岳十王宝卷》——根本不属于弘阳教。

然而，2009 年笔者在蠡县所见到的情况和上面所描绘的显然有很大差距。蠡县的弘阳教只是潜隐，完全谈不上凋零。说它潜隐，是因为它和当地的农业生活规律、民俗节庆、丧葬风俗等各种草根文化的元素联结成了一张柔韧的网，它完全不突出，像日常生活里的事物一样和光同尘，不需要老百姓有意识地去关注、思考、实践它，它不宣教，也不追求老百姓对它怀抱任何明显的情感认同，完全是消极等待有需要的人自动找上门，这和当地弘阳教彻底的"业余主义"（amateurism）——只有农民兼差没有专业的道人——的逻辑是相同的。但上述的消极只是它的一面，另一面它又极为活跃，有为无为两面是矛盾统一的。每年农历九月玉米收完种上小麦以后，一直到来年五月收小麦以前，在这长达九个月的农闲时期里，兼职的弘阳道士们一直忙于到处去人家里做道场，从小孩满月后把本命栓到佛堂里、满十五岁开锁还愿、镇宅谢土，一直到丧葬发引，大概除了婚礼以外，弘阳道士能插足当地所有的人生礼仪。于是，特别在春秋两季天气最舒适的黄金时节，弘阳道士常连续月余没法回家，不断地在四乡八镇的信徒家里赶做道场。此外，还有每年农历正月十五"开元"、六月六"晒经"、腊月十五"收元"这三大节，到当地掌教家里来聚餐、甩香山、烧元宝的民众通常都把掌教家的院子挤得水泄不通。所以，当地的弘阳道士基本不曾把吸收新教徒当作一个需要去想的问题，他们或是在四处做道场的过程中顺带招到人（道场的围观者中有人主动提出要拜师入教），或是在帮人做治病、驱邪等法事时顺便把对方吸收进教门，连最差的年头登上"法船"（即拜师入教者名录）的都有数百，"年成好"的时候千余人也不是问题。这些人员的来源除了蠡县本地外，也有天津、石家庄、沧州、肃宁、保定、无极等地方的人，他们也不时会来蠡县到师父家里的佛堂上供、贺节，因此地方父老们宣称蠡县是弘阳教在河北地区最坚强的根据地，本地教门的兴盛程度远远超过了邻近的安国、博野、望都等地的弘阳教分支，笔者尚未能证实此说准确与否，但蠡县弘阳教徒对本地教门的自信由此可见一斑。像这样的一个宗派，只能说它潜隐在草根社会里、潜隐在当地农民的日常生活和日常意识里，但绝对谈不上凋零。

那么，这样一个潜隐的弘阳教究竟诉求什么呢？魏乐博（Weller，1987）所创造的"意义饱和状态"（saturation of meaning）可能是对此最精当的形容词——各种分歧的象征、意义、诠释、诉求全部混杂在一起，没有哪一个能够长期压倒其他竞争者而挺立，而且似乎也没有什么意识或力量试图去排除矛盾、整合分歧。蠡县的弘阳教的诉求就是如此，之前的历史中出现过的各种象征、意义、诠释、诉求都以某种形态积淀了下来，除了上一节所谈的"发弘愿""收弘愿"这两个带有黑社会色彩的入教仪式和"作会上供"中的敛财仪式的关键词从未在蠡县听闻过以外，似乎没有什么东西彻底消失了，反而还加了一些新的东西进去。

首先，尽管发生了一些变化，但弘阳教的"密宗"在蠡县依然存在，包括蠡县最偏向"显宗"路线的（以做科仪为其主要活动内容）也是群众基础最雄厚的一个支派，其入教仪式也完全不是复诵"发弘愿"之类的陈言套语，而还是以"开关、点窍"和传授内容为五句话的"无字真言"为核心内容，这些内容就是日后信徒每日在佛堂里打坐练气、体验"十步修行"功夫的前提条件（当然，有多少信徒会照规定去修炼是很难说的）。而且，他们对坚守密宗的传承是有自我意识的，如"我们和在寺院里念佛的那些人不一样，我们修的是本身，传的是无字真经，打坐、运功，不好修啊！"这种以打坐运功来标榜自身与佛教之不同的说词就相当流行，参与程度稍高的信徒都会这样说。此外，当地的一些较专注于"法术"——吊魂、通灵、驱邪等——的小支派则更是突出密宗修行的重要性以及弘阳教在这点上与佛教的根本差别，他们最自豪的是涉及超度的各种仪式，"我们念经不念佛……我们和寺院不一样，是把亡灵亲自请来超度……经也念的，坐堂的念小经。关键（我们）有人坐坛，在炕上，请神位、安神位、请三代宗亲，把死人请到了（家属）再哭、（让家属）和死人说话"。而把亡灵请来的本事靠的就是密宗的修炼，所以，这类小支派当中的一位师父近年来试图重建弘阳教使用旗幡的传统，号称以通灵之法得到无生老母和释迦佛降下六面"圣旗"的图样和文字，其中隐含着至上乘的修行法要（无字真经在其中），尽管这些圣旗上的文字如谜一般难解，但仔细观察后不难发现其中有大量的词句就是从弘阳教"密宗"的核心经卷——《弘阳显性结果宝卷》演绎而来的。

至于"显宗"，它不但几乎被完整地保留了下来，某些方面甚至还发展到了前所未有的程度。前面已经描述过仪轨在蠡县盛行的情况，相信已无须赘述，以下要说明的是此地的弘阳教如何把彼岸世界想象得越发"逼真",在蠡县弘阳教门之中流传的《混元祖教根源家谱》(以下简称《家谱》)这份手抄本是对此最好的见证。

笔者所看到的这份《家谱》是2004年元月某信徒手抄在常见的32开笔记本上的,但它的最原始版本很可能出现于道光年间,因为它的开篇第一章(也可说是序)就是在蠡县流传的弘阳教"通天杆·金龙玉华枝"第二十代掌教韩化龙(1756～1824)的传记,我们可以据此推测这份《家谱》最初是韩化龙的弟子或徒孙在道光四年(1824)他去世之后不久创作的,之后经本杆枝的历代掌教陆续更新、传衍至今。《家谱》全长仅15页,从弘阳教众多的经卷中浓缩精炼出这样一份简明版神话史,其目的想必是为了便于传抄和背诵,而经过比对这本《家谱》所载的内容与蠡县弘阳教徒的口述材料,也确认了这本《家谱》在很大程度上塑造了当地信徒关于该教的"常识"。

从创世神话在全书篇幅中所占比重来看,《家谱》毫无疑问地反映了对于想象彼岸世界的浓厚兴趣。事实上,整个《家谱》就是一本神话史,我们可以依时序将它分成三段,第一段首先是宇宙创生史兼神圣家族的谱系学(因为它的宇宙生成史就是以神圣家族的发展历程和规模来界定的),其次是飘高祖师本人的神话传记,最后是比较接近信史的"后飘高时期"弘阳法脉传承史。第一段完全是描述彼岸世界的神话,占了近半篇幅。第二段是神话与历史的杂糅,占了近三成。第三段是历史材料的率直铺陈,完全没有神话性质,当中除了第二十代掌教韩化龙朴实无华的传记外,其他就是列举一众掌教的姓名、籍贯、生卒年代等基本资料,包括飘高祖师的十大弟子,也就是"十杆"的奠基者,还有蠡县弘阳教所接续的、由飘高的大弟子牛玄黄所传的"通天杆·金龙玉华枝"的前二十四代掌教。换言之,有神话性质的叙事在这本《家谱》里占了近八成的篇幅。

那么,这占了八成篇幅的神话叙事究竟做了什么?简言之,就是前面提过的"把彼岸世界想象得越发逼真",只不过它所走的路既不是韩太湖在《混元弘阳悟道明心经》里所鼓吹的"皇宫内苑景物"的那条遥不可及的玄想之路,也不是前文讨论的那几份科仪文本所反映的那套和"帝国体制与贡赋制度"打交道的政治想象,而是用老百姓在此岸世界里最切实的日常经验和意识来想象彼岸世界,让彼岸世界变成蠡县农村家族社会的延伸、复制或镜像，如此的想象世界在老百姓看来才是最逼真的。

《家谱》的最精彩之处是占了近半篇幅的"前飘高时期"神话。这部分不仅继承了《混元弘阳悟道明心经》《混元弘阳飘高临凡经》等"大五部"经中既有的神话，更加以整理、扩充，表现了丰富的想象力，其要旨可简述为：这个宇宙是独龙老母所创造的，而宇宙秩序的最高层次"三宗"就是独龙老母的三个孙子——西去祖、韩高祖、坤天祖——分别建立的三个宗族，每一宗族统驭着一个国度。至于"五派"，是指"中皇"韩高祖的十二个儿子当中的老大到老五，他们又称"圣中五姓"，分别统御着下界的"龙宫海藏""山林洞府""中原""西域"和"北八天及地府"，另外的七个弟弟则分别统御着天界的几个"金城""云城"和下界的英国、法国。至于"九杆十八枝"，就是韩高祖的第六子、"西金城"的统治者混元老祖的十八个子、孙和曾孙所分别建立的家族，飘高祖师就是混元老祖及其夫人子暑老母的四世孙（混元—燃灯—阿难—无极—飘高）。

把以上的新编加强版与旧版神话加以比较，可发现前者有三个特色：（1）它提纲挈领，大幅简化了自《混元弘阳悟道明心经》、"小五部"以降，随科仪内卷化蔓生而不断膨胀的神谱，把"八十八祖"甚至"千佛万祖"等提法收缩到"三宗五派九杆十八枝"这个轴心上来，突出宗统、隐去旁支。（2）母性（maternity）被抬高到宇宙论的中心位置，取代了旧版神话中偏重父性（paternity）的色彩——它不但以"独龙老母"取代了"混元老祖"为宇宙创造神，更为所有的男性神都配上了女性配偶，于是旧版神话中"男性神生男性神"这种说法的模糊性被彻底扬弃，原来有可能被诠释为"化身"或"以法力创造"或"炼化"之类抽象的、神秘的"生"于是被具体化为生物性的生殖，母性遂成为不可规避的神圣原则。（3）华北农村小家庭的意象极其抢眼——这套神话在家族制度上显然不采取儒者所鼓吹的并在南中国很多地区流行的那种父系宗族聚居模式，而是像华北的小农户一样把"分家""各占各地、各居各院"视为理所当然，而对分家方式的想象则遵循农业经济里的模式，以"分田地"或"裂土分封"而不是以职位（如世袭某爵位）或权力（掌控风、雷、雨等现象或延生、注死、解厄等事务的权限）来划分各房支、各家院的资产，这样的想象在旧版神话里是找不到明确根据的。

推崇母性这一动机也鲜明地出现在第二段飘高祖师的神话传记中。《家谱》在这一段的内容很少来自"大五部"，绝大部分都是他死后徒众编造的传说，其中有些内容甚至与《混元弘阳苦功悟道经》里的说法相冲突。这份传记把韩太湖描绘成一个孤儿，在其短短的一生中，除了19岁到20岁在云游修道外，其余的时间都与母亲相依为命、苦寒度日。不仅韩太湖本人的一生与"儿子孝养母亲"这个动机分不开，他一生事业的冠冕——成功地使皇室成员信奉弘阳教——也来自同一个动机，只不过不是他自己的母亲而是"国母"，也就是万历皇帝的母亲李太后，据说他在定国公徐大人的举荐下给李太后治病，治好了李太后的沉疴后，万历皇帝为表示感恩而敕封他为"正德明医真人"，皈依了弘阳教，从这个机缘开始，之后才陆续有了万历皇帝敕封他为"治德文佛"等各种荣誉。最后，这位不仅孝养了自己的母亲也帮天下臣民孝养了"国母"的大孝子，自身也体现了神圣母性的"哺育众生"之德，据说他死后三年河北春季大旱，农民无法春播，至六月方降大雨，可是田间没有禾苗，有雨水也无济于事，眼看一场饥荒就要降临，此时，韩祖化身为一名老农，推着小车，满载着荞麦种子，从定州北齐村开始沿着田埂播撒，一直播到大兴县佛落村以后就消失不见了，就这样解救了当地百姓，定州知州把此事查明奏报给万历皇帝，皇帝于是敕建北齐村韩祖庙以纪念这一功德。

至此，相信我们已经说明了弘阳教在蠡县的潜隐和延续。所谓的"潜隐"，就外显的组织和行动而言，是指其组织上的"业余主义"（即道士与农民之间无截然的划分），其仪式活动与当地民俗的深刻融合（即其仪式传统不多不少地镶嵌在当地农业周期、节庆和人生礼仪之中），而就抽象的论说或诉求而言，则是指其"意义饱和"的胶着状态，而这个饱含各种分歧、矛盾的可能意义诠释的池塘，就来自于"延续"——它宽宏大度地接纳了弘阳教在过去400年来创作、使用过的各种论说和思考素材，任由它们自相矛盾而依然不排除掉任何东西，结果，正如魏乐博所指出的：此种积淀的驳杂性给人们任意取用、穿凿附会留出了宽大的余地，于是使任何一种意义诠释都不可能成为主流，这样也就避免了它的激进化成为一种宗教运动的可能——在清朝以来中国各政权一贯对弘阳教采取的镇压态势下，这种避免激进化的机制也就等于是保证它能在潜隐中延续的护身符。

当然，蠡县的弘阳教的神话论说也不只是承袭旧元素，它也有一些新发展，那就是把对彼岸世界的想象与农民的日常经验更深地融合为一。这一趋势显然与该教在组织活动上的"潜隐"相配套，两者都意味着"批判性距离"的消灭：不出家、干世俗营生，甚至平常不忌荤食、烟酒的业余弘阳道人与俗人之间几乎没有距离，完全与民俗节庆日程整合的弘阳教行事历与一般农民的老黄历也没有距离，同样的，在圣中世界里婚配、繁衍、分家分地的神圣家族，和在华北平原上婚配、繁衍、分家分地的农民百姓家族之间也没有根本的差异。除了没有三途五苦、三灾八难、贪、嗔、痴诸恶业纠缠等这些令人艳羡的特权之外，在原则上，我们几乎可以猜想到在圣中的他们也得遵循三纲五常这些家族伦理来过日子，于是，遵循被烙上"儒家"标记的世俗伦理道德就和奉"弘阳教"之名的宗教修持没有什么本质上的区别了，结果恐怕除了批评前者欠缺获得救赎的技术手段（密宗的性命修炼或显宗的斋醮科仪）之外，后者完全无法从什么不同的宇宙论、本体论层次上引申出对前者的原则性批判。

结　　论

以上，本文已扼要地展示了弘阳教的论说与诉求自400多年前创教以来至今的演变，最后且让我们从前面的讨论中提炼出一个总的演变趋势作为总结。笔者认为，这一总的演变趋势可以被概括为"通俗化"。

"通俗化"和"世俗化"也许有很多类似之处，但不是完全相同的一回事。若依循韦伯传统的观点（韦伯，2005；Berger，1981），"世俗化"的要义在于世界之理性化除魅，其表现主要是宗教、神学权威所支配的生活领域缩小，被现代科学和世俗国家的力量日益排挤到边缘，但"通俗化"与理性化除魅无关，它指的是宗教的"先验"或"超越"界域逐渐被排挤而趋于消失，表现为宗教"象征"或"隐喻"的所指（即根基于超越界域的意义）被淡化、遗忘，而能指则被"弄假成真"

（reification）而成为意义本身（或者"意义"这类东西干脆就被取消掉了），于是日常的经验意识占领了整个宗教认知的宇宙，结果宗教不再具有超越性、不再能与此岸世界保持具有批判张力的距离，彻底塌陷到此岸世界内部成为后者内在的部分。此外，从现象上来看，"通俗化"与"世俗化"相反，它往往体现为宗教象征和论说的泛滥而非消失，因为国家、资本和知识信息的生产体制都不排斥穿戴上这些已根本上去除了挑战性的宗教象征，反而乐于把它转化成无害的甚至有助于维持既存秩序、既得利益的游戏。

　　弘阳教的"通俗化"可以从很多方面去观察，但最主要的，就是观察在它的论说背后起主导作用的心智图示的变化。如第二部分所分析的那样，呈现在最早的"大五部"经中的心智图示是一个"离散—回归"的模型，这一抽象的动态模型很清楚地设定了两个不同的存在层次——一个低劣的现在和一个高明的原始，"历史"是从高明的原始离散而成为低劣的现在，而"修行"就是把"历史"的离散轨道逆转过来。所以原始（"圣中""真空""家乡""无生""父母""婴儿"）即超越的界域，它是生命和意义的来源。这一模型可以利用更多的隐喻象征来表述（如黄婆、金公等丹道术语）以维持它的纯粹性，即《混元弘阳显性结果宝卷》所代表的密宗，也可能被包装成通俗易懂的一套神圣家族繁衍扩展的神话，即其他经卷所代表的显宗。之后，我们在第三部分看到了密宗的边缘化以及显宗的内卷化蔓生，随即在政治迫害和众多教派竞争下，弘阳教异化为通过与既存社会组织融合以求存续的一套东西，结果之前的"离散—回归"模型被边缘化，静态的"三层金字塔"模型成为主导的心智图式，神佛与凡俗百姓之间的亲属关系被隐没，取而代之以俗世帝国的统治关系与贡赋制度——这就意味着神圣的宇宙秩序和帝国的秩序趋同，前者只是"可能相对优越的"但却说不上是绝对超越的、另类的东西，它只是此岸世界的另一份比较好的拷贝，而不是另外一本书。最后，在第四部分里，我们看到了长期潜隐在农村的弘阳教如何更进一步地把圣中世界的形象塑造得与华北农村家庭几乎完全相同，换言之，华北农村家族的亲属关系成了主导性的心智图式，信徒们用他们熟知的亲属规则来构想圣中世界的组织规则。这和弘阳教最初的情况相对比，清楚地揭示了"通俗化"是什么：本来用比较容易想象的世俗亲属关系来表述"离散—回归"这一抽象的模型，结果发生了"买椟还珠"的故事，"离散—回归"的心理图示隐没了，作为表述方式的世俗亲属关系反而变成了主导的心智图式，于是，"离散—回归"图式所预设的超越界域以及它暗示的超越之法自然也就无所着落了。

这样的通俗化为什么会发生？或许应该从两个不同的层次来思考，首先是回答"通俗化为什么会发生"这个一般性的问题，其次再回答"弘阳教为何采取这一特定的通俗化道路"。

对于第一个问题，结合"文化的传染病学模型"（Sperber，1996）和的"神学的正确性不敌常识的正确性"论（Barrett，1999；Barrett，Richert & Driesenga，2001）可能是个很有效的方向。依斯帕波（Dan Sperber）所说，宗教可以被视为一种"文化传染病"，是一大群基因的结合体，它必然要在传播的过程中经过无数次的复制再生和突变，若突变之后产生的新基因型在特定环境中的再生能力强过原版的基因，自然就会在该环境中替代原版的基因，使这种病发生变异。再按照巴雷特（J. Barrett）以实验得以佐证的论点：在缺乏专门传授神学知识的场合、人才和教材的情况下，依靠记忆来进行的口语传播几乎注定会扭曲神话文本，遗漏或修改掉其中违反或不符合直观认知习惯的细节——尽管那些细节往往就是维系"神学正确性"的关键——使神话变得更符合直观认知，也就是更符合常识，于是，假设情境没有任何改变，经过无数次传播再生之后，更符合常识的新版就回袭夺掉旧版。我们可以设想，在1950年以前贫穷、文盲人口众多，印刷不发达的华北下层农民百姓当中传播，再加上官方的管治使弘阳教内的知识分子不可能进行公开、坦然而深入的神学传承与讨论的条件下，弘阳教神话变得日趋贴近于农民的常识，应当是再自然不过的事，但是，由于缺乏史料证据，也没办法再回到清代的华北做田野调查，所以这毕竟只能是一种推测。

对于第二个问题"弘阳教为何采取这一特定的通俗化道路"，石瑞（Stafford，1992，2000，2008）的观点或许是最切题的指引。石瑞把鲍白[Bowlby，1982（1969）]所提出的情感依附理论（attachment theory）用以观察中国文化，认为偏好突出表现情感依附（相对于个体独立）和分离焦虑（separation anxiety）是中国文化的重要特色之一，再加上性别分工、父系宗族制（含从夫居、外婚制）、群居方式等制度的作用，中国子女对母亲的情感依附关系特别强烈，分离焦虑也特别突出，尤其是母亲与儿子之间的纽带，更成为中国各种文艺作品乃至宗教神话无尽讴歌、眷恋的核心主题。依循这个指引，我们可以看到弘阳教的通俗化其实是发生在"母子关系"这个主题在中国文化——至少是中国的民间文化——里的地位被推得越来越高的运动过程当中的一个小局部，这场运动的首要标志之一是从北宋起，"目连救母"故事开始与"血盆地狱"或"血湖地狱"的恐怖想象相结合，然后以戏剧、装置、说唱等各种俗民艺术形式广泛流行开来，与佛道两教炮制出的一系列相关科仪相互拉抬声势（所以弘阳教也不能不依例在创教之初便立刻推出了自己的《血湖宝忏》），于是一路盛行到民国时期，仿佛成为元以后民俗佛道教的标志产品，至今依然余波荡漾。此外，南宋以后各种女神崇拜的普遍崛起当然也是这场运动的重要见证，这其中就包括了从明初开始朦朦胧胧出现、晚明以后成为包括弘阳教在内的各种民间宗教都一致顶礼的无生老母。因此，被镶嵌在这场更深更广的文化运动当中的弘阳教，会借着努力刻画母子关系、突出母性崇拜来诉求民众，是相当自然的，因为众多实践证明，近代中国宗教宣教成功的关键就是只有召唤起深刻动人的情感依附关系和分离焦虑，才能有效转化成宗教热情。

参考文献

中文

王见川、林万传主编《明清民间宗教经卷文献》，台北，新文丰出版股份有限公司，1999。

王见川等编《明清民间宗教经卷文献·续编》，台北，新文丰出版股份有限公司，2006。

宋军：《清代弘阳教研究》，社会科学文献出版社，2002。

马西沙、韩秉方：《中国民间宗教史》，中国社会科学出版社，2004。

〔日〕泽田瑞穗：《增补宝卷研究》，国书刊行会，1975。

韩秉方：《道教与红阳教》，《文史知识》1987 年第 5 期。

韩秉方：《红阳教考》，《世界宗教研究》1985 年第 4 期。

（清）黄育楩：《破邪详辩》，光绪癸未嘉平重镌四卷本，风陵文库第 19 册。

〔日〕泽田瑞穗：《校注破邪详辩》，道教刊行会，1972。

宋军：《论红阳教教祖"飘高"》，《史学月刊》1996 年第 5 期。

贾作林：《弘阳教与朝廷》，《科学与无神论》2005 年第 4 期。

宋军：《红阳教经卷考》，《史学集刊》1995 年第 3 期。

中国会道门史料集成编纂委员会编《中国会道门史料集成》，中国社会科学出版社，2004。

李世瑜：《天津红阳教调查研究》，载李世瑜《社会历史学文集》，天津古籍出版社，2007。

邱丽娟：《清乾嘉道时期红阳教的医疗传教》，《国立台南师范学院学报·人文与社会类》37：1，2003。

庄吉发：《从取缔民间秘密宗教律的修订看清代的政教关系》，载淡江大学历史系主编《第二届中国政教关系国际学术研讨会论文集》，1991。

庄吉发：《真空家乡——清代民间秘密宗教史研究》，台北，文史哲出版社，2002。

〔德〕韦伯：《宗教社会学》，康乐、简惠美译，广西师范大学出版社，2005。

英文

Shek，Richard & Tetsuro Noguchi

2004 *Eternal Mother Religion：Its History and Ethics*，in *Heterodoxy in Late Imperial China*，University of Hawaii Press.

Hutchins，Edwin

1980 *Culture and Inference*，Cambridge，MA：Harvard University Press.

D'Andrade，Roy

1995 *The Development of Cognitive Anthropology*，Cambridge：Cambridge University Press.

Schank，R. & R. Abelson

1977 *Scripts，Plans，Goals and Understanding*，Hillsdale，NJ：Lawrence Erlbaum.

Casson，Ron

1983 "Schemata in Cognitive Anthropology"，*Annual Review of Anthropology* 12.

Brewer，William

1984 "*The Nature and Function of Schemas*"，Robert S. Wyer，Jr. & Thomas

K. Srull eds. , *Handbook of Social Cognition*, Hillsdale, NJ: Lawrence Erlbaum.

Keller, Janet Dixon

1992   "*Schemes for Schemata*", Theodore Schwartz, Geoffrey M. White & Catherine A. Lutz eds. , New Directions in Psychological Anthropology, Cambridge: Cambridge University Press.

Gates, Hill

1996   *China's Motor: A Thousand Years of Petty Capitalism*, Ithaca: Cornell University Press.

Sangren, Steven P.

1987   *History and Magical Power in A Chinese Community*, Stanford, CA. : Stanford University Press.

Wolf, Arthur P.

1974   "Gods, Ghosts, Ancestors", Arthur Wolf ed. , *Religion and ritual in Chinese society, Stanford*, CA. : Stanford University Press.

Weller, Robert P.

1987   *Unities and Diversities in Chinese Religion*, Seattle: University of Washington Press.

Berger, Peter

1981   *Modernisation and Religion*, Dublin, Ireland: Economic and Social Research Institute.

Sperber, Dan

1996   *Explaining Culture: A Naturalistic Approach*, Oxford: Blackwell.

Barrett, Justin L.

1999   "Theological Correctness: Cognitive Constraint and the Study of Religion," *Method & Theory in the Study of Religion* 11.

Barrett, Justin L. , Rebekah A. Richert & Amanda Driesenga

2001   "God's Beliefs versus Mother's: The Development of Nonhuman Agent Concepts", *Child Development*, 72 (1) .

Stafford, Charles

1992   "Good Sons and Virtuous Mothers: Kinship and Chinese Nationalism in Taiwan", *Man*, NS. 27 (2) .

2000   *Separation and Reunion in Modern China*, Cambridge: Cambridge University Press.

2008   "Actually Existing Chinese Matriarchy", Brandtstädter, Susanne & Gonsalo

D. Santos eds. , *Chinese Kinship*： *Contemporary Anthropological Perspectives*, Abingdon：
Routledge.

Bowlby，John

1982（1969） *Attachment and Loss*, London：Hogarth Press & Institute of Psycho-
Analysis.

官方的态度与宗教在
民间发展的关系

范丽珠

　　无论何种形式的宗教，其生命力及其存在性都在于与民众生活的相互适切与不断地变化。本辑《宗教人类学》的"本土眼光"专栏收录的5篇文章，尽管研究的题目不同，关注的宗教形式不同，但是一个共同点就是力图揭示民间宗教（教派形式与寺庙形式）、新兴佛教团体以及儒家祭祀能够穿越时空，在现代社会中的存在以及变化，其中官方的态度与宗教在民间的发展模式是最为值得关注的，能够帮助我们认识中国宗教的特征。妈祖信仰、儒家祭祀文化、佛教的三时系念、民间社区寺庙以及弘阳教都有各自悠久的历史传承以及广泛的社会基础，这几篇文章用丰富详细的人类学资料，与相关理论进行对话，在展示传统宗教在现代生活中的生命力的同时，也指出传统宗教在现代社会中不可避免地受到各种因素的影响，对其现代功能的期待也超出了其固有的内容。那么一个很显然的问题便是，这些传统宗教形式的现代改观，是否还能保持其特有的宗教内容与社区功能？

　　无论是传统社会还是现代社会，官方与不同形式的宗教之间的互动，直接影响着宗教的存在与发展，而这种互动模式是与某个特定文化的特征密切相关，更显现在不同的民族、文化有各自不同的宗教样态。杨庆堃在其著作中很关注官方与宗教的关系，他讨论了"传统封建王朝如何竭力证明他们掌握了超自然力量？政府如何垄断了某些仪式以及对宗教事务的解释权？政府如何对宗教团体和僧侣人员加以管理和控制？

而其中最为重要的是，封建政权如何千方百计地防止、镇压非正统宗教运动的发展"（杨庆堃，2007：172）。

"神道设教"的基本观念通过各种文化性与宗教性的信仰，成为传统政治制度中一个固定的组成部分。所有官方的综合性参考文献，比如官方文献和地方志，都有关于宗教事务的章节并有详细的记载，所有的寺庙分成两个主要大类，即官方祭祀（官祀）和民间祭祀（民祀），分类的标准更多是来自于撰修者的考虑，而与信仰的内容关系不大（杨庆堃，2007：144）。中国历史上的造神运动始终没有停止过，其中自然存在着许多荒唐的东西，但明显地形成了几类透过"神道设教"的信仰形式并配合有相应的组织形式。实际上，这些不同类型的信仰与组织形式，基本上都反映了官方与民间直接或间接接受的某些特定的价值，而这些价值对于社会有非常深厚的引导作用。本专栏所涉及的儒家的家祭、妈祖信仰、寺庙间"讲礼"以及弘阳教信仰，是中国传统信仰形式的反映，同时体现了官方与民间在"神道设教"理念下达成的差异性共识。儒家的家祭如果是以儒家学说为官方意识形态的直接体现，那么妈祖信仰则是官方意识形态将具有很大影响力的民间信仰"正统化"或"标准化"的典范，民间寺庙间的"讲礼"仪式间接地体现了信仰的社区整合性意义，至于弘阳教作为民间教派尽管历史上始终受到官方的打压，而有关弘阳教的教主韩太湖在那个大旱之年，解救黎民于疾苦，获得民众的信仰，也反映着民间对正义的界定，通过救民于倒悬的正义之举获得社会安定。最后，佛教作为一直有系统性的宗教信仰体系，其在中国 2000 多年的历史中，就是在不断地民间化、适应民众信仰的需求，来争取生存空间。某种教派的存在与式微、发展与消失，常常与官方的态度、民间的喜好密不可分，从净空派在临江的生存状况也能反映出来。

很显然，在中国社会中宗教的状态与样态往往是官方态度在民间互动的反映，因此，对此现象的认识与探讨成为人类学和社会学的重要路径。美国人类学家华生（James Watson）从民间信仰与国家关系研究中提出的"标准化"（standardization）概念出发，透过妈祖信仰的研究指出，正是封建朝廷得以透过一个官方认可的神明信仰来收编并齐整各地方的淫祀邪神，从而达到将官方意识传递到地方乃至边疆地区的目的。

随后学术界对于"标准化"种种表现的广泛讨论与不同解说，从中展示出的中国式的政教关系，说明不同形式的中国宗教表现的不是国家与地方的对立而是共谋的关系。正如张珣在文章中指出的杜赞奇与萧凤霞的"国家与地方共谋"观念给学界的启示，认为人民并非毫无思考能力的顺从者，这对当代中国宗教的认识仍然有启发性。在田野调查中所看到的，无论是庙宇的管理人、信徒，还是小区头人，都是在精打细算之下，或决定重建翻修庙宇，或举办建醮庆典活动，或组织跨庙宇联谊会。由于乡村资源有限，每个人无不精挑细选出其所能行为的方式。因此，说国家单方面地主宰统治民间，中央单方面地控制掌握地方，是忽略了人民的主动性与决策能力。

在过去的 100 多年间，中国社会深刻地卷入到现代化运动中，对传统宗教的冲击是前所未有的，随着社会变迁的加剧、经济发展与传统社会结构的瓦解，特别是官方态度及管制方式的变化也促使各种形式的宗教有着各种不同的生存策略，这些生存策略与发展模式，无疑更使宗教有了新的社会样态，当然我们也注意到，即使中国宗教的生存策略依然保持传统的官方与民间共谋的特点，但是现代社会的多元性、世俗化、个人主义的特征都深深地影响着宗教发展的走向，从而使得传统的"标准化"讨论有更开放的事实依据。

在这里，我们看到五个研究的专题基本上都以各种丰富的人类学视角进行观察和讨论，向我们展示了现代中国社会不同宗教信仰和组织的现代样态，从而推进了人类学理论的探讨。在这里我们注意到几种不同的模式。

张珣的文章没有延续以往学者透过妈祖信仰在地方整合中贯彻官方价值的思路，而是从如何为"妈祖造像"中体现的现代社会各种势力的互动，来认识"标准化"的问题。由于妈祖在联络两岸感情方面得天独厚的影响力，在目前中国官方对民间宗教仍然暧昧不清的情况下，妈祖信仰较早获得官方的认可，其生存发展空间也因两岸的互动而具有特别意义。于是，在妈祖造像方面体现的各种现代因素以及社会各方面的关注，"丝毫不带有封建迷信色彩和完全符合现代美术工艺的造型，成功地进入中国知识分子与一般人民心中。……代表了新中国对妈祖的接纳，也赋予了妈祖新的国家使命——完成统一大业"。作者还观察到，每个妈祖立像背后可能都有一个故事，说明着地方上头人、精英分子、庙宇管理人、工艺师、信徒等的共同合作与谋略，一起完成妈祖的造像。地方上头人与精英分子担负的是媒介的工作，他们有机会到处旅行与外地接触，到达湄州岛参观祖庙的建设，深谙国家对妈祖信俗推行的用意，他们将外围环境与高层级的新观念介绍到小地方上，他们选择工艺师傅来设计造型。而村落居民是妈祖信仰的基础，有了民众的存在和参与，国家层级的新观念才能落实到民众身上。

王霄冰在对儒家祭祀的研究中，提供了三种形式的儒家祭祀的田野观察，充分地反映了儒家祭祀不同的宗教性：孔庙祭祀具有国家典礼的特征，而颜氏的家祭则是祖先崇拜在现代宗族整合中的体现，樟溪农家谢年祭在普通家庭拜祖先的过程中混合了民间其他祭拜仪式。不论哪一种家祭，都是历史悠久的祖先崇拜，都是中国宗教传统中核心价值的体现，作者将社区、家族、个人凝聚在一起使得家祭的各种仪式的社会性功能更具有一定的现实意义。在文章中，王霄冰详细地描述了三类祭祀仪式的细节，特别是樟溪农家谢年祭最为翔实。不过，值得注意的是，在现代社会，由于儒家思想已经不复为主流的意识形态，尽管官方放弃了对祖先崇拜的敌视态度，但是在人民生活日益世俗化的社会，这些祭祀的仪式都不免发生了某些变化，更为简单化。就在这种日益简化的仪式中，祖先崇拜也就成为民众多元化生活方式中的一种。

河北安国地方庙会间的"讲礼"系统，虽然扎根在基层，却是传统人情社会价值在神亲联系中的体现。"庙上的"是民间"修好"价值的体现，也是民间自治能力和精神的体现。作者在文章中非常清楚地描述了神亲关系的庙会如何透过"庙上的""讲礼"来体现行善积德的地方准则。这种体现民间自治精神、通过神亲关系"讲礼"互动的村落，在当今也有了很大的变化。由于地方政府对经济利益的关注，安国药王庙自1980年以来得到恢复，成为当地"药交会"的核心，政府各个职能部门都有所参与支持，尽管政府官员主持祭祀的仪式，但是他们关注更多的则是药交会带来的经济收益，而当地庙会的逐渐恢复实际上并非是传统社群自治方式的简单回归。

弘阳教作为教派性组织和信仰，无论古今都受到官方的控制甚至打压。作者通过丰富的历史资料和田野资料，向我们展示民间教派信仰在民间社会的存在与信仰特征。尽管官府没有将实现教派组织的"标准化"纳入其主流意识形态，然而历史上教派组织及其信仰的存在特别是在民间的影响力，较大程度上仍然有赖于其与民众生活的息息相关，这在很大程度上是主流价值、佛道教信仰与中国民众共有的信仰一致性的结果，正如作者所指出的那样，"返本归元""达本还原""逆返先天"这类的说法所反映的都是同一个心理图示和追求，这个心理图示大概从北宋末就在全中国的宗教界、哲学界占据了支配地位。作者认为弘阳教并没有凋零而是潜隐于民间。这种情形实际上反映了中国社会官方处理宗教的另一种方式，即使从表面上不见容于现代社会（民国时期对教派结社的打压，新中国消灭反动会道门），事实上则如作者所揭示的那样，"是因为它和当地的农业生活规律、民俗节庆、丧葬风俗等各种草根文化的元素联结成了一张柔韧的网"。像弘阳教这样的传统宗教结社组织形态尽管不复存在，但其某些信仰元素仍然存在于民间，而很多人到其寺庙拜拜时，浑然不知该教原本的历史，不知该教如何弥漫于民间，成为民间宗教的一部分。

在中国特定的政治文化环境中，佛教从一开始就在与之互动中调适、改变，其特征就是在调适自我中得到官方的容纳，在改变中被更多民众所接受。三时系念作为净土宗的一种仪轨，是佛教在中国社会圆融的结果，信众通过三时系念来修炼净土。谢燕清对当代临江净空派某居士道场的活动和净空派信徒参与三时系念仪轨的动机进行了详细的描述。尽管文章中着墨最多的是信众和三时系念的仪轨，但是我们还是从中观察到，无论是历史上还是当今，这种以民众为基础的佛教仪轨流行既是宗教管控的反映，也是那些已经树立其正统地位的佛教宗派互动的结果。在作者的分析中，净空派的流行恰恰是因为官方对佛教的干预，因此我们只有在政府严厉镇压异端宗教的前提下，才能理解佛教徒接受政府严格管制时所表现出的顺从，此时的管制对佛教而言可能还意味着一种垄断性保护。而净空派虽然有着众多信众的追随，但官方确定其地位的佛教团体一方面理念相对滞后，另一方面不情愿被有活力的佛教理念和修行方式所取代，会利用其有利的地位而大力排他罚异。而目前净空派在中国大陆发展遇到的问题，亦造成了其困境。

从本专栏五篇文章提供的丰富的人类学观察和讨论，我们可以看到

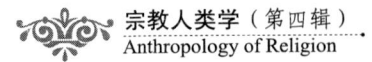

中国宗教的丰富多彩，因此对中国宗教的认识若单纯从所谓"五大宗教"考察，很难有整体和全面的把握。这五篇文章题目与关注点不甚相同，但是均反映出在中国的政治文化环境下各种宗教的发展状况。可喜的是，这五篇文章都篇幅不同地引入了某些理论的讨论。有关中国各种样态的宗教的理论的发展，将有赖于今后学界扎实的田野研究。

参考文献

〔美〕杨庆堃：《中国社会中的宗教》，范丽珠等译，上海人民出版社，2007。

域外视野
OVERSEAS PERSPECTIVES

现代非洲妖术研究的发展[*]

——以非洲市场经济化及妖术现象为中心[**]

〔日〕沟口大助著　边清音译　刘正爱校

一　前言

20 世纪 90 年代以来，多篇研究文章分析了现代非洲各地发生的妖术（Witchcraft，Sorcery，Sorcellerie）现象，讨论人们关于"多元的诸现代"（Multiple Modernities）[①]（Moore and Sanders，2001：12）的社会不同参与方式。[②] 此类文章的主旨在于探讨非洲现代化过程中引发的妖

---

[*] 西方人类学在魔法内部对巫术和妖术作出明确区分。巫术分为白巫术和黑巫术；前者具有治愈效果，后者具有攻击效果。妖术与黑巫术在攻击他人这一点上有共同之处。但是黑巫术是后天地、有意识地使用道具来攻击他人，而妖术则是妖术师与生俱来的，在本人无意识状态下攻击他人。因此，非洲人利用妖术概念来解释生活中的不幸和灾难。埃文斯－普理查德关于努尔人社会的研究便是典型例证。——译者注

[**] 在本文的写作过程中，东京都立大学的大塚和夫教授曾经多次给予恳切指导，借此机会表示深深的感谢！

[①] 近来的非洲妖术研究是将"现代性"（modernity）作为论述的前提展开（Meyer & Pels，2003）的。根据摩尔和桑德斯的研究，"现代性"并不是将社会和文化作为统一的制度朝着同一个方向均质化地发展，而是根据不同的文化脉络，将"现代性"复数化和碎片化（fragmentation）。摩尔等人将这种碎片化的现代性称为"多元的诸现代"，并认为可以将妖术作为其中一个现象来考察（Moore and Sanders，2001：12）。在下文中，作者将使用摩尔等人对"现代性"的提法，为了避免文章过于繁杂，不再以括弧的形式加以标注。

[②] 本文介绍的内容较为有限，自 20 世纪 90 年代，在非洲各国、各地区积累了颇多的以现代化与妖术关系为主的研究个案。例如，这些妖术研究的对象地域包（转下页注）

术现象。本文为行文方便，将有关现代社会变迁与妖术现象的相关研究统称为"现代妖术论"。非洲各地被解读为"传统性"思考或"非合理性"行为的妖术话语及实践，实际上是转译现代各种经验（具体包括殖民地统治、独立后的国家统治、因结构调整而引入的自由市场经济和民主化等）的某种方式。①本文的目的是梳理并介绍 20 世纪 90 年代以来刊载的妖术研究的发展和动向。

二　现代妖术论的动向

（一）现代妖术论的三个主题

20 世纪 90 年代的妖术研究包含政治性主题、社会性主题和经济性主题三种研究倾向。②

第一种倾向是将妖术现象与国家的关系作为政治性主题而展开的研

（接上页注②）括塞拉利昂（Shaw, 1996, 1997, 2001）、科特迪瓦（Augé, 1975；Royer, 1999）、马里（Soares, 1997）、布基纳法索（Royer, 1999）、尼日尔（Masquelier, 1993, 2001；Rasmussen, 2001）、加纳（Meyer, 1995, 1999；Parish, 1999, 2000, 2001）、尼日利亚（Akinnaso, 1995；Bastian, 1993, 2001；Smith, 2001）、喀麦隆（Fisiy, 1990；Fisiy and Geschiere, 1990, 1993, 1994, 2001；Geschiere, 1988, 1995, 1996, 1997, 1998；Geschiere and Konings, 1993；Nyamnjoh, 2001；De Rosny, 1992；Rowlands and Warnier, 1988）、刚果民主共和国（De Boeck, 1998）、刚果共和国（Desjeux, 1987）、肯尼亚（White, 1990, 1999）、赞比亚（Colson, 2000；White, 1999）、坦桑尼亚（Moore and Sanders, 2001；Weiss, 1998；White, 1999）、马拉维（Van Dijk, 1997）、南非共和国（Ashforth, 2000；Comaroff and Comaroff, 1999；Niehaus, 1993）等国家和地区。很明显，与 80 年代集中于东非的妖术研究相比，其研究区域范围大幅度扩展。摩尔和桑德斯指出，非洲的妖术研究"起始于 20 世纪 80 年代后期，90 年代初劲头强势，实现了决定性的复兴"（Moore and Sanders, 2001：10）。

① 此类研究的流派，以科马洛夫妇（Comaroff and Comaroff）1993 年编的《现代与其反抗者——后殖民地非洲的仪礼与权力》一书为先驱。在此前后，美国（Austen, Bond, 2001；Bastian, 1993, 2001；Colson, 2000；Comaroff and Comaroff, 1993, 1999；Masquelier, 1993, 2001；Rasmussen, 2001；Shaw, 1996, 1997, 2001；Smith, 2001；Soares, 1997；White, 1990）、荷兰（Fisiy, 1990；Geschiere, 1993；Meyer and Pels, 2003；Van Dijk, 1997）、法国（Desjeux, 1987；De Rosny, 1992；Royer, 1999）、英国（Moore and Parish, 2001；Rowlands, and Warnier, 1988）或南非（Niehaus, 1993）等国家和地区的学者相互影响，探讨现代妖术现象。

② 在此，简单提及两点"妖术"这一术语的问题。第一，"妖术"一词存在历史负荷问题。"妖术"一词在英文中是 witchcraft、法语中是 corcellerie，但是在（转下页注）

究。该观点将妖术视为使"传统社会"适应国家建设等政治过程的一种机制。该观点有两个立足点。第一,从国家立场来看,须采取现代政治制度(警察、军队、监狱等)或法律制度(妖术审判)等来处理作为政治和社会运动的妖术现象(e. g. Fisiy and Geschiere, 1990, 1994;Geschiere, 1988, 1995, 1997;Niehaus, 1993;Rowlands And Warnier, 1988;Smith, 2001)。第二,将妖术看作人们反抗国家的日常性政治行为(e. g. Bastian, 2001;Comaroff and Comaroff, 1999;Fisiy and Geschiere, 2001;Geschiere, 1988, 1995, 1997;Harnischfeger, 2000;Smith, 2001;Soares, 1997;White, 1999),例如,以20世纪90年代以来的内战、政治家和官僚的腐败与渎职、多党制的转化与不正当选举事件增多等现象为政治背景,将巫术现象解释为具有抵抗性质的大众行为(e. g. Geschiere, 1996, 1997;Rowlands and Warnier, 1988;Shaw, 1996)。葛喜来(Geschiere)将其称为对抗国家的"政治性行为的大众化模式"(Geschiere, 1998)。

第二种倾向是以社会性主题为核心展开的研究,较多关注妖术现象与现代公共性(亲属、社会关系等)变迁之间的关系等问题。此类研究主要包括两个立场。第一,城市化导致的社会关系变化有可能引发妖术现象(Bastian, 1993;Colson, 2000;Geschiere, 1997)。第二,着眼于以媒体为媒介的社会关系与妖术现象之间的关系。报纸、广播、电视等多种媒体信息超越了以往曾利用过妖术的亲属关系和农村社会的框架,产生了许多神秘的城市传说(僵尸、吸血鬼、猎头、豹人、鳄鱼人、外星人、猎奇杀人等)(e. g. Bastian, 2001;De Boeck, 1998;Comaroff and Comaroff, 1999;Geschiere, 1997;Parish, 1999, 2000;Shaw, 1996, 2001;Stewart and Strathern, 2004;Weiss, 1998;White, 1990, 1999)。

第三种倾向是着眼于妖术与市场经济的相互作用,以经济性主题为主要内容的研究。此类研究具有以下三点特征。第一,自20世纪80年

(接上页注②)非洲,"妖术"意义的外延中包含了非洲人民因西欧而被迫接受的善恶道德判断标准的屈辱历史。第二,人类学内部所使用的"妖术"一词,包含着相关的理论含义(大塚,1997;Rasmussen, 2001)。

代以来，在世界银行、国际货币基金组织（IMF）的主导下，非洲各个国家引入了旨在结构调整的有关市场经济的各种制度。受其影响，各国的社会关系也发生了巨大变化。学者们针对该变化所引发的妖术现象展开说明和解释。第二，高度关注产品的商品化以及人们对于商品的炫耀性消费（ostentatious consumption）所引发的对邻居的极度嫉妒和恐惧心理，以及由此产生的妖术告发事件。第三，外资的流通或国家主导的开发政策所导致的地方经济（local economy）的兴衰与妖术告发和参拜反妖术灵庙现象的相互影响（Austen，1993；Comaroff and Comaroff，1993，1999；Geschiere，1997；Masquelier，1993，2001；Parish，1999，2000，2001）。

由于结构调整性政策的导入，市场经济化给现代非洲社会带来了巨大的变化。在此经济性背景下，亦产生了妖术现象。实际上，就现代妖术现象而言，较具启发性的文献多为关注经济性流域的研究。本文将在经济性主题的框架内，介绍研究妖术现象与市场经济化之间关系的情况。[1]

二　市场经济变化导致新妖术的产生

本文中的非洲市场经济，是指以提高独立后非洲各国庞大管理体制的效率为目的，特别是以世界银行以及 IMF 提出的、作为结构调整一环而被引入的诸多经济制度的整体。该政策的前提是，希望借助市场来调整概念化的经济行为主体，使其行为转向合理化。[2] 但就市场经济而言，多数情况下可能会产生以下三种新型劳动范畴。首先，矿

---

① 虽然近年来妖术研究者们主张结合上述三种研究领域，但是本文为了行文方便，将其作了区分，并且，已有学者介绍了近年来以政治为主题的相关研究（菊池，1996）。

② 峰阳一认为，当地村落的人们并非一定采取理性的经济行动，在此情况下，当地人很快就从市场经济化政策中"退出"。从市场竞争行为来看，农村人"退出"市场的行动虽说是非理性行为，但实际上这种行为是针对经济成功者的"嫉妒"和"平等"而采取的行动控制所产生的结果，而此种行动控制原因之一便是妖术。不过峰所讨论的作为非理性经济行为的妖术，其前提是掛谷诚等主导的生态人类学中有关生计维持结构的理论（掛谷，1983）。相反，我们同时应该注意到，妖术也是人们适应市场经济化的理由之一。该问题的讨论将会在后文中展开。

山、种植园等地的季节性劳动者增多（e.g. Colson，2000；Comaroff and Comaroff，1999；Fisiy and Geschiere，1993，2001；Geschiere，1988，1996；Harnischfeger，2000；Parish，1999，2000，2001；Rowlands and Warnier，1988；Royer，1999；Shaw，1996；Soares，1997；Van Dijk，1997）。其次，城市中非正式行业的外来打工者增多（e.g. Bastian，2001；Comaroff and Comaroff，1999；Geschiere，1988，1996，1997；Parish，1999，2000，2001；Rowlands and Warnier，1988；Shaw，1996，1997；Soares，1997）。再次，不同规模种植园的农民以经济作物栽培作为经营基础（e.g. Colson，2000；Fisiy and Geschiere，1993，1994，2001；Geschiere，1988，1997，2001；Rowlands and Warnier，1988；Royer，1999）。现代妖术论学者同时也会研究这些场域中的行为主体。

需要指出的是，城市与农村在社会层面上具有连续性，这一点是考察非洲经济不可或缺的背景因素之一。经济学家峰阳一指出，非洲的劳动力市场不可能产生"为新外来工在非正式企业中提供正式雇佣的可能性"，同时，劳动力在城市与农村之间的"循环水平流动性"较高，即，农村居民可以通过亲属或朋友关系网络，较为容易地向城市移动。现代妖术论学者认为，可以在上述城市与乡村的连续性中寻找引发妖术现象的某些原因（e.g. De Boeck，1998；Geschiere，1988，1997；Parish，1999，2000；De Rosny，1992；Rowlands and Warnier，1988；White，1990）。这就是经济成功人士受到来自城市和乡村的双重非议和嫉妒的原因，也就是说，上述社会层面的连续性是孕育妖术现象的母体。①

但是，在殖民地时代，以上劳动范畴的变化和农村—城市连续性的这两种经济状况，已经有了一定程度的发展。因而，本文所提到的市场

---

① 作为显示城市与农村之间关联性的个案之一，作者举出一种被称为提提鲁帕（Tetelpa）的妖术对抗狂热运动。20 世纪 50 年代，在加纳、布基纳法索、科特迪瓦等地大范围内迅速兴起妖术对抗狂热运动，其原因是，从热带草原迁入城市或种植园的劳动者，在工作结束回乡之际，将这些信仰带回了自己的故乡（Royer，1999）。我们看到，在所迁之处获得的信仰通过城市、农村乃至种植园之间的循环流动，相互影响，不断得以实践。

经济化也包括殖民地时期的相关内容。介于对上述条件的考虑，本文以下主要介绍 20 世纪 90 年代以后刊发的有关市场经济化与妖术现象的综合研究。

三　妖术所具有的阻碍"积累化"倾向

（一）"平均"社会与妖术现象

根据奥斯丁（Austen）和帕里斯（Parish）的研究，由于市场经济的导入所引发的经济不平等以及与西欧等外部世界的接触，非洲城市很容易产生社会变迁；相反，有限的生产关系所产生的农村社会规范仍在一定程度上影响着农村人们的行为。市场经济的导入所导致的生产关系的变化，与农村社会中固有的道德经济之间存在着一定的差距；妖术现象便出现在二者的差距空间中（Austen，1993；Colson，2000；Comaroff and Comaroff，1999；Parish，2000）。

葛喜来将农村共同拥有有限的财富生产和分配的倾向称为"平均化"（Leveling，Nivelant[①]），将自始至终很好地参与部分农村和城市市场经济并取得经济成功的新"精英"的实践行为称为"积累化"（Accumulating，Accumulant）（Geschiere，1997）。两种倾向之间存在着差异，这是现代妖术论研究者们在研究过程中达成的共识。生产和分配不确定性的增加，加剧了经济性的不平衡，人们试图通过互惠性的社会实践来保护社会成员，以维持最低的生存需要。在这种状态下，道德经济的"平均化"倾向发挥了强大的功能。根据葛喜来的研究，在以财产的集体所有、平均分配为主要道德规范的农村，持有"积累化"财富而不与其他村民平均分配的人，会被其他人打上"妖术师"的标签而被揭发。人们通过这种实践竭尽全力来保障"平均化"的实现。在此，需要首先确认的是，这种"妖术的零和经济学"（Comaroff and Comaroff，1999）中的"平均化"社会特征，是现代妖术论的

---

① 掛谷从生态人类学的角度指出，具有该倾向性的社会，是以制度化的嫉妒为核心所形成的"平均化"社会（掛谷，1983）。

前提。

（二）赞比亚和南非的个案

本文通过社会中妖术现象的个案来考察"平均化"倾向。通过对赞比亚汤加农村社会的分析，科尔森（Colson）将社会变迁时期经常可以看到的妖术告发行为，视作"日常生活与宏观体系之间的相互作用"（Colson，2000）。在汤加，经济作物的引进、奢侈品的流入、急速的通货膨胀、艾滋病等疾病的蔓延、犯罪的多发、20 世纪八九十年代频发的饥荒等，使人们产生了一种"牺牲者的感觉"（Colson，2000）。受过教育的城市居民将这种牺牲者意识归咎于社会不公正、开发计划受挫等政治经济问题，而没有教育基础的农村居民则将其归于妖术。

进一步而言，继承法的修改和家庭内部劳动形态的变化，成为引发妖术告发的新因素。根据科尔森的解释，在以母系制度为基础形成财产继承形式的汤加社会中，不应该出现父亲被子嗣作为妖术师告发的现象。但自 20 世纪 90 年代以来，此类个案频繁出现。其背景如下：根据 1989 年制定的继承法，虽然父亲财产的 70% 有可能被其妻子和孩子继承，但由于法律失效，形成了父方集体独占财产的状态。并且，父亲通常是市场经济化过程中的季节性劳动者。年轻父亲作为矿工在南罗得西亚工作，随着孩子的成长而返乡。父亲为了在家乡种植棉花等经济作物，而残酷劳役自己的孩子，导致孩子无法接受学校教育，因而孩子对父亲的憎恨与日俱增。由此可推测，父亲作为妖术师被告发的个案增多（Colson，2000）。在该个案中，一方面，父亲单方面无视妻子和孩子被国家认可的排他性继承权，榨取因引进经济作物而成为无偿劳动力的孩子的劳动成果，恣意"积累"财产；另一方面，妻子和孩子希望根据修订的继承法分配财产，换言之，其对财产"平均化"愈发期待。如此造成的期待与现实的差距，使父亲成为本不应该的妖术告发对象。

不仅在农村，城市中也存在以"平均化"指向为依据而杀害妖术师的现象。下面介绍科马洛夫妇（Comaroff and Comaroff）所关注的，南非种族隔离体系崩溃后激烈的政治经济变迁与妖术告发之间关系的个案。1989年，白人总统德克勒克就职后，推行了废除种族隔离的政策。1994年，在民主选举基础上产生了黑人与白人的联合政府——曼德拉政权，黑人从此期待能过上"彩虹之国"理念所倡导的生活，与其他种族共生，与其他种族轮番执政，从而使其经济富足。然而，由于外资的迅速撤离，黑人非但没有摆脱"殖民地束缚"，反而饱尝了"经济贫困和空前的边缘化体验"之苦果。曾经的"希望"瞬间转变为"绝望"（Comaroff and Comaroff，1999）。在失业率上升中挣扎的城市青年对靠国家失业保障金过稳定生活的老年黑人的嫉妒与日俱增。在此背景下，1990年3月21日，马丢拉（Madura）发生了残杀妖术师事件：一位领取失业保障金的老年黑人女性被附近的年轻失业者认定为妖术师，附近的年轻失业者聚集在这位女性家中，焚烧其家产，并浇上石油将其烧死（Comaroff and Comaroff，1999）。

根据科马洛夫妇的解释，这是一个利用"妖术的零和经济学"理论，对那些"非共有而私有"财产和"被社会性孤立而毫无防备"的人采取社会性放逐措施的个案。年轻黑人将曼德拉的释放及其就任总统伴随的政权更替视为"新生"（Renaissance）和"自由"的象征，并以此认为是秩序逆转的标志，由此孕育了"财富会降临在所有非洲人头上"（Harnischfeger，2000）的梦想。但是，事实上他们被赋予的经济机会甚少。其结果，积累不正当财产的人被当作巫术师而遭到社会的排斥（Harnischfeger，2000）。在上述个案中，袭击老年黑人妇女的年轻人多数为在非正式部门工作后失业的人。

在上述赞比亚和南非的个案中，农村和城市中"平均化"指向的穷人与"积累"财富的富人之间的纠纷，是进入市场经济后引发的社会变迁不断激化而产生的结果。根据现代妖术论学者的研究，一方面"平均化"指向的穷人认为，富人利用妖术把穷人作为牺牲品而侥幸得到市场经济化中的经济性机会，因此十分嫉妒富人。由此产生了指向富人的妖术告发和突发的仪式性杀人等事件（e.g. Bastian，2001；Moore and Sanders，2001；Parish，1999，2000；Smith，2001）。另一方面，在经济条件上占优势的富人，害怕自己会被"平均化"指向的穷人嫉妒而遭到妖术攻击，因为恐惧进而采取针对妖术的防御措施。根据现代妖术论学者的研究，正是因为上述"平均化"指向的穷人和"积累化"

指向的富人之间循环性的想象和实践，使妖术不断延续。在走向市场经济的过程中，贫富之间的纷争成为常态，导致并强化了妖术现象的循环往复（Fisiy and Geschiere，2001；Parish，1999，2000）。

　　基于上述学者们的观点，我们不妨将赞比亚和南非等地的妖术现象理解为"平均化"指向社会中以零和博弈为前提而产生的个案。

四　妖术的"积累化"促进倾向

（一）作为"积累"力量的巫术

　　如上所述，在以零和博弈为基础的社会中，对个人的财富积累所产生的嫉妒心理，可能会引起妖术告发现象。在有妖术现象的社会中，以新型的个人财富"积累"为目标的人被视为贪得无厌的典型代表。但是，将这种人当作妖术师来告发，并不一定会导致财富的"平均化"。

　　根据菲斯依（Fisiy）和葛喜来的研究，人们通过妖术告发，在"平均化"的名义下，确实阻碍了新型财富的"积累"。但与此同时，借助具有"平均化"倾向的妖术观念和实践，有时也会出现新型"财富积累"（Fisiy and Geschiere，2001）。以下笔者将说明在殖民地时期的市场经济化过程中，作为"积累化"力量的妖术个案。

（二）喀麦隆的个案

　　葛喜来根据他在喀麦隆的白克瑞（Bakweri）社会的田野调查以及人类学家阿德纳（Ardener）的资料，分析了殖民地化以后市场经济过渡期的妖术现象（Fisiy and Geschiere，1993）。

　　在殖民地化以前，位于喀麦隆西南海岸喀麦隆山地、土壤肥沃的山坡地带的白克瑞社会，一方面具有"平均化"指向，另一方面对羊、猪、牛等家畜具有强烈的"积累"意识。但是"积累"意识被妖术（Limba）所抑制。一家之主为了避免被当作妖术师而告发，必须利用"积累"财富的代表——猪，象征性地进行大量消费。由此可以看出，白克瑞社会具有"平均化"指向社会的特征。

白克瑞社会受到了殖民地化社会变迁的洗礼。率先征服喀麦隆的德国，于1880年在白克瑞人居住的肥沃土地上建立了大规模的香蕉种植园。白克瑞人被封闭在喀麦隆山区的指定居留区，被迫成为香蕉种植园的劳动者，但是他们几乎不关心从香蕉种植园获得的利益。继德国人之后，英国人于1914年成为那里的新殖民者。他们认为白克瑞人是没有"积累化"倾向的、"缺乏活力"的民族。

在此过程中，1951年，由白克瑞精英创办了农业合作社组织，确立了香蕉出口欧洲市场的制度。1953年，白克瑞人作为香蕉种植园的主人，通过上述生产组织销售香蕉，获得了大量的利润。

随着这种经济变化，出现了被称为"Nyongo"的新的妖术概念。"Nyongo"包含两种观念，即以成功（财产的积累）为目标的力量和以破坏（亲属的残杀）为目标的力量。具备"Nyongo"力量的人，被看作是妖术师，他可以将所害亲属变成僵尸（Vekongi），让它在灵山种植园工作，为其赚取财富。可见，种植园这种新型劳动形态孕育了新的信仰观念。由此，一方面种植园的劳动力得到了保障，另一方面赚取财富的人被视为妖术师而遭到憎恨。

1955年，白克瑞社会内部对市场经济过渡时期因种植园经营成功所产生的"Nyongo"的恐怖和不安达到了顶点。村里的年轻人突然开始告发长者，视之为以积累新型财富而杀害亲属的"Nyongo"力量。面对如此状况，由于白克瑞的长者自身不具备直接与"Nyongo"对抗的技法，他们不惜支付上百磅资金，从相距250公里的搬延吉（Banyangi），请来拥有"Obasinjion"秘密知识并能够对抗妖术的假面舞者到自己的村子。"Obasinjion"力量将具有邪恶的及肯定的双重力量的"Nyongo"推到邪恶的一边去，并净化"Nyongo"。而且，这些"Obasinjion"舞者从白克瑞社会中挑选出30个人，把他们培养成能够完成"Obasinjion"舞蹈的巫医（Docteurs），并在村中放置了强力的符咒（Juju）。由此，妖术告发基本消失，白克瑞的村民变得能够安心通过栽培经济作物（香蕉）赚取财富。

上述个案显示，在人们的想象中，否定财富的"平均化"妖术力量被其他神秘力量所控制，该力量在使人们安心地朝着财富"积累"的方向发展中起到了积极的作用。

结语：市场经济化与两义性力量的多样形态

如前文所述，妖术具有两个方向：一方面妖术所具有的"平均化"倾向可以运用在阻碍"积累化"的行动上；另一方面，妖术可被当作一种促进"积累化"的意识形态来使用。

葛喜来继承了 20 世纪 50 年代英国社会人类学关于"弱者的武器"与"强者的资源"的讨论（妖术既可用于弱者展开攻击的资源也可用于支持强者权利的资源），指出妖术会根据不同的社会脉络，或倾向于财富和权利等的"平均化"，或倾向于"积累化"（Geschiere，1997）。因此，按照社会脉络而产生变化的特性是"妖术的两义性"，并且主张"神秘话语群（妖术话语等为主）之所以较为容易地将现代变迁纳入自身的内部，恰恰是由于这种话语所具有的两义性"（Geschiere，1997）。

市场经济化所带来的经济性变迁无疑对社会产生了直接影响。例如，经济作物种植的盛行、人的机器化，以及从农村涌向城市的民工潮、贫富差距日益拉大等。但是，根据现代妖术论学者的研究，非洲人通过妖术的"两义性"，对市场经济化所引发的社会变迁进行了"解说"（Bastian，2001；Geschiere，1997；Shaw，1997）和"驯服"（Geschiere，1988；Geschiere and Meyer，1999；Shaw，1997），亦即，人们通过"妖术的两义性"，时而适应、时而抵抗现代化和市场经济制度。

诚如本文所示，现代妖术论着眼于 20 世纪 80 年代以前的古典型妖术研究所未涉及的市场经济化领域，能够对与现代性相关的诸种制度、变迁等作出评判。但是，这种解释不免带有过于强化现代性变迁与妖术现象之间关系的色彩。

科马洛夫妇、葛喜来等人认为，妖术现象产生于政治经济脉络，在一定程度上有必要将其作为现代性构成因素之一来解释（Comaroff and Comaroff，1999；Geschiere，1995，1997）。诚如现代妖术论学者研究所得，市场经济化等现代变迁在一定程度上会引发妖术现象，这一点不容置疑。但笔者认为，妖术所描绘的世界原本并不是由市场经济化创造的。

未来研究现代妖术论的课题应该是，为了更加深入地探讨妖术现象的内涵，应该考察身处信仰世界的人们，是以何种机制作为理论和各种实践基础，来创造具有社会力量的各具特色的妖术概念的。

参考文献

英文

Meyer, B. and P. Pels（eds.）

2003 *Magic and Modernity: Interfaces of Revelation and Concealement*, Stanford: Stanford University Press.

Moore, L. H. and T. Sanders

2001 *Magical Interpretations, Material Realities: Modernity, Witchcraft, and the Occult in Postcolonial Africa*, London: Routledge.

Shaw, R.

1985 "Gender and the Structuring of Reality in Temne Divination", *Africa* 55 (3): 286 – 303.

1996 "The Politician and the Diviner: Divination and the Consumption of Power in Sierra Leone", *Journal of Religion in Africa* 26 (1): 30 – 55.

1997 "The Production of Witchcraft/ Withchcraft as Production: Memory, Modernity and the Slave Trade in Sierra Leone", *American Ethnologist* 24 (4): 856 – 76.

2001 "Cannibal Transformations: Colonialism and Commodification in the Sierra Leone Hinterland", L. H. Moore and T. Sanders (eds.), *Magical Interpretations, Material Realities: Modernity, Witchcraft, and the Occult in Postcolonial Africa*, London: Routledge, pp. 118 – 135.

Augé, M.

1975 *Theorie des Pouvoirs et Idéologie: Étude de Cas en Côte d'Ivoire*, Paris: Hermann.

Royer, P.

1999 "Le Massa et l'Eau de Moussa: Cultes Régionaux, TraditionsLocales et Sorcellerie en Afrique de l'Ouest", *Cahies d'Etudes Africaines* 154: 337 – 366.

Soares, F. B.

1997 "The Fulbe *shaykh* and the Bambara 'Pagans': Contemporary Campaigns to Spread Islam in Mali", H. Van Dijk (ed.), *Peuls et Mandingues: Dialectique des Constructions Identitaires*, Paris: Karthala, pp. 267 – 280.

Masquelier, A.

1993   "Narratives of Power, Images of Wealth: The Ritual Economy of Bori in the Market", J. Comaroff and J. Comaroff (eds.), *Modernity and Its Malcontents*, Chicago: University of Chicago Press, pp. 3 – 33.

2001   *Prayer Has Spoiled Everything: Possession, Power, and Identity in An Islamic Town of Niger*, Durham, NO: Duke University Press.

Rasmussen, S.

2001   "Betrayal or Affirmation? Transformations in Witchcraft Technologies of Power, Danger and Agency among the Tuareg of Niger", L. H. Moore and T. Sanders (eds.), *Magical Interpretations, Material Realities: Modernity, Witchcraft, and the Occult in Postcolonial Africa*, London: Routledge, pp. 136 – 159.

Meyer, B.

1995   "Delivered from the Powers of Darkness: Confession about Satanic Riches in Christian Ghana", *Africa* 65 (2): 236 – 255.

1999   *Translating the Devil: Religion and Modernity among the Ewe in Ghana*, London: Edinburgh University *Press*.

Parish, J.

1999   "The Dynamics of Witchcraft and Indigeneous Shrines among the Akan", *Africa* 69 (2): 426 – 448.

2000   "From the Body to the Wallet: Conceptualizing Akan Witchcraft at Home and Abroad", *Man* (N. S.) 6: 487 – 500.

2001   "Black Market, Free Market: Anti – Witchcraft Shrines and Fetishes among Akan", L. H. Moore and T. Sanders (eds.), *Magical Interpretations, Material Realities: Modernity, Witchcraft, and the Occult in Postcolonial Africa*, London: Routledge, pp. 118 – 135.

Akinnaso, F. N.

1995   "Bourdieu and the Diviner: Knowledge and Symbolic Power in Yoruba Divination", W. James (ed.), *The Pursuit for Certainty*, London: Routledge.

Bastian, M. L.

1993   "Bloodhounds Who Have No Friends: Witchcraft and Locality in the Nigerian Popular Press", J. Comaroff. and J. Comaroff (eds.), *Modernity and Its Malcontents*, Chicago: University of Chicago Press, pp. 129 – 166.

2001   "Vulture Men, Campus Cultists and Teenaged Witches: Modern Magics in Nigerian Populer Media", L. H. Moore and T. Sanders (eds.), *Magical Interpretations*,

Material Realities: *Modernity, Witchcraft, and the Occult in Postcolonial Africa*, London: Routledge, pp. 71 – 96.

Smith, D.

2001   "Ritual Killing, 419 and Fast Wealth: Inequality and the Popular Imagination in Southeastern Nigeria", *American Ethnologist* 28 (4): 803 – 826.

Fisiy, C. F.

1990   "Le Monopole Juridictionnel de L'État et le Règlement des Affaires de Sorcellerie au Cameroun", *Politique Africaine* 40: 60 – 72.

Fisiy, C. F and P. Geschiere

1990   "Judges and Witches, or How is the State to Deal with Witchcraft. Examples from Southeastern Cameroon", *Cahiers d'Etudes Africaines* 118 (3): 135 – 156.

1991   "Sorcery, Witchcraft and Accumulation—Regional Variations in South and West Cameroon", *Critique of Anthropology* 11 (3): 251 – 278.

1993   "Sorcellerie et Accumulation, Variations Régionales", P. Geschiere and P. Konings (eds.), *Les Itinéraire de L'accumulation au Cameroon*, Paris: Karthala, pp. 99 – 130.

1994   "Domesticating Personal Violence: Witchcraft, Courts and Confessions in Cameroon", *Africa* 64 (3): 323 – 341.

2001   "Witchcraft, Development and Paranoia in Cameroon: Interactions between Popular, Academic and State Discourse", L. H. Moore and T. Sanders (eds.), *Magical Interpretations, Material Realities*: *Modernity, Witchcraft, and the Occult in Postcolonial Africa*, London: Routledge, pp. 226 – 246.

Geschiere, P.

1988   "Sorcery and the State in Cameroon: Popular Modes of Action among the Maka", *Critique of Anthropology* 8 (1): 35 – 63.

1995   *Sorcellerie et Politique en Afrique*: *La Viande des Autres*, Paris: Karthala.

1996   "Sorcellerie et Politique: Les Pièges du Rapport Elite – Village", *Politique Africaine* 63: 82 – 97.

1997   *Modernity of Witchcraft, Politics and the Occult in Postcolonial Africa*, Charlottesville, VA: University of Virginia.

1998   "Globalization and the Power of Indeterminate Meaning: Witchcraft and Spirit Cults in Africa and East Asia", *Development and Change* 29: 601 – 615.

Geschiere, P. and P. Konings (eds.)

1993   *Les Itinéraires de L'accumulation au Cameroun*, Paris: Karthala.

Nyamnjoh, F.

2001 "Delusion of Development and the Enrichment of Witchcraft Discourses in Cameroon", L. H. Moore and T. Sanders (eds.), *Magical Interpretations, Material Realities: Modernity, Witchcraft, and the Occult in Postcolonial Africa*, London: Routledge, pp. 28 – 49.

De Rosny, E.

1992 *L'Afrique des Guérisons*, Paris: Karthala.

Rowlands, M. and J. P. Warnier.

1988 "Sorcery, Power and the Modern State in Cameroon", *Man* (N. S) 23: 118 – 132.

De Boeck, F.

1998 "Beyond the Grave: History, Memory and Death in Postcolonial Congo/ Zaïre", R. Werbner (ed.), *Memory and Postcolony: African Anthropology and the Critique of Power*, New York: Zed Books, pp. 21 – 57.

Desjeux, D.

1987 *Stratégies Paysannes en Afrique Noire: Le Congo — Essai sur la gestion de L'incertitude*, Paris: L'Harmattan.

White, L.

1990 "Bodily Fluids and Usufruct: Controlling Property in Nairobi", *Canadian Jounal of African Studies* 24 (3): 418 – 438.

1999 *Speaking with Vaimpires: Rumor and History in Colonial Africa*, Berkeley: University of California Press.

Colson, E.

2000 "The Father as Witch", *Africa* 70 (1): 332 – 358.

Weiss, B.

1998 "Electric Vampires: Haya Rumors of the Commodified Body", M. Lambek and A. Strathern (eds.), *Bodies and Persons: Comparative Perspectives from Africa and Melanesia*, Cambridge: Cambridge University Press, pp. 173 – 195.

Van Dijk, R.

1997 "From Camp to Encompassment: Discourses of Transsubjectivity in the Ghanaian Pentecostal Diaspora", *Journal of Religion in Africa* 27 (2): 135 – 159.

Ashforth, A.

2000 *Madumo: A Man Bewitched*, Chicago: University of Chicago Press.

Comaroff, J. and J. L. Comaroff

1993 (eds.) *Modernity and Its Malcontents: Ritual and Power in Postcolonial Africa*,

Chicago: University of Chicago Press.

1999　"Occult Economics and Violence of Abstraction: Notes from the South African Postcolony", *American Ethnologist* 26 (2): 279 – 303.

Niehaus, I. A.

1993　"Witch – Hunting and Political Legitimacy: Continuity and Change in Green Valley, Lebowa, 1930 – 1991", *Africa* 63 (4): 498 – 529.

Bond, G. C. and D. Dciekawy (eds.)

2001　*Witchcraft Dialogues: Anthropological and Philosophical Exchange*, Arthens, OH: Ohio University Center for International Studies.

Harnischfeger, J.

2000　"Witchcraft and the State in South Africa", *Anthropos* 95: 99 – 112.

Austen, R.

1993　"The Moral Economy of Witchcraft: An Essay in Comparative History", J. Comaroff. and J. Comaroff (eds.), *Modernity and Its Malcontents*, Chicago: University of Chicago Press, pp. 89 – 110.

Stewart, P. J. and A. Strathern

2004　*Witchcraft, Sorcery, Rumnors and Gossip*, Cambridge: Cambridge University Press.

Geschiere, P. and B. Meyer

1999　"Introduction", P. Geschiere and B. Meyer (eds.), *Globalization and Identity, Dialectics of Flow and Closure*, Oxford: Blackwell Publishers.

Bulitenhuijs, R.

1995　"De la Sorciellerie comme Mode Populaire d'Action Politique", *Politique Africaine* 59: 133 – 139.

Douglas, M.

1999　"Sorcery Accusations Unleashed: The Lele Revisited, 1987", *Africa* 69 (2): 177 – 193.

Grant, D. S.

2001　"Symbols, Stories, and Practices: New Empirical Directions in the Study of Religious Meaning", *The Sociological Quarterly* 42 (2): 233 – 251.

Zeitlyn, D.

1990　"Professor Garfinkel Visits the Soothsayers: Ethnomethodology and Mambila Divination", *Man* (N. S) 25: 654 – 666.

2001　"Finding Meaning in the Text: The Process of Interpretation in Text Based

Divination", *Royal Anthropological Institute*（N. S.）7：225 – 240.

日文
　　大塚和夫
　　1976　「ウイッチクラフトとソ｜サリ｜──弁別に關する覺書」『社会人類学年報』2：105 – 128.
　　菊地滋夫
　　1996　「アフリカ妖術研究再訪──経験の組織化と権力」『社会人類学年報』22：187 ～ 205。
　　掛谷　誠
　　1983　「妬みの生態人類学──アフリカの事例を中心に」大塚柳太郎（編）『現代のエスフリ・生態人類学』至文堂：229 – 241。

日本的萨满教研究

——成果与课题

〔日〕新里喜宣著 刘正爱译 陈进国校

前　言

　　本文旨在讨论日本萨满教的研究成果，并提出今后的研究课题，包括日本学者的萨满教人类学研究，以及那些关注萨满教并著有优秀成果的外国学者的研究。在第四部分的韩国、中国萨满教研究中，笔者将根据不同的语境，把韩国和中国的学者用日文撰写的研究也纳入讨论范围。上述研究均可视为"日本的萨满教研究"。本文沿着战前（1919～1945）、战后（1945年至20世纪70年代）、现代（20世纪70年代后期至今）的时间顺序，逐一探讨包括韩国和中国等在内的萨满教研究。

　　上述时代区分只是一个权宜之计，因为仅靠此分类并不足以说明萨满教。需要指出的是，该时间段的区分是以日本萨满教研究中大的转折点为依据的。关于战前与战后的区分应该不存在异议，不过，"现代"这个分类可能会有些问题。笔者首先要强调的是，在后现代的影响下，日本的宗教和学术研究以20世纪70年代为界，经历了较大的变化。该变化也波及萨满教研究。这正是本文区分战后和现代的原因。

　　关于日本萨满教研究方面的梳理工作，已经有许多学者从不同的角度做过尝试。这里举几个较为出色的研究。例如，佐藤宪昭（1989）细致地梳理了大量研究成果，村上晶（2010）将焦点放在出魂（trance）状态并回顾了萨满教理论的变迁，池上良正则对现代萨满教研究投入颇多。①

本文的讨论受益于上述研究成果。本文的独到之处在于试图积极评价萨满教研究的多样性。日本的萨满教研究取得了丰硕的研究成果,仅就学术领域而言,就有许多学科对萨满教进行了多主题、大范围的研究,如人类学、宗教学、民俗学、社会学、历史学、文学、精神医学等。② 如第一部分提到的民俗学家柳田国男和折口信夫就有大量的论文和著作,尽管此前有许多研究者整理过他们的研究,但仍难免有疏漏。本文提到的许多学者也属于此类型。

因此,在梳理萨满教研究时,需要限定一两个重点进行集中讨论。本文也无法避免上述制约,但力求在重视日本萨满教研究多样性的同时,将重点讨论以往研究史梳理中较少提及的部分。以往研究者或许因篇幅所限,只取萨满教研究史的某一部分进行讨论。萨满教研究领域极其宽广,但诸如佛教和基督教等世界宗教与萨满教的关系、萨满教在城市中的变迁等问题,却较少有完整的讨论。

根据上述情况,最有效的梳理方法就是按时间顺序来讨论。萨满教研究的方法论和视野受当时学术状况的影响较大,因此,不同时代、不同地区的研究共性首先值得讨论。其次,在弄清该共性中所隐藏的多样性的同时,通过探讨其多样性,理出今后日本萨满教研究的课题。这是本文追求的终极目标。

关于日本的萨满教研究,本文将着重讨论用人类学方法进行研究的部分,同时也讨论对人类学萨满教研究影响较深的研究,以及那些虽未自称是人类学,但实际上可判断为人类学的研究。

一 战前的萨满教研究

在日本,萨满教的人类学研究是在战后才开始活跃的。在此之前,

---

① 除了此处介绍的以外,还有佐佐木宏干(1989)对欧美学说史进行的批判性的探讨等很多其他研究。

② 笔者在日本国立情报学研究所建立的学术情报数据库(cinii)上检索了"萨满教",搜索出371条相关文献。此外,书名或题目虽没用"萨满教"一词但也是讨论萨满教问题的文献,估计也有无数个。宗教人类学家佐藤宪昭说他自己拥有的萨满教研究文献就有1140件,在日本出版的有关萨满教的文献估计会超出1500件(佐藤,1989)。

柳田国男和折口信夫等人在收集日本各地民俗资料的过程中发现，萨满教在日本民俗中占据着核心地位，他们由此提出的学说成为日后萨满教研究的基础。战前，日本的民俗学和民族学的界限尚不分明，第二部分介绍的人类学家佐佐木宏干从柳田和折口的研究中受益颇多，他尝试批判性地继承上述两位学者的研究。作为萨满教的人类学研究之萌芽，本部分将概述柳田和折口的学说。

（一）柳田国男的巫女研究

一般认为，日本萨满教研究的起点是日本民俗学创始人柳田国男（1875～1962）的《巫女考》[1969（1913～1914）][1]。在这篇论文中，柳田将巫女分为两种类型，一种是属于神社等宗教机构的"神社系巫女"，另一种是没有特定归属、较具流动性的"口传（口寄）巫女"。这两种原属一种形态，由于时代变迁而成为两种不同的东西。[2] 柳田试图从全国各地残留的巫女文化中寻找日本巫女的源流。例如，他以巫女原型玉依姬[3]或神功皇后[4]等为其模型，并以此为基础，将在日本固有宗教形态中承担神人中介作用并根据神意帮助整个家族男性的女性形象视为巫女的原型。

若想理解柳田的巫女观，首先要理解他的冲绳观。柳田对冲绳的关心非同寻常，其学说通常被称为"南方文化论"。他认为日本自古以来的民俗原型的存留之地便是冲绳[柳田，1967（1952）]。冲绳有一种

---

[1] 萨满教/萨满一词实际上有很多称呼，如，巫女、民间巫者、巫术性宗教行为等。本文基本上统一用萨满教/萨满这一用语，但在涉及柳田和折口的研究时用"巫女"，涉及池上良正的研究时则用"民间巫者"。因为，这些研究与其他研究相比，赋予了巫女与民间巫者以特殊的含义，因此，使用受埃利亚德和欧美影响较大的"萨满教"不太合适。

[2] 将巫女分为两种形态的方法对后来的研究产生了很大的影响。例如，中山太郎（1929）在其著作中也采用了这种两分法；堀一郎一方面积极接受欧美学术界的学说，另一方面也大体上承认柳田的分类。

[3] 出现在《古事记》或《日本书纪》等记纪神话中的神。在日本各地均可看到其传承痕迹。此外，还有"神灵附身之女的统称"（《广辞苑》第5版，岩波书店，1998）之意，也指具有萨满特征的女性。

[4] 出现在记纪神话中的皇后，传说具有降神、转述神的话语的灵力，常被介绍为具有萨满教祖型特征的传说中的人物。

叫"姊妹神"的信仰。该信仰认为，亲族的女性，尤其是姐姐、妹妹、女儿等血缘关系较近的女性守护着家族的男性。姊妹神信仰在琉球王国时代①具有非常重要的宗教意义，国王的妹妹作为守护国王的巫女曾经担任"闻得大君"这样一个国家性职位。琉球王国时代以此姊妹神信仰为基础，建立了国家层面的"诺罗"制度。诺罗是负责主持地域共同体祭祀的祭司，基本上由女性担任。用今天的话来说，她们都是国家公务员，而处于最上位的便是闻得大君。

引起柳田注意的是女性拥有的这种宗教性权威。他所描绘的日本古代宗教形态，是神与人通过女性为中介进行交流，这一点在《妹妹的力量》（1940）中随处可见。在冲绳，以闻得大君和诺罗制度为首，生活中到处可见对女性宗教力量的信仰。例如，一个家族的女性代表整个家族向神奉献祭祀等便属此类。在柳田的思想中，女性占据宗教性优势并扩展到国家层面的琉球、冲绳的宗教制度，是日本古代固有宗教鲜活的样板。②

（二）折口信夫的巫女研究

日本民俗学另一位先驱折口信夫（1887～1953）则从另外一个视角对巫女进行了研究。柳田关注的是诺罗等巫女制度，折口则从日本文学和宗教的发生源的角度来强调巫女的神附体现象。

若问其他宗教人员，如区分僧侣和巫女的标准是什么，人们先想到的是，是否能与灵性存在直接沟通，或者是否能做到神附体。在这里较为关键的是，巫女通过与神缔结拟制性的姻缘而成为神的代言人。例如，冲绳的"尤大"（巫女）未婚或离婚的较多。这是因为她们认为如

---

① 琉球和冲绳的宗教通常被描述为诺罗和尤大的两重结构。在琉球王国时代，与国王血缘较近的女性任负责国家祭祀的"闻得大君"的职位，而作为闻得大君的部下，负责地域祭祀的是诺罗。诺罗基本上是世袭制，她接受官方的任命，向神祈祷国泰民安等是其主要职能。而尤大则是未受国家许可的宗教人员，她通过偶发的诏命过程而成为萨满。诺罗基本上没有神附体，但据说可以与神直接沟通。找诺罗办事的是地域共同体，而尤大与顾客的关系则是非常个人的关系。尤大的存在被认为危及国家安泰，政府常常对其进行镇压，但至今人气不减。从当下的观点来看，诺罗是"祭司"，尤大为"萨满"，但柳田和折口则并不关心此类区分，将双方均视为"巫女"。

② 关于柳田国男的巫女研究参照了池上良正（1999）和村上晶（2010）的梳理。

果有了丈夫，就不能与神建立良好的关系。若想在神与人之间转达神意，就需要有神附体，以此重新调整之前的社会关系。为满足该条件，女性在身体上和生理上都应具备有利条件，经过这一过程后，巫女便可成为"神的妻子"。在古代，成为神之妻子的巫女掌握着国家的主导权，通过神意来决定国家的方向。以上是折口巫女论的第一个核心部分，也是他所勾勒的日本古代图景。

在折口的思想中，神妻巫女论被进一步深化，巫女被认为是"祭礼"的本质性存在。日本节祭的原型是为了款待来自他处的神，而承担迎神重任的是巫女。从他界来访的神，即"罕见之人"① 不会长留某地，而是在某个特定时刻来访。负责款待的不能是普通人，而必须是服侍神的人，即神的妻子。成为神的妻子的女性最好是未婚的处女，古代人通过让女性与神拟制性地结婚并结合，来祈祷五谷丰登。而此种观念定型后便产生了祭礼。如折口所言，很多日本的神社都在祭神旁边供奉女神媛神。这是神的妻子巫女的证据所在，他根据日本文学和地方残留的民俗传承来印证上述巫女论。

众所周知的是，巫女一旦神附体便会进入忘我的状态，转达神的话语。此时巫女所述的言语，即神谕（咒词）常带有某种故事性。由此，折口将巫女口述的故事视为日本文学之源。而且，神社祭礼时宣读的祝词，其起源也与巫女的神附体有关。甚至神乐等传统艺能也产生于巫女附体时所跳的舞蹈。总之，他将巫女放在了日本宗教文化最主要的位置上。

巫女作为日本文学的源泉，在古代承担了占卜国家未来的非常重要的职能。这一点可从卑弥呼②和神功皇后的传说中窥见一斑。那么，折口形成这种思想的原因是什么？据说与柳田一样，是他的冲绳体验，即他在冲绳见到了巫女诺罗。上文提到，在冲绳，有承认以"姊妹神"为代表的女性宗教权威的习俗。折口也被神和诺罗的存在感化，并将它

---

① 在某一个时期从他界来到人间，给人带来福运的信仰，属于来访神信仰。该信仰在日本东北地区、北陆地区、九州南部曾较为盛行。来访神为异人，通常用"罕见之人"称之。人们带着敬畏的心情款待罕见之人，但是罕见之人在古代指的是神，折口信夫试图努力在经典和民间传承中去发现它（松崎，1998）。

② 《魏志倭人传》中出现的古代女王。公元 3 世纪中期前后有一个统治 30 多个国家的叫邪马台国的王国，卑弥呼是该国的最高统治者。传说明帝赐神魏倭王称号于卑弥呼，具有宗教力量的她用与神交流的能力来统治国家《广辞苑》。

视为日本古代的宗教形态。他关于冲绳有如下表述：

> 冲绳的宗教都是巫女的宗教，巫女分诺罗和尤大两种。诺罗是王承认的巫女，尤大是未被承认的巫女。这些巫女们作为神的代理。如同尊重神一样，人们对她们的尊重也非同一般。日本神道的古代形态可在冲绳窥见，因此我奉劝神道研究者一定要去冲绳研究巫女的宗教 [折口，1967（1930）：398～399]。

从上述表述看出，他对冲绳巫女文化的评价是非常高的。值得关注的是，他也提到了"尤大"。诺罗是根据地域特定的规矩任命的祭司（priest），而尤大则是依据个人的诏命而成巫的萨满。在柳田的思想中，占据核心地位的是诺罗，而折口虽也重视诺罗，但从他对尤大的调查来看，他的关心不只局限于诺罗。①

综上所述，柳田与折口的巫女研究见解各不相同，但在将巫女文化视为日本古代宗教形态这一点上两人是相通的。此外，关于古代宗教形态到后来发生了什么样的改变，在这一点上两人侧重点虽然不同，但观点基本一致。亦即，原本占据国家中心地位的巫女，之后地位下降，或沦落为国家的下层官吏。这一点与冲绳女性具有宗教性权威的较高评价有关，但也可以将其理解为对巫女因编入男性中心体制而丧失神人之间亲密关系的日本民俗状态的一种批判。

无论是柳田还是折口，在他们学问的根基部分，都有着对被急速到来的现代化所侵蚀且日渐消失的日本民俗的忧虑。正是这种忧虑使其形成一种动力，造就了他们独特的巫女观。

二　战后的萨满教研究

（一）战后萨满教研究的特征

在柳田和折口的研究中很少看到对"何为萨满"这一问题的关心。

---

① 折口信夫的巫女研究参考了池上良正（1999）、樱井德太郎（1989）的梳理。

他们两人研究的最终目的是为了弄清日本民俗的本质，创建日本民俗学。巫女研究不过是他们重构日本古代民俗的一个方法而已。

但是，战后受到埃利亚德（1907～1986）研究的启发，有关萨满教的研究开始席卷整个日本学术界，由此开始出现了大量的研究成果，并多把焦点放在何为萨满教以及萨满教为何种宗教现象等问题上。最具代表性的是人类学家佐佐木宏干的定义：

> 在出魂（trance，忘我，脱我，恍悦）这种异常心理状态下，与超自然存在（神灵、精灵、死灵）等直接接触并交涉，在此过程中进行占卜、预言、治病、祭仪等行为的巫术—宗教神职人员称为萨满（Shaman）。萨满教是指以萨满为中心的宗教现象。萨满教有种种地域类型，多与其他宗教现象相复合。在我国称为巫俗或巫术（佐々木，1973：249）。

在此定义中，尤其值得关注的是"出魂"（trance）"种种地域类型""与其他宗教现象相复合"等表述。下面介绍的大部分研究者都认为，出魂才是萨满教之所以为萨满教的最重要的核心内容。因此，陆续出现了通过对实际萨满仪式的现场调查，且详细了解出魂状态下萨满意识状态的相关研究。此外，有的研究还利用对萨满的访谈，确认成巫过程中是否有出魂现象。学者们极力主张，日本也存在通过出魂与神灵直接沟通的萨满，萨满是学术界正当的研究对象。

埃利亚德的萨满教论对当时的学术界产生了相当大的影响。他关于萨满教是宗教的本质的主张，波及了几乎所有与宗教相关的学术领域。日本也不例外。不过，日本萨满教研究的特点是，一开始就有很多学者对埃利亚德的观点持怀疑态度。在日本，"附体"（possession）型萨满的数量要比"脱魂"（ecstasy）型萨满多得多，因此，他们无法赞同埃利亚德关于附体型比脱魂型评价更低的主张。于是，越来越多的学者认为，不应该对出魂现象给出一个优劣的判断，两者只不过是萨满教宗教现象的一个变换形态而已。通过这些研究，人们清楚地看到，萨满教并不是东北亚特有的现象，而是在世界各地均可观察到的现象。佐佐木的定义中所谓"种种地域类型"便是在这种背景下提出来的。

上文谈到了日本的萨满教研究是横跨不同专业领域的跨学科研究。在这一时期，既有新宗教研究者研究萨满教（窪，1978），也有基督教研究者关注萨满的信仰世界（安斋，1984），萨满教研究逐渐开始向多样化方向发展。"与其他宗教现象相复合"则是指有些学者一方面关注其他宗教，另一方面又探求那些宗教与萨满教的关系等。

以下笔者将概述宗教民俗学家樱井德太郎、宗教学家堀一郎以及人类学家佐佐木宏干的论点。其中以佐佐木的研究为主，而樱井和堀的研究是理解佐佐木的研究的基础。需要指出的是，本文讨论的只是萨满教研究的一个例子。除上述三人外，这一时期的萨满教研究数不胜数，如以精神医学的观点对出神进行分类并调查民间医疗效果的佐佐木雄司（1967），从社会心理学观点讨论冲绳萨满教与地域社会关系的大桥英寿（1998），通过对整个冲绳的调查而撰写出优秀的民族志，并在其中大量讨论萨满教实际状态的李布拉（リーブラ，1974），弄清修验道萨满教全貌的宫家准（1985）等。樱井德太郎、堀一郎和至今仍然被积极引用的佐佐木宏干没有局限于自己的专业领域，而是积极地向其他领域拓展。他们还与其他研究者合作，各自积累了不少的研究成果。

（二）樱井德太郎的民俗学式萨满教研究

由柳田和折口开创的日本的巫女研究，在后来一段时期没有在民俗学内部有较多的进展。这是因为，在作为描述常民（普通老百姓）生活之学问的民俗学中，尚未确定研究巫女这样一个非常民的学问的意义。据说柳田晚年回顾他的巫女论时说"那不是民俗学"（樱井，1989：136）。这句话到底是不是柳田的真心话虽已不得而知，但民俗学的巫女研究的确呈现出停滞的状态。

但是，宗教民俗学家樱井德太郎（1917~2007）曾经尝试过结合日本民俗学的巫女研究与作为欧美学问的萨满教研究，开始新民俗学的萨满教研究。樱井站在民俗学的立场，对研究萨满教的意义作了如下阐述：

> 巫女的存在在当今的确属于非常民现象，在巫女本身的巫术行为中，或许有很多不直接属于民俗学范畴的属性。但是，越往前追

溯，它越接近常民的生态。因此，即便巫女传承成为历史民俗学正统的研究对象，丝毫也不奇怪。这就仿佛在科学性知识早已普及的今天，因被称作迷信的俗信惯行不是常民现象就立刻将其排除在民俗学领域之外一样，两者道理相同（樱井，1989：95）。

樱井在日本各地以及韩国等海外进行了调查，积极从事萨满教研究。樱井的研究后来结集出版，即后来长达十卷的《樱井德太郎著作集》（吉川弘文馆，1987）。仅从这一点就可以看出其研究范围极其广泛。笔者认为樱井的研究在日本的萨满教研究中具有两个重要意义。

首先，樱井的研究继承了柳田代表的日本民俗学的路线。樱井继承了柳田提倡的神社系和口传系这两种巫女分类，并试图从中发现共同的古代形态。例如，樱井对冲绳地区的萨满教投入了大量精力进行调查。如前所述，冲绳有两种类型的萨满，一种是作为地域共同体祭司的诺罗，另一种是主要应对个人烦恼的尤大。樱井在调查这些功能分化的历史和现状时，主张诺罗和尤大原本属于一种巫女文化（樱井，1979）。这一点离不开柳田民俗学的影响。

此外，他的方法论很大程度上反映了日本民俗学基本方法——周边论的视角。他根据文化的古代形态是残留在离中央较远的边远地区之假说，主要以东北或冲绳的萨满教为研究对象，试图从中寻找日本巫女的原型，甚至寻找日本民俗的古代图像。

其次，樱井没有局限在日本民俗学的范畴，他的研究考虑到了世界萨满教，尤其是埃利亚德的学说。佐佐木宏干如是评价埃利亚德带来的冲击：

> 这本书说明萨满教是人类普遍的现象，而日本也是比较研究的对象，其意义对这个国家的研究者而言是巨大的。研究者们在给论文或著作加标题时不用巫者、巫术、巫俗、巫道等名称，而是用萨满或萨满教，其原因至少包括上述原因（佐々木，1984：136）。

樱井将以埃利亚德为鼻祖的萨满教研究和日本的巫女研究结合起来。例如，樱井持续探讨的一件事便是出魂现象。埃利亚德认为，萨满进入神附体的方法有"脱魂"和"附体"两种，附体虽被置于脱魂之下位，但是出魂才是萨满教的本质。于是，为了结合萨满教研究和日本的巫女研究，就必须首先证明日本的巫女也能进入出魂状态，因此樱井有较多篇幅讨论出魂是什么，日本的萨满是如何进入出魂状态的。

这些研究成果最早收入在《冲绳的萨满教》一书中（1973）。[①] 后来他又出版了《日本的萨满教》（1974～1977），该书内容不仅包括冲绳，也包括整个日本本土的萨满教。这是一部分为上下卷的内容庞大的专题著作。樱井在书中证明了柳田等人曾经关注过的"巫"和"萨满"是基本相同的观点，并根据对东北地区和冲绳地区萨满调查所获得的资料，详细地描述了她们的宗教世界。在其著作集第七卷《东亚的民俗宗教》（1987）所收的各篇论文中，樱井详细报告了东亚萨满的成巫过程、仪式以及萨满与其信徒们的沟通过程，进一步拓展了他的研究范围。

（三）堀一郎的宗教学萨满教研究

埃利亚德的学说给战后宗教研究带来的冲击是无法估量的。它证明了萨满教也可以成为学术的正当研究对象，很好地展示了从学术立场探究宗教本质的意义。

堀一郎（1910～1974）是翻译埃利亚德的《萨满教》［2004（1964～1968）］并将其学说介绍给日本的宗教学家。根据该书上的介绍，堀一郎是宗教学家、民俗学家，柳田国男的女婿，东京大学名誉教授，在东北大学、东京大学任教，在翻译埃利亚德著作和任芝加哥大学客座教授期间与埃利亚德有过深交。仅此一段，便可在某种程度上推测出堀一郎所做研究的内容。他利用埃利亚德式的宗教学方法，同时又深受柳田国男研究的启发，并以此致力于探究日本的宗教民俗。

柳田和折口的目标不是探究巫女的原型，而是通过它了解日本民俗的古代形态。因此，在他们的研究中，巫女不过是一种手段。而堀一郎则讨论了位于日本宗教史基础部分的萨满教谱系，努力建构萨满教论。

---

① 关于樱井的研究参考了池上良正（1999）、佐藤宪昭（2009）和村上晶（2010）的梳理。

堀一郎首先关注的是"真正巫"和"拟制巫"的二分法。

这一分类分别受到埃利亚德和柳田国男的影响，"真正巫"的概念指出了萨满教的本质，其代表是邪马台国的卑弥呼。此外，"真正萨满的谱系贯穿整个历史，虽然没有作为神政女王而登上历史舞台，但当下几种新的宗教运动的教祖在人格上承继了其谱系并实际起着作用"（堀，1971a：24），他举出的例子是天理教①教祖中山美伎（1798~1887）和大本教②教祖出口直（1836~1918）。他认为：

> 所谓真正巫是指属于西伯利亚型萨满系统的，它是个人的、突发性的，由神灵诏命的入巫者；而所谓拟制巫是指……不具有真正萨满所特有的体质，因而没有经历神或灵的诏命，没有经历诏命时表现出来的巫病（精神异常或其他）过程，通过某种训练或技术学习操起巫业的人。其最形式化的是不能进入神附体状态（posession）、恍惚状态（trance）或脱魂状态（ecstasy），而主要主持歌舞赛神等仪式的人，即神社巫女、神乐巫女等（堀，1971a：25）。

堀一郎举出东北的伊塔各（イタコ）③为口传巫女的例子，认为她们几乎都是通过修行成巫的，因而，口传巫女也属于拟制巫。不过，冲绳的尤大则是经过突发性的诏命而成巫的，因此属于真正巫的谱系。从他使用神社系和口传系分类来看，真正巫与拟制巫的二分法是在柳田的影响下提出来的。但是，他注重诏命体验的成巫过程以及是否经历出魂，从这一点可明显看到埃利亚德学说的影子。

---

① 日本新宗教中规模最大的教团。主要在明治末期至昭和20年代期间扩大了其势力范围。教团设立初期主要依赖教祖中山美伎的萨满力量，后来教团组织逐步体系化，现在建有大学，并积极开展福祉和文化运动等活动。

② 从明治末至昭和初期发展壮大起来的新宗教，与天理教一样，是以女教祖出口直为中心发展起来的。出口直的宗教力加上其女婿出口王仁三郎（1871~1948）的强有力的智囊，教团组织形成了一个体系，克服国家数次的打压后存续至今，具有极强的末日思想特征。

③ 日本东北地区的萨满。传统上，盲人少女在初潮前拜伊塔各为师，在那里修行后若可以传达神的话语，便可独立成为合格的伊塔各。她们多居住于青森县东北部恐山周围，恐山夏日大祭时，举行伊塔各的口传仪式，该仪式是大祭最大的亮点。

堀一郎的学说在此萨满教论的基础上进一步展开,那就是"氏神①信仰"和"人神信仰"。堀氏认为,日本宗教由两种不同的信仰形态组成。首先是以定居农耕民式的生活为基础、扎根于地缘或血缘性共同体意识的信仰,它具有普遍性特征。其次是作为游牧民特征的信仰体系,是个性化的信仰。前者是氏神信仰,后者是人神信仰,人神信仰具有明显的萨满教特征。他将人神信仰定义为:"以人或动物的形式出现并具有灵异力的人的灵魂或精灵,依附在特定的萨满式的或卡里斯玛式的人格上来传达其意志,通过特殊的社会地位或战死、突然死及其他异常死亡事件,同样通过萨满式的人格,来表达崇咎和怨恨并将其神化的一系列的信仰形式"(堀,1971b:57)。

在评价堀一郎的研究成果时,不能忽视他对探求人神信仰所付出的努力。他在《民间信仰史的诸问题》(1971a)中将氏神信仰和人神信仰的类型作为一个体系来进行论述。但此前堀一郎就在《我国民间信仰史的研究》(1953～1955)中有了初步的想法。后一部著作刊载了大量有关作为人神信仰的体现者"俗圣"方面的资料。堀氏将俗圣分为"修验系""念佛系""俗神道阴阳道系"三种,并认为这三者均属于从他处漂移至本地后传播和生产新信仰的、体现民间信仰具体形态的宗教者。这些资料给以往只注重文献研究而未能对实际生活中的宗教给予充分解释的宗教研究提供了新的方法,至今仍有较大意义。②

(四) 佐佐木宏干的人类学萨满教研究

樱井和堀一郎的研究受到埃利亚德理论的较大影响,但其中隐藏着一个大的问题。那就是本文多次提到的,将脱魂视为真正的萨满,将附体放在次要位置的做法。樱井和堀一郎虽然都与这类观点保持了一定的距离,但从重视巫女原型这一点来看,很难说他们的立场是完全否定埃利亚德的。

佐佐木宏干(1930～)则是一位克服上述问题并致力于日本萨

---

① 日本几乎每一个地区都有几处神社。地区成员自动归属于该地区的某个神社,并与神社的祭神结为拟制性亲子关系。所谓"氏神",既指该神社,又指神社的祭神。而"氏子"则是指作为氏神之子的该地区成员。

② 关于堀一郎的研究,参考了池上良正(1999,2007)的梳理。

满教论建构的人类学家。他一方面从柳田、折口、樱井和堀一郎的研究中汲取营养，另一方面又融入了前辈们的民俗学、历史学方法，使用结构—功能主义方法论创造了萨满教论。佐佐木萨满教研究成果分别收入《萨满教》（1980）、《萨满教人类学》（1984）、《圣与咒力的人类学》（1996）。通过这些著作和多篇论文，佐佐木将他的萨满教论体系化，成为代表日本萨满教研究的学者。

佐佐木的研究弥补了樱井和堀一郎的不足。他没有将萨满视为历史上古代状态的遗留物，而是将其看作有实际生命力的信仰体系，通过此方式来探明该文化和社会的特质。他在日本以及东南亚和南亚地区做了大量的调查，并从人类学比较的视角积极运用世界各地的民族志和欧美的理论。佐佐木一系列的萨满教论内容丰富多样，很难简单概括。总体来说，他通过详细探讨萨满成巫过程和仪式中的宗教观和灵魂观，以及与外部社会的互动来讨论萨满教的社会意义，并通过与国外个案相比较，证明萨满教不是过去的遗留物，而是具有实际生命力的宗教。

佐佐木的结论是，"萨满教是普遍的宗教现象，各地区不同的神人交流方式（即萨满教）是普适性萨满教的地方类型"（佐々木，2007：164）。在做出该结论之前，他吸收了众多学者的理论，其中影响最深的是弗斯（Firth, R., 1959）和路易斯（ルイス，1985）。人类学家弗斯对埃利亚德的理论提出了质疑，指出了附体的意义。他将附体定义为，由外在于某一个人的灵性存在来支配他（她）的行动和思想的一种状态。他发现，在萨满的仪式现场，附体呈现出多种形式，据此他进一步深化了附体的概念。他认为，灵性存在附在萨满的身体上，萨满用第一人称说话并行动的类型叫做灵媒（medium）；灵性存在从外部作用于萨满，通过听觉、视觉、身体感觉等感知信息，萨满用第三人称说话的类型叫做预言者（prophet）。

路易斯则是一位强调萨满教社会语境的人类学家。他批判了以往过度关心萨满脱魂这样一个个人手段的研究，提倡要将出魂当作一个社会事实来进行研究。萨满教不是某一个个人经过神秘体验而成立的宗教现象，而是外部社会认定其为出魂，并加以利用的二者关系的产物。路易斯注意到这一点，他通过详细探讨出魂被社会、政治所利用的过程，提出了著名的"边缘性附体"和"中心性附体"这样一对概念。边缘性附体是指出魂成为对抗政治的手段；而在中心性附体中，出魂被用来作为维持政治或道德的手段。

无论是弗斯还是路易斯，两人的共同点在于他们都是从批判埃利亚德的学说出发的。佐佐木也继承了这一点，并致力于梳理和介绍日本的萨满教类型。弗斯主张的灵媒型和预言型在日本的宗教实践中常常是同时出现的。例如，在修验道中，灵附体的人和使灵附体并操作的人时常同时出现在仪式现场。佐佐木将这种具有灵媒型和预言型的中间性格称作"精灵驾驭者型"。他还将附体分为"附入"（憑入）、"附着"（憑着）和"附感"（憑感）三种类型来进行说明。

附入，属于弗斯所说的灵媒型。此类型的特点是，神灵进入萨满身体后，言行均表现为第一人称。附着，是指神灵附着于萨满或通过间接地刺激萨满来传达其意志的方法，它属于预言者型。附感，则能看到神灵或能听到神灵的声音，也叫见者型。有很多萨满在初期呈现出附入型特征，随着年龄的增加，逐渐过渡到附着型或附感型。此类变化，有的学者认为是"衰老"或"熟练"，但无论怎样，佐佐木提出的精灵驾驭型以及附入、附着、附感类型准确把握了日本萨满教的特征，至今仍无可替代，不可动摇。

佐佐木的研究成果中还有一点值得关注，即关于萨满成巫过程的研究。在日本的萨满教研究中，通常认为萨满成巫有"诏命""修行""职业"三种类型。诏命型与本人意志无关，在神灵主动要求下成巫；修行型是因为生病或其他理由开始修行，在此过程中偶发性地成为萨满；职业型则如伊塔各那样有身体障碍，根据地区的习惯或在家人的劝告下师从萨满，在其指导下进行修行，最后若做到可与神灵交流，便可成为一名合格的萨满。①

佐佐木根据上述观点，详细探讨并研究了冲绳尤大的成巫过程。他发现，在冲绳，人们共享一个叫作"生来神圣"（サーダカウマリ、聖高い生まれ）的概念。其含义是生来就具有宗教性力量。而具有这种先天能力的人终有一天会成为尤大。许多成为尤大的人，几乎都从儿时起

---

① 据说日本没有埃利亚德所说的"世袭型"萨满，但是韩国有"丹骨"（タンゴル、단골），因此，东亚还是存在一定数量的世袭型萨满。

就具有某种作为"生来神圣"的特异功能，而周围的人也认为此人将来准会成为尤大。这类"生来神圣"的人被神灵诏命后，在成巫过程中［在冲绳，叫作神祟（カミダーリィ·神祟り）］无论发生怎样异常的举动，周围的人们也都会认为是理所当然的。而本人一旦成为萨满，该地区的人（或外来人）便开始去找这个尤大办事。

这证明了萨满文化不是靠萨满一人来支撑，它是在与外部社会的互动关系中成立的。佐佐木探明了尤大成巫过程的类型及其背后隐藏的冲绳萨满教文化的特点。他探讨这一问题的著作《神祟种种》（1978）作为了解萨满教的必读书，至今仍受到较高评价。①

三　当代萨满教研究

第二部分"战后"与"当代"之分不过是为了叙述之便，实际上很难划出一个明确的界限。但有一点是肯定的，前一部分介绍的多数学者均倾向于讨论（或将研究对象集中于）埃利亚德的萨满教论，但这一部分介绍的学者多数没有被萨满教概念所束缚，而是采用较为灵活的方法去做研究。这种变化意味着萨满教研究中导入了动态论的视角。日本的萨满教研究由此进入了一个新的阶段。

（一）池上良正的"民间巫者信仰"研究

若问目前日本萨满教研究的大师是谁，笔者会毫不犹豫地回答是池上良正。池上在上述第二部分讨论的基础上，以其独到的观点推进了"民间巫者信仰"的研究。池上自称为宗教学家，但他在研究上多采用了佐佐木宏干等人类学家的研究成果。而且目前在日本运用人类学方法进行的萨满教研究，大部分都继承了池上主张的观点。因此，本文将概述池上良正的研究，以此作为当代日本萨满教研究的代表性研究。

根据池上的讨论来梳理他的研究，要尽量避免使用萨满教一词，而应使用民间巫者这一概念。因为他对萨满教概念所包含的意涵重新进行

---

① 有关佐佐木的研究参考了池上良正（1999）、佐佐木宏干（2007）和佐藤宪昭（1989）的梳理。

了批判性探讨，并试图将巫者置于一个正当的宗教者的位置。我们在池上的代表作《民间巫者信仰的研究》序文中可以看到这样的叙述：

> 日本的民间巫者曾经作为各种学术领域的研究对象来被讨论。但是，在以往的各类研究中，巫者主要作为类推古代人信仰的线索，作为重构各时代宗教史的辅助性材料，甚至作为阐明社会学、社会心理学、精神医学等诸问题的个案来进行研究。以往尽管积累了很多宝贵的研究成果，但是其中缺少将民间巫者视为正当的宗教者的视角……本书将提出一个视民间巫者为处于"灵威性维度"的、生活于自律的主导性之内的宗教者这样一个基本观点，并试图从这样一个观点，将巫者及其顾客或信徒所具有的各种信念及其实践，作为一个自律的宗教现象来加以理解（池上，1999：9~10）。

此处所谓"灵威性维度"是指"属于与日常经验不同的维度，且又能补充强化日常经验，能够形成并获得具有现实意义的知识、表象和力量的时空平台。它是一种通过生活在日常现象当中的人们的具体信仰作用来呈现的维度"（池上，1999：34）。此概念是为了给民间巫者以正当的宗教者的位置而采用的概念。他从这里出发，开始研究以民间巫者为中心而展开的宗教世界中的"救赎"问题。

若想真正面对这一问题，就必然会遇到萨满教这一术语的问题。池上着重提醒的是，使用萨满教概念会导致静态论的视角。以往的研究都在不同程度上将萨满教看作与现代人无缘的未开化社会的宗教。我们在第二部分中介绍的学者们虽然也试图避免简单的价值判断，但他们的研究对象都是东北或冲绳等日本文化的"周边"地区，因此给人的印象也是将萨满教视为一种静态的宗教现象。

然而，实际上萨满教概念所表达的现象是极具流动性的，它是与历史性和政治性密切相关的动态的现象。后面我们将会提到，事实证明，在当今社会中，城市中也生活着很多的萨满。虽说这是对以往视萨满教为"未开化社会"宗教的研究所提出的问题，但同时它也强调要真正去面对这些生活在宗教之中的宗教者的纠葛与实践，以及被其所吸引的顾客或信徒们的苦难与救赎。池上之所以不用已经沾满污垢的萨满教概念，而是用民间巫者这样一个有局限的术语，原因正在于此。

接近民间巫者所编织的世界，探求其中表现出来的种种救赎，这是池上研究的核心内容，我们不妨参照他对冲绳尤大的见解，来看看他是如何讨论这一问题的。池上认为，尤大的言行及其仪式背后潜藏着"互酬性伦理"。他说，所谓互酬性伦理是指"人们以包括他们认为是世界同居者的诸神和诸灵在内的社会集团为前提，由实现平准化的感性为所支撑的社会规范，它深深扎根于人类历史广泛的伦理体系中"（池上，1999：438）。与其他巫者一样，在尤大的宗教观里，若有人遭到不幸，因而常常会将它解释为祖先或亡灵在起作用，即"作祟"。但是，尤大会劝解对方，对"怨恨"和"嫉妒"等负面感情作出独特的对应，即谨慎对应，不是正面否定，而是力求重新恢复已经断绝的关系。

池上认为这可以使"人们疗治他们的苦痛，也可以疗治他们所生活的那个世界"（池上，1999：443）。这类思想否定地说，是"棒打出头鸟""互相拖后腿""要赢一起赢"的村落社会的价值规范，因而常常受到诟病。但是，池上却认为，这其中蕴涵了某种现代性思考，因此，重要的是首先要对其进行重新考察。而对于各种救赎形态，他得出了如下结论：

> 冲绳称作尤大的宗教者将抱有种种烦恼的顾客的灾因归结为，对充满"宇宙＝生命"的世界之意义关系性的破坏，这种解释免除了正在苦恼的顾客的内在责任，因此，它起到了一个"免责"的功效。顾客通过在宇宙的关系性中定位其不幸的终极原因，从而避免了自身人格最终被批判、被揭露的局面（池上，1999：458）。

当人们遇到不幸，尤大便会用祖先祭拜不足、断绝与圣地的关系或先天性命运等逻辑来进行说明。重要的是，在此逻辑中，并不存在决定性的原因或元凶。诚然，疏忽祖先祭拜的人或许有错，但谴责这类懦弱子孙的祖先好像也有一定的责任。但是，在尤大的言行中，无论是生者还是死者，均看不到尤大想对他们的内在部分进行彻底批判的态度。相反，仿佛要解开纠缠在一起的绳索一样，尤大会从各种角度举行仪式，专心致志地对祖先和亡灵进行祈祷。在此过程中，顾客能实际感受到自己生活在与各种外在存在的关系当中，并试图积极地发现在其中生存的意义。这便是池上所说的民间巫者信仰中的各种救赎形态。①

（二）世界宗教与萨满教

引领日本宗教研究的是新宗教研究。新宗教的根基部分有民俗宗教，特别是萨满教的性质，这在今天似乎是不言而喻的。因此，日本的新宗教研究积极运用了萨满教的研究成果。例如，天理教教祖中山美伎从萨满蜕变为教祖的过程（島薗，1978）、1995年地铁沙林事件肇事者奥姆真理教中的萨满教因素（藤田，2008）等研究，尤其是20世纪80年代以后，探讨新宗教与萨满教关系的研究开始陆续登场。

关注新宗教与萨满教的关系必然要归结到世界宗教与萨满教的关联性上。此处所谓世界宗教是指佛教、基督教、伊斯兰教等宗教，这些宗教超越了特定地区，分布在世界各地。而萨满教或民俗宗教虽然也可以在世界各地找到类似现象，但其特征基本上是不超越地区范围的。在这一点上两者完全不同。

然而仅就现象来看，将两者完全分离也是困难的。例如，基督教，尤其是天主教在世界范围扩张其宗教势力，同时也采取积极吸收当地宗教的策略。有些地方甚至出现供奉当地民族神的情况，而这些往往都具有萨满教的性质。此外，就佛教而言，至少从普通信徒的角度来看，佛教常常积极支持类似附体的现象。因此，可以说世界宗教与萨满教的界限是极具流动性的。

---

① 在池上的研究中最需要关注的是，将民间巫者视为正当的宗教者，并主张要从正面讨论他/她们的生活状态这两点。在此意义上，应给予高度评价的是法国的安娜·布希（Anne Bouchy），她从宗教人类学的角度探讨了日本萨满教与稻荷信仰的关系。她的《在神与人的夹缝中生存》（2009）记录了明治、大正和昭和这三个动荡时代，生活在大阪的一个女巫者的生命史。书中描述了一个女人在深渊中挣扎，克服许多磨难，作为巫者而努力生活的故事。布希既没有使用"萨满教"这一用词，也没有得出简单的结论。通过她的叙述而浮出水面的巫者形象对现代人来说是怪异的，但却是一个"平凡的"巫者的生命史。这项研究是跨越了30多年的访谈调查的集大成，它对于那些突然造访某地，调查结束便立刻回到自己研究室的那种萨满教研究提出了尖锐的挑战。

在此情况下，研究者们采取了两种态度。第一种是将这些现象看作无法理解世界宗教高尚教义的低俗民众的做法。尤其是经典研究者认为，一般信徒中所见的萨满教信仰是一些无法理解伟大教祖的理念的愚民之所为。而人类学家中常见的第二种态度是，强调世界宗教只有被民众接受以后才有可能成立的观点，他们重视仪式或实践中的信仰，而不是经典研究所主张的复杂难解的教义。如果过度强调该立场，就会出现认为世界宗教最终被民俗宗教或萨满教所吸收从而失去原来理念的观点。

不难看出，这两种态度都隐藏着问题。实际生活中的宗教，一方面受教义经典的强烈影响，另一方面又在人们自律性的信仰和实践中生存。之前介绍的池上良正进一步发展了他关于民间巫者信仰方面的研究，探讨了日本宗教史中佛教与萨满教的问题。这项研究在上述世界宗教与萨满教关系讨论的基础上，又阐明了佛教进入日本的过程中"附体"所展现的动态性权力关系。

池上强调的是，佛教中保留了萨满教的成分，尤其是"附体"① 现象，并通过将其运用于"轮回转生"和"追善回向"的教义，成功达到进入日本的目的。他认为，佛教中保留了"烦恼痛苦的死者"这样一个萨满教式的死者形象，形成了一个通过佛教的追善回向将其升华为"安详的死者"的制度。而萨满教也借用佛教的教义，通过在与佛教的关系中重新阐释附体现象，从而保存了自身的地位。这种既不过分强调教义，也不过度重视本土信仰的独创性的研究目前仍在继续（池上，2003）。②

除了池上，还有很多人在研究世界宗教与萨满教之间的纠葛与融

---

① "附体"是极其暧昧的概念，根据时代和地区赋予了不同的含义。在研究者中间也没有关于附体的完整定义，因此，综合地使用这一词，尚有许多留待解决的问题。近年来，有人强调不能用本质论的方法看待附体，而是要关注认可和否认这两种有关附体的强有力的政治和社会斗争（川村，1997）。

② 池上目前正在致力于调查和报告中国的葬式佛教的情况。该项研究是《死者的救赎史》中讨论的内容的延续（池上，2011）。除了佛教以外，他还在研究基督教的本地化问题。主要调查对象为诞生于冲绳的基督教系列的新宗教，通过对该教团详细的专题研究，弄清了冲绳的萨满教文化与基督教之间的融合、纠葛等状态（池上，1991）。

合。尤其显著的是以冲绳的佛教和萨满教之间的关系为主题的人类学研究。冲绳与日本本土不同，这里是一个受佛教影响较少的地区。这或许是因为它曾经拥有琉球王国这样一个值得骄傲的独特文化的缘故，正是由于这一点，本土的佛教教徒将冲绳视为一个绝好的宣教场所，近年来，他们在这里建了许多寺院，派遣了大量僧侣。虽说如此，冲绳毕竟还是一块长期信奉以尤大为代表的萨满教和与本土不同的祖先崇拜的土地。佛教若想扎根于此地，就必须超越民俗宗教，或在接受它的基础上进行宣教。而萨满教也并没有否定佛教，而是开始出现自称僧侣实际上却在做与尤大相同活动的人（稻福，1997；長谷部，1997）。在研究世界宗教与萨满教这样一个人类学的重要主题方面，冲绳具备了良好的条件，今后研究有待进一步拓展。

（三）城市萨满教

无论是新宗教还是世界宗教，研究它们与萨满教关系的成果之所以问世，其契机在于研究者之间共享一个对动辄被概括为民俗宗教的领域的动态性认识。对此，池上说：学者们开始关注"民俗·民众宗教多具有的'宗教性'，换言之，不是将民俗·民众宗教视为制度宗教伴随的附属现象，而是将其视为与制度宗教有着共同基础，甚或可以支撑制度宗教之根干的自律性宗教现象"（池上，1999：15）。

萨满教研究中的这种变化不仅停留在与其他宗教的关系层面，同时也唤起了对萨满教内部变化的认识。契机是前面介绍的人类学家佐佐木宏干的《城市萨满教考现学》①（1996）以及藤田庄市的《祭拜者》（1990）的发表。佐佐木反思性地回顾了自己的研究，他说：

日本也有很多人认为，萨满教是勉强生存于东北地区或西南群岛这种远离现代文明中心偏远地带的古代宗教的残渣。以往有关日本萨满教的主要研究成果都是关于东北地区或西南群岛或是关于修验道或新宗教，这事实本身就反映了上述倾向。就在不久前，研究

---

① 该论文发表在 1996 年刊发的《圣与咒力的人类学》上，最早刊载于《城市的波动——街道》（旺文社，1986）。

者们做梦都没想过东京的萨满教或大阪的萨满教这类题目。大城市并不是没有萨满或萨满教，而是由于人们知识的缺乏或偏见而没有看到而已（佐佐木，1996：129~130）。

佐佐木的这篇论文发表后，藤田出版了《祭拜者》。作为宗教新闻工作者，藤田对活动在东京、名古屋、福冈等城市中的萨满进行了大量的采访，书中生动地描述他们的信仰生活，他的著述与佐佐木的论文一道，对以往的萨满教研究进行了深刻的反思。

不言而喻，他们的研究首先提出的关键一点是，城市里也有萨满，甚至正因为是人际关系淡薄的城市，对萨满的需求度才会更高。城市与乡村不同，住在这里的人们身边往往没有可以倾诉苦恼的家人和朋友。烦恼不断增多，孤独逐渐加深。不尽如人意的现实摆在他们的面前。遇到这种情况，如果没有与灵直接沟通并能够解决他们个人烦恼的萨满伸出援助的手，他们又会怎样呢？佐佐木和藤田的研究显示，人们对在城市公寓的某个房间里营业的萨满的需求度是非常高的，上述答案或许可以从这里找到。

佐佐木和藤田的讨论中还有一点不可忽视，即萨满教的变迁。住在东京这样的大城市的人多半来自地方城市或乡村。萨满教也一样，在城市活动的萨满几乎都是将自己出生地的宗教文化带到城市，并根据新的环境稍作调整后继续操持巫业。例如，信仰的神灵有观音、稻荷、不动、玄武灵、元龙灵、地藏、鬼子母神等，非常多样。这些都是特定地区所信仰的神或是城市新宗教的神。萨满在成巫过程中或许受到民俗宗教和城市宗教两方面的影响，从而形成了异质的宗教文化。这说明，萨满教也会随着外部社会的变化而发生变迁。这也可以看作对静态论式的萨满教研究的批评。

佐佐木和藤田所展示的城市萨满教研究目前仍在继续，较具代表性的学者是佐佐木宏干直接指导过的宗教人类学家佐藤宪昭。目前他正在中部地区的新潟市调查"中型城市"的萨满，并持续不断地向世人报告他有关城市萨满教的丰富个案（佐藤，1992）。该领域今后仍有待进一步拓展。

（四）灵性主义与萨满教

关于萨满教变迁的研究后来又得到进一步的发展。欧美于 20 世纪 60 年代前后、日本于 20 世纪 70 年代前后开始发生全球性的变化。这是思想史上的变化，在宗教层面则开始出现灵性主义这样一种宗教现象。

这种变化首先在新宗教中表现得较为明显。日本的新宗教作为战后解决那些从地方涌进城市的人们"贫困疾苦之争"的过滤器，迅速得到发展。新宗教给那些城市中孤独的人们提供了拟制性的共同体，通过这种社会性纽带赢得了支持。宗教社会学家井上顺孝将新宗教为信徒提供的"纽带"称为"同志缘"，并指出这种纽带与信仰共同体的形成有很大的关系。此外，井上还指出"人们对同志缘的信赖感，到了 20 世纪的最后 25 年在日本社会逐渐减弱，而这种现象与新宗教的社会影响的衰弱基本上是相对应的"（井上，2004：43～44）。

宗教学家岛薗进对新宗教势力衰弱过程中大众目光转向灵性主义这种新的宗教现象的事实给予了关注。其特征是，人们不大关心横向的纽带，而是更加重视个人的灵性，而且所登场的灵性存在也表现出极其个人主义的一面。例如，在灵性主义中经常被强调的是守护神，以往守护神通常指的是家中的祖先。而在灵性主义中，没有血缘或地缘之说，只强调与当事人相关的灵性存在。岛薗称此种现象为"新灵性运动＝文化"①，并指出它有如下特征：

> 美国在 20 世纪 60 年代以后、日本在 20 世纪 70 年代以后，随着人们逐渐富有，信息社会化逐步发达以及与此并行的全球化的进展，替代新宗教的新类型的大众宗教运动得到发展。亦即，文化多样性和社会中个人主义生活方式的推行，造就了不同于新宗教共同

① 岛薗认为，所谓"新灵性运动"是指"个人的'自我变化'或'灵性的觉醒'，同时也是超越传统文明和支撑它的宗教或近代科学与西方文明，形成新的人类意识阶段，贡献于尊重灵性的心得人类文明的一系列运动"。而关于"新灵性文化"，他解释道："新灵性运动的轮廓尚不清楚，其范围很广。它一方面在某些时候与一般社会保持着某种紧张关系并开展它的'运动'，另一方面又具有在没有任何紧张关系的情况下作为原有的文化环境的一部分而存在"（岛薗，1996：51～52）。

体的、主要靠媒体来共享思想或态度的个人性松散结合的宗教运动（岛薗，1992：246）。

灵性主义的抬头并非与萨满教无缘，那就是"沟通者"（channeler）的出现。该词很难作一个明确的定义，我们不妨暂且将其理解为，具有与灵性存在沟通的能力并利用此特殊能力解决顾客烦恼的神职人员。他们频繁出现在电视和杂志等媒体上，他们能说出顾客的守护神，能与顾客已故亲朋好友交流，而这些为灵性主义的大受追捧起到了很大的作用。

沟通者与萨满的区别在哪里呢？萨满教研究者面对眼前出现的新的宗教现象，首先要解释这一问题。其先驱性研究者还是人类学家佐佐木宏干。他在论考中详细分析了沟通者与萨满的区别。尤其值得关注的是，他指出了沟通者的宗教观。以往的研究表明，萨满虽然经历了个别的诏命体验，但实际上共享一个特定的文化类型。例如，在某地区信奉的神佛也会出现在萨满的仪式中，仪式的程序也多遵循当地的习惯。

沟通者却没有此类特征，这也是佐佐木着重强调的一点。沟通者所倡导的宗教世界观不是蹈袭民俗宗教的类型，而是带有极其个人主义的特征。如前所述，在指出某人的守护神的时候，会突然出现欧美的名人。此外，他们还会利用科学术语，如电磁波或来自宇宙的能量等，有时还做出仿佛在履行一个科学职能般的表演。

解读此类现象的关键或许在于指出发达国家出现的阶层变化。灵性主义主要是以发达国家为中心扩大其支持者数量的。在这些国家，以往承担萨满教职能的下层阶级和上层阶级的区别呈现出流动性特征。诚然，贫富之差并未消除，但仅就学历而言，每一个国民基本上都可以受到基础性教育，因此用以前的宗教观来展示，他们是不会接受的。沟通者用科学性术语的原因正在于此（佐々木，1992）。

沟通者这样的新类型的神职人员的出现意味着以 20 世纪 70 年代前后为界，人们的价值观开始发生变化。而这种变化也影响到以往的萨满教，于是，研究者们开始探讨这一问题。

在这一领域的研究中，主要研究对象还是冲绳的尤大。例如，盐月亮子注意到近年开始出现用科学话语解释自身职能的尤大，通过积极开展田野调查，她描述了以新面貌展开的萨满教的具体状况。盐月重视的是民族认同。以往的冲绳无论在政治上还是文化上都承受着边缘性的地位。但是近年来，尤大们一方面积极吸收灵性主义思想以获得全球性视角，另一方面也在苦苦思索着如何在其中定位冲绳文化。盐月通过她们的言行，将这种变化解释为是一种对冲绳民族认同的重构，并提出要关注萨满教所具有的政治性（塩月，1999）。

宗教学家新里喜宣则在重视灵性主义及其背后的现代思想变化的同时，主张弄清萨满教变迁的首要前提是要了解该地域社会的状况和变化。萨满教是经过长时间的孕育并被当地人的实践所支撑的信仰。因此，脱离地域语境的萨满论是没有意义的，在讨论吸收灵性主义论的现象时需采取谨慎的态度。

新里立足于这一立场，在考察冲绳亲属制度的现状的基础上，讨论它与萨满教的关系。尤大宗教观中的确有一部分受到灵性主义和个人主义价值观的影响，开始出现不拘泥于地缘和血缘的宗教观。但是，人们依然维持着原有的宗教观，不能仅仅依据发生现代性改变的尤大来说明冲绳萨满教的现状，而是首先要在与冲绳的城市化和工业化的关系中进行考量。为此，今后在运用城市萨满教研究见解的同时，也要看清萨满教的持续与变迁的问题。以上是新里的论旨。他提倡要根据当地的语境来研究萨满教，而立足于此视角的研究尚处于发展阶段，未来还有很长的路要走（新里，2009）。

四 海外的萨满教研究

这一部分将概述海外的萨满教研究。引领日本萨满教研究的主要是人类学家、宗教学家和民俗学家，他们积极走向海外，报告那里的萨满教文化。当然，主要研究日本的萨满教的学者也积极地从事海外调查。这些成果数量庞大，作为其中的代表，本文将概述日本学者对韩国与中国的萨满教研究。

（一）对韩国萨满教的研究

最初研究韩国萨满教的是京城帝国大学教授秋叶隆。秋叶自称是社

会学家，但他的研究在很大程度上受到马林诺夫斯基和拉德克里夫·布朗学说的影响，从现在的观点来看应该说属于人类学研究。秋叶的理论今天被称为"双重结构模式"，该理论至今仍占据对韩国萨满教研究的核心地位。萨满教在韩国被称为"巫俗"（フゾク，무속），秋叶的理论是利用儒教和巫俗的二元对立模式，解读朝鲜半岛的社会结构。

韩国的萨满"穆当"（汉字常作"巫堂"，韩文作"무당"）有两种类型，即多见于南部地区的世袭巫和常见于首尔以北的丹骨（タンゴル，단골）降神巫。世袭巫又叫穆当，巫业在亲子或亲族间代代相传。丹骨的意思是"常客"，指穆当与某个特定村落或地域有主顾关系。在穆当举行的巫仪（クッ，굿）中，神直接降临到降神巫身上，而世袭巫基本上不进入出神状态。世袭巫会一种独特的歌舞，专心表演神与人的交流场面。①

在韩国，萨满教通常被认为是女性宗教，男性很少参加。日本也有同样的倾向。而在儒教的祭祀中，女性的作用只被限定在幕后的准备工作上，祭祀的执行由男性来主导。在儒教的祭祀中，萨满教中常见的与祖先或亡灵的直接交流被严厉禁止，只许称赞祖先之德，表现施惠于子孙的祖先形象。这一点，与留恋现世，强调不断倾诉怨恨子孙之情的死者形象的萨满教世界形成鲜明的对照。

秋叶隆注意到上述两种仪式并存的现象，他将这种对立扩大到解释朝鲜半岛的社会结构，并提出了"双重结构"的理论。该理论认为，儒教与巫俗，在这两种仪式背后有两种不同的社会传统，分别对应两种不同性别的社会领域。儒教属于男性的社会行动及其领域，巫俗对应女性的社会行动及其领域。秋叶认为，"我们可以发现家族女性部分的巫俗式家祭与属于男性家族思考行为规范的儒教的家礼之间存在着相互对立的局面"。他说：

女性家族成员对祭祀男性家族成员的儒教式的家庙缺乏理解和

---

① 当然，南部地区也有能进入出神状态的神职人员，但不是穆当，而是多用其他名称来称呼。与日本相同的是，韩国萨满教中有关神职人员的称呼或仪式的名称和内容极其多样。因篇幅所限，本文只停留在最低限度的说明。

关心，她们通过较为亲近的巫俗来诉说与祖灵的关系，在儒教的家礼中常被忽视的对出生、疾病的关心，在巫俗的家祭中表现得淋漓尽致，由此看来，巫俗的家祭是以祈祷子女出生和子孙长寿康宁为主的母性中心的活动，它与儒教的家祭一道构成了家祭的双重组织（dual organisation）（秋葉，1938：193）。

该理论作为准确把握韩国、朝鲜社会的理论，至今仍被广泛参照。例如，一方面积极采用日本的萨满教理论，另一方面将其运用在韩国萨满教研究上的人类学家崔吉城主张说，巫俗仪式具有消除支撑家庭的女性（特别是主妇）的不安的作用。这又带来了以儒教为美德的男性社会的稳定，形成了儒教与巫俗相辅相成的关系（崔吉城，1992）。

杰内里夫妇则根据人类学的调查，提出韩国有两种祖先观念。男性因其社会地位的稳定，与祖先的作祟无缘，故以祭祀血脉相连的祖先为美德，在这里，祖先可被比喻为"隐居的老者"。而巫俗中的祖先最多可追溯到两代或三代以前，并且包括娘家和婆家双方的祖先。祖先有时自己会说出话来抱怨子孙。女性拥有娘家和婆家双重关系，她们没有接受过要尊重血脉相连的祖先的教育。她们常常处于流动性的位置，尤其是婆媳之间时常发生不和，这些都使得她们形成了一个女性独特的世界。儒教中所没有的巫俗的祖先观反映了女性们的这种境遇，在这里，杰内里夫妇看到了"祖先的两张脸"（ジャネリ，1993）。

上述研究基于秋叶的双重组织理论，尤其是根据萨满教理论来解读韩国的宗教观。在这些研究中不但很少看到对秋叶的批判，而且都是些补充双重组织论的研究。然而，人类学家伊藤亚人的出现，迫使双重组织论不得不面对被修正的局面。伊藤是秋叶隆的学孙，是日本韩国研究的代表性人物，他尝试了从双重组织论到双重结构模式的蜕变，即"双重结构模式不过是分析两种传统错综连接的状况的模式而已，不能将其误认为实际存在的情况"（伊藤，1986：134），他将双重组织论提升到一个不单纯是理论的方法论的层面，并应用到韩国研究中。伊藤研究的意义正在于此。

伊藤提出的双重结构模式至今仍被广泛参照。例如，从宗教人类学观点进行研究的川上新二（2007）和渊上恭子（2002）等人在以佛教为研究主题的同时，也采用了从中抽取巫俗成分进行分析的手法。同样是宗教人类学家的秀村研二（2003），对韩国基督教进行田野调查时，没有将基督教与萨满教对立起来，而是认为两者之间可以找出互补的关系。这些研究都应用了双重结构模式。

尽管如此，以往的研究也不是没有问题。新里喜宣从冲绳研究出发，研究了韩国的萨满教。他详细探讨了先行研究后认为，要重新审视依赖双重结构模式的研究方法，并指明其有效性和局限性。目前，韩国有很多既不是儒教也不是巫俗的宗教现象，尤其多发生在葬礼和祖先祭祀时。韩国人在探索受日本影响的新送葬方式的过程中，会出现一些不同于以往类型的仪式。这些状况无法用双重模式来解释，这说明以往的研究是有局限性的。在先行研究中，人们都认为儒教和巫俗是韩国社会的核心。但是，历史学研究表明，儒教进入民众的生活顶多是在李朝的后期，而巫俗被逼进入女性的领域也是在同一时期（宫嶋，1994）。

总之，先行研究有可能在前提上就是有问题的，因此，需要考量佛教、道教、基督教的影响，以此重新考察韩国宗教。以往的萨满教研究试图在与儒教的关联性上研究韩国的巫俗，但其中也有同样的问题，今后需要开展不受双重结构模式约束的萨满教研究（新里，2011）。

（二）对中国萨满教的研究

在有关中国的萨满教研究中，值得关注的是秋叶隆和赤松智城的北方研究。其研究成果载于《满蒙的民族与宗教》（1941）。他们对居住在当地的鄂伦春族、赫哲族、满族、蒙古族、汉族进行了集中的田野调查，留下了珍贵的民族志资料。在该书中，作者首先将西伯利亚的萨满教定为其原型，并与满蒙的萨满教作了比较。下面一段话很好地表达了这一点。

> 一方面我们发现蒙古的萨满教因喇嘛教的影响而发生改变，另一方面又看到满洲的萨满教与佛教、道教混杂在一起的复合形态。再将两者与西伯利亚的萨满教做一个对比，便知道情况更为复杂。然尚需注意的一点是，蒙古的萨满教今天变得似乎已经被喇嘛教所代替，而满洲的萨满教在巫装和巫具等方面明显具有与西伯利亚萨

满教相通的特征（赤松、秋葉，1941：22）。

　　赤松与秋叶在他们详细的民族志中特别关注了萨满教与其他宗教的关系，但在他们之后，日本的中国萨满教研究处于长期停滞状态，但最近开始出现饶有兴趣的研究。首先需要列举的是渡边欣雄。他以冲绳研究为基础，将调查地扩展到中国大陆和台湾。他的研究内容非常广泛多样，如亲属、民俗宗教、民俗知识论等，而萨满教研究却是作为风水研究的一个环节来进行的。

　　渡边主要根据在中国台湾和福建调查的个案来讨论风水思想是如何与萨满教发生关系的。尤其在台湾，当地的萨满对顾客所说的内容有很大一部分与风水有关。例如，当顾客发生了不幸，约有1/3的萨满（童乩）将原因归结于与风水相关的事项。具体内容如父亲的风水，即父亲的坟墓选地不好，母亲的风水不好，或因为父母同葬，亡灵觉得不方便，故影响到了子孙等。渡边从该调查报告中得出结论说，在台湾，风水知识没有被专家所独占，它是民俗宗教和萨满教世界所共享的知识。

　　渡边又根据台湾的"扶鸾"和福建的"找亡灵"的调查报告指出，这些具有萨满教性质的活动与风水师之间有一种松散的分工。例如，顾客用扶鸾的方式咨询风水方面的苦恼时，扶鸾中提示的那张纸上记录着神灵的话语，上面写着问题的元凶在于风水，并指示说改善风水的具体方案要去问风水师才知道。渡边在此处看到了一种分工体制。

　　需要注意的是，笔者刚才使用的是"具有萨满教性质的"表述。这是因为，"扶鸾"或"找亡灵"这两种行为不是将神灵附体于萨满身上，具有灵力的不是人，而是"柳笔"或"卦"等道具和东西，这不符合以往与灵直接沟通的"人"的概念。渡边依据这一点说道："关于中国南方人神交涉的民俗宗教研究似乎需要一个超越'萨满教'的更高层次的概念"（渡邊，2001：344）。他还强调指出，在中国民俗宗教中较为重要的是，针对"感应"，即"人或物所具有的'灵''命''气'及其他'基因'（substance），需有相同性质的'基因'的人和物来与其同步"。无论是萨满还是风水师，人们最终相信的是基于"天人合一"思想的"通过感应与天成为一体"的想法（渡邊，2001：345），出魂也好柳笔也好只不过是一个手段。因此，他认为，在中国很难明确区分萨满教和民俗宗教，而这种区分反而会导致误解。通过中国的个案所得出的该结论与前文讨论的萨满教研究中的动态论观点不谋而合。

以中国的个案对萨满教论提出质疑的立场在其他研究者中也可看到。在香港长期从事扶鸾信仰调查，随后对中国大陆和台湾的宗教积极展开调查的宗教人类学家志贺市子，也得出了与渡边相同的结论。志贺市子在讨论扶鸾与萨满教的关系时指出，"扶鸾在华人萨满教研究中一直被认为是一个多少有些棘手的问题"（志贺，2003a：14）。因为如前所述，在进行扶鸾的"乩手"身上似乎无法确认出魂的状态。

不过，志贺对将扶鸾纳入萨满教框架似乎是肯定的。作为以往研究所遗漏的问题，她提出"扶鸾过程中乩手的意识状态以及乩手如何定位这种状态的问题"（志贺，2003b：135），即扶鸾虽然在表面上看不到萨满教的因素，但如果去掉"出神"的框架，注意询问行为者自身的想法和感觉，便会发现其中也有萨满教的性质。在这里，重要的关键词是"感应"。志贺通过对扶鸾者的访谈调查结果，得出如下见解：

> 刚开始学习扶鸾时，乩笔只是在缓慢地移动，稍过片刻，志愿者便感觉到突然有一种力量，或感觉到有一种类似悟性一样的灵感。于是，开始在沙盘上画字，或听到从天而降的声音。这种似乎在接受什么的感觉，几乎所有的乩手都会提到。介绍感觉的方式人人不同，但只要是略有宗教知识的乩手，便会用"感应"一词来表达这种感觉（志賀，2003b：30）。

可见，志贺认为可以从扶鸾者的意识中发现与出神相通的东西。长期从事扶鸾研究的志贺能得出此结论也是必然的。

以上概述了日本学者对中国萨满教的研究。近年来，中国学者的人类学研究成果越来越多。色音综合梳理了中国的萨满教研究动向，他认为，"中国的萨满教研究兴起于 80 年代。中国从 80 年代开始出现大量的萨满教研究论文，其研究内容也非常丰富"（色音，1990：186）。色音还介绍了历史学、口头文艺学、思想史、哲学等领域的萨满教研究成果。这些成果的研究对象似乎多为少数民族的萨满教。

其中，有几位学者用日语发表了他们的研究成果。例如，曾士才详细报告了苗族的萨满教仪式，今后通过将这些个案与日本、韩国的个案相比较，有望进一步深化萨满教研究（曾士才，2000）。

同样是研究少数民族，尤其是研究满族的刘正爱，则从民俗宗教、风水以及动物信仰等多种角度进行了调查。她在讨论萨满教与民俗宗教的关系时举了一个例子。在辽宁省新宾县的某个村庄做调查时，她见到一组被奉为保家仙的巨石。村里流传着关于那几块石头的传说，人们在这些石头旁边建了一座庙，但很快被政府视为迷信而拆掉。村里人并不气馁，经过拆了建、建了拆的几个回合后，他们终于以巨石的稀有价值为理由，获得了政府指定的文物保护的资格。在此过程中，巨石由村民信仰的对象"庙"变成与巨石有关的某一家族的"祠堂"，至今仍有村民经常去上香求拜。这组巨石叫"三道仙"，村民用多种方式来祭拜三道仙，从中也可以看到有萨满教的性质。例如，有的采取扶鸾的方式，而有的村里也有"能领三道仙的人"（刘正爱，2001：65）。由于政府给民俗宗教贴上了"迷信活动的标签"，因此被当地人称为"大仙"的萨满的活动常常要采取"地下"的形式。刘正爱认为，"无论周围的政治环境发生怎样的变化，人们的心中却有一个永远不变的世界"（刘正爱，2001：66），由此可见民俗宗教的顽强以及中国人对信仰的执著。刘正爱长期从事萨满教和民俗宗教的调查，她的文章具有吸引读者并使读者留下深刻印象的独特魅力。在讨论中国的政治与宗教的关系上，她是一位颇有见解的学者。

此外，黄强对满汉杂居的黑龙江省双城地区的萨满教做了调查，并以详细的调查报告介绍了少数民族和汉族的萨满教现状。他积极引用佐佐木宏干的理论，在叙述上采用了日本人较易理解的方法。例如，在讨论"出马"这样一个萨满的入巫仪式时，他以埃利亚德和佐佐木宏干讨论过的"死与再生"的概念来说明仪式的语境，该研究采用了比较的方法，为今后日中萨满教研究提供了一个典范（黄强，1999）。

结　语

以上概述了日本的萨满教研究，最后笔者将探讨今后有待进一步研究的课题。这一点可供参考的是海外研究，尤其是中国的萨满教研究。

前面已经提到，在中国可以找到许多促使日本的萨满教研究重新思考的个案与现象。例如，扶鸾不符合"神灵与人直接沟通"的概念，但其内容却含有较多的萨满教性质，这种宗教形态也是今后需要探讨的问题。

在中国各地进行萨满教调查的佐佐木伸一，根据自己的调查经验，撰写了一篇题为《思考东亚萨满》的文章（2006）。文章概括了东亚的萨满教研究，并试图引导出今后的课题。以下将以他的讨论来提示萨满教研究今后有待解决的问题，并以此作为本文的结语。

佐佐木论文的要点可总结为两点。第一，佐佐木指出的是研究者的"臆想"。研究者经常将自己的研究对象放在讨论的中心，强调仿佛只有它才是对该社会有意义的。这里实际上隐藏着一个较大的危险，即这样做有可能会遮蔽萨满在该社会中到底处于何种位置，对普通人而言到底是一个怎样的存在等问题，而这些都属于我们需要了解的社会语境。显然，这不仅是萨满教研究中的问题，其他领域也有同样的问题。

比如在冲绳，尤大被描述为代表萨满教文化的存在，他们历史上曾经几次受到政府和民间的镇压，并被人们所避讳，但他们仍然顽强地生存了下来。由于至今尚有一定的需求，故研究者们将尤大当作冲绳民俗文化的代表，甚至有人得出"知尤大便能知冲绳"的极端的结论。但是，在此类讨论中，研究者们对"知尤大便知冲绳"的缘由不做任何细致的研究，便轻易的在这样一个假设中展开讨论，这显然是忽视了其具体的社会语境。

此外，该问题与政治性也有关系。比如在中国的政治层面，据说少数民族以外的萨满教研究不被看好，在民间也不太受欢迎。在这种情况下，研究者在调查中得到的"知识"，若从普通"常识"的角度来看又会具有何种意义呢？佐佐木用"知识与常识的背离"来表达此种状况。在调查了萨满教后，我们能否用它来叙述中国？这里隐含着知识的多层性的问题。

该问题也符合日本的情况。在日本，普通人对萨满恐怕也没有太多好的印象，通常认为他们是一群不太正常、多少有些奇怪的人们。研究者认为学界盛行萨满教研究，这会有助于弄清民众层面的宗教形态，他们在这种强迫性的假设下专注于进行萨满的分类和出神的分类。如前文介绍，近年来开始出现重视社会语境的研究，但仍未达到总结清点先行研究的阶段。在这一点上，我们要多向韩国的萨满教研究学习。对韩国的研究起始于秋叶隆。由于他的研究自始就关注社会结构，因而出现了许多重视社会语境的研究。虽然也因此容易陷入简单的文化论式的解释，但与日本相比，注意社会语境的研究仍占据多数。因此，今后的研究需要弄清自己的研究对象在该社会中到底占据何种地位，并要明确其社会意义。

第二，佐佐木指出的是东亚近代化过程中，即历史过程中民俗习惯的"断裂"。虽然每个学者各有差异，但大都会持该社会自古就有萨满并一直保留至今的说法。比如在日本，有的学者未经批判性的探讨，就将卑弥呼和萨满放在一起讨论。在韩国也有将巫俗和备受尊崇的朝鲜民族始祖檀君这一神话人物联系在一起的倾向。因为这一原因，近年来甚至出现了穆当被列入国家重要非物质文化遗产名录的事情。然而，这种视角是否正确？佐佐木为我们敲响了警钟。他说："我们不能忘记我们现在所看到的，正是受到现代化巨大冲击所带来的巨大变化的结果，我们是在这个过程所创造出来的话语中成长起来的"（佐々木，2006：455）。上述观点是根据他对正在经历巨大变化的中国进行调查后所得出的结论。

在萨满教研究中，人们通常使用的是历史学方法。但总的来看，这种研究是为了重新确认萨满教悠久历史的一个工作环节，而不是为了验证萨满教这样一个被创造的传统。需要指出的是，萨满教并非都是近代的产物。但是在萨满主张的世界观以及萨满与社会的关系中，一部分或大多部分都有可能在现代化过程中发生了某些变化，我们需要在今后的研究当中注意这一点。

以上笔者根据佐佐木的观点，对萨满教研究中今后需要注意的问题进行了梳理。克服这些问题尚有难度，希望后学们去克服前人遗留下来的问题。尽管有众多学者花费毕生精力进行研究，但萨满教仍有太多的问题需要去探讨。不过，我们也可以乐观地看待这个问题。我们可以最大限度地利用本文详细介绍的先行研究，通过超越前人留下来的种种问题，让萨满教研究更上一层楼。笔者以此告诫自己，并期待日本的萨满教研究实现更大的飞跃。

参考文献

日文
佐藤憲昭
1989「戦後日本におけるシャーマニズム研究：シャーマンの性格と特質をめぐって」，佐々木宏幹責任編集，『文化人類学 6』，アカデミア出版会。

1992「都市のシャーマン的職能者に関する一考察：会津若松市と新潟市の事例から」，『宗教学論集』，17・18，駒澤宗教学研究会。

2009「櫻井徳太郎博士のシャーマニズム研究について」，『駒澤大学文化』駒澤大学総合教育研究部文化学部門。

村上晶
2010「日本におけるシャーマニズム研究の展開：ユタ研究における成巫過程への着目とその背景」，『宗教学・比較思想学論集』11，筑波大学宗教学・比較思想学研究会。

佐々木宏幹
1973「シャーマニズム」小口偉一・堀一郎監修『宗教学辞典』，東京大学出版会。

1978「カミダーリィの諸相：ユタ的職能者のイニシエーションについて」，窪徳忠編『沖縄の外来宗教：その受容と変容』，弘文堂。

1980『シャーマニズム：エクスタシーと憑霊の文化』，中央公論社。

1984『シャーマニズムの人類学』，弘文堂。

1989「シャーマニズム研究の現状と課題：脱魂‐憑霊論の周辺再考」，佐々木宏幹責任編集『文化人類学 6』アカデミア出版会。

1992「チャネラー（channeler）考：シャーマン（shaman）との比較において」『宗教学論集』17・18 駒澤宗教学研究会。

1996『聖と呪力の人類学』，講談社。

2007「佐々木宏幹『シャーマニズムの人類学』」，島薗進他編『宗教学文献事典』，弘文堂。

柳田國男
1940『妹の力』，創元社。

1967（1952）『海上の道』，筑摩書房。

1969（1913～1914）「巫女考」，『定本柳田國男集第 9 巻』，筑摩書房。

中山太郎

1929『日本巫女史』，大岡山書店。

池上良正

1991『悪霊と聖霊の舞台：沖縄の民衆キリスト教に見る救済世界』，どうぶつ社。

1999『民間巫者信仰の研究：宗教学の視点から』，未来社。

2003『死者の救済史：供養と憑依の宗教学』，角川書店。

2007「堀一郎『我が国民間信仰史の研究』」，島薗進他編『宗教学文献事典』，弘文堂。

2011「民俗と仏教：『葬式仏教』から『死者供養仏教』へ」，末木文美士他編『現代仏教の可能性』，佼成出版社。

松崎憲三

1998「来訪神」，佐々木宏幹他監修『日本民俗宗教辞典』，東京堂。

折口信夫

1967（1930）「古代生活に於ける惟神の真意義」，『折口信夫全集』20，中央公論社。

櫻井徳太郎

1973『沖縄のシャマニズム：民間巫女の生態と機能』，弘文堂。

1974～1977『日本のシャマニズム』上・下，吉川弘文館。

1979「沖縄民俗宗教の核：祝女イズムと巫女イズム」，『沖縄文化研究』6，法政大学沖縄文化研究所。

1987『東アジアの民俗宗教』櫻井徳太郎著作集第7巻，吉川弘文館。

1989『霊魂観の系譜』講談社。

窪徳忠編

1978『沖縄の外来宗教：その受容と変容』，弘文堂。

安斎伸

1984『南島におけるキリスト教の受容』，第一書房。

佐々木雄司

1967「我国における巫者（shaman）の研究」，『精神神経学雑誌』69－5。

大橋英寿

1998『沖縄シャーマニズムの社会心理学的研究』，弘文堂。

W.，P.，リーブラ（崎原貢、崎原正子訳）

1974『沖縄の宗教と社会構造』，弘文堂。

宮家準

1985『修験道思想の研究』，春秋社。

ミリチア，エリアーデ（堀一郎訳）

2004（1964～1968）『シャーマニズム：古代的エクスタシー技術』上・下，筑摩書房。

堀一郎

1953～1955『我が国民間信仰史の研究』1-2，創元社。

1971a『日本のシャーマニズム』，講談社。

1971b『民間信仰史の諸問題』，未来社。

ルイス，ヨアン，M.（平沼孝之訳）

1985『エクスタシーの人類学：憑依とシャーマニズム』，法政大学出版局。

安娜・布希（アンヌ・ブッシイ）

2009『神と人のはざまに生きる：近代都市の女性巫者』，東京大学出版会。

島薗進

1978「生神思想論：新宗教による民俗＜宗教＞の止揚について」，宗教社会学研究会編『現代宗教への視角』，雄山閣。

1992『現代救済宗教論』，青弓社。

1996『精神世界のゆくえ：現代世界と新霊性運動』，東京堂出版。

藤田庄市

1990『拝み屋さん：霊能祈祷師の世界』，弘文堂。

2008『宗教事件の内側：精神を呪縛される人びと』，岩波書店。

川村邦光

1997『憑依の視座：巫女の民俗学2』，青弓社。

稲福みき子

1997「沖縄の仏教受容とシャーマン的職能者：『首里十二ヵ所巡り』の習俗をめぐって」，『宗教研究』312，日本宗教学会。

長谷部八郎

1997「沖縄にみるシャーマン的職能者の僧侶化」，『宗教研究』312，日本宗教学会。

井上順孝

2004「信仰共同体の今：変質しつつある絆」（岩波講座宗教6），『絆：共同性を問い直す』，岩波書店。

塩月亮子

1999「沖縄シャーマニズムの現代的変容：民族的アイデンティティの宗教社会学的研究」，宮家準編『民俗宗教の地平』，春秋社。

新里喜宣

2009「民間巫者の思想・言説から見る現代沖縄の先祖観の諸相：先祖イメージの変容と都市シャーマニズム研究への布石」,『東京大学宗教学年報』16, 東京大学宗教学研究室。

2011「現代韓国における死生観の変容：秋葉隆の『二重構造モデル』への批判的検討を通じて」,『死生学研究』15, 東京大学大学院人文社会系研究科。

秋葉隆

1937～1938『朝鮮巫俗の研究』上・下, 大阪屋號書店。

崔吉城（重松真由美訳）

1992『韓国の祖先崇拝』, 御茶の水書房。

R., ジャネリ、任敦姫（樋口淳、金美栄、近藤基子訳）

1993『祖先祭祀と韓国社会』, 第一書房。

伊藤亜人

1986「正統性と土着性：朝鮮民族文化と現代韓国におけるシンクレティズムの諸相」, 佐々木宏幹責任編集『文化人類学』3, アカデミア出版会。

川上新二

2007「韓国における仏教と死者儀礼の近年の動き」, 朝倉敏夫、岡田浩樹編『グローバル化と韓国社会：その内と外』, 国立民族学博物館調査報告。

渕上恭子

2002「韓国仏教の＜水子供養＞：民衆仏教の生命論と仏典理解」,『宗教研究』76（2）, 日本宗教学会。

秀村研二

2003「儒教という伝統：韓国はどこまで『儒教社会』か」,『アジア遊学』50, 勉誠出版。

宮嶋博史

1994「朝鮮両班社会の形成」, 溝口雄三他編『アジアから考える（4）社会と国家』, 東京大学出版会。

赤松智城、秋葉隆

1941『満蒙の民族と宗教』, 大阪屋號書店。

渡邊欣雄

2001『風水の社会人類学：中国とその周辺比較』, 風響社。

志賀市子

2003a『中国のこっくりさん：扶鸞信仰と華人社会』, 大修館書店。

2003b「扶鸞：神との「感応」を体感する術」,『アジア遊学』58, 勉誠出版。

色音

1990「中国北方少数民族のシャマン教の現状と研究動向」，『比較民俗研究』
1，筑波大学。

曽士才

2000「ミャオ族におけるシャーマニズム：招魂儀礼の事例報告」，『異文化』
1，法政大学国際文化学部企画広報委員会。

劉正愛

2001「民間信仰から見える風景」，『アジア遊学』31，勉誠出版。

黄強

1999「中国東北部の民間におけるシャーマニズム：黒龍省双城地区の『大
神』と呼ばれるシャーマンを中心として」，『国際関係学部紀要』23，中部大学。

佐々木伸一

2006「東アジアのシャーマンを考えるにあたって：ポストモダンの世界の中
で」，小松和彦編『日本人の異界観：異界の想像力の根源を探る』，せりか書房。

英文

Firth，R.

1959 *"Problems and Assumptions in An Anthropological Study of Religion"*，*Journal of the Royal Anthropological Institute* 89 （2）.

日本人类学的风水研究

〔日〕小林宏至著　张晶晶译　刘正爱校

序

本文旨在探讨日本的风水研究史，特别是人类学当中的风水研究史。笔者将研究史分为以下五个阶段。当然，每个研究者有自己的梳理方式，本文并不是一篇全面介绍相关研究的文章。不过，通过阅读本文对各阶段状况的介绍，读者可以了解日本的风水研究史的大致脉络。下面简单介绍本文的各节内容。

第一，前现代时期日本的风水认识。这一阶段相当于风水研究的史前时代。笔者将介绍日本的风水概念。与东亚其他地域不同，日本的风水概念以阳宅（都市风水、村落风水、住居风水）为主。中国的风水研究者或许会认为这种观念难以置信，但日本的风水信仰及风水实践确实是主要以阳宅为中心得以推广的。

第二，现代以后的风水研究，出现了国内外事例的调查报告。日本实行现代化之后，人类学的风水研究开始出现。其中，村山智顺的《朝鲜的风水》探讨了日本本土以外的风水实践状况。从此，日本的风水认识有了比较的对象。从这个时期开始，研究者开始转向对日本本土之外的地方进行风水研究。

第三，欧美人文科学中的风水研究及日本对此的吸收。在以中国为对象的风水研究当中，欧美传教士所做的实地调查要早于日本，具有先驱性意义。欧美人士自19世纪后半期起，就已开始进行翔实的调查。

日本的风水研究亦受到了欧美学术界的强烈影响，并随时翻译与此相关的重要文献。

第四，20 世纪 80 年代之后，作为面对西方现代性的替代物（alternative）之风水思想。80 年代以后，学术界整体被后现代气氛所笼罩。风水被当做与西方现代科学相对峙的替代物，顿时受人注目。90 年代中期，"风水热"成为一种大规模的社会现象。与此同时，在有关人类学的风水研究当中，也有关于各地区风水事例的卷帙浩繁的调查报告。"宏大叙事"（grand narrative）所不能表述的风水多样性自此得以明确地展现。风水研究也在向后现代状况推移和转型。

第五，从"文本（text）的风水"到"情境（context）的风水"。2000 年以后，研究者不再用风水的"宏大叙事"来统一说明具有多样性的风水事例报告，而是将其作为各地区各时代的风水实践来理解和把握。因此，目前的研究取向并不是试图通过多样的事例获得有关风水的单一性理论的原理（discipline），而是转向探讨在多样的政治、社会状况下，"风水"这种原理（discipline）是如何实践的。

本文所探讨的不仅是风水这一概念，而是以风水为关键词，通过对风水研究史的概观，管窥其背景当中日本人文社会科学的大体走向。因此，风水概念是超越层面的，它跨越研究领域，提供辩论的竞技场，是一个非常重要的指标。本文以日本的风水研究及译成日文的外国风水研究为研究对象。希望本文能在介绍日本的人文社会科学潮流方面有所贡献。

一　前现代时期日本的风水认识

风水地理观被日本接受，风水知识得以在日本普及，主要经历了两个过程。其一是以执政者为中心的行政官把风水看作判断地形的知识。从古坟时代（公元 5 世纪前后）开始，日本就积极引进风水思想，作为选定都城及更高层面的地理空间的国策。其二是普通民众当中存在着作为民俗知识的"看风水"习俗。在江户时代中期（18 世纪末），名为"家相"（家中风水）、通过家中的方位及布置等判断吉凶祸福的风俗极为盛行。在与此相关的历史及风俗调查中，与人类学相比，历史学、宗教学、民俗学有更多的调查积累。本文虽然以人类学中的风水研究史为主题，但也旨在介绍日本（本土）对风水的态度，因为这对我们理解日本对风水思想的接纳以及风水知识的实践都具有极其重要的意义。我们将会看到，日本（本土）的风水思想与中国、朝鲜、冲绳等周边国家和地区不同，与阴宅风水相比，它更注重阳宅的风水实践。

风水地理观念是何时传入日本的？在历史文献记载中，能确认风水思想存在的最早史料是《日本书纪》（684 年）。该书记载："把阴阳师、工匠等人派到京城，查看整个都城内的土地。同时，派遣三野王、小锦下采女臣筑罗等人到信浓①查看地形。"总之，我们看到，风水知识被描述为阴阳师的一种技能，并被看作迁都之际选定土地的标准。此外，建于同一时代的高松塚古坟及龟虎古坟的墙面上绘有青龙、白虎、玄武、朱雀的壁画。由此可见，公元 7～8 世纪，受到中国影响的自然观和地理观，已经被日本的上流阶层所接受。约 11 世纪成书并记载庭院营造方式的《作庭记》一书，详细描述了庭院、建筑物，以及方位的关系。可见在当时，风水思想不仅仅是国策以及皇族所使用的秘仪，同时也被一部分上流阶层人士用于建造自己的房屋。不过，风水思想得以在广大民众中普及，则是在 1500 年以后及更晚的江户时代。

宫内贵久在《家相的民俗学》中描写了江户时代中期（18 世纪末）之后，"家相"（家中风水）在平民中得以迅速流行的状况。根据宫内的研究，我们可以这样认为：在日本，对土地及房屋作吉凶判断时使用的词汇不是阴宅风水和阳宅风水，而主要是"墓相"和"家相"。在 18 世纪以前也有一些关于墓相的书籍，其中一部分虽然由知识精英作了解说，但观其内容，他们对墓地风水持否定态度。例如，《町人囊》（1718 年）和《过庭起谈》（1834 年）等书都涉及了墓地风水（墓相），两本书都对墓地风水（墓相）进行了否定性论述，《町人囊》指出了其无效性，而《过庭起谈》则将其视为迷信。有趣的是，两本书都论述了墓相（阴宅），这与 18 世纪以后的相关著述以家相（阳宅）为中心进行论述的状况迥然相异。

18 世纪以后，家相开始在平民中流行。宫内对这一现象进行了如下两点分析。第一，印刷术的发展。在此方面，宫内对 271 件家相图的

---

① 信浓，日本旧国名，位于今日本长野县。——译者注

历史年代进行了分析、整理和考察，并得出以下结论：家相图在 1865 年左右最为流行。此时，家相书出版局向大阪、江户及其他地方扩散，印刷技术、复制技术的发展推动了家相图的扩散以及向平民阶层的普及。第二，家相知识的普及。在这方面，他认为，家相知识不是通过师徒关系的修行方式来传播，而是相关人员通过家相书来学习家相，将其作为知识（甚至秘仪）向各地传播的。总之，风水并不是一种口传式传承，而是通过印刷术和家相书来传播的。在这一时期，日本全国各地均有人制作家相图。

根据宫内的报告，日本自进入明治时代以后，随着现代化的推进，与家相相关的书籍和家相图均急速减少。1925 年以后，或昭和时代以后，家相图完全被废止。总之，在日本进入全面现代化以后，平民制作家相图的风俗也必然随之消失。1800 年以后，多种家相书得以出版，并在世间广为流传，此时，家相在日本本土甚为流行。在阅读家相书的平民当中也开始盛行制作家相图。然而，在日本推行现代化的进程中，此种风俗和习惯也逐渐被废止。

二 现代以后的风水研究，国内外事例报告的萌芽

纵观 20 世纪初至 80 年代之前的日本风水研究，其中大多是关于日本本土之外地区的风水思想和风水信仰的报告。故在此阶段，被认定为墓相和家相的风水概念被再度调整为阴宅和阳宅。亦即，在此阶段，日本的风水概念虽以都市风水及家相为中心，但受韩国、中国、冲绳等地调查报告的影响，有关阴宅、阳宅式的风水认识也逐渐为人们所知。其中极为重要的著作包括服部宇之吉的研究、村山智顺的《朝鲜的风水》、牧尾良海对高延（de Groot）研究成果的翻译，以及仲松弥秀等对冲绳当地风水事例的报告等。

根据牧尾良海的研究，开启现代以后日本风水研究的是服部宇之吉的《吉冈博士还历纪念〈道教研究论集〉》（1977）。服部指出，风水思想的背后具有强烈的儒教文化色彩，他不仅把风水思想理解为卜筮效果和民间迷信，更将其视为一种研究对象。服部论述了风水思想的根源，"风水的根本思想是，在人类共通的思想当中加入中国人特有的思想，

儒教中明确包含了人生与天地二气的关系",把风水作为人类的一种地理观进行考量。此外,这部论述还涉及了祖先与子孙之间的互酬性。这是一部日本社会人类学研究萌芽阶段的作品(牧尾,1994:98~99)。不过,现代以来,真正的人类学风水研究是在日本本土之外地区的调查报告传入日本以后才展开的。

其中最具先驱性、描述细致并对后世产生深远影响的是村山智顺的《朝鲜的风水》。村山智顺在该书的开头部分阐述道:"朝鲜的风水信仰与其他地区,如中国的风水信仰一样,都具有作为风水两大范畴的阳宅与阴宅。然而,其根基与其说是阳宅,不如说是阴宅。说到风水,人们马上就会想到阴宅,即墓地的吉凶。况且,朝鲜的阴宅风水的主要目的是,在好的地方埋葬祖先父母的遗骨,通过遗骨享受大地的生气,以此促使子孙兴隆和一家的繁盛"(村山,1931:4)。他指出了当时的调查报告尚未涉足的朝鲜风水和中国风水的特异性,并明确指出两国风水与日本风水的根本区别。

村山的研究中尤为值得称道之处在于,他精心地描绘了此前未被明确认识的、基于中国和朝鲜风水思想的自然观和地理观,并重新评价了其与现代西方的地理观的区别。另外,村山在该书序言中写道:"至此,在理解朝鲜文化方面,最为妥当的方式是考察生活在当地的人们的思想信仰"(村山,1931:1)。可见,村山认为,通过风水研究可以理解朝鲜的文化。因此,风水这种思想信仰,被认定为是构成朝鲜社会的内部基底。考虑到当时日本与朝鲜的关系,村山的立场难免会被批判为具有殖民者色彩,但仅从作品来看,其著作属于现代人类学研究,这是不可更改的研究定位。

第二次世界大战结束前后,与风水研究相关的调查报告、著作等全然不见踪影。不过,自20世纪60年代起,日本的风水研究逐渐开始复兴,尽管还不够连贯。在海外调查报告中,可儿弘明在调查香港新界的环绕村庄时,描述了与风水相关的当地话语(可儿,1969:111~112)。仲松弥秀从冲绳民俗学调查出发,指出了风水思想在村落的空间构造、村落风水、村落移动方面具有的极大影响力(仲松,1977)。自80年代以后,有关冲绳的调查报告开始繁盛起来,包括岛尻胜太郎的《冲绳的风水思想》(1983)、赤田充男的《洗骨习俗与风水信仰:伊是名岛的墓葬制与祖先信仰》（1984）、窒德忠编写的《冲绳的风水》（1990）。不过，在这一阶段，国外的风水调查事例不得不依赖翻译海外文献。其中具有极大学术贡献的，是宗教学学者牧尾良海。牧尾悉心翻译了荷兰传教士高延的著作，向日本学术界介绍了19世纪传教士的高水平调查，以及欧美研究者所做的深入的风水研究，这都给此后的日本风水研究以很大的启示（高延，1969，1970；牧尾，1970，1971a，1971b，1972）。至此，日本研究者们开始积极参考欧美的传教士文书、人类学者的事例报告等。下面将具体阐述海外调查研究对日本风水研究史所给予的影响。

三 欧美人文科学中的风水研究及日本对此的吸收

19世纪后半期至20世纪，除日本以外，欧美的社会/文化人类学把以中国为中心的东亚风水思想置于人文社会科学范围中进行了广泛的探讨。20世纪中期之后，日本也积极吸收了欧美的研究成果。因此，本部分试图概观19世纪后半期至20世纪期间，欧美人文社会科学如何对风水开展研究，以及应如何评价欧美研究对日本的影响。给予日本风水研究很大影响的欧美人士可以分为以下三类：19世纪后半期在中国开展传教活动的传教士，活跃于20世纪初期的欧美人文科学研究者，20世纪后半期以香港、台湾为中心开展田野调查的社会/文化人类学学者。下面按照上述分类展开论述。

（一）传教士们的研究成果

艾特尔（E. J. Eitel）

1862年，艾特尔到香港赴任，1897年移居澳大利亚。在此期间，他在香港从事传教活动，并担任行政官员。他把中国社会中的风水思想定位为"初步的科学"。面对"风水是什么"的提问，他的评价是"聪明母亲笨女儿"，即认为这是中国社会数千年来，一种具有自然科学性质的研究基础的复杂的迷信思想体系，比不上西方的自然科学。艾特尔的自然科学与风水的实证性研究的日语版《风水：欲望的风景》由中野美代子、中岛健译成，并于1999年出版。翻译者中野美代子认为，艾特尔的研究是比高延还早 20 年开展的真正的风水研究，将其定位为现代风水研究的开端。正如中野在后记中所写的，与其把"聪明母亲笨女儿"的描述仅仅看作对中国人的侮辱，不如说是对东亚地区高度发展的人文科学的一种敬意。总之，艾特尔给予日本很大的影响，是可以与本文即将介绍的高延相提并论的先行研究。

高延

与艾特尔对风水的态度有所区别的是，高延的风水研究不是探讨风水思想，而是针对中国社会墓葬的风水研究（高延，1986）。也就是说，艾特尔是通过与西方自然科学的对比来看待风水的，而高延是把风水作为中国墓葬习俗研究的一部分来考察的。因此，艾特尔对风水思想根基当中的思辨性知识体系存有少许敬意，与这种态度相比，高延对风水的揶揄、嘲笑态度可见一斑，他完全把风水当作一种疑似科学。后者的风水研究特征是着眼于葬礼中风水的重要性，对此进行详细记录，其分析仅从西欧中心主义的视角出发。正如上文所述，日本风水研究很早就接纳了高延的研究，在大约 20 世纪 60 年代，牧尾良海便对其进行了介绍。牧尾指出，高延对风水及中国社会持否定性态度，是因为受到了清朝政府及中国民众把基督教视为邪教并对此加以压制态度的影响（高延，1986：265～266）。

（二）欧美的人文科学研究者的研究成果

在译成日语的欧美人文科学学者的理论中，最为突出、对风水研究进行理论性探讨的，可以说是弗雷泽的"巫术论"。弗雷泽把中国社会中的风水及与风水相关的价值观看作交感巫术来阐述。通过把握看似没有关联的几件事之间的关系与类似性，来说明因果关系的方法，被他称为巫术。他把宗教视为科学的前身，把巫术视为技术的前身。总之，他认为，从西方观点来看，风水信仰是"迟到"的科学技术。

弗雷泽把巫术（Magic）分为交感巫术（Homoeopathic Magic）与接触巫术（Contagious Magic）两大类。在他的理论当中，风水属于前者，即交感巫术这一分类。也就是说，风水思想是具有超越事物与因果关系层面的知识体系。例如，弗雷泽曾列举了下述中国社会中的交感巫术事例。

在中国人的信仰当中可以看到相似者相生原理的具体应用。一座城市的运势受自身形状的极大影响，并随着与该城市形状最相似的事物的性质而发生改变。例如，据史料记载，在很早以前，外形与鲤鱼类似的泉州府城的好运总是被外形与渔网相似的邻城永春夺走，所以泉州府的市民察觉到在自己的城市里修建两座高塔，就可以避免这种灾难。现在，耸立在泉州城的塔可以在用虚幻的网来攻击虚幻的鲤鱼之际，戳破网眼、阻断攻击，所以自从有了塔之后，该城的运势一直都很好 ［フレイザー，1966：102］。

这种把风水当作巫术的思考方式也影响了很多的欧美人文科学学者。例如，韦伯把风水及中国视为"巫术的乐园"，迪尔凯姆、莫斯认为"风水是象征性宇宙分类原理的一种原始知识体系"，黑格尔将其与西方现代科学比较，认为风水是一种不可理解的知识体系。此外，20世纪60年代之后，欧美社会在20世纪初期所做的以风水为事例对象的研究陆续得以翻译出版。包括内桥卓介（译），弗雷泽（著）的《金枝》（1966）；木全德雄（译），韦伯（著）的《儒教与道教》（1971）；山内贵美夫（译），迪尔凯姆、莫斯（著）的《原始分类》（1969）；长谷川宏（译），黑格尔（著）的《历史哲学讲义（上）》（1994）。总之，20世纪以后，把风水思想作为与宗教观有关联的"疑似科学""巫术"的"文化人类学"式研究成为一种标准。此后，这种研究标准一直延续至20世纪后半期。

（三）20世纪后半期之后欧美社会/文化人类学的研究成果

受福特斯等在非洲从事田野调查的人类学学者所提出的父系血缘关系社会中的亲属研究模式影响，弗里德曼对中国汉族社会的父系血缘关系群体进行了调查。他从与当时的宗教、民俗、地理、历史、咒术等不同的视角，对风水进行了"再发现"。弗里德曼把亲属研究理论引入中国研究当中，提供了风水研究新视角。这便是社会/文化人类学及功能主义式的风水研究视角。

弗里德曼在香港亲身感受到了"活着的"风水，在对直接接触到的风水实践的记录当中，他阐述了当时其他调查报告所未能完整表现出来的风水实践，即风水具有社会功能，它具有建构和修复祖先—子孙之间关系的功能。他通过细致的田野调查，指出了具有统合一个群体功能的牌位祭祀当中的祖先崇拜，与可以使一个群体正当化裂变的坟墓祭祀当中的墓地风水之间的差异（Freedman，1966）。不过，他的探讨立即被芮马丁所批判，并发起了一场围绕风水功能的"风水论争"。

与弗里德曼的风水理论不同，芮马丁认为，风水师（或者当地人）所判断的不是"地脉"及"生气"，而是从祖先的"感情"来判断祖先对子孙的风水善恶方面的影响，否定了弗里德曼所建构的、以祖先为"傀儡"的构想（Ahern，1973）。此外，台湾的人类学者李亦园认为，由祖先风水所致的灾难与"鬼魂"所致的灾难相同，他否定了弗里德曼所主张的——祖先风水在艰难地维持"气脉"及"生气"时，带来了灾难——这一说法。从结论来看，李亦园与芮马丁是站在同一立场上的。之后，双方的论争未见分晓，在平行线上摸索的论辩仍在持续。此后，韩国任敦姬的报告使这场论争走向收尾阶段。该报告指出了论争双方所指内容的不同、台湾的近祖与香港的远祖之间代际深度的区别，并进一步指出，在韩国，上述两种要素都是进行风水判断不可缺少的。她提出，可以对由论争引发的视角加以整理，寻找合适的着陆点。随后，王斯福（Stephan Feuchtwang）、渡边欣雄等人将弗里德曼等人著作中的风水案例定位为"机械论风水"，把芮马丁等人著作中的风水案例归结为"人格论风水"，评介了当时的风水研究，整理了风水研究史，并建构了新的探讨阶段。

四 20世纪80年代之后——作为面对西方现代性的替代物（alternative）之风水思想

在20世纪80年代以前的日本社会，以风水为研究对象的学科主要包括思想史、部分文学研究。此外，风水多被民俗学、历史学当作史料看待。不过，从80年代开始，风水已被视为与此前有所区别的、不同的研究对象。20世纪的最后这1/4段时期，对于学术研究而言，是一个极大的转型期。其中，风水作为一种研究对象，也迎来了极大的转型。在广义人文社会学领域中，以利奥塔为代表的学者提出"大型叙事的终结"①，他们批判此前知识分子获取知识的方式，并探讨了追求全体人类的共有"真实"的不可能性［リオタール，1979（1986）］。在人类学领域中，受克利福德与马库斯的《写文化》所带来的冲击影响，出现了对人类学学者所写民族志的客观性持否定态度的论调［クリフォード、マーカス，1996（1986）］。他们指出，被认定为是"事实"和"真实"的事件，实际上相当多地包含了作者、写作时的状况、政治经济背景等具有随意性的要素。针对"客观事实"的批判性讨论也随之开始。总之，对事件进行细分、"通过累积客观事实来追求真实"式的学术风格开始分崩离析。日本社会及日本学术界也受到了这种后现代状况的极大影响。

从 20 世纪 80 年代开始，学术权威主义思想潮流在日本兴起。与之前各领域研究风格不同，学科之间的交流、跨领域的研究活动得以积极实施。具体来说，人文社会科学领域当中，出现了以数理学分析方法来考察人文社会科学研究对象的研究者；与之相反，面对现代科学技术的不完全性，也出现了这样的学者，即通过人文社会科学思想来批判现代科学之不合理性，并建构出面向社会整体的一种思想潮流。前者的代表人物是《结构与力》的作者、数理经济学者浅田彰（浅田，1983），后者的代表人物是《西藏的莫扎特》的作者、宗教人类学学者中泽新一（中沢，1983）。在这种状况下，风水被视为可与受西方社会牵引而来的现代科学相抗衡的一种替代物概念，并被当作与超自然现象、亚文化、神秘宗教一样，是被西方现代的新式思考方式所取代的概念。例如，中泽新一在随笔《与树对话的风水师》中这样写道：

> 气的世界具有流动性，由此引发的力量的流动方向及强度变化，可以说是对肉眼所见的现实世界具有决定性的影响力。因此，要想在这个世界中幸福地生活，就要通过对风水师和道士修行的那个世界的解读，以此得知自己生存于其中的世界所发生事件的真实含义。……与生成于多次元空间的世界的对话。这不是幻觉，而是一种现实（中沢，1990：216～218）。

---

① 具体来说，利奥塔本人并不否定宏大叙事，此外，他对后现代主义也持否定观点。

正如中泽不单纯把风水概念当作迷信和民间信仰，而是将其作为一种"现实"予以肯定一样，当时的学术界对这种非西方的知识体系具有何种可能，进行了热烈讨论。

不过，此处所说的风水具有其他次元世界的现实性这一说法，事实上也出现于现实世界中，其表现就是建筑学采纳了风水思想。在建筑学领域中，自20世纪80年代开始，后现代建筑达到鼎盛阶段，并层出不穷。后现代建筑是指，与仅追求合理性及功能性的现代建筑相反，大胆运用奇特设计和无法从实用角度来说明的装饰物的建筑类型。这种与现代（具有西方现代性，功能、合理主义式的）建筑设计相反的后现代建筑，与风水思想具有高度的亲和性。90年代的风水研究著作中，其言必称香港的两座大型建筑——基于风水思想而建成的香港上海汇丰银行与香港中国银行。当时的杂志版面谓之"风水战争"，并展开热议。但实际上，香港上海汇丰银行建于1986年，香港中国银行建于1989年，两者都是在80年代建成的。香港上海汇丰银行的设计者诺曼·福斯特明言，自己在设计时请了风水师来看风水善恶，可以说该建筑受到了建筑界后现代潮流的强烈影响（Stephan Williams，1989）。日本人也把后现代建筑与风水思想进行融合。其中，具有代表性的人物，是以后现代建筑师身份闻名的毛纲毅旷。他参考了风水思想来设计钏路市立博物馆（村田，1996：212~215），并说明这是参考风水书图案当中的"金鸡抱蛋"形状而设计的（见图1）。钏路市立博物馆曾获得1984年日本建筑学会奖，当时后现代建筑的流行及其对风水概念的接纳程度，由此可见一斑。此外，毛纲还在随笔《现代风水术塑造了前卫都市》中，提出城市建设与景观建设不能只追求功能，更要同时注重强调与自然共存、与景观协调重要性的风水思想（毛綱，1988：74~75）。

这种建筑学中的后现代思考与人类学中的后现代不可同日而语。不过，可以看出，两个学科都认为不可用现代价值观取代风水，对风水给予了肯定评价。20世纪80年代之后，受学术界的替代物潮流、建筑学的后现代建筑热影响，自90年代前后，整个日本社会的各种杂志及报纸文章开始使用"风水"这一词语。其中，极大地引发了风水热的，是出版于1985年、以风水为题材的小说《帝都物语》之作者荒吴宏。从1993年6月起，他的文章《用中国秘传的地相占卜来测量现代日本——日本风水

图 1　毛纲毅旷于 1983 年参考风水思想而设计的

钏路市立博物馆外观（笔者摄影）

漫游记》开始在《花花公子》杂志上连载，并于 1994 年结集为《风水先生》出版，成为当时风水热的开端。此后，摄影杂志《朝日画刊》、历史杂志《历史读本》、以中年女性为目标群体的杂志《女性自身》、以中年男性为主要读者的《SPA》等多种杂志都刊载了介绍风水思想与风水占卜的文章，使得当时的风水热进一步升温。图 2 标明了 1987～2011 年，以风水为题的报纸、杂志文章的数量。由此可见，90 年代中期之后，"风水"这一词汇在日本社会被广泛使用，并广为人知。

关于风水的学术研究在 90 年代中期也达到了昌盛阶段。1993 年，地理学术杂志《地理》第 38 号刊载了以"风水思想"为主题的特辑。其中，目崎茂和从环境学的视角对风水展开了讨论，涩谷镇明则介绍了韩国风水的实况。同年，建筑学的学术杂志《建筑杂志》第 108 卷刊载了以"质疑'土地的记忆'：家相、方位、风水、地灵"为主题的风水特集，堀込宪二、毛纲毅旷、西垣安比古等人探讨了建筑学当中风水思想的可能性。1994 年，总结高延的研究，并从宗教学的视角带动了日本风水研究的牧尾良海出版了其研究成果《风水思想论考》。同年，渡边欣雄、三浦国雄对 1989 年召开的"全国风水研究者会议"的研究成果加以整理，出版了《风水论集》。可见，当时人文学科对风水的研究

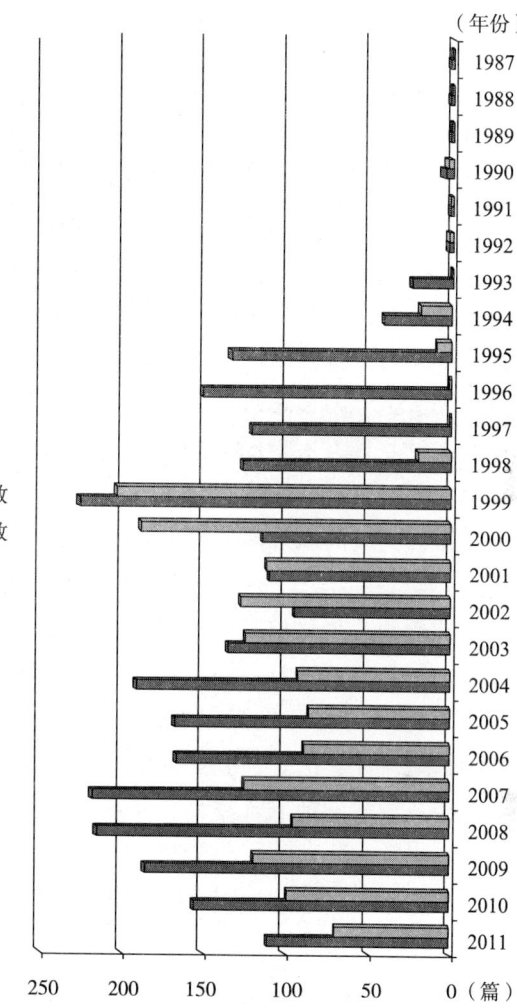

图2　以"风水"为题的杂志及报纸文章数量

百花齐放，令人眼花缭乱。1994 年，渡边欣雄的《风水——气的景观地理学》、三浦国雄的《气的中国文化——气功、养生、风水、周易》出版。学者们在进行以"气"的概念为主体的风水研究的同时，也翻译了何晓昕的《风水探源》、崔昌祚的《韩国的风水思想》，以此致力于积极吸收海外的风水研究。总之，不论是在大众层面还是在学术界层面，可以说日本的"风水热"于 90 年代中期达到了一个高峰。

不过，大众当中的风水热与学术领域中的风水研究之间的差异也愈发明显。由于"风水"这一用词被大众滥用，使得以人类学学者为首的研究者们深感忧虑。例如，风水研究者会议成员当中的家相研究专家村田，通过如下论述，强调了风水与风水研究的区别。

> 从大前年到今年（1996 年），"风水"突然就火起来了。出版了杂志特集、风水师上了电视节目、书店设立了出售风水相关书籍的专柜。为什么会发生这种现象？这会是一种短暂性的热潮，很快就可结束吗？由近期现象来看，我们所学的内容是什么？
>
> 原本的"风水思想"发源于中国古代，传播至东亚各国，有别于电视、占卜类书籍上的"风水占卜"内容（村田，1996：22）。

就这样，大众的风水热与研究者的风水研究逐渐向不同方向发展。20 世纪 90 年代中期之后，大众的风水热的诉求是把风水这个概念视为非科学的替代物。与之相对，研究者们并未把风水思想当作铁板一块的知识体系，而是因地域及场合来看待风水的样态，将其作为一种动态民俗知识来思考。用渡边欣雄的话来说，这便是从"文本的风水"到"情境的风水"的变化（渡邊，2001）。2000 年之后，"情境的风水"成为人类学风水研究的基本架构，并被发展、继承。

五 从"文本（text）的风水"到"情境（context）的风水"

1994 年，在日本社会达到一个高峰的风水，是指被想象为可以与西方现代性相抗衡的，代表东方式世界观、宇宙观、地理观、环境观、民俗知识的，作为替代物的风水。不过，正如前文弗里德曼与芮马丁的"风水论争"所示，我们可以明确地看到，把风水这一概念看作整个东亚共通原理的说法，是把这一知识体系过于宽泛化了。也就是说，在探讨风水时，必须明确地把发源于古代中国思想的风水与各地独立发展而形成的"风水"加以区别。这种背景带动了 2000 年以后的日本人类学的风水研究。

在这一时期，关于中国各地区的风水调查事例的报告开始出现。聂莉莉、韩敏、曾士才、西泽治彦编写的《大地的生机——中国风水的思想与实践》（2000），通过在福建、浙江、四川、辽宁、贵州、新疆等地区的田野调查，对中国本土风水实践的多样性进行了详细探讨。例如，濑川昌久介绍了香港在 20 世纪 60 年代修建大坝之时，当地人以"破坏风水"为理由开展了反对运动的案例。政府以补助金的方式支付请道士的仪式费用，以了结此事。可以说，这个事例运用了风水思想，使其成为政治运动、环境保护的一部分。何彬介绍了福建、浙江等地以"洗骨导致风水流失"为理由而不洗骨的事例。这是与冲绳等地的改葬、二次葬等习俗不同的、非常有趣的事例报告。此外，王建新报告了当时几乎无人涉足的新疆地区的风水活动。他通过玛纳斯县"凤凰城"的案例，介绍了破坏周边环境会导致当地远离荣耀的传说。由此可见，在中国汉族社会之外也同样盛行风水。该书立足于动态地理观，而非西方现代式的静态地理观，来把握环境（大地），并通过中国各地的事例，介绍了各地区丰富的地理观、自然观。限于篇幅，本文无法一一列举该书的所有文章。不过，《亚洲游学》杂志的第 43 号——《特集：风水的历史与现代》（2003），介绍了人类学、历史学、思想史学、民俗学的研究者们的田野调查所反映的风水之多样性。

这种风水思想既不是 20 世纪上半期所说的东方疑似科学，也不是 20 世纪后半期流行的、把风水作为西方现代科学替代物的思想，而是关注立足于多样性当中的风水实践。总之，在这一阶段，研究的关注点已从在中国传统中推究风水思想的根源，转为关注因地区、时代不同而各有差异的风水实践。集中体现这一转向的，是渡边欣雄的《风水的社会人类学——中国及其周边比较》（2001）。渡边将被认为源于中国古代的"文本的风水"与源于日常生活的"情境的风水"加以区别，通过各个地区、时代的多样化事例，探讨了作为方法论的"情境的风水"之可能性。渡边根据自身的田野调查体验，认为某一地域社会内部的民俗知识是随着时代和社会状况的变化而变化的，这构成了上述思路的背景。《民俗知识论》一书，描述了展示地域社会内部动态的"情境的风水"。

在社会人类学领域中，这种对"文本的风水"和"情境的风水"进行区分探讨的方法，被渡边的学生河合洋尚、小林宏至等人继承。他们关注风水实践当中，"文本的风水"如何成为"情境的风水"的过程，并开展了田野调查。例如，河合洋尚在中国广东梅州的事例中，指出风水思想不仅仅被当作中国古代的传统价值观，用当地的思路加以解读，也具有风水实践的功能（河合，2007）。小林宏至则通过中国福建省的世界文化遗产福建土楼的事例，阐述了风水概念除被看作当地的民俗知识外，更受到联合国教科文组织及旅游开发政策的影响，尚处于变迁当中（小林，2012）。由此，在探讨某一社会中的风水现象时，解读现象背后的政治、经济力量所起的作用的模式已经形成。在这种状况下，风水实践这种社会现象开始被建构主义的观点审视，风水所体现的社会变迁研究得以繁荣发展。

这方面的进一步应用，应该是近年来风水的"道具"功能。在现代社会当中，敢于把风水当作"道具"使用的事实，促进了把风水概念推向应用性社会运动的相关研究，即促进了对"情境的风水"的政治性创造展开应用人类学式的分析。例如，在风水与都市规划的探讨中，常有关于香港等地盛行的、作为抵抗道具的风水如何发挥功能的探讨。而且，河合指出，在当地人与香港殖民地政府的相互斗争当中，风水也介于其中。他认为这具有为探讨风水思想提供新阵地的意义（河合，2003）。此外，原知明从冲绳的美军基地问题出发，指出风水实践在环境与文化两个方面，具有保护两者安全的功能（Hara，2011）。综上所述，2000 年以后，起源于如何解释风水多样性问题的风水研究，转为关注风水实践的多样性，并进一步转向用应用人类学再评价风水实践。

结　语

本文按照时间顺序，对日本的风水概念及风水研究史进行了分类、介绍。在此，将本文内容简单总结如下。

前现代时期，日本的风水知识及风水地理观，是一种日本独有的地理观。所用的词语，不是阴宅、阳宅，而是墓相、家相。与东亚其他地区重视墓地风水的风水思想相反，日本的风水思想是以阳宅（家相）为中心而推广的。特别是在 18 世纪末之后，随着出版业的兴起，阳宅（家相）观念在百姓中得以普及，各地区均流行绘制家相图。总之，日本本土自古以来就吸收了风水价值观，但一向是更关注阳宅（家相）的。

在逐渐走向现代化的日本帝国时代，日本展开了针对朝鲜文化的调查计划。村山智顺的《朝鲜的风水》即是这一时期的研究成果。乍一看，该研究中包含了很强的殖民色彩，但事实上是一种理解朝鲜文化的风水研究。在第二次世界大战之后销声匿迹的风水研究，自 20 世纪 60 年代开始复苏，以中国香港、冲绳等地为中心的调查报告陆续问世。与此同时，牧尾良海翻译了高延的风水研究成果。从此以后，学者们参考欧美文献成为研究风水时的必做工作，欧美的论著具有极大的影响力。古有艾特尔、高延的报告书，今有奥列·布鲁恩（Ole Bruun）的调查资料等，涵盖多个方面。在这些文献当中，重要内容已被译成日语。除了人类学学者，其他诸多学科的研究者们也介绍、引入了这些文献。

概观欧美人文社会科学的风水研究，可将其内容整理如下：19 世纪后半期开始，传教士们所做的把风水作为疑似科学的调查报告；20 世纪前半期欧美知识分子在探讨象征、理论研究时，作为材料使用的中国风水事例；20 世纪后半期以弗里德曼为代表的亲属理论研究对风水进行再评价的探讨。弗里德曼针对风水这种东亚地理观，提出了新的研究视角。但正如芮马丁与李亦园的反驳所说，风水虽然是通行于东亚的价值观，但并不是单一的原理。

20 世纪 80 年代以后，受到后现代研究潮流影响，在社会学、建筑学、地理学、民俗学，以及人类学等学科中，风水概念被作为了新的研究对象。然而，风水热的鼎盛时期是在 90 年代中期以后。可以看出，大众的风水认识与学术界的风水认识是完全不同的。

风水作为来源于中国的、引起怀古之心的概念，被人们从与西方现代性相抗衡、反东方主义（崇尚西方主义）的视角加以认识。不过，人类学研究并不是从这种后殖民主义、反东方主义的视角来看待风水，而是对风水概念进行解构，运用后现代的意义来推进研究。

因此，2000 年以后，在探究风水概念时，不是把它视为与西方现代性相对的替代物，而是通过细致分析各地区的事例，解构风水这个大型叙事。尤其是在社会/文化人类学当中，风水研究脱离了"文本的风水"并将焦点转向"情境的风水"，恰恰反映了这一背景。总之，研究关注点不在于文献学意义上的探求风水思想的理论，而在于风水思想是如何在各个地区被实践的。因此，近年来应用人类学也开始研究"情境的风水"是如何作为政治性"道具"被利用的，或者说是如何被作为社会运动的"道具"而加以使用的。

至此，本文探讨了日本人类学的风水研究史。"风水"这个关键词，可以说是极大地反映了各个时代研究者的社会、思想背景。反言之，通过"风水"这个关键词，我们或许可以通观日本，特别是以东亚为研究对象的日本社会/文化人类学的研究历史。

参考文献

日文

牧尾良海

1970 「風水思想の歴史と其の専家たち」，大正大學研究紀要，文學部・佛教學部 55 号，31 – 69 頁。

1971a 「風水思想の一局面」『密教学研究』3 巻，61 – 68 頁。

1971b 「風水思想の歴史と其の專家たち」，大正大學研究紀要．文學部・佛教學部 56 号，103 – 127 頁。

1972 「風水思想における四神について」，『東方宗教』40 巻，24 – 38 頁。

1994 『風水思想論考』，山喜房仏書林。

村山智順

1931 ［1979］ 『朝鮮の風水』，1931 ［1979 国書刊行会・復刊］。

可児弘明

1969 「香港新界の囲郭村落について」，『史学』42 巻 2 号，233 – 256 頁。

仲松弥秀

1977 『古層の村沖縄民俗文化論』，沖縄タイムス社。

島尻勝太郎

1983 「沖縄の風水思想」，『沖縄大学紀要』3 巻，1 – 9 頁。

赤田充男

1984 「洗骨習俗と風水信仰 ：伊是名島の葬墓制と祖先信仰」，『帝塚山短期大学紀要人文・社会科学編』21 巻，287 – 308 頁。

窪徳忠編

1990 『沖縄の風水』，平河出版社。

高延 （de Groot）

1969 《風水 "Fung-shui" ——The Religious System of China. 〔1892—1910. 6vols〕》第三部的翻译－1－智山学報，17 号。

1970 《風水 "Fung-shui" ——The Religious System of China. 〔1892—1910. 6vols〕》第三部的翻译－2－智山学報，18 号。

デ・ホロート著、牧尾良海訳

1986 『中国の風水思想－古代地相術のバラード－』，第一書房。

アイテル著、中野美代子・中島健訳

1999 『風水―欲望のランドスケープ』，青土社。

フレイザー著、内橋卓介訳

1966 『金枝篇（改版）』，岩波書店。

M. ウェーバー、木全徳雄訳

1971 『儒教と道教』，創文社。

デュルケム・E、モース・M、山内貴美夫訳

1969 『人類と理論―分類の原初的諸形態』せりか書房。

ヘーゲル著、長谷川宏訳

1994 『歴史哲学講義（上）』，岩波書店。

リオタール著、小林康夫訳

1986 ［1979］ 『ポストモダンの条件』，水声社。

クリフォード、マーカス著、春日直樹他訳

1996 ［1986］ 『文化を書く』，紀伊國屋書店。

浅田彰

1983 『構造と力』，勁草書房。

中沢新一

1983 『チベットのモーツァルト』。

1990 「木と対話する風水師」『すばる』1990 年 5 月号，216 － 218 頁。

村田あが

1996 『風水 その環境共生の思想』，環境緑化新聞社。

毛網毅曠

1988 「現代の風水術が、アバンギャルド都市を造る」，『BRUTAS』1988 年 4 月 15 日号，74 － 75 頁。

荒俣宏

1985 『帝都物語』，角川書店。

1990 「香港風水戦争」『03』1990 年 1 月号，37 － 47 頁。

1993　「中国秘伝の地相占術で現代日本を測る―ニッポン風水漫遊記」『プレイボーイ』1993 年 6 月。

1994　『風水先生』集英社。

渡邊欣雄・三浦国雄編

1994　『風水論集』，凱風社。

渡邊欣雄

1990　『民俗知識論の課題―沖縄の知識人類学』，凱風社。

1994　『風水―気の景観地理学』，人文書院。

2001　『風水の社会人類学』，風響社。

三浦國雄

1994　『気の中国文化―気功・養生・風水・易』，創元社。

何暁昕著、三浦國雄・宮崎順子訳

1995　『風水探源』，人文書院。

崔昌祚著、渋谷鎮明訳

1997　『韓国の風水思想』，人文書院。

聶莉莉，曽士才，韓敏，西沢治彦編

2000　『大地は生きている―中国風水の思想と実践』，てらいんく。

河合洋尚

2003　「人為的構築環境の社会人類学的研究――植民地期香港の都市計画と新界宗族の風水解釈の変遷過程」，東京都立大学社会科学研究科修士論文。

2007　「客家風水の表象と実践知――広東省梅州市における囲龍屋の事例から」，『社会人類学年報』，東京都立大学社会人類学学会，弘文堂，33 号、65 - 94 頁。

小林宏至

2012　「福建土楼からみる客家文化の再創生―土楼内部における「祖堂」の記述をめぐる学術表象の分析」，瀬川昌久・飯島典子編『客家の創生と再創生』97 - 127 頁，風響社。

原知明（HARA Tomoaki）

2011　"US Military Bases and Funshi: The Anti-Base Movement and Community Development in Yomitan Village, Okinawa," Japanese Review of Cultural Anthropology, Vol. 12, 日本文化人類学会, pp. 67 - 100.

宮内貴久

2006　『家相の民俗学』，吉川弘文館。

吉岡義豊

1997　『道教研究論集―道教の思想と文化 吉岡博士還暦記念』，国書刊行会。

李亦園

1978 　『信仰与文化』，巨流図書公司。

任敦姫，崔仁宅訳

1994 　「韓国農村における墓位置の影響—風水と祖先たち」，渡邊欣雄・三浦國男編『環中国海の民俗と文化 - 4　風水論集』，凱風社。

英文

Freedman

1966 　Chinese Lineage and Society: Fukien and Kwangtung. Athlone Press.

Ahern, E. M.

1973 　The Cult of the Dead in a Chinese Village, California: Stanford University Press.

Stephan Williams

1989 　*Hongkong Bank the Building of Norman Foster's Masterpiece*, Little Brown & Co (T); 1st US Ed.

Ole Bruun

2003 　Fengshui in China : Geomantic Divination Between State Orthodoxy and Popular Religion. Man & Nature in Asia series, No. 8, NIAS Press.

Stephan Feuchtwang

1974 　An Anthropological Analysis of Chinese Geomancy. White Lotus Co.

日本民间信仰研究回顾

——从反思二分法的视角来看

〔日〕阿部朋恒著　刘正爱、陈进国校

前　言

　　日本民间信仰研究始于 1897 年，100 多年来，学者们在宗教学、民俗学及人类学等领域中进行了大量的研究。近年，尤其是 20 世纪 90 年代中期以来对宗教概念进行了激励的论争，与此同时，民间信仰研究方向发生了较大的转移，并对方法论和研究意义作了深刻的反思，争论的焦点主要集中在两个方面：一方面作为指示某种实体领域而采用的"民间信仰"一词具有一定的局限性，另一方面应在特定的历史背景下把握"民间信仰"这一概念。

　　通过分析诸多关于"民间信仰"的讨论可以看出，这些观点与每个时代关于"宗教是什么"的理解密不可分。学者们的研究通常隐含着"正统/非正统""外来/固有""教义/民俗""象征/实践"等多种二分法视点（dichotomous thinking）。不管是否是有意使用这些二分法，在"民间信仰"这个名词下进行的研究往往掬取主流宗教研究所淡忘的很多现象。本文的主要目的在于介绍日本民间信仰研究的历史，并尝试整理各个时期的讨论中所能看出的二分法视点，进而探讨各个时期日本民间信仰研究的取向。①

---

　　① 本文的结构大体上是按照民间信仰研究的历史展开，不过不一定是以确（转下页注）

一 宗教概念和民间信仰研究的出现
——导入二分法的视点

（一）早期的民间信仰研究

在日本，一般认为民间信仰概念最早出现于姊崎正治的《中奥的民间信仰》（1897）中。当时姊崎在东京帝国大学担任宗教学讲座的第一代主任教授，是奠定日本宗教学基石的重要人物之一。《中奥的民间信仰》是他在日本东北地区的岩手县周边进行调查的成果，为了解释田野调查中所看到的"不依靠正统的组织宗教而自立的信仰习惯"（姊崎，1897：966）而创造了"民间信仰"这一关键概念，并将其定义为：首先依据刚刚翻译过来的"宗教"概念提出"正统的组织宗教"，其次虽然不能收纳在宗教概念范围内，但与日常行为有所不同的言语举动总括到一起被称为"民间信仰"（姊崎，1897：966）。由此可见，创造"民间信仰"概念的前提是把"宗教"概念表象的对象视为实体现象。民间信仰就是为了解释与"正统"宗教似是而非的许多现象而被创造出的概念。①

由此可见，日本民间信仰研究是从西方狭义"宗教"概念的基础上发展起来的，此后，随着民俗学、人类学、历史学对"民间信仰"的关注，使"民间信仰"研究超越了宗教学的范畴，但宗教学关于"民间信仰"的研究一直保持这种"正统/非正统"或者其变种的二分法对比。当然，民间信仰被赋予相对于"正统"宗教的"非正统"地位，意味着"民间信仰"被边缘化，将民间信仰看作"正统"的宗教现象除掉以后的剩余部分，对民间信仰研究具有消极的作用，致使许多

（接上页注①）切年代的标准来书写。如开头所说，民间信仰研究是跨学科的研究，而且总体来看，一个比较明显的研究倾向是与其重视理论不如详细解释各个事例，因此很难只以年代为标准整理研究动向。

① 笔者认为，由于反映了其地理上的特殊性，在日本，民间信仰研究的重要性一直以来比欧美各国大一点。其根据之一是当时学术界就有"在日本普遍可见古老自然崇拜的残余"的认识（堀，1951）。加之如姊崎所指出的，实际上直接应用输入的宗教概念来把握调查中面临的很多现象也很可能十分费解（姊崎，1897）。

学者在试图重新定义民间信仰概念时，往往带有否定的色彩，如缺少教义、没有创始人、没有组织等。自《中奥的民间信仰》一书提出民间信仰概念至今，依然没有人能十分令人信服地回答"民间信仰是什么"，其原因与早期对"民间信仰"概念的理解有关。

（二）民族学者的视野——比较与一般化

如前所述，"民间信仰"一词是在19世纪末，在西方宗教研究方法与理论的影响下，为了研究与刚刚翻译过来的"宗教"概念不相容的民众风俗习惯，而在田野调查中创造出的概念，定义较为模糊，故此后对"民间信仰"的研究被赋予了不同的时代特点。

20世纪初，把民众的各种信仰作为"文化"的一种形态而研究的文化人类学方法开始扎根于日本学术界。1886年在坪井正五郎等创办的《东京人类学杂志》（创刊时称为《人类学会报告》）上，那些在日本、中国台湾和朝鲜半岛进行细致调查的民族学学者，例如坪井本人以及伊能嘉矩等人用民间信仰一词来描述各地的老百姓把占卜、牺牲仪式等行为编入日常生活的现象（坪井，1893；伊能，1899，1905）。概括这一时期的研究动向，大概到20世纪20年代末的主要论调是把民间信仰作为古代残余的进化主义。不过30年代以后强调传播主义观点的研究较为多见，其代表人物有人类学学者杉浦健一，以及向日本学界介绍格雷布纳（Fritz Graebner）和施密特（Wilhelm Schmidt）等德国、奥地利民族学者理论的宇野圆空等人。从这一时期开始，民间信仰已不再被看作古代的残余，而是被看作"组织宗教"被民众接受时重新产生的文化复合体（cultural complex）之一（杉浦，1934；宇野，1929）。

笔者认为，在战前时期民族学学者或人类学学者进行的这些研究，总的来说，对于此后的民间信仰研究方向带来了两个较大的影响。第一，由于他们借鉴了西方民族学及人类学关于民间信仰正当性的观点，坚定了对民间信仰的价值认同，以前被称为"迷信""妄信"等而被轻视的社会现象引起了学术界的极大关注。第二，在亚洲各地进行广泛的调查研究基础上，逐渐兴起比较和一般化的研究方法。重视比较研究的倾向是在对日本民俗学研究方法进行批判的基础上形成的，这影响了战后的主流民间信仰研究。石田英一郎在《河童驹引考》（1948）中通过对世界各地的民族志案例进行比较，而重新评论柳田国男对日本国内民间信仰的解释，可以说是这类研究的典型例子。①

（三）柳田国男的影响——寻找日本的"固有信仰"

20 世纪初，柳田国男以不同于历史文献资料的反映民众生活智慧的民间口传文化作为研究对象，开始了以田野调查为基础的日本民俗学研究取向。柳田初期的著作《远野故事》（1910）已经开始关注日本民众的信仰问题，战后出版的《祖先的话》（1946）、《祭日考》（1947）、《山宫考》（1948）和《氏神与氏子》（1949）等著作分析了日本各地的一些典型的民间信仰事例，同时提出了一种假设：除去种类繁多的外来因素便能找到纯粹一元的本土"固有信仰"，并致力于寻找这种"固有信仰"的基本形态。他用自己设计的"重出立证法""周圈论"等方法分析从国内各地收集的关于民间信仰的历史资料和调查事例，通过去除佛教、儒教、道教等外来宗教的特征，概括出以祖灵（祖先的灵魂）信仰为中心的古代日本原初信仰的形态。

尽管如此，柳田自己描绘的"固有"的内容本身也不是完全一贯的，从包括多种多样信仰的初期理解到《祖先的话》等后期作品中忽视内在差异的一元描写，有些人指出柳田的固有信仰论里可见僵化的问题（矶前，2006）。② 这个背景可能受时代的制约，当所有言论被放在严厉统制下的战争时期，关于民间信仰的学术言论也不例外，许多民族学者作为贡献殖民地经营的资料提供者，像柳田的固有信仰论一样强调日本文化的固有性和一体性而赞同维护国体才能被承认并允许发表论文。③

---

① 石田英一郎《河童驹引考》（1948）运用世界各地的民族志，其中可见很多有关中国的史书和神话传说等资料，为了解当时日本人类学家对中国的看法提供了参考。
② 矶前顺一（2006）对于柳田"固有信仰"评述时强调的是，他的僵化倾向背后不但有战时言论限制的影响，而且因为征兵失去了很多弟子的柳田心里痛苦。据矶前说，柳田强调死者的灵魂将回归到共同的祖灵是为了否认战争生出的不安，并吊慰战争牺牲者的灵魂。
③ 把民间信仰当作佛教传入以前残余的见解很容易转变为把神道看作从古代以来不断延续之类的故事，而且这种故事与战前时期国家主导的"国家神道"体系化比较相近。

对于柳田这样很尖锐地强调"固有/外来"对比的固有信仰论，到现在为止已经有了很多的批判和修正，本文下面所介绍的此后研究趋势也可以说是在与柳田思想的对话中逐渐展开的。战后，柳田的弟子堀一郎和樱井德太郎等民俗学学者开始积极地对战时的研究进行反思并重新整理，日本民间信仰研究由此进入了一个新的历史时期。

二　民间信仰研究的发展
——二分法分析概念的创造和修正

（一）民间信仰的多层性和历史构造的追求

堀一郎的《民间信仰》（1951）是战后一段时间对日本民间信仰研究产生较大影响的著作。堀一郎是柳田的得意门生，他在《民间信仰》的扉页里写着"纪念柳田国男先生七十七岁华诞"，但这本书里显示出的却是与柳田或战时的堀一郎本人所依靠的研究方法划清界限。在该书的前言里，堀一郎提出没有组织宗教影响的"未开社会"根本不存在民间信仰，而在欧洲那种基督教深入渗透的社会里只能看到片断的残存。他认为，总的来说日本民众的信仰一方面较多地接受以佛教为主的组织宗教，另一方面保留了缺乏系统化的自然崇拜因素，因此研究民间信仰时日本的事例是恰当的研究对象（堀，1951：前言6）。也就是说，堀一郎把民间信仰看作原有的自然崇拜与外来要素在长期的生产生活过程中有机结合的结果，而非一元的信仰体系（堀，1951：119）。

此后，在《我国民间信仰史的研究》（1953）、《日本宗教的社会作用》（1963）等著作中，堀一郎否定了"固有/外来"的对立观点，他放弃了剔除外来要素寻求超历史的日本固有信仰原型的尝试，转向研究原有的信仰和外来宗教互相影响中形成民间信仰的过程。堀一郎通过对民间信仰形成历史过程的研究来雕琢日本民间信仰历史结构的模型。他认为地域社会稳定时期以"祖灵"（祖先的灵魂）崇拜为基础的"氏神型"信仰体系很坚固，不过一旦发生社会动荡陷入混乱（anomie）状态，对萨满个人的巫术力量的信仰便活跃起来，以个人崇拜为主的"人神型"信仰体系开始凸显，最终呈现出社会形态与信仰体系对应的循环模型（堀，1963，1971）。

在分析历史过程时，堀一郎采用的主要分析概念是雷德菲尔德（Robert Redfield）的"大传统/小传统"概念。[①] 堀一郎借用这些为解释美国和印度村落社会中的文化要素复合状态而创造的概念，尝试分析以"祖灵"信仰为核心的日本民间信仰（小传统）与佛教等组织宗教（大传统）相融合的现象。在此，堀一郎所说的小传统指的是田神、山神等自然神崇拜和"祖灵"崇拜，可以说大体是沿袭柳田称为固有信仰的内容，不过采用"大传统/小传统"二分法的目的并不是再现纯粹的小传统或固有信仰，而是描述包含两者的民间信仰的全体结构。

综上所述，堀一郎放弃了把民间信仰和组织宗教看作互相对立并独立存在的看法，确立了民间信仰作为吸纳各种外来宗教影响而自成体系的观点。在《民间信仰史的诸问题》（1971）中，堀一郎提倡用包含后者意思的"民俗宗教"这一词语区别于此前的"民间信仰"概念。这个观点获得了广大研究人员的认同，虽然每一个论者使用这一概念时的所指不一定完全相同，但"民俗宗教"这一词已广泛的应用于相关研究领域。

同一时期，同样用民俗学的方法推进民间信仰研究的樱井德太郎也有这种看法。樱井在《日本民间信仰论》中说：乍一看来与组织宗教没有关系的复杂信仰，进一步追溯的话就可以看出是在原有信仰和组织宗教相互影响的过程中形成的，因此严加区别两者是不可能的 [樱井，1971（1958）：8]。日本民间信仰的特征在于共时（synchronic）和历时（diachronic）两方面的"重层性"。共时的重层性是从个人开始沿着社会关系扩大到家（屋敷神）—地域社会（村寨神）—耕地等生产场所（土地神）的数片同心圆状的重叠，历时的重层性是山神、田神、火神（灶神）等自古以来承继的自然崇拜和佛教、儒教、道教、基督教等外来宗教接触过程中发生的历史的重叠 [樱井，1971

---

① 堀一郎虽然在《民间信仰》（1951）中也腾出篇幅简单介绍了杜尔凯姆（Durkheim）、莫斯（Mauss）等法国社会学派的见解和拉德克里夫（Radcliffe - Brown）的功能主义等欧美人类学的动向，不过这时候，为了分析国内的事例依然没有积极应用人类学理论。后来他在芝加哥大学任客座教授以后所著的《日本宗教史研究》（1971）开始更重视人类学理论。

（1958）：22]。

　　根据樱井的观点，民间信仰的重层性不是各种组织宗教和原有信仰的简单结合，而是不断地把异质的外来要素包含进去而形成的非常复杂的体系。为了具体地展示这种重层性，樱井分析了从前民俗学家不敢深入研究的净土真宗（佛教的宗派之一）影响力比较大的地域。净土真宗不像其他佛教宗派，是彻底否定传统信仰的一个宗派，因此学者们一直认为受这一宗派影响的地区已经没有留下值得研究的民间信仰了，但樱井认为研究这样的地方才能深入探讨文化接触问题［樱井，1971（1958）：125]。具体来说，根据在日本能登半岛的调查和地方性的史料，樱井展示了净土真宗仪式受当地民间信仰诸要素的影响而脱胎换骨的过程，证明了现存的佛教仪式并不是纯粹的净土真宗方式，而是与原有的土著信仰融合后才扎根于地域社会的。为了阐明民间信仰的重层结构以关注历史过程中的文化接触，这样的手法被运用于随后的《神佛交涉史研究：民俗中文化接触的问题》（1968）、《日本民俗宗教论》（1982）等著作中。在这些著作中，樱井也强调扎根于地方共同体的民间信仰坚韧地容纳佛教和神道等宗教的现象。

（二）重新解读佛教及神道

　　在讨论民间信仰的多层性时，堀一郎和樱井强调，在佛教等组织宗教从原有的民间信仰或世界观的影响下脱胎换骨的过程中，民众充分体现了主体性，也有学者从佛教学的立场强调佛教本身的包容性和主体性，认为在民间信仰里可见的多层性是佛教对土著信仰柔软对应的结果。这样的论调主要体现于高野山大学和大正大学两所佛教大学出版的《佛教民俗》（1952年创刊）和《佛教和民俗》（1957年创刊）中，它们的研究被称之为民俗佛教学。其代表人物之一五来重认为，民俗佛教学的主要研究对象是仅限于高度哲学和教义的主流佛教学所忽视的"平凡大众的生活和信仰造成的成果"（五来，1979：281）。民间日常生活中散见的离佛教教义很远的信仰也是佛教的内容之一，且只有这些信仰才能体现大众的活力。

　　另外，专门研究古代宗教史的高取正男认为"与民间信仰结合起来的佛教被蔑称为'葬礼佛教'，只强调消极面的话，一步也不能进步"

（高取，1973：前言1），并使用很多史料探讨佛教深入渗透民间的过程。高取反对像柳田那样强调"佛教与佛教传入以前就有的传统宗教的对立"（高取，1973：45）的态度，他认为两者的区别仅在用语上，实际分离这两种现象是不可能的。高取在《佛教土著》（1973）中强调日本接受佛教是一个"永远未完的课题"（高取，1973：10），从前被认为是佛教传来以前的传统信仰也是在历史过程中不断变迁的结果。

在此著作中他描述了江户时代（1603～1867）在萨摩藩（统领九州南部，现在的鹿儿岛县一带的侯国）的一些村落里被地方政府压制的净土真宗信徒的历史。17世纪中叶，在萨摩藩公布的压制净土真宗政策下，信徒们为了保全自己的信仰和生命开始隐匿信仰，明治时代政府允许信教自由，也服从自己祖先制定的戒律，至20世纪中叶一直处于隐匿状态。由于隐匿自己的信仰，他们与净土真宗教团的总寺院之间隔断数百年没有任何交往，结果他们的仪式规范和传教故事等形成了不同于其他地方的特点，他们的信仰被周边的人们称呼为"KAYAKABE教"，而不是净土真宗佛教。① 据高取的分析，他们能长时期忍受压制却坚守自己的戒律，是因为对他们来说作为村落成员生存下去就等于是遵从"KAYAKABE教"的戒律。村落共同体与信仰之间如此紧密的结合，是这种独特的信仰能够在少数几个村落里保留下来的原因所在。由此可见，高取认为信仰的形式和内容是在扎根于特定地方的过程中产生复杂变化的结果，因此不能区别哪些是组织宗教，哪些是民间信仰。高取还认为民间信仰行为本身就没有严格的标准或规范，而是在日常生活中偶然浮现出的"自然的人情"（高取，1973：33）基础上才出现的较为灵活的现象。因此，把民间信仰视为具有实体领域的对象是不妥当的。

此外，高取在《神道的成立》（1979）中对从前一直被认为是代表日本古老的传统信仰的神道也进行了重新探讨。这本著作的主题是现在被称作"神道"的信仰体系的创造过程，在此他分析的是公元6世纪

---

① "KAYAKABE"本来只有口语发音没有书面的记载，据高取说这个名称的由来没有定论。其中一说是信徒们为了避免被官员发现而把佛像藏在茅草（KAYA）做的墙壁（KABE）里面并将其封住，偷偷地向它礼拜（高取，1973：80）。

初佛教传入后奈良时代到平安时代的公元 8~9 世纪的贵族政治舞台。他认为，贵族对逐渐增强政治参与的佛教教团的反感是一个契机，换句话说，当他们面临外来的具备较完整体系的宗教的时候才开始形成自己信仰的自觉化。在这里，高取关注的是贵族们共有的禁忌的变化。高取论述了由于叫道镜的佛教僧侣巴结承德天皇而实施佛教政治的公元 8 世纪后半叶，宫廷中的贵族对僧侣的举止动作和礼法似乎充满着生理上的嫌恶。神道的成立是在对这些嫌恶感情赋予理性意义的努力中进行的。具体来说，原来日本对死的忌避观念并不是很强，不过从这时期开始强化对死的忌避或污秽观念，是为了反对佛教教团的似乎无意识的战略，因为佛教势力是通过主持葬礼等有关死的仪式扩大其影响力的。高取认为神道是因这样的观念操作而形成的信仰体系。

反思佛教和神道的上述研究，说明两者既不是不变的传统，也不是具有明确轮廓的实体。这些见解对此后的民间信仰研究动向产生了深刻的影响。

三 重新考虑宗教概念和民间信仰研究的新意义
——二分法方法的界限

（一）对于二分法分析的不满

前一节介绍的研究大体上具有以下的立场，即首先应用二分法视点把宗教现象分为两类相互对立的要素，例如"固有/外来""大传统/小传统""教义/民俗""佛教/佛教以前"等，然后理解两类要素之间的关系。这种研究的特征是依据历史资料追溯构成民间信仰诸要素的起源，换句话说，从历史的结构来理解民间信仰多层性的倾向比较明显。然而大概自 20 世纪 60 年代开始，研究上更加关注超越二分法的信仰现象，认为日本民间信仰的特征其实在于很容易地超跨任何二分法。在这样的观点支配下，首先引起关注的事例便是神和人的互相转变现象。

宫田登是比堀一郎和樱井年轻的一代，是 20 世纪 60 年代以来致力于民间信仰研究的民俗学学者之一。宫田的《活神信仰》（1970）、《近代的流行神》（1972）等著作关注江户时代末以后"民众宗教"①里出现的教祖被当作神而崇拜的现象，在《民俗宗教学的课题》（1977）等著作中关注现代日本社会为了寻求自己的利益崇拜任意的个人、动物或树木等自然物而将之变成"流行神"的现象。宫田指出这种现象与受基督教渗透的地方不同，"神和人之间看不出明显的差距"（宫田，1977：80），这一点是日本民间信仰的特征之一。与宫田同时代的人类学家佐佐木宏干也通过《圣与咒力》（1989）、《神与佛与日本人：宗教人类学的设想》（1996）等著作探究日本宗教的本质，他根据冲绳的民间仪式"IZAIHO"、佛教曹洞宗的授戒仪式等分析以参加各种仪式为契机的"人会转移、变身神佛"现象（佐佐木，1993：44），尤其强调佛教僧侣实践中存在的人、神变身现象。佐佐木从20世纪70年代开始一直把日本的佛教研究作为自己的核心课题，不过他在分析的方法上主要依靠关于东南亚上座部佛教的人类学理论，例如斯皮罗（Melford. E Spiro）、利奇（Edmund Leach）、汤比亚（Stanley J. Tambiah）等的研究（佐佐木，1984：195~200；1993：12~15）。据佐佐木说，从上座部佛教渗透的东南亚的宗教实践里可以比较明显地看出"佛教＝出世俗＝彼岸"与"泛灵论＝世俗＝此岸"的对立（佐佐木，1993：18），此前的很多人类学家首先把这两者赋予"Dharma/Anima"或"解脱追求/利益追求"等特征而分析两者的相互关系，随后把它们看作当地信仰的基本结构。不过，佐佐木认为这种二分法的对比在日本民间信仰里不太明显，倒不如说跨越这些二分法境界的倾向即是整个日本文化的主要特征。②

佐佐木认为体现这种倾向最典型的例子是日本人通常所说的"HOTOKE"概念，在日常生活中人们说的"HOTOKE"一词里，佛教教义中作为终极目标的"佛陀"和体现泛灵论的"TAMA"（灵魂）是混为一谈的（佐佐木，1993：71~74）。例如，在日本佛教僧侣主持的葬礼上，有时候会出现僧侣让死者的灵魂受戒成佛的程序，经过这些仪式，

---

① 在此所说的"民众宗教"指的是江户时代（1603~1867）末期，以民间信仰为基础出现的黑住教、天理教、金光教等新兴宗教。

② 佐佐木本人建议以"民俗信仰"一词代替"民间信仰"，但其含义与本文内容没有太多关系，因此在此不深入讨论这些词义上的问题。

死者被认为成为"HOTOKE"。① 按道理来说，醒悟成佛的过程和死者的"TAMA"（灵魂）变成守护子孙的"祖灵"（祖先的灵魂）的过程是完全冲突的，不过在此过程中，人们一般自然地会接受这种矛盾，这两种过程可以被人们重叠了解。在家庭里供奉的佛龛中安置的牌位时也同样如此，佛教上的神格和"祖灵"密不可分的作为"HOTOKE"被人们祭拜。如上所述可见，佐佐木认为把佛教和泛灵论或者把组织宗教和民间信仰分开看待是研究方法上的缺陷，不过这个问题要留待将来解决。事实上，20世纪90年代以后来自民间信仰领域之外的研究从根本上提供了重新反思这种二分法的契机。

（二）"宗教概念论"的影响

20世纪80年代以后，席卷人类学和宗教学的后现代主义潮流之主旨是发现之前研究中被认为是理所当然的研究对象只不过是在限定的条件下被构筑的表象而已。以人类学学者阿萨德（Talal Asad）为代表的所谓"宗教概念论"，使90年代以后的民间信仰研究领域出现了新的课题。如字面理解的那样，"宗教概念论"就是关于宗教概念的检讨。按照阿萨德的主张，强调个人内心信仰的宗教概念，只不过是在西方历史上王权逐渐登上政治舞台的过程中，作为教会权力无法涉及的"世俗"领域出现的副产品而产生的历史的构筑物而已［中村，2004（1993）］。因此宗教并不能被当作一个普遍的概念，连中世纪以前的基督教也不能被称为近代以后的主流意义上的宗教，当然，中东和亚洲等非基督教地区更不能适用这一极为受限的概念。

阿萨德指出了以往宗教研究只使用近代西方宗教概念存在的缺失，认为今后的研究课题主要有两个：一是分析宗教/世俗二分法研究中被忽视的权力关系，二是更加关注宗教的实践。阿萨德批判以格尔茨（Clifford Geertz）为首的一派人类学理论在讨论宗教时过度重视意义（meaning）和象征体系，认为宗教是在日常生活实践中培育出来的，讨论表征的层次也离不开实践的分析［中村，2004（1993）：35～40］。

由于阿萨德对格尔茨的批判具有较好的说服力，他的观点逐渐被许

① 当然，在东南亚上座佛教教义中绝对不允许通过一次简单的仪式就成佛这一回事。

多人类学家所接受，并成为重新考虑民间信仰研究意义的契机，引起了研究方向的重大转变：一方面揭示了间接界定民间信仰现象的宗教概念只是可能有的很多定义之一，二分法视域下的宗教和民间信仰之间不存在实体上的区别；另一方面，与其在人们祈祷的背后寻找具有一贯性的象征体系，不如寻找直接把握包含矛盾的信仰实践的方法。

立足于这样的讨论，尤其是意欲克服西方狭义宗教概念所带来的消极影响的宗教学领域，民间信仰研究被重新高度评价。例如与阿萨德共同编辑论文集的矶前顺一和近年积极引领民间信仰研究的池上良正，重新高度评价民间信仰研究承担了异化（defamiliar）宗教概念的作用（矶前，2006，2008；池上，2000）。另外，进入 2000 年之后，在宗教学会的主要刊物《宗教研究》上屡次出现从扎根于现实社会的信仰实践角度，而不是从教义出发把握佛教、基督教等组织宗教的专辑，① 与之关联的民间信仰研究再次呈现出一派兴旺的景象。上述进入 21 世纪后的研究，把宗教和民间信仰看作割裂的实体的看法很少见，并且民间信仰概念本身也被重新定义为一个不拘泥于近代西方宗教概念而确保综合视角的可操作概念。

四　要点和展望

本文论述的日本民间信仰研究的演变可概括如下。首先追溯到"民间信仰"概念在学术界的登场阶段，也就是"民间信仰"被视为排除于正统宗教之外的残余杂乱部分的一个信仰实体领域的概念。虽然当时民间信仰在"正统/非正统"的价值序列中被给予低劣的位置，但却作为研究对象稳固地扎根于学术界。战后，为分析民间信仰现象而提出一些二分法概念，民间信仰不但被看作是与宗教对立的领域，而且开始被作为这两者接触的场所本身。20 世纪 70 年代以后，为了反映这种趋势，与"民间信仰"一词具有不同含义的"民俗宗教"一词被创造并逐渐流行起来。随着讨论的逐渐深入，关于佛教和神道等以前被称为组

---

① 如专辑《作为"生活宗教"的佛教》，《宗教研究》2002 年第 333 号；专辑《作为"生活宗教"基督教》，《宗教研究》2003 年第 337 号。

织宗教的领域也被重新考虑，划分宗教和民间信仰的二分法的局限逐渐显露出来。90 年代以后提出的"宗教概念论"获得广泛认同，促进了更广义的宗教研究。

本文一方面介绍了日本民间信仰的研究史，另一方面整理了隐藏在研究背后的二分法思考及其功能。"正统/非正统""外来/固有""教义/民俗"等二分法的应用确实有助于分析宗教实践中存在的复杂的信仰现象，并且为描述各地的民间信仰结构作出了很大的贡献。但在宗教实践中，即使像合掌祭拜佛龛里的"HOTOKE"这样简单平凡的行为中也包含着只靠二分法构图不容易把握的部分。鉴于这样的状况，我们尽管以前辈完善的二分法为出发点，却不拘泥于纯粹的二分法，而是致力于描写祈祷和习惯浑然一体的日常生活实践的方法。

虽然不一定用"民间信仰"这一词语，但是人类学研究也追求日常生活中被埋没的信仰实践。笔者认为人类学与广义的民间信仰研究面临共同的问题：因为分析工具越来越精密化了，却失掉靠近老百姓的"生活"本身的手段。因此，笔者将以日本人类学学者关于广义宗教的几个研究为思路，试图讨论今后民间信仰研究的方向。

关一敏是一个民俗学造诣比较深的人类学学者，近年由于编写《宗教人类学入门》（2004）等而引领日本的宗教人类学，他认为人类学家从事民间信仰研究的首要任务是描绘作为身体上刻印的"信仰"与作为具有自己可言及系统（reflexivity）的"宗教"接触的场面，借用布迪厄（Pierre Bourdieu）的言词来说，是关注 orthopraxy（由行为和参加的正当性）构成的信仰和以 orthodoxy（由言词和命名的正当性）为中心的系统之间的关系（关，2005）。

笔者认为，通过华琛（James Watson）对于中国礼仪的讨论，这可能是中国的人类学家较熟识的想法。根据华琛的看法，在帝国后期的中国，仪式当中参加者被要求的不是有虔诚而正当的信仰（orthodoxy），而是按正确的程序办事（orthopraxy）（西脇，2006：267）。也就是说，某个人在仪式中的行为和他内心的信仰之间未必有一贯的对应关系。上面介绍的阿萨德批评象征主义的方法——解释仪式实践背后存在的意义体系——[中村，2004（1993）] 时主要依据的是伊斯兰世界和中世纪欧洲的事例，不过这种方法在分析中国的仪式时可以说也同样恰当。

这样看，阿萨德提出的"从象征的理解走向实践的分析"［中村，2004（1993）：41］的方法论转换，可以说是日本和中国的民间信仰研究的出路之一。人类学中被称为实践理论的方法本身就是从奥特纳（Sherry Ortner）的《60年代以后的人类学理论》（1984）问世以后相当长一段时间里引起许多研究者关注并逐渐得到认同的，但这个理论不像象征主义一样具有明确的目的和方法，而且也可以说现在还在期待更合适的方法，如田边繁治在《人类学认识的冒险》（1989）、《实践宗教的人类学——上座部佛教的世界》（1993）、《日常实践的民族志——话说·共同体·认同》（2002）、《"生"的人类学》（2010）等著作中仍然持续琢磨能"在实践的层面理解人们的生活"（田边，2010：8）的方法。

由于篇幅的限制，本文不再详述他深厚的理论构造，仅介绍以下两个与本文密切相关的观点：第一，习惯和观念形态（ideology）不是通过仪式性的说法（discourse）或文本（text）规定、控制人的思想，而是通过反复的日常实践逐渐渗透到人的身体中，于是形成作为反复实践的母胎的惯习（habitus），这一点他基本上承继布迪厄的惯习（habitus）论和阿尔都塞（Louis Althusser）的ideology论（田边，1989：3~23；2002：1~37；2010：1~17）。第二，田边本人在泰国调查艾滋病病毒感染者的自助小组等时围绕现代的共同体进行了讨论，他以Jean Lave & Etienne Wenger的实践共同体论为出发点，更加深入地探讨此前被忽视的共同体本身和其规范的变化。据他所说，在现代的统治权力和科学技术围绕下的共同体潜藏着某种变异的可能性，而人们在变迁的共同体里的日常接触是自己的惯习发生变化的契机（田边，2010：1~7，274~293）。

这两个论点给我们的启示是，许多仪式程序或礼法都不是在观念的层面里学习的，而是在身体的层面刻上烙印的。从这一视角来看的话，仪式的实践与其他习惯性的行为之间没有任何区别，所以可以说在分析日常或世俗生活中的民间信仰时也可以参考有关惯习的研究方法。而且如同在本文所介绍的"KAYAKABE教"那样，实际上很多民间信仰是离不开某一个具体地域的共同体的。当前，由于地方性的共同体处在迅速的变化当中，因此上述关于共同体和惯习的第二个论点也有益于民间信仰动态的讨论。

在此部分，我们概述了有关影响将来民间信仰研究的一些人类学理论，其中的关键词如日常、世俗、实践、身体等都是"仪式/日常""宗教/世俗""象征/实践""精神/身体"等二分法构图的一个方面，也就是说，它们都是在以人类学为首的社会科学曾经集中注目的仪式、宗教、表征、精神等华美主题背后被埋没的词语。近年来，这些词语越来越引起关注的理由可能不只是重新挖掘过去被埋没的主题，而是企图反思依靠二分法构图的认识世界的方法（田中，2006：1~37）。民间信仰研究目前所面临的难题必须要置身于同时代其他社会科学所共有的潮流之中才能得以解决，因此，跨学科合作才是未来民间信仰研究的出路所在。

参考文献

日文

姉崎正治

1897　中奥の民間信仰，哲学雑誌，第 12 卷 130 号。

堀一郎

1951　民間信仰，岩波書店。

1953　我が国民間信仰史の研究 宗教史編，岩波書店。

1963　日本宗教の社会的役割，未来社。

1971　民間信仰史の諸問題，未来社。

坪井正五郎

1893　南洋諸島に行はるヽタブー制の話，東京人類学雑誌 86 号。

伊能嘉矩

1899　台湾に於ける生蕃の一産多子，東京人類学雑誌 159 号。

1905　台湾に見らるヽ火の智識，東京人類学雑誌 235 号。

杉浦健一

1934　日本に於ける民間信仰研究の資料と方法，人類学雑誌 49（6）。

宇野園空

1929　宗教民族学，八洲出版。

石田英一郎

1948　河童駒引考，筑摩書房。

矶前顺一

2006　死とノスタルジア，柳田國男『祖先の話』をめぐって。

2006　Talal Asad（編），宗教を語りなおす，みすず書房。

2008　日本宗教史を脱臼させる—研究史読解の一試論，宗教研究 82（2）
pp. 267 – 292。

柳田国男

1910　遠野物語，未刊稿自費出版。

1946　祖先の話，筑摩書房。

1947　祭日考：新国学談第一册，小山書房。

1948　山宮考：新国学談第二册，小山書房。

1949　氏神と氏子：新国学談第三册，小山書房。

櫻井徳太郎

1971（1958）　日本民間信仰論（改訂版），弘文堂。

1968　神仏交渉史研究：民俗における文化接触の問題，吉川弘文堂。

1982　日本民俗宗教論，春秋社。

五来重

1979　続仏教徒民俗是，角川書店。

高取正男

1973　仏教土着，日本放送出版協会。

1979　神道の成立，平凡社。

宮田登

1970　生き神信仰，塙書房。

1972　近世の流行神，評論社。

1977　民俗宗教論の課題，未来社。

佐佐木宏干

1989　生と呪力，青弓社。

1996　神と仏と日本人 – 宗教人類学の構想，吉川弘文堂。

1984（1979）　宗教と人間のあいだ（改訂版），耕土社。

1993　仏と霊の人類学 – 仏教文化の深層構造，春秋社。

アサド、タラル（中村圭志訳）

2004（1993）　宗教の系譜，岩波書店（Talal Asad. GENEALOGIES OF RELI-
GION：Discipline and Reasons of Power in Christianity and Islam. The Johns Hopkins Uni-
versity Press，1993）。

池上良正

2000　宗教学の方法としての民間信仰・民俗宗教論，宗教研究 325，pp. 1 – 24。

关一敏

2004　大冢和夫编，宗教人類学入門，弘文堂。

2005　文化人類学的宗教研究の系譜学，宗教と社会（11）pp. 229 – 233。

ワトソン、ジェイムズ. L（西脇常配訳）

2006（1988）　中国の葬儀の構造 – 基本の型、儀礼の手順、実施の優位．瀬川昌久，西澤治彦（編）中国人類学リーディングス pp. 261 – 279. 風響社（James Watson. "Introduction." In Watson, James and Rawski, Evelyn eds. Deth Ritual in Late Imperial and Modern China. Berkeley：University of California Press，1988）。

田边繁治

1989　人類学的認識の冒険，同文堂出版株式会社。

1993　実践宗教の人類学 – 上座部仏教の世界，京都大学学術出版会。

2002　松田素二（編），日常的実践のエスノグラフィ – 語り・コミュニティ・アイデンティティ，世界思想社。

2010　「生」の人類学，岩波書店。

田中雅一

2006　序論：ミクロ人類学の課題，田中雅一，松田素二（編）ミクロ人類学の実践 – エージェンシー/ネットワーク/身体 pp. 1 – 37，世界思想社。

英文

Ortner，Sherry

1984　Theory in Anthropology since the Sixties. in Comparative Studies. Society & History（26 – 1）pp. 126 – 166

日本宗教人类学的现状

〔日〕河合洋尚

宗教一直是日本人类学界的重要题目。特别是关于祖先崇拜、万物有灵信仰、巫术、萨满教的研究，从第二次世界大战前就成为了日本人类学界的关注对象之一。然而，日本冠以"宗教人类学"一词的书籍并不算早，大概是1980年前后才出现。例如，佐佐木宏干的《人类与宗教之间——宗教人类学备忘录》（耕土社，1979）、伊藤干治的《冲绳的宗教人类学》（弘文堂，1980）、吉田祯吾的《宗教人类学》（东京大学出版社，1984）等书籍，都是在20世纪70年代末以后才陆续出版的。1980年，东京都立大学教授古野清人出版了《宗教人类学50年》（耕土社），较系统地梳理了自20世纪30年代以来的相关研究，这也促进了日本的宗教人类学研究。就这样，迟至20世纪80年代，日本才逐渐确立宗教人类学这一学科。到了90年代，宗教人类学与亲属研究一起，变成日本文化人类学的核心领域。

引领日本宗教人类学的佐佐木宏干指出，当时在日本建立宗教人类学有两方面的原因。

第一，随着日本经济的快速成长，日本人类学家开始在世界各地进行田野考察。通过收集相关资料和整理先行研究的理论、学说、概念，日本的宗教人类学的研究框架及方法有了新的进展。

第二，以往的日本人类学以"原始宗教"的名义，研究万物有灵信仰、巫术、萨满教等。但是，通过研究世界各地的现代宗教，日本的人类学家开始关注基督教、伊斯兰教、佛教等制度宗教及新兴宗教。于是，日本人类学的宗教研究范围涵盖了制度宗教、新兴宗教、"原始宗教"等多个领域（佐佐木等，1994）。如1994年佐佐木宏干和村武精一编写的入门书《宗教人类学——解读宗教文化》，其内容涉及祖先崇拜、宇宙观、坟墓、祭祀、神话、仪式、巫术、萨满教、基督教、佛教、新兴宗教等范畴。

那么，为什么20世纪80年代以后日本的人类学家开始特别关注宗教呢？理论上，这与当时亲属研究的衰退相关。众所周知，亲属结构是功能主义以及结构主义特别关注的题目。20世纪六七十年代受到这两个学派影响的日本人类学家，基本上都从事亲属及与其相关的研究。例如，1953年东京都立大学成立了日本首个人类学研究机构，直到80年代，该机构几乎所有的老师和学生都从事与亲属结构相关的研究。可是，随着欧美人类学开始怀疑亲属的普遍性以及亲属研究的有效性，他们开始重新寻找新的研究题目。此时，东京都立大学出身的学者关注的题目是在日本已经有一定成果的宗教，并且，从80年代到90年代，在日本流行的是英国的象征人类学与格尔茨的解释人类学，这两个学派都重视当地的文化符号以及世界观。东京都立大学出身的不少人类学家的研究主题，开始从亲属结构研究改成宗教研究。这个研究倾向在某种程度上适用于整个日本的人类学界。

与中国的人类学不同，日本人类学研究的范围较广，他们以大洋洲和非洲为主，研究世界各地的民族社会。虽然也有研究中国的人类学，但从整体来看仍为少数。特别是在超过2000名以上会员的日本人类学学会里，目前研究中国汉族社会的学者恐怕不到30名。可是，这个情况并不代表日本人类学界对中国社会的研究成果很少，特别是20世纪70年代以来，末成道男、渡边欣雄等著名学者开拓了中国的社会人类学研究。从第二次世界大战后的情况来看，日本人类学的中国研究也发生过从亲属结构研究到宗教研究的转换。比如说，末成道男和渡边欣雄最初都从英国社会人类学的功能主义出发研究亲属结构，90年代以后，就开始以台湾客家地区的宗教为个案，从事神明信仰、仪式等方面的研究了。日本的中国研究（包括韩国研究）与非洲、大洋洲等其他地区的研究的不同之处，在于90年代后也仍然持续亲属结构研究。可是，不少从事中国研究的人类学家同时寻找替代亲属结构的其他领域，例如宗教、族群、旅游、企业等。其中，从数量上看，与宗教人类学相关的研究最多，目前从老教授到年轻学者，不少关注中国的学者从事或者关心宗教人类学。

自从 1991 年渡边欣雄出版《汉族的民俗宗教》以后，日本人类学对中国宗教的研究大大进步，已经形成几个不同方向：末成道男、周星、三尾裕子等推动的民间信仰研究，佐佐木伸一、黄强、志贺市子等推动的道教与萨满教研究，渡边欣雄、小熊诚、兼重努等推动的风水研究，吉原和男等推动的华侨宗教（德教、一贯道等）研究，五十岚真子等推动的制度宗教（佛教、伊斯兰教、基督教）研究。不管是关于中国的研究还是其他地区的研究，日本的宗教人类学已经有十分丰富的研究成果。

尽管日本的宗教人类学已经有相当丰富的成果，但目前的很多研究仍然是借用象征人类学或解释人类学的理论，甚至有些研究只是根据田野调查来报告世界宗教的实践状况而已。尤其是 20 世纪 90 年代后期以来，受到后现代主义的影响，日本的人类学开始关注政治经济条件与文化、文化的书写和表象、日常实践的权力与话语等问题，特别是关注殖民主义、民族主义、经济政策或旅游开发等外部因素如何"创造"当地文化的研究，且数量逐渐增多。

面对这一潮流，宗教人类学的立场比较微妙。因为一方面，国家与宗教、经济与宗教的框架在宗教人类学研究中是不可缺少的。如中国华南学派历史学家的最新研究显示，中国的信仰体系是在与国家和经济的密切关系中被不断地创造出来的。当然，这种情况也适合于现代。人类学家在中国各地进行田野考察时，他们所看到的宗教现象与国家体制、市场经济化的状况是离不开的。比如说，这几十年中国华南地区众多寺庙重建的主要原因之一，与改革开放后市场的经济化及华侨政策相关联。另一方面，居民到寺庙拜神的动机往往与政治经济状况无关。长期以来，从事宗教研究的人类学家知道，政治经济条件或者文化表象只不过是一种表面现象，不能仅仅从后现代主义的角度来解读居民的所有宗教实践。因此，日本的宗教人类学家并未立即采用后现代主义的观点，至今仍然与后现代人类学保持着一定的距离。但是，这几年以年轻学者为主，开始出现了根据后现代主义解释世界宗教的新动向。他们认为，后现代主义的观点虽然是有限的，但能帮助解读全球时代宗教世界的新面貌。例如，近年来妖术（巫术）、萨满教、风水等已经不是单纯的信仰体系了，有时会变成商业上的资源或权力斗争的武器（吉田匡兴等，2010）。

本部分的几篇论文都是侧重从妖术（巫术）①、萨满教、风水、民间信仰等方面介绍日本宗教人类学的动向。这些都是 19 世纪以来社会文化人类学一直在探讨的老题目，而这十几年受到后现代主义的影响，开始发生理论上的转换。

首先，日本东京外国语大学的沟口大助讨论了非洲妖术研究的最新动态。他的《现代非洲妖术研究的发展——以非洲市场经济化及妖术现象为中心》，刊载于 2004 年日本人类学界的权威杂志《社会人类学年报》上，主要介绍了 20 世纪 90 年代以后的研究动态。虽然这篇文章主要介绍的是欧美的研究，但是，这几年日本的部分非洲研究基本上是在承继欧美的观点（阿部年靖等，2007），所以本期选择翻译并刊登了这篇文章。妖术本来是非洲的传统宗教，普理查德描述了妖术在传统社会中解释事故的重要功能。一般的传统宗教在近现代化过程中趋于式微，而妖术则不然，在资本经济的影响下，它开始呈现出新的面貌。比如，非洲被卷入全球资本经济体系之后，部分居民变得富有，而因雇佣情况的恶化，很多年轻人却变得贫困。在这种情况下，妖术日益盛行，变成贫困阶层攻击富裕阶层的 "弱者的武器"。沟口参照欧美的相关成果，整理了妖术研究的新面貌，巩固了日本学界妖术研究的基础。

其次，东京大学的新里喜宜回顾了日本丰富的萨满教研究。日本的萨满教研究源自于民俗学家柳田国男、宗教学家堀一郎、民族学家秋叶隆等人，20 世纪 80 年代后佐佐木宏干根据宗教人类学的框架，系统化地梳理了日本的萨满教研究。90 年代后，日本的萨满教研究出现了一些新的动向，开始关注萨满教的现代性现象，如 "世界宗教与萨满教" "城市萨满教" "心灵与萨满教" 等议题。虽然新里的文章没有提及日

---

① 妖术是 witchcraft 的翻译。witchcraft 是以非洲为中心的区域使用的一种巫术。西方人类学在巫术（magic）概念内部对 sorcery 和 witchcraft 作出明确区分（请参考沟口论文的译者注）。由于中国的宗教人类学还没有这两种概念的固定译法，该专栏借用日本的译法分别称之为 "邪术" 和 "妖术"。

本的萨满教研究与后现代主义理论的关联性，但也提及了萨满教与当代社会经济状况的关联性。

与萨满教研究的情况相同，不论在理论上，还是在个案资料上，日本的风水研究比起其他国家的宗教人类学研究都是相当丰富的。自 20世纪 90 年代起，研究东亚的日本人类学家开始关注风水，迄今为止，他们到日本（包括冲绳）、韩国、中国、蒙古以及东南亚各地进行田野考察，收集了不少第一手资料。与欧美的人类学界相比，日本的人类学家正式研究风水的时间较晚。当然第二次世界大战前，村山智顺等日本学者已经开始关注风水方面的问题。日本首都大学东京（旧东京都立大学）的小林宏至首先整理了第二次世界大战前至 80 年代的日本风水研究，以及欧美人类学界的风水讨论对日本产生的影响。此后，他又提及90 年代以来的研究成果及其范式转换。90 年代以后，以渡边欣雄为代表的一批日本人类学学者，在日本风水研究领域获得了较大的进展，主要按照解释（知识）人类学的理论范式分析风水，或单纯收集当地风水的第一手资料。这几年，一些学者试图转换理论视角，采用后现代人类学的模式研究风水，例如，探讨殖民地主义与风水实践的关系、作为"弱者的武器"的风水、市场经济化和风水的政治经济利用，以及风水的表象和权力关系等。

与风水和萨满教的研究情况相同，日本的民间信仰研究也发生了新的变化。首都大学东京的阿部朋恒梳理了日本民间信仰研究及其最近的讨论。阿部主要关注的是民间信仰的概念。阿部的讨论从 19 世纪末由宗教学家姊崎正治的研究开始，阐述了姊崎以来学者定义"民间信仰"概念的背景。阿部认为，民间信仰是在"正统"宗教（如基督教、伊斯兰教、基督教）的对立基础上被确立的概念，原本被赋予了"非正统"性地位。但如佐佐木宏干指出的，"正统"的宗教和"非正统"的民间信仰往往不能明确分开，因此，我们开始去质疑"民间信仰"概念本身，具有相当的意义。对此，阿萨德曾经主张去探讨"宗教"概念本身的意识形态性，并关注信仰实践本身的重要性。阿部指出，我们可将"宗教"的正统概念（orthodoxy）和正统实践（orthopraxy）分开讨论，与注重概念和象征符号的格尔茨不同，要关注被"宗教"概念隐藏起来的实践本身。虽然阿部的研究提及民间信仰的问题，但是我们可以从中了解关注宗教概念与实践的最新潮流。这个潮流也与注重概念、话语以及权力实践关系的后现代人类学视角相关联。

可见，这几篇论文主要是通过巫术、萨满教、风水、民间信仰的研究回顾，介绍日本宗教人类学研究的历史和新动态。但是，需要强调的是，本专栏介绍的内容只是日本宗教人类学的一部分，此外，日本人类学家最近还关注基督教、伊斯兰教、佛教、新兴宗教等，并且也已开始探讨宗教与资本经济、概念表象、日常实践之间的关联性。例如，最近国立民族学博物馆的中牧弘允教授推进的宗教与企业文化关系的研究，虽然没有特别强调后现代人类学视角，但还是关注现代经济体制下的宗教文化。

宗教人类学的这种新潮流对相关中国问题的研究的影响力也相当大。比方说，2011年由研究中国问题的青年人类学家出版的《中国社会主义的现代化》（勉诚出版）的副题是"宗教、消费、族群"。负责"宗教"栏目的四位作者分别探讨了中国的民间信仰、基督教、伊斯兰教、坟墓等议题，其间还运用了"资本经济""权力""日常实践"等概念。此外，后现代人类学的宗教研究除了年轻学者之外，还影响着引领日本宗教人类学的中国（汉族）研究者。例如，由京都外国语大学教授佐佐木伸一、国学院大学教授（东京都立大学名誉教授）渡边欣雄、驹泽大学教授池上良正、中部大学教授黄强、茨城基督教大学教授志贺市子、上海师范大学教授曹建南和笔者参与的课题组，从2006年起申请到两项国家课题——《关于中国东南部宗教的市场经济化调查研究》和《关于作为象征资本的中国宗教实践调查研究》。这两项课题的关键词分别是"市场经济化"和"资本象征"，都关注中国宗教复兴的经济背景以及权力关系。表面上这两项国家课题的方向与后现代主义理论步调一致，但是该课题组只是将后现代主义的观点作为表面因素，一方面认可宗教的政治经济影响力，另一方面关注无法由政治经济条件决定的宗教力量。换言之，该课题组运用后现代主义的观点试图进一步表明宗教实践被"身体化"的一面。

日本宗教人类学已经接纳了后现代主义以后的研究视角，而如何解读"身体化"的宗教实践并以此突破后现代主义视角，是日本宗教人类学目前面临的课题。

参考文献

佐佐木宏干、村武精一编《宗教人类学——解读宗教文化》，新曜社，1994。

吉田匡兴、石井美保、花渊馨也编《宗教的人类学》，春风社，2010。

阿部年靖、小田亮、近藤英俊编《被妖术化的近代——从现代非洲的宗教实践的视角看》，风响社，2007。

思想交谈
THOUGHT DIALOGURES

基督教人类学

Jon Bialecki, Naomi Haynes, Joel Robbins 著

方静文译　黄剑波校

　　摘　要　本文考察了近期出现的有关基督教人类学的文献。作为一个分支学科，基督教人类学的发展一直受到人类学理论框架和经验兴趣的阻碍，直至近期，人口变化和世界历史的力量才使得人类学不得不接受基督教作为民族志的对象。如此一来，人类学就需厘清自己与基督教之间尚存疑问的关系，包括基督教对人类学学科形成的直接影响以及它通过影响现代性而体现的间接影响两个方面，对于人类学而言，无论是作为一个范畴还是一种认知风格都是至关重要的。除了这些元理论问题，基督教人类学还提供了一个空间，人类学在其中得以透过基督教归信重新考察社会和文化的延续与断裂问题。具体而言，社会变迁问题（通常认为贯穿"现代性"问题或与之相悖）已经被包含进了对田野点细致的民族志考察，如语言意识形态和语言使用之间的关系、经济实践、变化着的社会性别和种族的构建、人被文化结构化的模式以及人的范畴与社会之间的关系。本文不是呈现一个提纲挈领式的理论概述，而是注意到这些问题是在不同情境的社区以不同的方式出现的，尤其是在那些基督教作为一种反现代或逆现代的力量起作用，但其个性化的影响却销声匿迹的社区；基督教的动态性和偶然性强调了基督教本身也是一个异质的主体，因此注定将成为一个具有丰富的经验研究和理论焦点的领域，这不仅于这个分支学科有益，对于整个人类学学科也是有益的。

　　关键词　基督教人类学　现代性　多样性　社会变迁

在过去的 10 年间，自觉的基督教人类学比较研究已经开始盛行。这一论断当然是有限定的。若说在此之前没有用民族志术语论及或描述基督教的作品是不确切的，因为有人已经开始把它作为区域挑战（Glazier，1980；Barker，1990）或比较的主题来研究（Saunders，1988）。而且，居于许多基督教传统之核心的制度，如归信（conversion）（Hefner，1993）和传教（missionization）（Hvalkof & Aaby，1981；Huber，1988；Comaroff & Comaroff，1991，1997；Rafael，1992），之前就已经吸引了部分人类学家的注意。但是，直到最近人类学家才发出共同的呼声，呼吁人类学家认真思考将基督教人口置于民族志叙述的中心并将其常态化的可能性。相伴随的是关于各种基督教人口中基督教规模和历史异同的比较以及理论思考（Robbins，2003a，2007a；Scott，2005；Cannell，2006；Engelke & Tomlinson，2006；Keane，2007）。虽然并非参与该对话中的所有人都必然认识到自己身处"基督教人类学"这一旗号之下，而且有几个重要的关于基督教和人类学知识之间关系的研究早于该分支学科的建立，但是这样说并不为过：基督教人类学最终得到了此前一直回避它的人类学一定程度的关注。

基督教人类学在过去 10 年间才出现，也就是说，在此之前，尽管如上所述有零星例外，人类学家在很大程度上忽略了对这个世界性宗教的研究。之前的人类学拒绝将基督教作为研究对象的原因很多，其中大部分与基本的学科倾向有关。最明显的是表面的"唾手可得"（ready-at-hand），即基督教对于多数美国和欧洲人类学家而言是熟悉的，这使得他们认为基督教缺少文化上的他者性，以至于直到近期才明确将之列为学科研究对象的一个可选项。说得更复杂一些，与其用基督教的熟悉性来解释回避的历史，不如说对世俗的人类学家而言，基督徒使人困惑，他们太相似同时又太迥异而无法被轻易研究（Robbins，2003a）。如果说他们是相似的，人类学家在南半球基督教社区中遇到的许多保守主义（conservatism）或者政治寂静主义（quietism）的基督徒却表现得如此相异。人类学家经常发现此类基督徒是令人失望的属民（disappointing subalterns）（Maxwell，2006），他们为错误的派别投票而且看起来更关心私下的虔诚而非公共参与。由于其政治观点（在有些个案中，人类学家认为是其反现代主义），人类学家通常引用哈丁（Harding）在这一轮基督教研究潮流之前的一篇重要文章中的提法，将他们界定为文化上令人厌恶的、最好避开的他者（Harding，1991）。人类学抵制基督教，尤其是对新近归信人群的研究，其深层原因或许可以从文化人类学更强调长期的文化延续而非短期的文化变迁这一倾向中找到，这也表现出人类学家对归信者自称其生活和社会已经彻底改变的怀疑。正是据此，归信基督教者经常被认为是附带现象，基督教不过是给其根深蒂固的先在文化披上了一层装饰，因此不值得研究（Robbins，2007a；Barker，1992）。

基督教研究有上述学科上的障碍，其问题在于，近年来出现了什么变化使人类学家得以克服这些障碍呢？20世纪——尤其是后半叶——见证了基督教在撒哈拉沙漠以南非洲、亚洲和大洋洲地区的大幅扩张（Barker，1990；Brouwer，Gifford & Rose，1996；Walls，1996；Jenkins，2002），以及与此相当的新教在拉美地区的迅速传播（Martin，1990）。这种扩张大多出现在五旬节教派和强调灵恩的教派中，其成员践行信仰的方式使得他们的信仰很难被忽视，而且他们毫不掩饰的超自然主义更接近人类学家经常研究的那些宗教（Douglas，2001）。此外，无论是在西方还是其他地方，各种形式的基督教在20世纪的最后25年中回归公共领域（Casanova，1994），对人类学想象力产生了不应被低估的影响。政治上的突出、信众的增长和可见的虔诚相叠加，基督教在许多民族志场景中就变得不可回避，而且近来在美国本土也变得愈发重要，因此，基督教人类学的发展不仅成为可能，在许多人类学家眼中也成为一种必要。

本文剩下的篇幅将考察该分支学科的几个核心议题。虽然因为出现时间较晚而尚未形成太多固定的研究传统，但我们希望说明通过10年的努力已经开始揭示某些能够勾勒出该研究领域未来发展的主要趋势。具体而言，本文将突出一种常见的论述，即在新近接受基督教的文化中，归信常常引发对集体导向的社会和文化形式的部分抛弃，而青睐社会组织的个体主义模式。从标准的传统社会嵌入模式向个体主义的转变反过来又常常被阐释为走向现代性或全球化的一个步骤。对基督教的个体主义化和现代化力量的论述是否准确的争论在现今许多关于基督教的人类学文献中非常重要。同样重要的还有基督教归信引发变迁的可能机制和限制。本文将重点讨论对基督教影响已经非常充分的领域。但是首先，我们将简要考察基督教人类学作品的另一个重要特征——关于基督教形塑人类学学科的反思性讨论。

一　基督教、人类学和现代性

人类学长期致力于探索学科概念受其西方背景影响的方式，在许多情况下，这种影响使得这些概念难以在跨文化场景中运用。自 20 世纪 70 年代末以来，这种动力表现为学科自我反思实践的常规化，这反过来从两个方面帮助基督教人类学开启了大门。第一，在前一部分中我们以西方人考察问题的方式，即鼓励人类学家质疑自己的实践，进行了阐明，例如为什么在如此长的时间内忽视了自身所处的研究领域中一个主要的世界性宗教的存在。第二，这一点也是本部分的焦点，反思转向为西方和非西方的西方传统文化研究与整个人类学学科提供了新的关联。本着这一精神，基督教人类学至少成功地引发了广泛的讨论：关于基督教对人类学思想本身的影响——卡奈尔称之为"人类学中的基督教"（Cannell，2005）——以及更广泛的，关于基督教对西方现代性的形成所作的贡献，后者被认为影响了人类学这一学科。

在关于基督教和人类学思想的关联的讨论中，核心主题之一是基督教观点限制了人类学对宗教甚至是基督教本身（当基督教在西方自由传统以外的地方践行的时候）的更一般性的概念化。这一讨论中的主要声音来自阿萨德（Asad，1993），他认为人类学关于宗教的观点已经染上了后启蒙（post-enlightenment）基督教的独特色彩。阿萨德说，与早期（尤其是中世纪）的宗教形式相比，后启蒙式的基督教在公共领域内的角色受到最大程度的限制，同时它也缺少推行主体形构（subject forma-tion）的真正规训模式的强制力，而这本是之前的宗教所具有的重要特征。由于被更大的社会领域所拒斥，基督教不再通过正式的外部实践来界定自己，转而重视对内在的、私下的主张的认可，这些主张被理解为"信仰"。这种强调反过来为人类学所吸收［阿萨德认为最明显地表现在格尔兹（1973）关于宗教的著名定义中］，并且导致人类学根据主观意义来界定仪式，根据对内化表述的信奉来定义宗教。这种观点被研究基督教人类学的其他人所接受，引出了如下论断，即将宗教首先视为信仰的现代新教式定义可能导致人类学家对其他宗教信奉者甚至许多基督徒生活的错误表述，因为基督徒参与宗教和参与西方现代文化的其他方面的程度是不同的（Kirsch，2004；Keller，2005；Robbins，2007a）。

关于人类学和基督教关系的第二个假设是二者的关系不是直接的，而是以西方现代性为中介，而后者是受基督教影响的。这种间接关联的结果是基督教对包括社会科学在内的当今西方知识形式的隐性影响。在当今人类学界，对基督教、社会科学和现代性之间关系的讨论主要来自萨林斯（Sahlins，1996），他主张现代性的大多数特性，如自然—文化的二分，经济主义理性的限价，将社会作为与自然、自由个体相悖的外部强制力的认识，以及认为自私自利的欲望是人类行为背后的驱动力的想象，其根源都存在于《圣经》关于人类堕落的叙述中。

不同于阿萨德和萨林斯将基督教的内化形式视为人类学概念形成的障碍，伯里奇（Burridge，1973）指出基督教为人类学的形成提供了必要（虽然不充分）条件。在伯里奇看来，基督教的重要性延伸到了社会制度的建立之外，比如包含了与文化上的他者接触的传教。基督教的宗教内容对于处于人类学核心的反思性和社会认知而言至关重要，因为基督教"在坚决肯定人们在社群中需要参与互动生活的同时，坚持人从自身之外冷静地看待自己（就像上帝可能做的那样）"。根据伯里奇的看法，即使在人类学对基督教表示怀疑的时代，基督教的痕迹也持续存在，因为人类学家"已经而且正沉浸在一种类似于传教的目标之中"，致力于强调共有的人性和推动不同文化间的交流。伯里奇的论点独树一帜，在当下的争论中鲜有追随者。但我们在此处还是予以关注，因为它应当被视为反思基督教对人类学影响这一领域的先驱性作品，而且其所依托的反思性确实是以基督教关于自我形构的思考方式为基础而建立的。

二 作为基督徒的基督徒（Christians qua Christians）
——关于基督教人群的民族志中存在的问题

归信：持续与断裂

基督教归信经常与变迁的社会形式紧密相连，这一发现不仅限于人类学对基督教的讨论。那些在 20 世纪归信该宗教的群体也很快注意到此过程带来了他们无法忽视的社会关系的转变——"与过去彻底的断裂"（Meyer，1998）。本部分要讨论的正是在接受基督教之后的这种社会断裂的地方性感受。

近期，人类学家表现出一种明显的倾向，即将西方以外的基督教解读为宗教混合主义，一种过去宗教逻辑的延续，只不过在新的、更世俗化的名义之下进行。根据现今的研究，这种想象的问题在于，它与那些近期接受某种基督教"归信文化"的经历不符。在这些基督徒和记录他们的人类学家的观点中，归信被理解为与前基督教的过去之间的断裂点，一个指向更光明未来的新方向，其时他们将参与到现代的、全球性的宗教秩序中（Meyer，1999a；Engelke，2004；Robbins，2003b，2004；Keller，2005；Keane，2007）。现代性和全球化的起伏应该透过归信诸如基督教一样的世界性宗教来思考，这种主张不足为奇。但是，当我们考虑到如下可能性——基督教非常适合被那些正在经历暂时的和本体的转变的人们作为其变迁经历的主题，问题就变得愈发有趣了。这是因为基督教在其众多形式中是一个以急剧断裂为核心的宗教，表现为化身、个人归信，以及随时可能遇到的天启等元素。

当应用于对社会的地方性解读时，由于实际上被衡量的转变通常只是部分的，这种断裂的修辞被表述得极其复杂。关于社会和政治的前基督教本土理论的延续（Robbins，2004），交换的适当模式和对亲属的责任的延续（Keller，2005；Keane，2007；Schram，2007），对前基督教精神实体力量的信仰的延续（Meyer，1999a）常常在新近归信的地区，如美拉尼西亚、东南亚和非洲的基督教人口中引发痛苦的伦理、社会、心理和表述矛盾。实际上，新的"基督徒"生活方式的降临和被认为是与基督教相悖的认知与社会形式的延续之间固有的张力已经成为产出颇丰的研究对象，而且这种情况还将持续一些时日。

正如新基督教实践与原来的非基督教实践之间的张力所表明的，虽然归信可能标记着一种断裂，但它并不必然代表归信人群对所传信仰毫无疑问的复制。相反，在基督教话语和主题被传教活动的接收端（再）挪用的过程中，存在着内在的创造力。例如，迈耶（Meyer）指出埃维（Ewe）归信者将德国敬虔派传教士的信息翻译为至少部分地是一种"躲避传教控制"的基督教（Meyer，1999a：82）。基督教可能被调动起来，用于重新想象地方文化感受，基督教术语赋予它们以新的伦理或政治意义（Austin-Broos，1997）；或者给予关键的地方结构以新的目标，就像边缘人口在宗教中发现的一种外来者的威望，类似于从大都会输入的其他文化物质和技术（Rutherford，2003）。

在有些情况中，这种基督教信息的地方化解读和再挪用引出了如下观点，即基督教最终不能被理解为与过去的完全断裂（Scott，2005）。由于非基督教文化环境中的人们从未接触完整的基督教，而必须在与地方文化的关系中阐释异质性元素（教义、赞美诗和经典的碎片），因此，这些场景中的归信只能被理解为既有文化形式的延续。而且，考虑到这些新近归信者或许不必然认为基督教是自足的或内部一致的体系，由本土基督徒推动的"民族神学"（ethno-theologies）必须被视为神学修补匠的成果，他试图通过非基督教事项的并置来理解基督教的主张，这些非基督教事项急剧改变了基督教的表述，也改变了地方社会。对在此种社会中获得的"基督教"理解的独特性和偶然性的强调，使得其能否在地方逻辑中构成急剧断裂——就如同他人理解归信的方式那样——成为疑问。

虽然并非完全没有道理，但这种论点有几处易受攻击和反驳的地方。首先，他们忽略了如下可能性，即接受基督教不仅仅是地方文化在表述或伦理方面的转变或补充，而且往往也是结构化主体和沟通的方式的转变（Keane，2007；Comaroff & Comaroff，1991，1997）。其次，对地方基督徒作为修补匠的强调忽略了如下可能性，即他们创造的混合主义解读可能使他们得以卷入与其他自我认定的基督徒之间更大的跨文化对话；虽然这些更广泛的对话最初是因为混合主义解读而成为可能，但是参与这些对话有其反混合主义的规范性效果（Zehner，2005）。再次，斯科特（Scott）提出的重心转变在实践中造成的是否只是基督教作为原有本土感知的糅合延续这一视角的有效回归。若将重心仅仅置于延续而非断裂之上，仅仅置于地方形式而非跨地域的共性之上，那么作为比较对象的基督教会被瓦解于"对象消解的批判"中（Robbins，2003a：193）——无论民族志主体将宗教认同和忠贞想象成什么。最后，这种进路低估了许多归信者将新的基督教信仰和实践与其过去区分开来的积极努力；本质上，这种进路暗示人们没有能力学习任何新的东西（Robbins，2007a）。考虑到这些担忧，最公正的说法或许是由于坚信人们对于新事物的感知总是固守传统文化这一人类学观点，此进路也许仅抓住了漫长的基督教文化转变过程中的一个瞬间，或者一个状态，而不应被认为涵盖了归信的所有阶段或所有案例。更重要的是，人类学对归信文化中延续性和改变之间的平衡的争论很可能在未来成为一个重要领域，在其中可以发现更一般性的关于文化变迁的人类学模式。

三　语言实践、基督教人格与个体主义

　　一部分与基督教归信相关的文化和社会断裂研究清楚地记录了语言使用、语言变迁以及说话者和倾听者模式的转变。考虑到基督徒对语言的特别强调——关注圣经文本，通过圣言理解基督，讲道在新教仪式生活和社会理解中具有核心性——语言变迁的特殊重要性就不足为奇了（Ammerman，1987；Crapanzano，2000；Harding，2001；Robbins，2001，2004）。此外，现今宗教人类学家对语言作为建构神性（Samarin，1972；Rappaport，1979，1999；Keane，1997a；Engelke，2007）的模式的强调也使得此话题日益成为新近研究的核心关注点。

　　许多关于语言和基督教的讨论聚焦于语言的性质与使用（其"语言意识形态"）的基督教模式对布道时讲真话和真诚的强调，也关注说话者的意向在这种伦理性讲道隐含的意义生产中扮演关键角色的主张（Keane，1997b，2002，2007；Robbins，2001，2004；Shoaps，2002；Schieffelin，2002）。从跨文化比较视角可以发现，这种语言意识形态是与众不同的，基督教人类学研究比较充分的一部分在于探索基督徒努力接受教义的方式，这种方式是在强调其他事务（如礼貌、委婉、艺术与礼节）的语言意识形态中形成的。更宽泛地说，基督教人类学早期的重要文献也重点关注在这些语言思想的基础上，基督徒发现自己被强迫去发现任何时候、任何方面，世界在宗教意义上都是有意义的——学会为决定其形态的诚意而阐释（Engelke & Tomlinson，2006）。这同样能构成归信者的改变，他们之前的看法对无知和荒唐更为宽容，或者对日常生活的解释路径的强调更少。

　　基督教语言意识形态不仅影响了基督徒生产和阐释信息的方式，也

在定义基督教本身的性质方面推进了一大步（Stromberg，1993；Harding，2001）。克索达斯（Csordas，2001）天主教灵恩运动研究的核心人物哈丁（2001）对语言在创造归信的自我中的作用的研究走得更远，她注意到对于她所研究的基要主义基督徒而言，归信被理解为生产正确的话语——她巧妙地谓之：对他们而言，"言说即信仰"（speaking is believing）。在对其他仪式场景的考察中，人类学家也表明布道（以及倾听布道）（Robbins，2004；Engelke，2007）、祈祷（Robbins，2001；Keane，2002；Shoaps，2002）、研读圣言（Crapanzano，2000；Keller，2005；Bielo，2008）以及口头忏悔对基督徒人格的构建都极为重要。

　　一组广泛的主题活跃于这些各异的语言使用场景，使得基督教人格成为人格形构的典范，学者们谓之个体主义。实际上，虽然不是一直聚焦于说话的主体，许多将基督教作为民族志对象的分析都仍然在韦伯新教与个体主义相关的经典框架之下进行。杜蒙是继承者中最有影响力的人类学家。他将个体主义视为一种价值观，一种对被救赎个体的建构的文化关注，这些个体将救赎仅仅归功于自身和上帝。在他的分析中，独自站在上帝面前的个体是"独立的，自主的，因此本质上是带有我们（西方人的）重要价值观的非社会道德存在"（Dumont，1986）。

　　正如下文所表明的，个体主义与基督教思想的勾连不仅在于语言，其影响遍及基督徒生活的诸多领域。我们之所以选择首先讨论其与基督教语言意识形态的关系，是因为理想的基督徒言说者提供了清晰的个体主义的例子，而这往往正是基督徒所向往的。最明显的是基督教话语模式突出了个体主体作为源意义的道德结点——这个起点是如此的非社会性以至于他们好像是在独自生产意义，与他们的对话者无关［就像之前的西方模式将谈话视为尊重和礼貌（Burke，1987）］，并且他们自己对谈话的诚恳和真实性负责（Robbins，2001；Keane，2007）。与此相伴的是对从语言中抽离出来的行动者的广泛关注，这发生在当个体通过生产新的话语形式甚至新词汇以在现在与过去间划清界限并生产新的意义的时候（Schieffelin，2002）。因此，与基督教归信相关并通过基督教话语表现出来的个体主义化常常是与归信前的自己和社会断裂的最明显的指针，这一点基督徒和分析者都注意到了。

四　基督教的政治形态：社会性别与种族

除了语言意识形态的转变，抛开上文提及的人类学家经常发现基督徒对政治心灰意冷、漠不关心的事实，新教的个体主义化力量对家庭和国家政治都可能有重要贡献。因为基督教归信将义务所在从单向的社会联结转变为了个体和神之间的两方联结。这种改变一旦发生，人们与同辈和长辈之间的关系都不如个体和上帝之间的关系重要了，因此社会关系义务服从于与之相对的基督教教义（Burridge，1973）。举一个非洲的例子，随着年轻人可以绕过凭借生活阅历获取权威的传统途径而代之以通过运作圣灵而在年轻的时候就拥有追随者，归信五旬节教派在马拉维（Malawi）已经威胁到了传统的长老权力。人际关系和义务之于神权的从属地位因而不仅服务于基督教主体的个体主义化，而且通过强调上帝面前人人平等而赋予他/她以挑战既有社会等级的权力（Errington & Gewertz，1995）。

这种挑战既存政治状况的另一个例子，可见于新近归信的新教徒及其天主教邻里之间的差异。这些新归信者，大部分是五旬节教派的教徒，根据个体对上帝负责的信仰，反对被他们视为"魔鬼的（工具）"的政府官员。相反，同一社区中的天主教徒，在面对政治责任问题的时候，更倾向于"和解式的思考"（Burdick，1993）。

基督教某个特定派别的个体主义化力量赋予人们以颠覆既有权威结构的权力的现象在新教归信者对传统社会性别关系的挑战中也很明显，尤其是在拉丁美洲。在这里，归信新教的妇女常常被赋予权力以对不符合基督教规范的男性行为进行批判（Brusco，1993）。她们这样做的根据是其信仰的新道德取向，这种信仰将她们视为首先对上帝负责其次才对男人的权威负责的个体，而且，这种状况还因为基督教规范一般反对那些违背女性和家庭生活利益的男性声望活动——喝酒、赌博、淫乱——而得到强化（Brusco，1993；Mariz & das Dores Campos Machado，1997；Smilde，1997，2007；Austin-Broos，1997）。悖论的是，五旬节教派在使女性归信者得以远离对男性权威的特定社会义务的同时，同样的道德批判也给予她们一定程度的个体自主来将男性新皈依者重新嵌于家庭网络和社会关系之中。马丁（Martin，1995）发现，在拉丁美洲的新教徒中，当男性归信五旬节教派并摈弃诸如赌博、喝酒和婚外关系等恶习时，他们也就能省下一些钱然后回归家庭。他们也认可男性养家糊口的角色，并"使作为有效的经济合作单位的家庭重新团聚"（Martin，1995；Maxwell，1998）。在这种情况中，基督教不仅被用于通过主体的个体主义化挑战既有权力关系或社会可接受的权威观念，而且在此过程中改变了社会关系，将人们与其他现代性的制度联系起来，包括我们即将讨论的市场。

虽然上述社会性别之罪和经济上有益的救赎表明了基督教通过将其信徒重新纳入经济义务的网络之中而有利于市场参与的能力，但这种拉丁美洲模式在基督教和市场关系的讨论中并不常见。相反，多数关于基督教的人类学研究强调基督教通过熟悉的个体主义化过程推动信徒的市场参与，这一点我们已经有所讨论。新教的个体主义化理论当然是韦伯资本主义精神的重要原则，基督教归信和市场参与之间的选择性亲和关系在人类学分析中已经得到凸显。例如，关于非洲五旬节教派的讨论已经强调了上述断裂的修辞，促成了亲属关系以及相伴随的经济义务的割裂，因而将信仰者解放出来，以便更充分地参与新兴的市场经济（Meyer，1998，1999b；van Dijk，1998；Annis，1987）。类似的，对传教的历史分析很快指出一个社区的基督教化与其融入资本主义市场之间的关联。新教归信与时下的市场参与也有关系，它导致了在劳动条件灵活的后福特主义经济中有益的特定行为（Martin，1995，1998），并通过提高识字率和引导信仰者避免赊账而激发了"救赎式的提升"（redemptive uplift）（Maxwell，1998：354）。

许多人类学家密切关注资本主义和基督教之间的上述关联，并开始分析五旬节教派"成功福音"（prosperity gospel）或"信心福音"（faith gospel）在世界范围内不可思议的扩张。这种形式的五旬节基督教提出了这样的观念，即给上帝一份小礼物——经常被称为"信心之种"（seed faith）的献祭（de Boeck，2004：198），上帝将慷慨地给信仰者以无尽的祝福作为回报。这种机制很容易被置于资本主义框架中——信心之种的献祭通常被描述为"投资"（Ukah，2005），允诺的祝福是"红利"和"奇迹般的'回报'"（Comaroff & Comaroff，2000），而信心福音本身就像"一场精妙的交易"（Ukah，2005）。"成功福音"的信徒常常表现为"热情创业"（Martin，1995）——尼日利亚商人即为证明，他们在成功福音教派中发现的不仅是增强其资本主义使命感的一种基督教形式，还有一个提升其产品的既成平台（Ukah，2005）。相对的，对那些无法有效进入市场的信徒而言，当常规参与模式失效的时候，"信心福音"就是通过超自然途径接近世界经济财富的尝试（Comaroff & Comaroff，1999，2000，2002；Gifford，2001，2004）。如此，在"成功福音"中，我们似乎看到了与新的资本主义新自由主义精神相匹配的新的新教伦理。在消费成为市场的驱动力而非"标志性病症"（hallmark disease）（Comaroff &Comaroff，2002）的时代，"成功福音"似乎是恰当的基督教副本，在这种宗教中，与勤勉和入世禁欲主义相对，个体的财富即意味着救赎。

然而，虽然"信心福音"和个体参与资本主义市场之间毫无疑问存在关联，但是几个关于这种五旬节教派形式的研究均强调它将其信徒重新嵌于社会网络而非鼓励他们将自己视为无负担的人并通过在市场上出卖劳动力来寻求财富（van Dijk，2002，2005）。这些观察不仅使新教教义经常与既有的社会义务体系相悖的观念成为问题，而且通过表明基督教削弱资本主义个体主义的能力，这种阐释也将"成功福音"与资本主义交换形式联系了起来。例如，在瑞典，"成功福音"信徒之间的话语和物质流通以礼物的无法让渡性为特征，这反过来又在"信心福音"的追随者中创造了某种事实上的礼物经济（de facto gift economy）（Coleman，2004，2006）。实际上，"成功福音"牧师的话语中充满了典型的莫斯式概念——债务引发（debt-incurring）、关系催生的礼物（relationship-generating gifts）。尼日利亚蒙赎基督教会（Redeemed Christian Church of God）的牧师鼓励人们去"对神做一些特别的事情以迫使他为他们做的比他原本想的更多"（Ukah,2005），菲律宾"成功福音"天主教"万能上帝运动"的支持者"成为（一种）与上帝之间互惠关系的发起者"，据此"通过使神负债于他们而索要神的权力"（Wiegele，2005）。"成功福音"的信奉者被催促"为该福音运动'献出'一切能献出的"（Comaroff & Comaroff，2000），表现为鳏寡者的微小的付出或许能促使天堂之门开启。"成功福音"信奉者对交换关系的强调因而表明基督教和资本主义之间的选择性亲和关系绝不是过时的结论。相反，即使那些看起来最委身于个体的资本主义积累的基督教形式，如"成功福音"，也值得进行非资本主义的再考察，尤其是在资本主义兴盛的前景在许多信仰者听起来日益变得空洞的时候（Meyer，2004）。

五　基督教、多样性与（再论）现代性

我们刚讨论过的"非现代"的礼物经济需要非现代的主体。但是，基督教的这种反现代的一面并非仅限于交换；将基督教反现代或逆现代的层面与之前讨论过的个性化和现代化更紧密地联系起来非常重要。正如我们将要看到的，基督教能同时作为现代性的动力和反叙事，这一事实不仅强调了基督教作为文化复合体的相对自主性，也突出了基督教作为人类学研究对象的多面性。基督教这种尴尬的位置也与某些声音被有争议地排除在新兴的基督教人类学讨论之外相关，并因此使我们在基督教人类学的制度性壁垒问题以及基督教对人类学实践本身的影响问题上兜圈子。为了说明这一点，我们将从讨论基督教的逆现代层面入手。

或许因为 20 世纪末 21 世纪初，在欧洲和北美洲（Ginsburg，1998；Harding，2001；Coleman，2005）的基督徒尤其是新教徒投身于初看起来可以形容为反动的政治活动，最初，是在这些地点调查的民族志学者将基督教作为自觉的反现代主体形成的事业（Ammerman，1987；Coleman，2000；Csordas，2001；Crapanzano，2000；Faubion，2001；Harding，2001；Harding & Stewart，2003；Ault，2004），随后，又证明了主体的去中心化建构（Stromberg，1993；Csordas，1994，2001；Coleman，2004，2006；Luhrmann，2004a，2004b，2005，2006；类似的关于去中心化或分裂的经济或慈爱的北美基督徒主体的描述，见 Bielo，2007；Bialecki，2008；Elisha，2008）。关于创造这些非现代主体性的潜在机制特征的论述各不相同，从具象化的文化实践的现象学模式（Csordas，1994），到断定人类心理固有的迷恋能力的论述（Luhrmann，2004a，2004b，2005，2006），再到自我论述的过程（Stromberg，1993；Harding，2001）。

关于非现代主体性和反现代政治的论述似乎使基督教人类学的其他论述复杂化了，后者强调基督教和其他个性化社会进程之间即使不是等

同因果联系，也是类似的关系。但是，有一种途径可以使这两种表面相冲突的倾向变得一致。基督教个体主义化力量似乎在"归信文化"（convert cultures）中最强大（Robbins，2007a），其中，基督教被标记为信仰者必须妥协的从外界输入的东西，而在基督教已经存在很长时间的社会中，基督教更可能被援引用于反对被集体解读为"现代性"的社会力量，基督教历史中的"分裂"被解读为从基督教到后基督教过渡的一部分，而非相反（Coleman，2000）。这不足为奇，当在发达的西方背景下看起来强烈反现代的基督教形式被置于其他场景中时，就表现为现代性的强有力的支撑物；基恩（Keane，2007）也注意到新教教义在非现代实践和完全的世俗现代性之间的缝隙中发挥作用。然而，这种区域差异并不必然意味着我们应当将这些分布在不同地区的基督教作为毫无关联的建构进行解读。上述所有对反现代的基督教的描述的共同点在于，在归信文化中观察到的主体性个体结构具有相似性，同时，这些基督教形式突出了该结构的不同方面。没有强调基督教与新近归信者之间的关系，上帝在其中发挥的是将主体从社会联结的边缘抽离出来的功能，相反，在现代性和基督教都长期存在的地区，被强调的是与超验的他者之间的等级关系，这彰显出在与上帝权威的关系中，个体的依赖和依存性质。后者，同基督教构成一样，与许多现代性流派重视的自我认同的英雄式主体尖锐对立。

基督教可以同时被解读为拥护和挑战现代性这一事实，表明了基督教深层的异质性。这种异质性意味着有无数不同的基督教形式需要阐明，而这一事业，基督教民族志学者才刚刚开始着手，还有许多基督教形式有待充分论述。迄今为止，五旬节教派吸引了人类学的首要（或许是过度的大量的）关注，豪威尔（Howell，2003）指出，这已经影响到了分析趋势，并阻碍了人类学家对其他基督教传统如何处理社会过渡问题的发现，这些问题我们在本文中已经有所涉及。尤其缺乏的是关于非新教的天主教（Cannell，1999；Mosse，2006）和东正教（Caldwell，2004）形式的自觉的比较研究。同时，这种异质性也为人类学家创造了空间，如卡奈尔（Cannell，2005）利用正出现的纷繁的基督教意识形态和实践的开放性质，从现世和超验的辩证方面重新探讨基督教人类学的问题。在主体和分析实践的异质性方面的类似推动来自克里斯·汉恩

（Hann，2007），他不仅批判了已经受到关注的基督教人类学未能阐述受东正教影响的宗教实践的形式，而且提出（在某种程度上类似于阿萨德关于总体的宗教人类学的观点）现今基督教人类学的形式过于受历史上源于新教传统的理想主义分析模式的支配，而这常常体现在基督教人类学倾向于研究的新教人群中。根据汉恩的说法，只有通过研究其他基督教形式，并且与研究其他宗教传统的人类学家进行以问题为导向的比较的对话，我们才能够把握和揭示基督教异质性的全景。

然而，基督教异质性不仅对人类学家而言是一个挑战，对基督教所声称的打造"全球合一"（global ecumene）的规划亦是挑战。从人类学视角而言，这意味着区分基督徒群体时不可通约性的瞬间和克服这种明显的不可通约性的尝试也是恰当的研究对象，它并不仅限于历史上的传教相遇，也存在于当今世界的全球化潮流中（Howell，2003；Priest，2006）。当我们考察基督徒（他们反复受到自身逻辑的影响）使他者性有意义的方式时，我们会发现他们的思想勾勒出的轮廓与人类学在文化差异问题上的挣扎相似；考虑到基督教对学科既有的影响，我们尤其应当预见到这一点。有鉴于此，还有这样的可能，即基督徒学者聚焦于各种基督徒群体之间异同的研究或许有助于人类学家对人类学面临的一些挑战的思考（Robbins，2006）。但是在此之前，就像人类学曾经将作为研究对象的基督教边缘化一样，它也将包括基督徒人类学家在内的基督徒学者边缘化了——坚决抑制他们将其基督徒身份带入面向人类学读者的作品中并产生影响。这一举动与之前提及的学科反思趋势相悖，后者见证了许多其他领域的人类学家在过去的几十年间成功地将个人背景和他们的研究焦点联系在一起（Priest，2001；Howell，2007）。基督徒人类学家作品中这种联系的缺席已经很大程度上阻碍了一个特别积极的群体的全力投入，这对于刚兴起并且最近还为人类学忽略主体的问题作出了贡献的基督教人类学而言原本是一个宝贵的视角（Howell，2007）。

因此重申一次，对基督教的研究，不仅开辟了一个丰富的经验田野，说明了一股影响全球物质和意识形态潮流的力量，而且提供了如下可能，即它不仅对于这个特别的、迅速发展的宗教人类学分支学科的参与者有益，而且有助于澄清和加强整个人类学学科。

参考文献

Glazier, S.（ed.）

1980　*Perspectives on Pentecostalism: Case Studies from the Caribbean and Latin America*, University Press of America, Washington, DC.

Barker, J.

1990　*Christianity in Oceania: Ethnographic Perspectives*, （ed.）, University Press of America, Lanham, MD.

1992　"Christianity in Western Melanesian Ethnography", J. G. Carrier（ed.）, *History and Tradition in Melanesian Anthropology*, University of California Press, Berkeley, CA.

Saunders, G. R.

1988　*Culture and Christianity: The Dialectics of Transformation*, Greenwood Press, New York, NY.

Hefner, R.（ed.）

1993　*Conversion to Christianity*, University of California Press, Berkeley, CA.

Hvalkof, S. & Aaby, P.

1981　*Is God An American? An Anthropological Perspective on the Missionary Work of the Summer Institute of Linguistics*, International Work Group for Indigenous Affairs（IWGIA）, Survival International, Copenhagen, Denmark/London, UK.

Huber, M.

1988　*The Bishop's Progress: A Historical Ethnography of Catholic Missionary Experience on the Sepik Frontier*, Smithsonian Institution Press, Washington, DC.

Comaroff, J., & Comaroff, J. L.

1991　*Of Revelation and Revolution*, Vol. 1, University of Chicago Press, Chicago, IL.

1997　*Of Revelation and Revolution*, Vol. 2, University of Chicago Press, Chicago, IL.

1999　"Occult Economies and the Violence of Abstraction: Notes from the South African Postcolony", *American Ethnologist* Vol. 26, No. 2, pp. 279 – 303.

2000　"Millennial Capitalism: First Thoughts on A Second Coming", *Public Culture* Vol. 12, No. 2, pp. 291 – 343.

2002　"Second Comings: Neo-Protestant Ethics and Millennial Capitalism in South Africa, and Elsewhere", P. Gifford（ed.）, 2000 *Years and Beyond: Faith, Identity and the Common Era*, Routledge, London, UK.

Rafael, V.

1992 *Contracting Colonialism: Translation and Christian Conversion in Tagalog Society under Early Spanish Rule*, Duke University Press, Durham, NC.

Robbins, J.

2001 " 'God is Nothing but Talk': Modernity, Language, and Prayer in A Papua New Guinea Society", *American Anthropologist* Vol. 103, No. 4, pp. 901 – 912.

2003a "What is a Christian? Notes toward An Anthropology of Christianity", *Religion* Vol. 33, No. 3, pp. 191 – 199.

2003b "On the Paradoxes of Global Pentecostalism and the Perils of Continuity Thinking", *Religion* Vol. 33, No. 3, pp. 221 – 231.

2004 *Becoming Sinners: Christianity and Moral Torment in A Papua New Guinea Society*, University of California Press, Berkeley, CA.

2006 "Anthropology and Theology: An Awkward Relationship?", *Anthropological Quarterly* Vol. 79, No. 2, pp. 285 – 294.

2007a "Continuity Thinking and the Problem of Christian Culture", *Current Anthropology* Vol. 48, No. 1, pp. 5 – 38.

2007b "You Can't Talk Behind the Holy Spirit's Back: Christianity and Changing Language Ideologies in A Papua New Guinea Society", M. Makihara and B. Schieffelin (eds.), *Consequences of Contact: Language Ideologies and Sociocultural Transformations in Pacific Societies*, Oxford University Press, New York, NY.

Scott, M. W.

2005 "I Was Like Abraham: Notes on the Anthropology of Christianity from the Solomon Islands", *Ethnos* Vol. 70, No. 1, pp. 101 – 125.

Cannell, F.

2006 *The Anthropology of Christianity*, (ed.), Duke University Press, Durham, NC.

1999 *Power and Intimacy in the Christian Philippines*, Cambridge University Press, Cambridge, UK.

2005 "The Christianity of Anthropology", *The Journal of the Royal Anthropological Institute* Vol. 11, No. 2, pp. 335 – 356.

Engelke, M. & Tomlinson, M. (eds.)

2006 *The Limits of Meaning: Case Studies in the Anthropology of Christianity*, Berghahn Books, New York, NY.

Keane, W.

1997a "Religious Language", *Annual Review of Anthropology* Vol. 26, pp. 47 – 71.

1997b   *Signs of Recognition: Powers and Hazards of Representation in An Indonesian Society*, *University of California Press*, *Berkeley*, *CA*.

2002   "Sincerity, Modernity and the Protestants", *Cultural Anthropology* Vol. 17, No. 1, pp. 65 – 92.

2007   *Christian Moderns*, University of California Press, Berkeley, CA.

Maxwell, D.

1998   " 'Delivered from the Spirit of Poverty?': Pentecostalism, Prosperity, and Modernity in Zimbabwe", *Journal of Religion in Africa* Vol. 28, No. 3, pp. 350 – 473.

2006   *African Gifts of the Spirit: Pentecostalism and the Rise of A Zimbabwean Transnational Religious Movement*, James Currey Ltd., Oxford, UK.

Harding, S.

1991   "Representing Fundamentalism: The Problem of the Repugnant Cultural Other", *Social Research* Vol. 58, No. 2, pp. 373 – 393.

2001   *The Book of Jerry Falwell: Fundamentalist Language and Politics*, Princeton University Press, Princeton, NJ.

Brouwer, S., Gifford, P. & Rose, S.

1996   *Exporting the American Gospel: Global Christian Fundamentalism*, Routledge, New York, NY.

Walls, A. F.

1996   *The Missionary Movement in Christian History: Studies in the Transmission of Faith*, Orbis Books, Maryknoll, NY.

Jenkins, P.

2002   *The Next Christendom: The Coming of Global Christianity*, Oxford University Press, Oxford, UK.

Martin, D.

1990   *Tongues of Fire: The Explosion of Protestantism in Latin America*, Basil Blackwell, Oxford, UK.

Douglas, B.

2001   "From Invisible Christians to Gothic Theatre: The Romance of the Millennial in Melanesian Anthropology", *Current Anthropology* Vol. 42, No. 1, pp. 15 – 50.

Casanova, J.

1994   *Public Religions in the Modern World*, University of Chicago Press, Chicago, IL.

Asad, T.

1993   *Genealogies of Religion: Discipline and Reasons of Power in Christianity and*

Islam, John Hopkins University Press, Baltimore, MD.

Kirsch, T. G.

2004   "Restaging the Will to Believe: Religious Pluralism, Anti-Syncretism and the Problem of Belief", *American Anthropologist* Vol. 106, No. 4, pp. 699 – 709.

Keller, E.

2005   *The Road to Clarity: Seventh-Day Adventism in Madagascar*, Palgrave Macmillan, New York, NY.

Sahlins, M.

1996   "The Sadness of Sweetness: Native Anthropology of Western Cosmology", *Current Anthropology* Vol. 37, No. 3, pp. 395 – 428.

Burridge, K.

1973   *Encountering Aborigines, A Case Study: Anthropology and the Australian Aboriginal*, Pergamon Press, New York, NY.

Meyer, B.

1998   "'Make A Complete Break with the Past': Memory and Postcolonial Modernity in Ghanaian Pentecostal Discourse", R. Werbner (ed.), *Memory and the Postcolony: African Anthropology and the Critique of Power*, Zed Books, London, UK.

1999a   *Translating the Devil: Religion and Modernity among the Ewe in Ghana*, Africa World Press, Trenton, NJ.

1999b   "Commodities and the Power of Prayer: Pentecostalist Attitudes towards Consumption in Contemporary Ghana", B. Meyer and P. Geschiere (eds.), *Globalization and Identity: Dialectics of Flow and Closure*, Blackwell, Oxford, UK.

2004   "Christianity in Africa: from African Independent to Pentecostal-Charismatic Churches", *Annual Review of Anthropology* Vol. 33, pp. 447 – 474.

Engelke, M.

2004   "Discontinuity and the Discourse of Conversion", *Journal of Religion in Africa* Vol. 34, No. 1 – 2, pp. 82 – 109.

2007   *A Problem of Presence: Beyond Scripture in An African Church*, University of California Press, Berkeley, CA.

Schram, R.

2007   "Sit, Cook, Eat, Full Stop: Religion and the Rejection of Ritual in Auhelawa (Papua New Guinea)", *Oceania* Vol. 77, No. 2, pp. 172 – 190.

Austin-Broos, D.

1997   *Jamaica Genesis: Religion and the Politics of Moral Orders*, University of Chicago Press, Chicago, IL.

Rutherford, D.

2003　*Raiding the Land of the Foreigners: The Limits of the Nation on An Indonesian Frontier*, Princeton University Press, Princeton, NJ.

Zehner, E.

2005　"Orthodox Hybridities: Anti-Syncretism and Localization in the Evangelical Christianity of Thailand", *Anthropological Quarterly* Vol. 38, No. 3, pp. 585 – 617.

Ammerman, N.

1987　*Bible Believers*, Rutgers University Press, New Brunswick, Canada.

Crapanzano, V.

2000　*Serving the Word: Literalism in America from the Pulpit to the Bench*, The New Press, New York, NY.

Samarin, W. J.

1972　*Tongues of Men and Angels: the Religious Language of Pentecostalism*, Macmillan, New York, NY.

Rappaport, R.

1979　*Ecology, Meaning, and Religion*, North Atlantic Books, Berkeley, CA.

1999　*Ritual and Religion in the Making of Humanity*, Cambridge Studies in Social and Cultural Anthropology, Cambridge University Press, Cambridge, UK.

Shoaps, R. A.

2002　" 'Pray Earnestly': The Textual Construction of Personal Involvement in Pentecostal Prayer and Song", *Journal of Linguistic Anthropology* Vol. 12, No. 1, pp. 34 – 71.

Schieffelin, B.

2002　"Marking Time: The Dichotomizing Discourse of Multiple Temporalities", *Current Anthropology* Vol. 43, Supplement, pp. S5 – 17.

2007　"Found in Translating: Reflexive Language Across Time and Texts in Bosavi, Papua New Guinea", M. Makihara and B. Schieffelin (eds.), *Consequences of Contact: Language Ideologies and Sociocultural Transformations in Pacific Societies*, Oxford University Press, New York, NY.

Stromberg, P. G.

1993　*Language and Self-Transformation: A Study of the Christian Conversion Narrative*, Cambridge University Press, Cambridge, UK.

Csordas, T. J.

1994 *The Sacred Self: A Cultural Phenomenology of Charismatic Healing*, University of California Press, Berkeley, CA.

2001 *Language, Charisma, and Creativity: Ritual Life in the Catholic Charismatic Renewal*, Palgrave, New York, NY.

Bielo, J.

2007 "The Mind of Christ: Financial Success, Born-again Personhood, and the Anthropology of Christianity", *Ethnos* Vol. 72, No. 3, pp. 315 – 338.

2008 "On the Failure of 'Meaning': Bible Reading in the Anthropology of Christianity", *Culture and Religion* Vol. 9, No. 1, pp. 1 – 21.

Dumont, L.

1986 *Essays on Individualism: Modern Ideology in Anthropological Perspective*, University of Chicago Press, Chicago, IL.

Burke, P.

1987 *The Historical Anthropology of Early Modern Italy: Essays on Perception and Communication*, Cambridge University Press, Cambridge, UK.

Errington, F. & Gewertz, D.

1995 *Articulating Change in the "Last Unknown"*, Westview Press, Boulder, CO.

Burdick, J.

1993 *Looking for God in Brazil: The Progressive Catholic Church in Urban Brazil's Religious Arena*, University of California Press, Berkeley, CA.

Brusco, E.

1993 "The Reformation of Machismo", V. Garrard-Burnett and D. Stoll (eds.), *Rethinking Protestantism in Latin America*, Temple University Press, Philadelphia, PA.

Mariz, C. L. & das Dores Campos Machado, M.

1997 "Pentecostalism and Women in Brazil", E. L. Cleary and H. W. Stewart-Gambino (eds.), *Power, Politics and Pentecostals in Latin America*, Westview Press, Boulder, CO, pp. 41 – 54.

Smilde, D. A.

1997 "The Fundamental Unity of the Conservative and Revolutionary Tendencies in Venezuelan Evangelicalism: The Case of Conjugal Relations", *Religion* Vol. 27, pp. 343 – 359.

2007 *Reason to Believe: Cultural Agency in Latin American Evangelicalism*, University of California Press, Berkeley, CA.

Martin, B.

1995　*"New Mutations of the Protestant Ethic among Latin American Pentecostals"*, *Religion* Vol. 25, pp. 101 – 117.

1998　"From Pre-to Postmodernity in Latin America: the Case of Pentecostalism", P. Heelas, D. Martin and P. Morris (eds.), *Religion, Modernity and Postmodernity*, Blackwell, Oxford, UK, pp. 102 – 146.

van Dijk, R.

1992　"Young Puritan Preachers in Post-Independence Malawi", *Africa* Vol. 62, No. 2, pp. 159 – 181.

1998　"Pentecostalism, Cultural Memory and the State: Contested Representations of Time in Postcolonial Malawi", R. Werbner (ed.), *Memory and the Postcolony: African Anthropology and the Critique of Power*, Zed Books, London, UK.

2002　"Religion, Reciprocity and Restructuring Family Responsibility in the Ghanaian Pentecostal Diaspora", D. Bryceson and U. Vuorella (eds.), *The Transnational Family: New European Frontiers and Global Networks*, Berg, Oxford, UK.

2005　"The Moral Life of the Gift in Ghanaian Pentecostal Churches in the Diaspora: Questions of (in-) Dividuality and (in-) Alienability in Transcultural Reciprocal Relations", W. van Binsbergen and P. Geschiere (eds.), *Commodification: Things, Agency, and Identities*, LIT Verlag, Hamburg, Germany.

Annis, S.

1987　*God and Production in A Guatemalan Town*, University of Texas Press, Austin, TX.

de Boeck, F.

2004　*Kinshasa: Tales of the Invisible City*, Ludion, Ghent, Belgium.

Ukah, A. F. K.

2005　" 'Those Who Trade with God Never Lose': The Economies of Pentecostal Activism in Nigeria", T. Falola (ed.), *Christianity and Social Change in Africa: Essays in Honor of J. D. Y. Peel*, Carolina Academic Press, Durham, NC.

Gifford, P.

2001　"The Complex Provenance of Some Elements of African Pentecostal Theology", A. Corten and R. Marshall-Fratani (eds.), *Between Babel and Pentecost: Transnational Pentecostalism in Africa and Latin America*, Indiana University Press, Bloomington, IN.

2004　*Ghana's New Christianity: Pentecostalism in A Globalizing African Economy*, Indiana University Press, Bloomington, IN.

Coleman, S.

2000 *The Globalisation of Charismatic Christianity*: *Spreading the Gospel of Prosperity*, Cambridge University Press, Cambridge, UK.

2004 "The Charismatic Gift", *The Journal of the Royal Anthropological Institute* Vol. 10, pp. 421 – 442.

2005 "An Empire on A Hill? The Christian Right and the Right to be A Christian in America", *Anthropological Quarterly* Vol. 78, pp. 653 – 671.

2006 "Materializing the Self: Words and Gifts in the Construction of Charismatic Protestant Identity", F. Cannell (ed.), *The Anthropology of Christianity*, Duke University Press, Durham, NC.

Wiegele, K. L.

2005 *Investing in Miracles*: *El Shaddai and the Transformation of Popular Catholicism in the Philippines*, University of Hawai'i Press, Honolulu, HI.

Ginsburg, F. D.

1998 *Contested Lives*: *the Abortion Debate in An American Community*, University of California Press, Berkeley, CA.

Faubion, J.

2001 *The Shadows and Lights of Waco*: *Millennialism Today*, Princeton University Press, Princeton, NJ.

Harding, S. & Stewart, K.

2003 "*Anxieties of Influence*: *Conspiracy Theory and Therapeutic Culture in Millennial America*", H. West and T. Sanders (eds.), *Transparency and Conspiracy*: *Ethnographies of Suspicion in the New World Order*, Duke University Press, Durham, NC.

Ault, J.

2004 *Spirit and Flesh*: *Life in A Fundamentalist Baptist Church*, Alfred A. Knopf, New York, NY.

Luhrmann, T. M.

2004a "Metakinesis: How God Becomes Intimate in Contemporary U. S. Christianity", *American Anthropologist* Vol. 106, No. 3, pp. 518 – 528.

2004b "*Yearning for God*: *Trance as A Culturally Specific Practice and Its Implications for Understanding Dissociative Disorders*", *Journal of Trauma and Dissociation* Vol. 5, No. 2, pp. 101 – 129.

2005 "*The Art of Hearing God*: *Absorption, Dissociation, and Contemporary American Spirituality*", *Spiritus* Vol. 5, No. 2, pp. 133 – 157.

2006   "Learning Religion at the Vineyard: Prayer, Discernment and Participation in the Divine", The Martin Marty Center, viewed 20 October 2008, available at http: // divinity. uchicago. edu/martycenter/publications/webforum/092006/commentary. shtml.

Bialecki, J.

2008   "Between Stewardship and Sacrifice: Agency and Economy in A Southern California Charismatic Church", *Journal for the Royal Anthropological Institute* Vol. 14, No. 2, pp. 372 – 390.

Elisha, O.

2008   "Moral Ambitions of Grace: The Paradox of Compassion and Accountability in Evangelical Faith-Based Activism", *Cultural Anthropology* Vol. 23, No. 1, pp. 154 – 189.

Howell, B.

2003   "Practical Belief and the Localization of Christianity: Pentecostal and Denominational Christianity in Global/Local Perspective", *Religion* Vol. 33, pp. 233 – 248.

2007   The Repugnant Cultural Other Speaks Back: Christian Identity as Ethnographic 'Standpoint', *Anthropological Theory* Vol. 7, No. 4, pp. 371 – 391.

Mosse, D.

2006   "Possession and Confession: Affliction and Sacred Power in Colonial and Contemporary Catholic South India", F. Cannell (ed.), *The Anthropology of Christianity*, Duke University Press, Durham, NC.

Caldwell, M. L.

2004   *Not by Bread Alone: Social Support in the New Russia*, University of California Press, Berkeley, CA.

Hann, C.

2007   "*The Anthropology of Christianity Perse*", *Archives Européennes de Sociologie* Vol. 48, No. 3, pp. 391 – 418.

Priest, R.

2001   "Missionary Positions", *Current Anthropology* Vol. 42, No. 1, pp. 29 – 68.

2006   "*Short-Term Missions*", *ed.*, special issue of Missiology, Vol. 34, No. 4, pp. 427 – 559.

Donham, D.

1999   *Marxist Modern: An Ethnographic History of the Ethiopian Revolution*, University of California Press, Berkeley, CA.

Friedman, J.

2007   "Commentary on Jane Guyer", *American Ethnologist* Vol. 34, No. 3, pp. 426 – 429.

Geertz,C.

1973   *The Interpretation of Cultures*, Basic Books, New York, NY.

Pels,P.

1999   *A Politics of Presence*: *Contacts between Missionaries and Waluguru in Late Colonial Tanganyika*, Overseas Publishers Association, Amsterdam, The Netherlands.

基督教人类学在美国

刘　琪

　　摘　要　本文是对美国基督教人类学研究的综述。首先，笔者探讨了基督教人类学在美国人类学界长期缺席的原因；其次，介绍了近年来围绕归信展开的研究，这些研究进一步带来了对基督教与西方现代性之间关系的深层反思。笔者以对语言意识形态的研究为例，展现美国基督教人类学界在这方面进行的努力，并指出其对中国研究可能的启示。

　　关键词　基督教人类学　归信　语言意识形态　真诚性

　　《宗教人类学》主编约我写一篇介绍美国基督教人类学的文章，让我既有点兴奋，又有点不安。兴奋在于，这个主题的确是我近年来关注的对象，前前后后读了一些东西，算是有些心得体会；不安在于，对于这个主题，已经有了不少介绍性的文字，包括即将刊登在本期一篇文章，以及《中国人类学评论》第 21 辑"基督教人类学"的读书会笔记。我的概述必然会有许多重复的成分，也有班门弄斧之感。但既然已经应允，只好硬着头皮写下去。在搜集资料与写作的过程中，我发现，如何界定美国的"基督教人类学"，便是一个难题。在 20 世纪以来的很多民族志中，都有关于基督教的部分，然而，仅仅在近十余年来，才有大量以基督教为主题，或者说，以信仰基督教的人口为主要描述对象的民族志或论文出现，并随之出现了对于不同地区基督教形态与历史的比较研究，"基督教人类学"作为一个专门的术语，更是在 2003 年才被罗宾斯（Joel Robbins）提出（2008：191～199）。在接下来的篇幅中，我将主要介绍"基督教人类学"作为一个领域出现之后的研究成果。虽然学者们各自的田野地点与兴趣取向不同，但这些研究拥有一些共同关注的主题，并在这些主题下形成了相互对话（Bialecki，Haynes and Robbins，2008）。我的介绍将围绕其中几个主题展开。在文章的最后，我将简要谈到美国基督教人类学对中国可能的启发。

一　基督教人类学的缺席

探讨近年来美国基督教人类学的发展，不得不首先面对这样一个问题：作为"世界宗教"之一的基督教，在人类学研究中长期处于"缺席"的状态。早在1991年，哈丁（Susan Harding）就曾经指出，在美国的文化研究（study of culture）领域，基督教总是被视为"讨厌的他者"，被排除在研究对象之外（Harding，1991）。十余年后，罗宾斯发展了哈丁的观点，指出基督教被排斥不仅仅是因为它的"他者性"（otherness），也是由于它的相似性。一方面，从大的社会环境来看，美国本就是一个基督教国家，基督教与政治之间的纠缠使人们不敢轻易谈论它；另一方面，人类学学科发展之初与传教活动之间的纠葛，以及对"他者性"（alterity）的倡导，使基督教无法名正言顺的成为学科研究对象。对于人类学家而言，基督教既是遥远的，又是临近的，这种模糊性使人们对它讳莫如深，不愿言说（Bialecki，Haynes and Robbins，2008）。

这样，美国人类学家在选择田野地点的时候，总是会故意回避基督教的社区，即使被迫前往这样的地区，也常常把基督教视为边缘的，并否认基督教会带来任何真正意义上的转变。为什么标榜真实客观的人类学家，在面对基督教的时候会故意视而不见？为什么他们不愿意承认基督教会真的改变土著人的生活？在2007年的一篇论文中，罗宾斯从人类学理论的深层结构出发，对这个问题展开深入而精彩的分析（Robbins，2007a）。

罗宾斯指出，人类学界忽视基督教研究的背后，蕴藏着对非延续性（discontinuity）的理论关怀的缺失。"从理论层面上看，关键问题在于文化人类学一直以来都是一门关于延续（continuity）的科学。我的意思是，大部分文化人类学家都或明或暗地指出，他们所研究的事物——符号、意义、逻辑、结构、权力动力学等——都具有持久的特质，并且没有做好改变的准备。这个偏向已经很深地被写入了理论信条，以至于人类学进行文化研究的所有理论视角，几乎都是以这个信条为基础的"（Robbins，2007a：9～10）。从最初对"文化"的界定中，人类学家便将文化定义为一套持久不变的模式，虽然这种定义受到了后现代理论与实践理论的冲击，但时至今日，人类学家仍旧热衷于在表面上的变化中寻找文化的延续性，即使有新的要素加入，也并没有真正改变传统，而是换一种方式延续了传统。在这种假设的引领下，人类学家总是拒绝承认归信（conversion）的可能，他们将人们改宗基督教的行为视为受功利性的驱使，例如，对钱财和权力的追求，并认为即使在改宗之后，人们穿上了基督教的外衣，用基督教的语言交谈，但在内心深处，他们仍旧是以前的自己，尊崇的也仍旧是传统价值体系。换句话说，他们只有基督教的形式（form），却没有内容（content）。在罗宾斯看来，这种假设事实上是没有依据的。无论在何种意义上，归信都是一个"分离的时刻"，它将一个人生命中的过去与未来分离开来，是时间上的一次断裂。否认这种断裂，与人类学学科背后暗含的时间观念相关。

费边（Fabian）曾经指出，人类学，以及大部分近代社会科学背后，隐含着非神圣的、自然化的时间观。借用盖尔纳（Gellner）的术语，这并不是蕴涵断裂与相互分隔的时段的片段化时间观，而是"演化论式"的时间观，在这种观念下，变化被视为"永远持续的过程"，而不是一个事件。借用一个更有名的术语，这个过程在本雅明（Benjamin）所谓的"同质的、空洞的"时间中进行，在其中，所有的时刻都是相似的，原因对结果产生的影响也是以一种可预期的方式展开。事件发生在（in）时间中，而不是对（to）时间发生。它是稳固的、有规律的，在它所支撑的世界中，延续性是不证自明的前提。

这种时间观与基督教的时间观有着本质性的区别，在后者那里，事件的发生往往会改变整个时间进程，无论是耶稣的降生还是千禧年的传说，都是这方面的例证。时间观上的差异，使得人类学难以真正理解基督教为地方社会带来的转变。值得庆幸的是，近年来，有越来越多的学者在反思的基础上，努力抛开人类学潜在的假设与包袱，开始认真将基督教作为对象进行研究，这些研究，首先从对归信（conversion）的探讨开始。

二　归信：什么改变了？什么没有改变？

粗略来看，对归信的研究大致包括以下三个方面：第一，归信为个体本身带来的改变；第二，归信后对周围世界的重塑；第三，归信带来的观念变化（Robbins，2007b）。围绕着在不同地区展开的田野考察，学者们试图探讨类似的问题：归信使什么发生了改变？什么没有？

语言人类学家席福林（Bambi Schieffelin）教授通过考察语词的变化，考察了基督教为巴布亚新几内亚人带来的时间认知上的改变（Schieffelin，2002）。这种改变主要体现在两个方面：第一，在当地人的传统观念中，没有必要对时间进行精确的认知和计算，他们往往用生命周期中的重要事件而不是日历来界定时间，用模糊的、概括性较强的词汇来指代时间。基督教传入以后，为了记录变动中的人口资料及事先安排活动，传教士们引入了精确的时间观，并创造了相应的词汇，如月份、星期和小时的概念。当地人在接受了基督教之后，也逐渐开始使用这样一套词汇进行表达。第二，基督教带来了两种时间上的二分，即"过去/现在""现在/未来"。人们开始习惯于谈论"过去如何如何"，并带着转折的语气说"但是现在……"，也开始思考"事情以前是怎样的"，而"现在又应该如何"。过去成为了不重要的，"现在"成为了焦虑的中心，因为它与"未来"，即基督再临后的审判有着密切的关系，现在所种下的一切"因"，都会造成未来的"果"。席福林指出，虽然传统的地方语言仍然保留了下来，但新出现的词汇与新的表达方式使人们不得不按照另外一套方式进行思考。语言的改变带来的是传统记忆方式的消除，人们使用新的语言的同时，也在重塑新的自我。每个人都在等待基督的再临，而每个人都需要按照同样的时间表做好准备，不能落后。

席福林通过语言人类学的研究，指出了基督教如何在不颠覆表面形式的前提下，改变了实质性的内容，罗宾斯对灵恩派基督教的研究，与席福林的结论也有异曲同工之处［Robbins，2004（2010）］。罗宾斯指出，灵恩派通常被认为是最具颠覆性的宗教，然而，它又往往是最地方化的宗教，这种矛盾性源于它对世界图式的重塑。首先，灵恩派将世界划分为两部分，一部分属于上帝，另一部分属于魔鬼。接下来，它保留了地方传统中对属灵力量的信仰，但却从道德上否定它们，将它们视为魔鬼的代言人，然后，它又驱使归信的人们尽自己所能与传统的"魔鬼世界"进行对抗，这种活动既进一步强调了魔鬼的存在，又证明了信仰可以引导人们归信后的生活。在世界上不同的地方，灵恩派创造出了不同的二元论，它从来不会全盘否定当地的传统信仰，而是接受这些信仰与它们所呈现的问题，并宣告自己能够更好地解决这些问题。这样，灵恩派往往能够使当地人迅速归信，并迅速按照新的宗教信仰教导的方式，用地方化的术语理解地方事件。在灵恩派的信仰中，传统以一种隐晦的方式得到了保留。

如果说，席福林和罗宾斯的研究着重讨论的是基督教对一个社区或群体造成的影响，那么，格申（Ilana Gershon）在新西兰萨摩亚人中展开的研究，则侧重于理解归信对于个体而言意味着什么？（Gershon，2007）有趣的是，格申讨论的案例并不是从异教改信基督教，而是在基督教不同宗派中的改变。从目前的文献来看，这方面的主题还很少有人涉及，但格申对改宗的研究能够更深入地敦促人们思考信仰对于当地人而言究竟意味着什么？

在萨摩亚，每一个家庭成员都对自己的家庭负有义务，在各种仪式性的交换中，他们需要代表自己的家庭贡献财物。归信基督教之后，这方面的义务也转移到了教会方面，教会成员有义务供养牧师、建造新的教堂、帮助其他教会，并在每周日礼拜结束的时候进行奉献，这给他们带来了不小的负担。因此，在另外一个竞争性的教会出现之后，很多人便开始改宗——从原来那个强调仪式交换的教会，转向新的反对仪式交换的教会。最初，在格申看来，这种改宗不难理解，无非是从经济方面考虑，通过理性选择做出的决定。然而，出乎意料的是，她的这种解释一次次遭到当地人礼貌而坚定的反对。在他们看来，他们之所以改宗，是因为以前教会的礼拜"没有意义"（meaningless），而新的教会的礼拜则是"有意义的"（meaningful）。借用"道德经济"（moral economy）

的概念，格申试图理解这种转变。

道德经济，指的是经济行为中蕴涵的道德假设。在传统萨摩亚人的观念里，每个人的自我都有两个部分，一为正当的，二为不正当的，人们的义务就是要将不正当的自我隐藏起来，将正当的自我呈现在公众面前，并接受其他人的评判。传统萨摩亚人的教会，便成为了展现自我道德的场所。围绕这个主旨，教会组织了各种各样的活动，如盛大的仪式交换，展示各个家庭的奉献，像竞拍一样索要财物等，这些活动在新一代萨摩亚人中引发了反感。新一代的萨摩亚人，大多是移民在外，或接受过外部教育的年轻人，他们对当地传统并没有多少了解和认同，也并不接受传统的自我观念。对于他们而言，改宗意味着从一种基于公共展演、家庭力量与公众评判的道德观（morality），转向强调自我塑造与自我管理的道德观。在新的教会中，道德不再需要被展示，而是成为了个体自己的事情。每个人的自我都可以被引导并达到统一，内在完善的自我，而不是他人的评判成为了道德的源泉。格申指出，改宗并不是对信仰内容的质疑，而是改变了信仰的表达方式，在这个过程中，人们也重塑了自我（personhood）。

从各个方面对归信进行的考察，有助于我们理解基督教如何在改变自身的同时重塑了地方社会。事实上，基督教并不仅仅是一种宗教，在它的信条中，还蕴涵着西方社会许多前定的假设，这些假设大多又与现代性的进程结合在一起。地方社会与基督教之间的冲突融合，很多时候并不是是否相信上帝、是否愿意接受洗礼这么简单，而是两种不同文化体系之间的碰撞。以基恩（Webb Keane）为代表的一些学者对语言意识形态（linguistic ideology）的考察，正是从基督教背后的文化体系出发，一方面反思基督教与现代性之间的关系，另一方面更深入地理解基督教被地方化的方式。

三 "真诚"的信仰：对语言意识形态的反思

语言意识形态，指的是"一套由语言使用者传播开来的关于语言的信念，它使可见的语言结构和使用得到理性化和正当化"（Tomlinson，2009：75），或者，简而言之，就是"人们关于语言的前提假设"

（Keane，2002a：66）。语言，是人们沟通和交流的媒介之一，然而，在不同的社会中，对语言的认识和判断却有所不同。今天我们关于语言的很多隐含假设，其实是现代性的产物，而基督教在其中产生了重要的影响。基恩通过对"真诚性"（sincerity）的精彩分析，向我们呈现了这一点（Keane，2007）。

基恩指出，当我们谈论"真诚性"的时候，其实蕴涵了一个前提，即语言能够表达人们的内心，思想（thoughts）能够通过语词（words）得到充分的展现。"真诚性"是与道德相关的，当我们指责一个人"不真诚"的时候，我们并不认为他没有能力在语词和思想之间建立起关系，而是认为他有意歪曲了这种关系。此外，虽然"真诚"从根本上源于人们与自我之间的关系，但当人们真诚地说话的时候，它便意味着一种互动，意味着将我自己呈现在其他人的面前。"为了做到真诚，为了将语词与思想相配对，思想和表达它的语词一样，不能是模糊的或含混的。此外，思想和语词都必须完全被言说（speaking）本身掌控，如果我们抛开参与对话者的真诚性谈论对话的真诚性，那就是毫无道理的"（Keane，2002b：75~76）。

在基恩看来，对真诚性的强调是与现代性的发展联系在一起的。当现代性将人们从各种传统的、外在的束缚中解脱出来之后，便将人们的内心视为自由的表达场所。天主教徒通过烦琐的仪式展现和证明自己的身份，而新教徒们则仅仅关心自己的良心，并认为良心能够保护一个人的真诚。信仰（belief）替代纪律（discipline），成为了宗教的主题（Asad，1993）。

诚然，信仰的内在化将个体从各种外在规矩中解放了出来，然而，它也带来了新的悖论：如何证明自己的信仰？在久负盛名的《新教伦理与资本主义精神》中，韦伯（Max Weber）为我们描绘了新教徒的焦虑，这种焦虑在被视为"天职"（calling）的工作中得到了化解（韦伯，1987）。那么，在非西方的社会，这种悖论又怎样以地方性的方式得以解决？基恩对印尼松巴岛（Sumba）的研究（Keane，2002c）与罗宾斯对巴布亚新几内亚乌拉敏人（Urapmin）的研究（Robbins，2001），为我们提供了这方面的两个例证。

在松巴岛上，每个人都需要通过公开活动得到他人的认可，信仰也不能例外。在被教会接纳为成员之前，信徒需要在众人面前宣告自己的信仰，这种宣告通常以对话的方式完成。这位信徒将站在所有人的前面，回答作为教会代表的牧师提出的一系列的问题，这些问题主要由"你是否相信……"构成的问句组成，而他则需要一再回答"我相信"。整个过程是程序化的、仪式化的，并没有强烈的情感涉于其中。基恩指出，在这个仪式中，我们可以看到一种张力：没有人知道他所说出来的话是否"真诚"，但当他通过"我相信"这样的语言，以一种高度模式化的方式宣告自己信仰的时候，所有在场的人便成为了他内心的见证，并且，如果他有朝一日背离了自己的宣告，人们也有权对他提出质疑。信仰从个体事件转变为了公众话语，"真诚性"以一种脱离了本意的方式得到了证明。

在乌拉敏人中，也存在着地方传统与"真诚性"之间的矛盾。乌拉敏人不相信语言可以表达一个人的内心，"在嘴和心之间，太多的事情可能发生"。他们对言说（speech）有一种天生的怀疑，并认为意义不是蕴涵在说者的言词中，而是要靠听者自己去揣摩、去创造。此外，乌拉敏人认为，行动（action）的价值远远高于言说，任何说出来的事情都是不可靠的，只有做出来之后才是真实的。仪式则是所有行动中最重要的一种。因此，在归信基督教之后，乌拉敏人面临的重要任务，便是如何将这个几乎完全建立在语言之上的宗教整合进自己的传统文化图式之中，或者，在更为实际的层面上，如何让一个人的言说代表他的内心，并让他可以为此负责？

根据罗宾斯的分析，虽然在日常生活中，人们对于言说的不信任并没有改变，然而，仪式化的祷告却成为了例外。首先，在公开场合进行的祷告往往具有固定的格式，当所有人的眼睛随着祷告开始而闭上，祷告结束而睁开的时候，祷告便成了一种仪式，祷告中的言说成了一种行动，从而变得可信。其次，祷告的听众是上帝，乌拉敏人相信，上帝可以看到一个人的内心并会惩罚不忠的行为，因此，"全能的听者"便成了言说真实性的保证。通过对祷告进行重新阐释，乌拉敏人化解了两种语言意识形态之间的冲突，用地方化的方式接纳了现代性。

在某种意义上，对语言意识形态的研究仍旧是对归信的考察，只是更侧重于地方文化与基督教之间的碰撞和融合，并从二者的差异出发，对同样作为一种"地方文化"的西方现代性进行反思。从最初回避将基督教作为研究对象，到认真考察基督教为地方社会带来的改变，再到思考这些改变背后蕴涵的文化冲突，进而反思基督教与现代性的关系，反思西方文化背后的宇宙论与意识形态基础。① 美国的基督教人类学研究走过了一条从自我走向他者，再从他者解剖自我的道路。随着人们对这一研究主题的逐渐认可，随着学术共同体的逐渐形成，我们有理由期待未来会出现更丰硕的研究成果。

四　多余的话：基督教人类学在中国

这本是一篇综述性的文字，将话题扯回到中国，未免有画蛇添足之嫌，但若只是为介绍而介绍，又觉得缺少了点什么。在阅读文献的过程中，我常常会不经意地发现，虽然文化背景与学术发展历程均有很大差异，但美国基督教人类学的"功"与"过"，未必不能带给中国学界一些启示。事实上，在中国的学术研究中，基督教长期以来也是一个难以触碰的话题，这种难以触碰，有着独特的历史与社会渊源。近代以来，基督教往往与殖民主义、文化侵略等词伴随在一起，人们在谈起这种"洋教"的时候，总是带有排斥的情绪，再加上现代政治与意识形态的影响，使得基督教研究总是难登"大雅之堂"。此外，近年来出现的许多关于中国基督徒的研究，总是存在着简单化与功利化的倾向，包括我本人在内亦不能幸免（刘琪，2010）。在新近的一篇论文（2012）中，我已经对这种简化论进行了初步反思，但如何在与西方完全不同的文化框架下理解中国基督教，理解这种看似奇怪的"中西文化并接"，仍旧需要更为扎实的田野调查与更为深入的理论思考。

在我看来，美国基督教人类学的研究，至少有两个方面值得我们借鉴。第一，如何将某种宗教"祛魅"，脱去笼罩在其上的观念与意识形态，将宗教还原为一种文化现象，仅仅以客观中立的立场进行研究？从

---

① 事实上，早在十余年前，萨林斯（Marshall Sahlins）便对西方社会进行了宇宙论的解剖。虽然萨林斯并没有明确指出自己的研究属于"基督教人类学"的领域，但他的许多旨趣与此后出现的基督教人类学有着共同之处（萨林斯，2000；黄剑波，2011）。

前文的介绍中可以看到，美国学者在这方面始终进行着孜孜不倦的努力。第二，如何将对"他文化"的考察，与对"我文化"的反思结合在一起？对西方人而言，由于浸染在基督教的文化氛围中，这种反思往往意味着对整个西方历史的解剖，而对国人而言，基督教可以算是"外来宗教"的一种，对这种外来宗教在中国的存在形态的考察，将有助于我们更好地理解中国文化，以及中国社会在近代以来的变迁历程。

参考文献

中文

〔德〕马克斯·韦伯：《新教伦理与资本主义精神》，于晓、陈维刚等译，三联书店，1987。

萨林斯：《甜蜜的悲哀：西方宇宙观的本土人类学探讨》，王铭铭、胡宗泽译，三联书店，2000；

黄剑波：《甜蜜何以是一种悲哀？——阅读〈甜蜜的悲哀〉》，《世界宗教文化》2011年第6期。

刘琪：《信仰的地方表达与实践——对一个基督教村落的人类学考察》，载金泽、陈进国主编《宗教人类学》第二辑，社会科学文献出版社，2010。

刘琪：《非个体主义基督教——基于一个个案的探讨》，2012，未刊稿。

英文

Robbins，Joel

2001　"God Is Nothing but Talk：Modernity，Language and Prayer in A Papua New Guinea Society"，in *American Anthropologists* 103（4）.

2004　"The Globalization of Pentecostal and Charismatic Christianity"，in *Annual Review of Anthropology* Vol. 33（中译文见金泽、陈进国主编《宗教人类学》第二辑，社会科学文献出版社，2010）。

2007a　"Continuity Thinking and the Problem of Christian Culture"，in *Current Anthropology* Vol. 48，No. 1.

2007b　"Afterword：On Limits，Ruptures，Meaning，and Meaninglessness"，in *The Limits of Meaning：Case Studies in the Anthropology of Christianity*，Matthew Engelke & Matt Tomlinson ed.，Berghahnbooks.

2008   "What Is A Christian? Notes toward An Anthropology of Christianity", in *Religion* 33: 191 – 199.

2011   "Transcendence and the Anthropology of Christianity: Change, Language and Individualism", lecture given at Helsinki University.

Bialecki, Jon, Haynes, Naomi and Robbins, Joel

2008   "The Anthropology of Christianity", in *Religion Compass* 2/6.

Harding, Susan

1991   "Representing Fundamentalism: The Problem of the Repugnant Cultural Other", in *Social Research* 58: 2.

Schieffelin, Bambi

2002   "Marking Time: The Dichotomizing Discourse of Multiple Temporalities", in *Current Anthropology* Vol. 43, Supplement.

Gershon, Ilana

2007   "Converting Meanings and the Meanings of Conversion in Samoan Moral Economics", in *The Limits of Meaning: Case Studies in the Anthropology of Christianity*, Matthew Engelke & Matt Tomlinson ed., Berghahnbooks.

Tomlinson, Matt

2009   "Efficacy, Truth and Silence: Language Ideologies in Fijian Christian Conversions", in *Comparative Studies in Society and History* Vol. 51 (1).

Keane, Webb

2002a   "Sincerity, Modernity and the Protestants", in *Cultural Anthropology* 17 (1).

2002b   "Sincerity, Modernity and the Protestants", in *Cultural Anthropology* 17 (1).

2002c   "Sincerity, Modernityand the Protestants", in *Cultural Anthropology* 17 (1).

2007   Christian Moderns: Freedom and Fetish in the Mission Encounter, Berkeley: University of California Press.

Asad, Talal

1993   *Genealogies of Religion: Discipline and Reasons of Power in Christianity and Islam*, Baltimore: Johns Hopkins University Press.

Cannell, Fenella

2006   "Introduction: The Anthropology of Christianity", in *The Anthropology of Christianity*, Fenella Cannell ed., Durhan & London: Duke University Press.

学术评论

BOOK REVIEWS

丹尼尔·法布尔的
狂欢节研究

鞠　熙

　　"狂欢节精神"历来是中国学术界讨论的重要问题。巴赫金的著作《拉伯雷的创作与中世纪和文艺复兴时期的民间文化》被介绍到中国以后，便在文学理论界、民俗学界和人类学界引起了很大反响。许多学者纷纷用这一理论对照中国的本土节日，在群体性的民众广场娱乐活动中探讨节日时间与日常时间的差别、民间社会的组织形式、利益诉求与合作方式等问题。然而狂欢节（Canival）作为一种欧洲本土节日，欧洲民俗学者对它的研究也可谓汗牛充栋，已有许多学者从不同角度发掘它的意义。这其中，法国民俗学、宗教人类学家丹尼尔·法布尔（Daniel Fabre），结合民俗志田野调查与历史文本分析，不仅在研究思路上接近中国民俗学者的一贯方法，而且提出了许多颇有建树的观点，值得中国学者吸收借鉴。①他对狂欢节的研究涉及面颇广，不仅有从语源学、古代天文历法、地方方

---

①　丹尼尔·法布尔自称为 ethnologue、anthropologue，直译应为民族学者、人类学家，并常常以批评和反对民俗学（folklore）的立场出现。但在法国，民俗学和民俗学者是一个历史名词，一方面，受二战期间维希政府影响，民俗学在战后承受了巨大的政治压力，作为一个学科今天已经不复存在；另一方面，由于其二战后未得到发展，故法国学者口中的"民俗学"，特指无具体时间地点的搜集与罗列材料，并常有历史探源学术兴趣的本土研究。这与中国民俗学的情况非常不同。实际上，很多学者指出，中国、日本、东欧等国家和地区的民俗学（folklore），无论在研究方法还是研究视角上，都等于今日的法国民族志学（l' ethnologie de France）（例如可参见安娜·布希，2010：92～98）。相反，法国民族学以法国本土、本民族为研究对象，和中国的民族学尤以少数民族为研究对象有所不同。故此，在中国的语境下，将丹尼尔·法布尔这类"法国民族学者"译作"民俗学者"，似更为妥当。

言与天主教圣徒神话等方面探讨狂欢节之历史，[①] 也有与摄影师合作，实地调查记录的民俗志文本（Fabre, 1977）。本文无意详述他研究狂欢节的具体内容，而将重点放在学术史争论上，介绍丹尼尔·法布尔阐释"狂欢节精神"时的理论视角、研究方法与主要观点。

一 丹尼尔·法布尔其人

丹尼尔·法布尔自 1976 年起开始在图卢兹三大教授社会学。1978年，他和考古学家让·吉兰（Jean Guilaine）一起，在图卢兹组建了农村社会人类学中心，后更名为图卢兹人类学中心，法布尔一直担任这个中心的主任，直到 1997 年。自 1989 年起，他被选为法国高等社会学学院欧洲人类学专业的主任。在 1993 年到 1997 年期间，他还曾担任法国文化部民族学与遗产学委员会主席。1999 年，他开始在罗马二大（l'Université de Roma-Tor Vergata）教授宗教人类学，重点研究宗教神圣性向政治与文化中的传递。2000 年，法布尔与十几位人类学、社会学、历史学同事一道，在法国文化部的直接支持下，创建了文化制度历史与人类学实验室。从 2004 年到 2008 年，他成为法国国家科学院（CNRS）国家科研委员会人类学专业的主席。

在近 40 年的学术生涯中，丹尼尔·法布尔的研究方向集中在口头文学、狂欢节、农村社区以及日常书写的人类学上，他的研究兴趣还包括宗教启蒙理论、现代艺术家与作家的崇拜形式、艺术与文学人类学、欧洲民族学视角的历史等。[②]

二 法布尔的起点：欧洲的狂欢节研究

在《狂欢节的世界》一文中，丹尼尔·法布尔将 20 世纪 70 年代以

---

① 如他在《年鉴》杂志上针对克劳德·盖尼贝（Claude Gaignebet）的《狂欢节：大众神话文集》一书的评论中，对狂欢节与欧洲农民历法、基督教圣徒的神话、地方仪式、奥克方言与地方传说等领域之间的关系，都有涉及（Fabre, 1976: 389~406）。

② 参考法文维基百科（http://www.wikipedia.fr）及图卢兹人类学中心（http://www.ethno-info.com）网站上对丹尼尔·法布尔的介绍。

前的欧洲狂欢节研究总结为两条路线：古典式的历史研究与功能主义式的研究。

第一类研究重在钩沉历史、寻找狂欢节的"演变"轨迹。① 例如，将中世纪狂欢节和现代狂欢节的源头，一直上溯到古希腊和古罗马的酒神节与农神节上去。有时，这种上溯可能是比较随意的，因为这些古代节日与狂欢节相比，在仪式上并没有同样的结构，甚至也不是同样的日期，但同处于希腊—拉丁文化中，节日行为上都有放浪形骸、纵情声色的特点，都表现出与日常秩序的截然不同乃至断裂，故常常被早期历史民俗学家们置为一类。由于这种"溯源"性的对比，这类学者常常会采取一种普遍性、公式化的解释，即把所有这类节日都看作日常秩序的"颠倒"（inversion），故而一切日常生活中不可能的行为，在此时都有可能。从某种意义上说，这类观点把狂欢节看作"梦境"一般的存在，是一场游戏、一次集体想象，或是一种笛卡尔意义上的"无理性的动物性"。如果日常生活是"秩序"的话，狂欢节就是"无秩序"，是"颠倒的世界"。因此，这类研究往往无法提供对具体问题的解释。例如，它无法解释为什么在 17~20 世纪的朗格多克地区，狂欢节是绝对男性化并且排斥女性的。狂欢节的许多方面都表明，此时人们不仅贬低女性，甚至也贬低对爱情的渴望。这不仅不是对日常秩序的"颠倒"，反而是对日常秩序的夸张性强调。

第二类研究是心理功能主义（fonctionnalisme psychologique）的。自 20 世纪 50 年代以后，受英国功能学派影响，法国出现了一大批功能主义式的民俗志作品。这些作品开始描写具体时间、空间内的节日仪式与节日过程，但由于同样寻求一个普世性的解释，故而常会不自觉的回到弗雷泽式的立场：狂欢节提供了宣泄的机会，但增加解释说，其功能是维持社会稳定与社会秩序的正常运行。

在这样的研究潮流中，只有范·根纳普（van Gennep）坚持从经验观察出发，将斋戒节与狂欢节在时间序列上联系起来。他提醒人们注意，在狂欢与浪费的时间之前，是天主教的四旬封斋期（carême），而狂欢节的系列群体性仪式，正是构建了一种在"浪费—斋戒""冬天—

---

① 虽然这种"演变"是事实上的，是学者根据文献所建构的，但任何时候都只能存疑。

春天"之间过渡的社会戏剧。狂欢节中确实存在各种古代神话的痕迹，但考虑到此节日与天主教宗教时间的关系，它的核心构建不会早于中世纪中期。但范·根纳普在节日仪式的归类上显得有些随意，例如把它们分为玩火的、人格化的、食物性的等，对历法的了解也欠考虑，最后，他实际并没有将这一问题深入讨论下去（Fabre，1976a：389～390）。

为具体理解丹尼尔·法布尔所总结的两种研究路线，并为他本人的理论提供一个可比较的学术史平台，我们有必要提及丹尼尔·法布尔虽未直接评论，但曾引用过的两位学者：俄国学者巴赫金（M. M. Baxtин）和法国学者罗杰·凯洼（Roger Caillois）。另外，作为继承并发扬了"通过仪礼"理论的象征主义人类学家，维克多·特纳（Victor Turner）关于节日庆典的研究虽然不在上述两类路线之内，但他的《仪式过程：结构与反结构》自1969年出版后，很快在欧洲引起了巨大反响，并成为狂欢节研究中经常被引用的理论之一，在此也有必要稍作说明。

巴赫金在他的《拉伯雷的创作与中世纪和文艺复兴时期的民间文化》一文指出，不仅是"本义的狂欢节"，其他包括驴节、愚人节等都具有狂欢化的特征，应该把它们作为一个整体来研究。他指出，狂欢节是笑的节日，是身体的节日，是民间精神对天主教廷的反抗。狂欢节使人摆脱了一切等级关系，特权、禁令，所有的人都暂时超越官方的思想观念，置身于原有的生活制度之外，并形成了一种独特的"狂欢形象"。"所有狂欢节形式都是彻底非教会和非宗教的……就其明显的、具体可感的性质和含有强烈的游戏成分而言，它们接近形象艺术的形式，也就是接近戏剧演出的形式"（巴赫金，1998：8）。正因如此，狂欢节的代表形象是"逆向""相反"和"颠倒"的，也是开放的、新生的、全民和戏仿的（程正民，2001）。显然，巴赫金的研究基本上可归类为法布尔所说的历史研究的路线，并且也确实认为狂欢节类似于"戏剧"或"梦境"。

相比而言，人类学家罗杰·凯洼更有弗雷泽（Sir James Frazer）和伊利亚德（Mircea Eliade）的色彩，他主张，狂欢节的仪式是人类社会对神话精神的模仿和重复，在狂欢节中，社会回到神话的原始状态，节日仪式就是重复与强调祖先创造社会的过程，例如戴上面具模仿古老的英雄，目的是使所有成员回到世界起源的时刻。通过节日，年轻人获得的教育、集体记忆（即关于神灵的知识）被强化，群体凝聚力得到增强，人类秩序被重新组织与强调，社会获得了更新和巩固的机会（Caillois，1939：124～145）。在这里，我们不仅能看到"神圣时间"与"世俗时间"两分法理论的影子，也能看出迪尔凯姆和功能主义的影响：狂欢节期间对社会结构的打破，是为了整合与更好的重组，它在满足人们的宣泄需要的同时，保证了社会秩序的有效运行。

维克多·特纳创造性地将"通过仪礼"中的"阈限"阶段理解为一种状态，他指出，社会不是一个成品，而是一个过程，它不仅有结构，也有"反结构"。狂欢节正是在阈限之内，通过含有颠覆社会性和逆反仪式性的行为，对抗日常社会结构，因而是一种人类之间直接产生联系和"交融"的形式。正是通过它，社会产生了开放和改变的可能（特纳，2006：94～131）。

应该说，以上这些狂欢节理论，都或多或少对丹尼尔·法布尔产生了影响，而法布尔也在自己的研究中对它们进行了回应。但总的来说，法布尔不赞成总体性的解释，尤其不同意将"狂欢节"的概念无限扩大化，甚至用以解释史前时期，或日本等其他东方国家的节日现象，"狂欢节有可能是史前宗教，但它从根本上是农民的；它可能是超'印度—欧罗巴'的宗教，但在目前只是欧洲的；它可能是超基督教的宗教，但是随着基督教之后而产生的"。在这里，法布尔建议使用列维－斯特劳斯在解释美洲神话时使用的"螺旋式推进"方法，在具体证据的指引下逐步前进，而不是隔着遥远时空就在凯尔特文化与日本文化之间找到相似点（Fabre，1976a）。也正是在这样的实证精神的指导下，法布尔建立了自己的狂欢节理论。

三　法布尔的狂欢节理论

正如前面所说，丹尼尔·法布尔在狂欢节研究上与中国学者有许多相似之处：一方面，他通过实地田野调查了解狂欢节在具体社会中的具体含义，在面对狂欢节这样一种充满了象征形象与隐喻符号的社会现象时，特别注意从民间文学，尤其是民间故事入手进行研究；另一方面，他始终没放弃过历史研究的道路（这与当代人类学的主流不同），但他的历史分析与早期民俗学者有很大区别，不是意在"溯源"或"猎奇"，而是将历史事件放回它当时的语境中，首先讨论"当时当地"的民俗意义，然后才涉及对现代社会的影响。这两方面的研究思路，突出地表现在《怀孕的男孩》（"Le Garçon Enceint"）和《分离的节日》（"la Fête Éclatée"）这两篇文章中。有趣的是，这两篇文章中，前者讨论的是农村地区的狂欢节，后者重点讨论的是城市狂欢节，也恰好可以互相进行对比。以下，本文将重点对这两篇文章进行介绍。

20世纪70年代以前，欧洲学者在论述狂欢节时，一般都把它当作一个已经逝去的节日，而带着强烈的怀古情绪。但1974年，克劳德·盖尼贝（Claude Gaignebet）的《狂欢节：大众神话文集》（*Le Carnaval Essais de Mythologie Populaire*）一书的出版，证明在朗格多克（Languedoc）和加泰罗尼亚（Catalogne）地区的春季节日中，除了现代音乐、舞蹈与游戏形式外，古老的狂欢节精神、形象乃至游戏，都以一种远非旅游表演的形式原生态地存在着（Gaignebet, 1974）。随后，法布尔也在朗格多克地区，尤其是贝热那斯（Pézènas）针对狂欢节进行了实地调查，在《怀孕的男孩》一文中，他开篇先讲述了一个看似不可理喻的当地笑话——"傻子让"：让（Jean）因为贪吃母亲做的美食而怀孕，在草丛中"生"下一个硬块后，误把野兔看作自己的婴儿，就此一命呜呼。讲这个故事仅仅是为了让人发笑吗？法布尔指出，这一笑话的含义只有在狂欢节的语境中才能了解。

贝热那斯的狂欢节几乎完全是男人的节日，女人在这个节日中是被排斥的。青年男子们在节日期间不仅大吃大喝、通宵游荡，而且正如巴赫金所描述的一样，其行为、语言与仪式中总是充满了排泄物、生殖器和生育行为的隐喻：节日食品如豆焖肉（cassoulet），不仅看起来像是排泄物，没吃完的煮烂的豆子也需要像排泄物一样被扔到地上；男人们在街上游行、表演和喧闹时，往往扮作怀孕的女人，或者直接模仿生育的行为与场景。更重要的是，所有这些活动与"傻子让"的故事在结构上如出一辙：男孩子们总是先大吃豆焖肉，然后到街上去"生孩子"。

但是，法布尔指出，狂欢节中这种"颠倒性别"或"模仿生育"的行为，用意并不是要打破宗教禁忌，或者颠倒一切性别角色，或者如巴赫金所说，是对"开放性"和"未完成精神"戏剧般的隐喻，而是通过面具、宴会、狂欢和仪式，将社会秩序戏谑性地强调出来，告诉青年人社会秩序的边界所在。例如，狂欢节中看不到年轻女性的参与，只有年轻男子模仿女性，也没有倒过来的情况；仪式表演不是随性的、自然发生的，而往往有严格的组织系统，甚至有年长的指导者。仪式和笑话一样，总是在讲述母亲与儿子的关系，或者两性之间的关系，但并不涉及其他规则与禁忌，也看不到"父亲与女儿"的出现。法布尔认为，从根本上说，狂欢节是通过荒诞和夸张的形式，将人类社会的基本关系——亲属关系的秘密展现出来，以这种方式，年轻男人完成他们的性教育和成年礼，宣布与母亲和婴儿的世界告别（Fabre，1986：15～39）。狂欢节不是完全平等、普遍参与和绝对自由的，不是对教会秩序的颠覆，也不是对神话的重温，而是一种由青年人主导的，特殊的社会结构，更明确地说，即是创造年轻人进行"成年礼"的社会氛围。

《分离的节日》采取了另一种研究道路。在这篇旨在向法国著名历史学家、年鉴学派代表人物之一埃马纽埃尔·勒华拉杜里（Emmanuel Le Roy Ladurie）致敬的文章中，法布尔没有使用他实地调查的资料［虽然正是在同一年，他与摄影家康贝洛克（Charles Camberoque）合著的《朗格道格的节日：看今日的狂欢节》一书在图卢兹出版］，相反，而是回到文艺复兴与法国大革命之间的朗格多克地区，在这一大动荡、大变革的历史语境中，探讨城市狂欢节民俗的传承与演变。

法布尔像他的民俗学前辈范·根纳普一样，坚持节日一定有其现实意义，而不仅仅是古代仪式的遗存，或神话与梦境的表演："控制节日、延续节日以及否定节日的社会意愿，也正是节日，尤其是最奢华的节日——狂欢节的'生产者'。"因此，人类学家研究狂欢节，决不能忽视其中的现实权力规则（Fabre，1976b：68～69）。尤其在文艺复兴到大革命之前的这一段时期内，国王、教会、民众、资产阶级之间的权力斗争尤为复杂，从某种程度上说，正是这些权力关系的变化，导致了狂欢节的转变。

首先要注意的是自16世纪开始兴起的国王与贵族的仪式，例如国王入城式、接见式、庆祝式等。这类仪式完全是权力的表演剧场：经过精心装扮的城市完全看不出它的日常面貌，然而所有的装饰都惊人的风格一致，城市资产阶级即使在品味与装饰风格日新月异的时代，也始终保持对贵族艺术与宫廷礼仪的忠诚，并非常自觉地有意淡化城市的自身身份。虽然和狂欢节一样，国王与贵族仪式也往往采取游行的方式，接受人们的欢呼、叫喊与鲜花，但这种游行队列最核心的目的，是要清楚地展现与强化社会等级关系：从国王、大主教、地方执政官、官员，到大资本家依次排列，但除了侍从之外，完全看不到"群众"的身影。

然而，在 17 ~ 18 世纪，这类刻着权力等级印记、充满贵族趣味且花费巨大的仪式表演却在法国各地一再上演：国王加冕、军事胜利、和平条约的签署、公主痊愈，甚至某个村庄欢迎观光客时都可能来这么一出。在这种情况下，上层仪式与平民节日民俗的混合是不可避免的，例如，由资产阶级组织的表演仪式中，我们处处可以看到狂欢节的模式与人物：除了刚才提及的，仪式总以列队游行与花车行列为最高潮之外，我们还能看到戴着面具的表演者、戏仿的国王与王后，而这些都是狂欢节的核心要素之一。不过，戏仿人物都被精心打扮过，观众和表演者之间也有一道无形的墙，狂欢节中群体参与的场面在这类仪式中是不存在的。

随着贵族仪式与民间狂欢的合流，狂欢节在被动适应与"被改造"的同时，也成为反抗与自由的舞台。在新产生的城市狂欢节中，我们总能看到大量历史与现实的政治内容。1560 ~ 1650 年，由于政府禁止在官方文件或诗歌写作中使用奥克语，激起了从普罗旺斯的埃克斯到比利牛斯图卢兹地区中民众的广泛不满。当诗人们为节日写作歌曲或短剧时，他们故意断裂性地使用自己的母语，造成一种语言的杂乱混合，制造出滑稽好笑的情景。当观众跟随表演者发出狂欢节式的大笑时，所有人事实上都意识到了正发生在他们自己身上的一种历史性的断裂。可以说，正是在与贵族仪式的碰撞中，城市狂欢节成为现实的社会心理剧。

狂欢节不仅反映社会现实与社会心理，它甚至本身就是社会斗争的一部分。埃马纽埃尔·勒华拉杜里描写的一次狂欢节中，富人与穷人们分别选出自己的"国王"，就年轻人的游击队是否给当权者带来困扰这一问题，两方国王在节日现场开始争论，以至于发展到两方对峙，乃至流血的事件。1630 年埃克斯的"起义"同样充满了狂欢与政治意味，持续的瘟疫已经让群众苦不堪言，此时的政府卖官事件更加成为导火索。民众占据了埃克斯，点燃火把，在城中上演模仿王子与国王的戏剧，然后烧毁代表厄运、魔鬼、疾病，以及皇权统治所带来的痛苦的偶像。最后，城市中的资产阶级忍无可忍，他们组织起来抢走民众的面具，斥责这种"酒神节"闹剧，两大阶级的对峙最终以残忍的镇压而告终。总之，在狂欢节中，正反两方面力量总是正面冲突，节日的进行能在两方之间建立起一种象征秩序，而这种秩序很快就会成为现实社会秩序。

17 ~ 18 世纪以后，教会和政府对民间的控制增强。但是，正如 18 世纪的图卢兹地区一样，教会对集体性节日的反对，并未使这类节日从根本上灭绝，反而催生出各种小型节日，仍然带有狂欢节的印记。此时出现的现代节日，虽然已从广场文化转移到官方礼仪的封闭空间中，但政治性的否定含义却始终都存在。

最后，还应提及法布尔的通俗读物《狂欢节：或一个颠倒的节日》这本小册子（Fabre，1992）。这是旨在向公众介绍狂欢节基础知识的图文读物，反映出法布尔在面对专业读者和面对公众时的不同心态。从某种意义上说，法布尔在这本书中采取了一种"进化论"的立场，从古巴比伦的新年开始说起，一直讲到全球化语境中世界各地的狂欢节，似乎狂欢节就是这样沿着历史顺序逐渐发展、演变而来的。然而我们知道，在法布尔自己的研究中，他不仅坚持狂欢节的意义存在于民俗志语境中，也认为泛化狂欢节的概念和历史是不可取的行为。同时，法布尔对各种狂欢节理论也都采取兼收并蓄的态度，例如在讲到古巴比伦新年时，显然使用了伊利亚德与罗杰·凯洼的"神圣时间"理论，而在讲到中世纪文学、艺术形象与狂欢节时，直接引用了大量巴赫金的说法。显然，法布尔对自己的理论也采取了审慎态度。虽然他对以往学者有批评，但他仍然承认并绝对尊重他们的贡献，而将学术争论留在学术领域内。但是，即使在这本小册子中，法布尔仍然保持了自己身为民俗学家的学术自觉，在书末，他大量出示原始文献资料与民族志原始记录，在展现一个更丰富、更广阔的狂欢节文化的同时，也留给读者提问与思考的空间。

四　丹尼尔·法布尔的狂欢节研究对中国民俗学的启示

作为当代法国著名宗教人类学家、民俗学家，丹尼尔·法布尔的狂欢节研究从很多方面都能给我们以启示。以下谈谈笔者两点粗浅的想法，仅作抛砖引玉。

第一，节日与宗教的关系。当巴赫金说，狂欢节是颠倒的节日，是身体的节日时，他隐含的背景知识，是基督教教义中"灵与肉"截然分开的二元观。巴赫金认为，狂欢节正是对基督教教义的全面反叛，它反对绝对精神，高扬肉体价值。范·根纳普也同样注意民俗与宗教的关系，他认为，狂欢节的产生，是从"封斋"到"开斋"的过渡，其源头还是在基督教那里。法布尔虽然直接从民俗而不是宗教入手去研究狂欢节，但他也没有放弃"宗教"这个大环境，他指出，朗格多克地区的农村狂欢节中，往往看不到村民与教会之间的对抗，甚至教会就是狂欢节的组织者和领导者，而教堂前面常是狂欢节游行的高潮和终点所在。可以说，狂欢节是随着基督教而产生的，本质上居于基督教文化之内，而不是之外。

在中国节日研究中，一方面，结合宗教、神学与神话资料来研究节日精神的内涵，当然是值得我们借鉴的重要方法，另一方面，汉族节日中对待神灵的方式，常常是给神穿新衣、挂红袍、奉献供品、演戏娱神，这些行为都表明"神"不是高高在上、像上帝一样的"绝对理念"，而是活生生的、可以触摸的，作为人类社会的一部分存在于人类社会之中。与西方截然不同的神学观念，会造成同样的节日文化吗？再如，法布尔研究了狂欢节中的"男扮女装"，认为这是年轻男人的成年礼，在中国的迎神赛会中，也有很多"男扮女装"的情况，他们也是男孩子们的成年礼吗？如果是的话，如何解释迎神赛会中众多女性的参与及其身份呢？与基督教教义截然不同的神学观念所造就的中国节日文化，与"基督教文化之内"的狂欢节究竟有何相同、相异之处？这些可能还需要深入开展民俗志调查以及进行大量的研究。

第二，非物质文化遗产的保护。法布尔曾经提及，城市狂欢节的出现，是狂欢传统与国王贵族仪式的合流。事实上，自 19 世纪 70 年代末，在法国尼斯出现了新型的狂欢节后，城市狂欢节就不再由民众自发组织，而由专门的职业人员排练、表演和游行，我们今天所说的"嘉年华"正是指这类的狂欢节。它虽然仍沿用"carnival"一词，也充满了狂欢节中的面具、戏仿、大笑、游行、花车与小丑等元素，但已不再是社会的自我修复和自我调整，而是与旅游、商业表演、城市形象有关的娱乐和消费方式。今天，我们在电视上和各大旅游城市中看到的所谓"狂欢节"，基本上都属于这一类型。那么，非物质文化遗产保护，究竟要保护什么？是像欧洲狂欢节一样，把面具、大笑、性开放、舞蹈游行等表面形式保护下来，还是要继续通过面具来体会神的存在、通过大笑来打破或重塑社会秩序、通过性开放来完成青年教育和成年礼，或者通过舞蹈游行来构建对死亡世界的想象？如果当一个社会基本的价值观与生活方式都已完全改变了的话，后者这些所谓"精神内核"的保护又是否可能、可行、可称赞？或者正如法布尔在介绍法国大革命之前城市狂欢节时所说的，从本质上说，狂欢节这种民俗活动的改变，正反映出社会权力结构的变化与民众政治意识的膨胀，在接受贵族形式与政府形式的同时，民众以各种方式表达出他们的诉求、意愿，乃至直接与权力机构对抗。在面对社会环境的改变时，学者是顺应和鼓励民众的改变，还是致力于保护逝去的文化，都是值得考虑的问题。

参考文献

中文

〔法〕安娜·布希《从法国看日本民俗（民族）学》，鞠熙译，《西北民族研究》2010 年第 6 期。

〔俄〕巴赫金：《拉伯雷的创作与中世纪和文艺复兴时期的民间文化》，李兆林、夏忠宪等译，载《巴赫金全集》第 6 卷，河北教育出版社，1998。

程正民：《巴赫金的文化诗学》，北京师范大学出版社，2001。

〔英〕维克多·特纳：《仪式过程：结构与反结构》，黄剑波等译，中国人民大学出版社，2006。

英文

Daniel Fabre

1976a　"Le Monde du Carnaval", *Annales Histoires Sciences Sociales* No. 2.

1976b　"La Fête Éclatée", *L'arc* No. 65.

1977　"Charles Camberoque", *La Fête en Languedoc*, *Regards sur le Carnaval Aujourd' hui*, Toulouse, Privat.

1986　"Le Garçon Enceint", *Cahiers de Littérature Orale* No. 20.

1992　*Carnaval ou la Fête à L' envers*, Paris, Callimard.

Roger Caillois

1939　*L'homme et le Sacré*, Paris, Callimard.

Claude Gaignebet

1974　*Le Carnaval Essais de Mythologie Populaire*, Paris, Payot.

宗教人类学研究的清新之风

——评吴乔博士的《宇宙观与生活世界》

孟慧英

    人类学学者在自己的学术生涯中，总会寻求具有独特文化和社会结构的族群，以视之为理想的研究目标。纵观学术史，从米德的萨摩亚到格尔茨的巴厘岛再到近年的摩梭人，确实有不少学者和学术研究借文化上与众不同的某个族群而成名。反过来说，也有不少地处偏远的族群因为特定人类学学者的研究而在世界知识殿堂中得享盛名，广受关注。吴乔博士最近的专著《宇宙观与生活世界——花腰傣的亲属制度、信仰体系与口头传承》即为这种学术风格的延续，它将学者的知识求索与族群的独特文化一起呈现出来，交相辉映，展现出难得的精彩。

    "花腰傣"是生活在我国云南省中部元江河谷地区的一个傣族支系，人口共约 8 万人，传统上是以稻作为基本生产方式的农垦族群。根据吴乔博士的描述，这个群体有着独特的传统文化，与人们熟知的西双版纳、德宏等地的傣族差异很大。他们不信佛教，依然保留着古老的传统信仰。他们有丰富的口头传承却无文字，其语言自成体系，与其他傣族语言不通。他们居住在土掌房而不是吊脚竹楼里。他们的女性传统服装不是桶裙，而以绚烂的花腰带和繁复的银饰著称。近年来，随着旅游宣传和文化展演，花腰傣逐渐为大众所知，并引起学术界的关注。但在此书以前，花腰傣社会尚未被受过专业训练的人类学学者进行过系统调查，还没有关于这个族群的人类学专著。

    2006~2007 年，吴乔博士在花腰傣聚居地进行了 14 个月的田野调查。他居住在村民家中，与他们长期共同生活，观察、拍摄和记录了一整年中的各种仪式和习俗活动。他绘制了涵盖 500 位在世人口的谱系，对每一个调查对象在社会中的关系网络都掌握得很清楚。他学会了花腰傣的语言，能够在访谈中使用该文化的表达方式和概念。经典人类学田野工作的所有要求——"参与观察"和"深度访谈"，被吴乔博士完美地践行，这在国内宗教人类学界年青一代的学者中难能可贵。扎实深入的调查，其回报是异常丰富的田野材料、身临其境的感受与恰如其分的阐释。作者从田野带回了超过百万字的素材，包括神话故事、歌谣、传说、谚语、仪式念词以及花腰傣亲属生活和传统信仰方面细节翔实的材料。其资料的信度和效度，均堪称道。再精炼和组织之后，以近 50 万字的内容，撰写成书，可谓厚重。

综观此著，第一感觉是这部民族志写作方法新颖，可读性强。在文本叙述上，作者采用"事件—相关—概念"的互补递进式描写，详细地描写了该文化里的核心事件，进而阐释与此事件相关的背景，最终归结到文化概念和学术概念上。依照此方法"写文化"，清晰明了，且有逐步攀登的阅读感受。

作品有丰富的细节，对所有仪式的文化内涵均有深入把握，表现出作者调查工作的扎实和良好的专业基础。

《宇宙观与生活世界》在写作上另一个值得称道之处就是"隐藏在故事背后的观点和情感"。字里行间，读者能看到作者对浸入生活的宗教信仰的思考、对生死的终极关怀、对幸福和人生价值的理解，对人的精力投注和人与人之间结构性关系的考量。在进行最后一章的理论探讨之前，他的理论观点已通过前面的叙述文字窥见端倪，为读者作了很好的"预热"。此外，作者对传统文化的情感，自身的道德评判，将花腰傣人不仅当作研究对象，更当作自己生命中珍惜的朋友的情感，也跃然纸上。可以说，作者是饱含着可贵的人文关怀来进行调查和写作的，而且，他把这种关怀云中见月地体现了出来。

通观全书，吴乔博士不但有细节翔实的材料，有组织这些材料的精妙框架，还有凌驾在材料之上的宏观理论。书中提出了以下一些创新性观点。

第一，在亲属制度研究方面，《宇宙观与生活世界》一书用细节翔实的案例支撑了蔡华教授在《没有父亲或丈夫的社会》（*A Society with-*

out Fathers or Husbands）中提出，并在《人思之人》中进一步完善的定律：身体表征系统推导出社会血亲，社会血亲决定乱伦禁忌。这是有关亲属制度的一切构建的逻辑原点。本书不仅仅是对蔡华教授宏大理论的支撑，还为我们提供了花腰傣龙凤胎成婚的独特规则，并解释了这一规则的成因。这种与亲属制度和灵魂信仰都相关的独特观念和处理办法，似乎为我们超越亲属制度和宗教信仰的学术分割而在更高的意义上理解"人"，提供了绝佳的案例。另外，作者对"双胞胎困境"的发现和分析有助于我们理解不同社会规则的冲突与和解。

第二，在社区研究方面，《宇宙观与生活世界》一书提出了花腰傣人制度性遗忘祖先与社区共同体构建之间的相关性，并提出了可能的解释：遗忘血缘祖先有利于构建一个社区想象的共同祖先，即管寨之灵。因此，傣寨是一个异常紧密的社区，甚至产生了"拟血亲"的"外婚"倾向。当然，这也与花腰傣寨子的人口规模有直接关系。这两者是否是因果关系，尚无法定论，或者说，因果解释在这里不太适用，但他们确实有着正相关关系。

第三，在泛萨满文化研究方面，《宇宙观与生活世界》一书再次对"入迷"（entrance）状态这个表象进行了跨文化比较。将主体、能动性、多位一体的观念，精神与身体的二分等进行了探讨，说明了"个体的多主体性"这种为现代社会所不承认的观点，在前工业社会的不同文化中具有显著的普遍性。这为将来进一步深入研究提出了一个好问题。同时，作者对观念中的时空统一性也进行了探讨，指出被前人视为"先验知识"的时空观，在不同文化中有不同的理解逻辑，因此，也就并非是"先验知识"。

第四，在社会结构方面，《宇宙观与生活世界》一书向我们呈现了结构隐伏、张力微弱的花腰傣社会。这个文化温和、宽容的花腰傣社会，从社会现实生活到宇宙观念中都缺乏"过渡"环节。吴乔博士以此挑战了结构主义名家特纳的"过渡仪式"理论。当然，作者也清楚地表明，花腰傣的案例只是质疑了特纳"阈限、结构与反结构"的普遍性，即人类并不是天生的结构性动物，并没有削弱其结构动力学的观点，恰恰相反，还可能是一种支撑。因为特纳认为是结构性的张力导致了"反结构"的欲望。而花腰傣社会结构张力微弱，也就缺乏颠覆结构的动力。虽然花腰傣社会结构隐伏，但作者也意识到，结构是复杂社会的要素，是形成"超部落"的必要条件。如何在结构性张力与宽容自由之间搭成精妙的平衡，这又是一个值得研究的课题。好作品的理论探讨应该是开放式的，为未来进一步深入研究提出目标，《宇宙观与生活世界》做到了这一点。

第五，在宗教信仰研究方面，《宇宙观与生活世界》一书认为，取代现实生活中的结构性差异，宗教的情感投注是花腰傣人生命中的兴奋点。该书提出，人类有超出基本生存所需的活力，前工业社会的族群也有生活的高光。世界任何民族都有神与灵魂的原生信仰，没有死后的世界和生活的民族从未见诸民族志记载。无神论观念反倒是"人造"的、后生的。在案例的基础上，作者对涂尔干关于宗教的两点核心观点提出了质疑。《宇宙观与生活世界》一书提出，人类有最基本的共同问题，这是所有社会、所有文化都要面对的问题。宗教是终极解释，是对无限的回答，即宇宙的无限与生死的无限。"理性不能理解虚无——认识的对象和认识的主体都是虚无的情况。彻底消失，归于绝对的无的那种死亡是人所不能理解的。"人格化神祇只是理解的便捷途径。同时，作者还举例说明了文化事实不必逻辑自洽的特点。

宗教人类学的考察和研究，在我国还处于起步阶段，很多学者都在为之努力探索。吴乔博士的《宇宙观与生活世界》让我们看到了这个学科的可喜进展，不得不使我们为新一代学者的成长和成熟而庆贺。

信仰主体、地方与
生活实践中的政治经济过程

——读《构建中国的耶路撒冷》

黄剑波

年初从南来兄手中接过其新著《构建中国的耶路撒冷》（Cao，2011），立即捧读，多有收益，深感有必要尽快介绍给国内读者。但一来读书速度较慢，自己也在忙于写作关于农民工基督教会的书稿，再者也感到一些思考需要有所沉淀，故延迟至今方才记录下一些阅读的体会。在本文中，笔者没有详细介绍该书的内容及其论证过程，而是更多地对其提出的问题以及解答问题的立场、方法和路径进行了探讨——有关这一点，如果有读者有所不满，那么还请原谅。笔者之所以如此行文，只是因为笔者愿意将阅读的快乐留给有心的读者自己。

温州："中国的耶路撒冷"？

温州获得"中国的耶路撒冷"之称谓已经有相当长的时间了。尽管其准确出处和意涵有着不同的说法和版本，但有一个基本事实被普遍承认，即一方面基督教在温州"复兴"了几十年，几乎重现（准确地说是远远超过）了盛唐之时景教"法流十道"的景况；另一方面，或许也更为重要，随着温州基督徒商人的足迹，温州人所创建的教会也得以在全国各地甚至世界各地建立并兴旺起来。①

令人关注的是，温州社会经济的快速发展有所谓"温州模式"，与此相应的则是同样被称为"温州模式"的基督教的迅速发展。笔者认为它在中国基督教（或宗教）研究上的重要意义在于以事实否定了之前广泛流传的一种社会经济解释，即基督教在中国农村大范围（特别是河南、安徽等地）的迅猛发展（尤其是20世纪80年代），其主要原因在于这些地方的社会经济发展状况严重滞后，即基督教发展的原因是经济落后（或说人们太穷）。

然而，关于这两个模式之间谁为因果，还是互为因果，抑或根本就是两个同时发生的现象的问题，却有着不同的解释。有人认为，温州基督教的发展只不过是搭上了温州经济发展的顺风车，但这种解释所存在的问题和局限非常明显，而且它的逻辑其实只是之前那种社会经济解释的逆向版本而已，即基督教发展的原因，是因为经济发达了（或说人们有钱了）。也有人认为，温州的经济之所以发展，在相当程度上与基督教的发展有关，这一解释采用的是韦伯的一个经典命题——新教伦理与资本主义精神。但是这种解释的有效性也相当有限，因为一个基本事实是，尽管基督教在温州有着很大的发展和社会可见度（visibility），但它并不是唯一得到复兴的宗教；佛教、民间信仰等也都非常兴旺，而且至少从统计数据上来看，佛教仍然是当地的主要宗教形式。更令人怀疑的是，宗教（不仅仅是基督教）在温州（乃至中国）过去30多年的经济发展中到底有多大的推动作用？注意，笔者并非否认宗教（包括基督教）在经济生活中发挥作用的可能性，而是对那种简单归因的方式抱有疑问。

无论如何，笔者仍然完全同意该书封底介绍中的说法，这部作品的重要价值之一，在于它与之前那些以老人、农村或社会边缘群体为主的中国基督教研究不同，它转而关注那些在地方社会中有着各种政治、经济及社会交往能量的企业家基督徒群体，即所谓"老板基督徒"。这一点对于希望

---

① 这也是笔者在本节标题中加上一个问号的原因之一，即从教会扩展或宣教的角度来说，或许更贴切的类比是"中国的安提阿"。另外，笔者向来对这种动辄名之为"东方的威尼斯""中国的巴黎"之类的说法是有所保留的。当然，南来兄不过是借用这种流行的说法而已，而且那也本是人类学研究的一个习惯，甚至强调尽量采用报道人自己的词汇和语言。

了解中国社会，以及中国基督教发展的英语世界来说尤其重要和及时。

再次说明，为免于笔者的转述使得那些精彩的故事索然无味，笔者不会试图在一篇短文中概述其主要内容，笔者更愿意从其副标题中提到的三个关键词出发谈谈自己的体会。

关键词一：基督徒（christians）

注意，是作为个体的"基督徒"，而不是作为一个群体（甚至一个机构或制度）的"基督教"。在笔者看来，这其实就已经暗示了作者试图强调的主体性及实践性。我们这一代很幸运，在关于中国宗教及基督教研究方面已经可以阅读到不少优秀的研究成果。但令人失望的是，笔者发现很多研究文本阅读起来实在令人沮丧，甚至可以说味同嚼蜡。究其根本，笔者想或者与这些以基督教为研究对象的作品，在行文中把基督徒给"杀掉"了有关。

换言之，笔者感到在这些研究作品中，活生生的人（基督徒）消失得无影无踪，鲜活的生活被切割、抽离、肢解成一个个分析单位。在那些看似严谨的框架、理论、模式中，在那些看似规范的论文或著作中，基督教似乎只不过是一个关乎理念的抽象概念，就算是所谓组织，也不过是供我们研究的解剖对象。说得更直白些，我们这些研究者说的虽然是基督徒们的事情，但却不允许，甚至是有意识地"禁止"他们自己来表达。在我们的叙事中，基督徒们完全失去了他们的主体性，沦落为在我们的作品中偶尔被提及的游荡着的"幽灵"；他们仅仅被作为一种符号证明我们研究的合法性："这是关于基督教的研究！"这样一来，他们只是我们笔下的"材料"，是我们调查的"对象"，是我们思考的"他者"，是"没有自己历史的人民"。我们粗暴地剥夺了他们的发言权，还期待着他们来感恩戴德，惊讶于他们竟然不接受我们的理论。启蒙运动以来蓬勃发展的科学主义在此表现得淋漓尽致，尽管我们无一不是高举着"科学"的大旗。

在这段比较激烈的言辞中，请留意笔者一直在讲"我们"，因为笔者也是其中一员，笔者自己的文本也常常存在这样的问题。也请留意笔者并不是如一些人所批评的那样"反理论"——事实上，就算是"反理论"，其本身也是一种理论立场或态度——而是在强调我们不能为了理论而理论。理论乃是我们认识人（在此就是基督徒）及其生活的一种手段。套用一句我们熟悉的话：理论是灰色的，而生活之树常青。也正是在这个意义上，笔者认为这是一部颇具可读性的民族志研究作品。确实，阅读该文本的过程令人愉悦，因为南来兄的文字平实、生动，间或出现的一个个小故事和生活细节颇为鲜活。当然，在笔者看来，更为重要的是他扎实的田野工作，使得他可能进入当地人的生活世界。在民族志写作中，他把自己在当地基督徒个体的日常生活中的见闻和体会描述了出来，将不熟悉当地社会文化的读者带入当地人的真实生活中。同时，他又成功地将当地人以一种我们熟悉或能够理解的所谓学术的方式呈现给了我们。可以说，他是一个称职的"文化翻译者"。

当然，笔者也能体会得到，南来兄在此强调基督徒的主体性和实践性，是有着人类学研究理论和方法上的思想变迁过程的深刻背景的，这不仅仅出于一种写作策略及研究态度上的考虑。也即是说，实践者及其实践在过去几十年中得以重新被发现和重视，而不再仅仅将人作为文化的被动消化者，或是索性消失在庞大的社会体系海洋中的一滴水珠。这个转变对于理解文化，特别是文化变迁有着重要的意义。

关键词二：地方（place）

依笔者拙见，"地方"一词尽现了南来兄的人类学训练，甚或说，这大概是人类学研究中最有可能对于其他知识生产方式产生冲击和补充的关键之一。关于主体性和地方性，作者在另一篇文章中已有明确的表述："在研究中国宗教复兴的过程中，社会学者往往聚焦于宗教组织与宗教管理的制度分析，尤其是宗教团体与国家和社会以及市场经济的互动。本文提出的对宗教实践中主体性与地方性的关注将是与之互补的研究进路。尤其是当一种宗教已经成为大众参与的流行性社会象征空间（而非地方权力结构中一种边缘的存在）时，研究者更应对人们是如何在宗教场所和宗教组织形式之外体验与实践自己宗教信仰的所谓非典型宗教活动情况给予充分的关注。宗教实践与其他社会学概念诸如性别、阶层、代际之间的复杂互动关系也应得到更多的重视。这些关注主要集中在不同社会经济背景的人们是如何以各自和集体的方式在日常生活中建构和理解自己的宗教体验与意义的,以及人们是如何利用宗教资源去获得公共空间、社会权力和资本的。回答这些问题将有助于研究者把宗教现象真正置于社会框架下进行思考。"

具体到关于中国基督教的研究,笔者认为对"地方"的重视其实是对基督教的地方性的强调,即基督教不仅是一种普遍性的宗教,更同时有着多样性的表达方式,或者说是"众多教会所构成的一个基督教"(many churches in one christianity)。再引申开去,笔者认为这同时也是对那种"基督教是外来洋教"的简单说法的回应,亦即至少对于温州当地来说,基督教是一种不折不扣的本地宗教,已经是其日常生活中的一部分,不能也不应当继续将之视为一种"异质文化的入侵"。

当然,在人类学语境中,所谓"地方"也就意味着"社会场景"(social context),或者说作为一个整体的文化。这就要求我们对事物的观察和分析不能将其简单化地抽离和分割出来。因此,作者对于温州基督教的描述是通过对其日常生活,特别是经济生活的叙述来完成的,因为只有鲜活地表现出来的才是信仰(faith),否则就仍然还停留在信念(belief)这个层次上。

关键词三:权力(power)

准确说来,权力应当是作者所使用的第二个关键词,但因为笔者或许更关注主体性和地方性,才将其置于最后来讨论。客观地说,这个词确实贯穿了整个文本,所用笔墨似乎也是最多的。需要指出的是,权力一词要讨论的不仅仅是政教关系这样的问题,还要处理教内或信徒之间的关系等问题,因此,该书第五、六章才分别讨论性别和农民工信徒的问题。①

---

① 笔者最为留意的是其关于农民工信徒的讨论,不仅仅是因为这与笔者前两年的研究直接相关,还因为作者注意到"老板基督徒"与农民工基督徒互动中的真实与虚假,属灵议题与具体的生产关系,共同体的想象与社会分层的现实。他在这章题目中还暗示了农民工基督徒之归信(conversion to god or christianity)在一定程度上其实也可以看作是对市民身份的归信(conversion to urban citizenship)。

然而，权力仍然最多地表现在广义上的政教关系中。但作者没有在之前常见的压制—反抗这一模式的局限下探讨这个议题，而是在信仰的主体性和实践性的强调中注意到，这些在上升过程中的地方社会精英——他们正好是基督徒，是如何有意识和策略性地选择使用或主动被纳入国家话语，从而在实际的生活中不断调整和界定所谓政教关系的边界和模式。也就是说，作者注意到反抗（resistance）或许固然是一种真实的呈现，但与此同时妥协与共谋（negotiation）① 也大量存在。这也再次让我们意识到具体地方社会生活的丰富性和复杂性，这绝非可以完全规范于某一单个模式之下。

按笔者的体会，作者所采取的是一种"政治经济学"的研究进路，但由于强调了基督徒的信仰主体性，以及当代温州这个具体的地方社会场景，从而具有了一种新的意义，即指出这种政治经济学不再是那种"宗教是政治或经济关系的反映"之化约论，政治经济事实上是一种动态的互动过程。甚至宗教这种看似神圣的领域也无时无刻不参与所谓世俗生活的建构，尽管其方式可能是"象征式的"，语言是"属灵式的"。

结语与讨论

读罢全书，笔者猛然发现，事实上在作者的叙述框架中，"现代性"才是其最根本或最底色的关键词，这也是为什么其结论章节的题目是"作为一种现代性道德话语的宗教复兴"。认识中国基督教，认识当代之中国看来是难以脱离这个历史场景的（这一点笔者完全同意）。然而，谁之现代性，何种现代性，似乎仍然是一个有待讨论的议题。另外，作者这里所讨论之基督徒，其实是其中一批欣然接受韦伯命题的改革宗基督徒，如前所说，温州基督教本身的多样性仍需探讨。更进一步，温州宗教本身的复杂性，即佛教、民间信仰的同样复兴，这些现象也留待更深入的研究。

最后要提到的一个感受是，在这部民族志中，笔者读到的"社会"的意味似乎要大于"文化"。换一种说法，即由于作者强调的是政治经

---

① 这与笔者在一个西北村庄基督教的观察基本一致，参看黄剑波（2003）。

济过程，或曰基督教和基督徒在政治经济体系中的主体性表达，因此还是不可避免地会丢失掉一部分生活本身的丰富性：政治经济过程只不过是以一种可以梳理的方式将多面向的生活世界截出的一个层面。

笔者也知道这些期待对于一部作品来说实在很不公平，因为没有任何一个单独的研究能够涵盖所有人的所有问题。但笔者也确实觉得南来兄已经搔到了笔者的"痒处"，因为近来有几个问题一直纠缠于笔者的思考之中：第一，基督徒个体如何首先在信仰中将自己"构建"（constructing）为一个内在一贯（coherent）的道德主体（moral individual）?①第二，作为一个群体，基督教会如何处理其在纵向之神圣维度与横向之社会维度之间的张力和整合？第三，中国基督徒（Chinese Christian）有无必要转化为基督徒中国人（Christian Chinese），若然，那又是如何可能及实际完成的?②

是故，谨于此提出"非分之想"，期待南来兄接下来的研究和大作。

参考文献

中文

黄剑波《四人堂纪事——中国乡村基督教的人类学研究》，中央民族大学博士学位论文，2003。

英文

Nanlai Cao

2011　*Constructing China's Jerusalem：Christians，Power and Place in Contemporary Wenzhou*，Stanford：Stanford University Press.

Joel Robbins

2004　*Becoming Sinners：Christianity and Moral Torment in A Papua New Guinea Society*，University of California Press.

---

① Joel Robbins（2004）给我们提供了一个精彩的个案研究，但离笔者的期待尚有距离。

② 近日欣喜地获知一位年轻人也在关注温州基督教的研究，而且是从基督徒的罪感与忏悔这个角度去切入"中国基督徒是一个什么样的人"，以至"什么是一个基督徒"这样的问题。甚为期待！

《乡村社区的信仰、政治与生活》评介

孙璞玉

宗教人类学作为传统人类学中重要的一个分支，除了对民间信仰的持续关注之外，越来越多的研究开始将视线投向基督教、伊斯兰教等"世界性宗教"，但是关注中国本土，尤其是国内学者关注本土上"世界性宗教"的研究还比较有限，而《乡村社区的信仰、政治与生活》的出现是这个领域逐渐壮大的表现之一。该书是在黄剑波博士论文《四人堂纪事》的基础上改写而成（原论文获得了香港中文大学崇基学院第三届"宗教与中国社会研究"博士论文奖），副标题为"吴庄基督教的人类学研究"，辗转将近十年之后才得以在特区出版，其"后记"性质的文字前后写了三篇，其间的种种所折射的宗教研究的学术生态本身就是一个很值得研究的话题，希望读者在读完之后自己能够体会。本文旨在简要的评介这本专著，希望使读者能够更快地了解这本书。

作为一本民族志，本书是在作者 2001 年到 2002 年间前后四次共计 10 个多月田野调查的基础上写作出来的，田野调查的地点是甘肃天水一个化名吴庄的汉族村庄里，村子不算小，500 多户 3000 多人，吴姓是大姓，和众多地方的传说一样，当地人也自称其祖先是从山西洪洞迁过来的。吴庄有着深厚的历史积淀，儒家宗法理念在这里影响很深，但同时这里还有着多种信仰，有当地的伏羲信仰，也有道教信仰，当然，基督教信仰是其中很重要的一部分，据吴庄教会所属的天水市北道"三自"委员会的李牧师估计，吴庄有超过 1000 名信徒，在不小的地理范围内都很有名气，也使得这个村庄成为了透视中国乡村基督教变迁的极好范本。

一 基督教在农村的兴起与本土化

回顾历史，基督教是从 1876 年进入天水的，1898 年，吴庄成立了吴庄基督教会，1900 年建造了吴庄第一座教堂，由于该教堂主要由四个信徒主持，故村民们又称之为"四人堂"。这样一算，吴庄接触基督教也不过百十来年的时间，在这百十来年的时间里又发生了很多政治运动，按理说应该对当地人的基督信仰产生不小的冲击，但是基督教不但在当地站稳脚跟，而且在信徒数量上取得了长足的发展，尤其是在 1980 年前后教会得以恢复活动之后，是作者称为"灵火燃烧"的 20年，不仅自身壮大，而且外地甚至海外的基督教人士都慕名而来，参观讲道。其实不光是吴庄，整个中国乡村的基督教都有着类似的发展过程，于是探寻基督教兴起的原因就成了研究者所寻求的问题，该书的作者也不例外。

之前对基督教"大复兴"原因的研究有很多，黄剑波总结了前人的几种解释，分别为"自然因素论"——人们将不能理解的现象归结到超自然因素；"社会因素论"——简言之就是中国处在一种价值观"失范"的状态，空虚的人们转向宗教/基督教来寻求慰藉；"文化因素论"——很多城市中的知识分子对西方文化产生浓厚兴趣后皈依基督教；"心理因素论"——人对宗教的渴求源于内在心理结构。作者认为这些解释都是"在宗教之外寻找原因……而没有关注人的宗教心理及宗教本身的特性"，随后引出了一个颇具人类学意味的"内部人的视角"。内部人/外部人的划分是人类学的传统，这里"内部人"的观点就是指那些信教者自己的解释。"三自"教会官方认为这种增长是三自爱国运动奠定的基础，而海外华人教会认为这种增长源于受苦教会的延续，在政治运动时期那些坚持信仰的信众"为主受苦"，所以现在教会才发展得如此之快。不过这两种"内部人"观点的局限性也是显而易见的。

作者这里对他所总结的几种解释没有再进一步评价，但是我们需要进一步的思考。可以看到，在黄剑波总结的几个因素中，除了"文化因素"之外，其余的原因可以用于解释任何宗教，却无法解释为何单单是基督教得以"大复兴"。在读一些研究时，提到河南等内陆农村基督教复兴时，有种解释认为是人们太穷了，所以人们将宗教当作"精神鸦片"，而提到温州等"老板基督徒"时，又转口说人们太富了，富人们精神空虚，所以向宗教寻求慰藉。所以不管我们贫穷还是富有，必然会导致我们信仰宗教。可以设想，如果我们的经济状况长期保持不变，可能还会有种理论认为既没有变穷也没有变富，人们对现状感到厌倦并对未来失去希望所以转而投向宗教。这些解释单看上去都还说得过去，貌似还有理论的深度，但是放在一起又很滑稽。这种现象也表明了现实情况的复杂性，我们习惯了一种单线条因果的思维，要找出引发某个事件的原因，可是现实状况往往是多样的，社会现象总是多机制的。黄剑波这里提出的问题实际上有很多个层次："为什么是基督教""为什么是在这个地点""为什么是这个时间"……每个层次的答案都是不一样的，一个合适的解释要同时满足各个层次的检验，笔者怀疑提出这种解释是否应该是人类学的任务，应该放弃寻找建立一种普适的解释，关注更加地方化的一些命题。

不过，作者还是探讨了为什么复兴会出现在农村的几个原因，笔者认为这也是本书的亮点之一。作者从中国农村社会的几个特质来考察，一是家庭式信仰，家中有人归信（特别是家长），那么其他人归信的可能性就加大了；二是政治管理力量的相对宽松；三是伦理关怀和"生命见证"。作者发现当代基督教的发展和山东传来的"耶稣家庭"教派有着很大的关系。在"耶稣家庭"传到吴庄之前，任凭传教士和信徒如何经营，吴庄基督教也没有发展到很大的程度，1933 年"耶稣家庭"传道人来到吴庄成立"奋兴会"后，基督教才得到很大的发展。"耶稣家庭"是强调灵恩的一个教派，注重"被灵恩充满"和"说方言"，它的到来也导致了吴庄教会内部"福音派"和"灵恩派"的分化，20 世纪 70 年代以来教会发展最好的也是灵恩派。那么为什么是"耶稣家庭"？作者认为以"耶稣家庭"为代表的一些本土教派，采用了一些"本土化"的策略，采用了更加适合中国农民社会心理、与传统中国宗教相契合的方式传教，相比西方启蒙运动之后唯理主义的基督教更适合在中国传播。另外"耶稣家庭"将灵恩主义与末世主义相结合，对边缘人群更具有吸引力，因为"它可以用来反对既定的政治/社会/权力结构"。

这就牵涉这本书又一个很有意思的点，即基督教的本土化问题。在吴庄有一个很有意思的现象，就是对联非常流行，而且其中大约80%的对联表达的内容是基督教信仰。考虑到基督徒信众占村子总人口的比例（约1/3），说明基督徒比非基督徒们更偏好这种中国传统文化的表达形式。作者分析了对联的内容和主题，发现除了在普通的福音对联之外，在为一些关键事件如过寿、结婚、乔迁等而写的对联中也有着基督教的意味，表达基督徒的爱情观、生死观、财产观等。这些对联既是对自己信仰的表达，也是对他人的传播。虽然一些对联采取了神学化的语言，比如"神""主"等，但是表达的内容和儒家传统伦理并没有什么很大的不同，如家庭和谐、尊重长辈等。出现这种情况的原因之一是基督教教义和传统伦理并不是完全互斥的，出现交叉很正常，很难想象某个教派信徒会用对联的方式表达杀父弑母的意思。不过也要看到表面上的交叉下其实二者是有冲突的。以作者在书中提到的子女与父母的关系为例，中国传统中讲的是子女对父母的"孝"，对纵向的顺从（孝顺）的强调要多于尊敬（孝敬），而基督教则不同，虽然也说儿女应该听从父母，但是这种顺从更多是对长辈出于爱的尊敬。这样就出现一种情况，虽然出现在基督教对联上的符号与传统伦理相同，但是符号表达的意涵和相应的实践却已经改变了。

除了对联之外，吴庄还有一些很有趣的本土化方式，比如吴庄基督教徒按照辈分给子孙取名字时会把诸如"灵"等字融进去。作者认为这种"使基督教的神学教义、礼拜仪式、组织结构以及传教方式等各方面适合中国的国情、民情，适合中国人民的心理接收方式和灵性表达方式"的本土化，是"一种手段和一个长期的动态过程"。把本土化看成一个过程，这一点很重要。作者并没有武断地下结论，不过我们可以隐约看出作者还是把本土化当成基督教在中国蓬勃发展的一个原因，而且几乎贯穿在整本书中，笔者认为这和作者把本土化看成一个过程这个观点是有所抵牾的。我们之所以提到本土化，就必然预设着一个原初的、本真的状态，其实追溯基督教的发展我们很难找出一个能作为中国目前"本土化基督教"前身的"本真的基督教"，是希伯来文明下的基督教，还是盎格鲁—撒克逊文明下的基督教？按传入中国算，明代的时候是天主教，马礼逊那个时候才是新教，谁更本真呢？由于历史情境的不同，不同地方之间在不同的历史时期有不同的外来宗教，相互之间还交互影响（例如吴庄中就有山东灵恩派对当地的影响），这使得情况更加复杂。把本土化看成一个过程，就是把它看成基督教在中国"大复兴"这个过程的展开，而非原因或者结果。作者引用何世明的一段话也可以作这个方向的理解："说基督教乃西方化的一部分，这见解虽然相当普遍，但其实却是完全错误的。……上帝既无所谓东方与西方，亦无所谓中国与外国。是以上帝而谓之为'西方人之上帝'，又称以普天下万国万民之上帝为信仰中心的基督教为'西方之基督教'，或谓之为'西方文化之一部分'，此实为我们所绝对不敢苟同的。……我们只想证明一点：即基督教所信之上帝，绝非西方人所独有之上帝，而基督教信仰之本身，又绝非西方文化之一部分，如此而已。"这种观念如果去掉信仰的成分，它所提出的问题是值得我们思考的。一直以来我们都把基督教当作一种西方文化来研究，经常拿基督教与中国文化对比，要么嫁接要么排斥，其实我们是否还应该继续把中国基督教当作一种西方文化来研究？作一个不恰当的类比，小麦的原产地是西亚，传入中国已经4000年了，我们是否应该把面条还当作西餐呢？

二　信仰的政治学

在引言部分作者就交代了吴庄除了基督教之外，还有一种特别的伏羲崇拜。吴庄的伏羲崇拜一直是民间祭祀，在漫长的历史过程中，经历了国家支持祭祀（帝国时期）、政治运动破坏，后来政府又举行公祭等变迁。现在的吴庄，对伏羲仍然有两套祭祀系统，在天水市西关伏羲庙，公祭是在农历五月十三，并以"伏羲文化艺术节"的名义进行，民间祭祀是在农历正月十六；在吴庄的卦台山还有一座伏羲庙，历史更为悠久，也是一年两次庙会，分别在农历正月十五和二月十五，不过都是民间性质的。对不同的祭祀主体伏羲有着不同的意义，对公祭的正式宣传来说，伏羲是先祖，是要凝聚认同的；而对民众来说，伏羲是"山神"，是保佑家人平安，甚至能治病的。每次到庙会时，吴庄都非常热闹，大喇叭整天放着秦腔，周围村庄的人都赶来烧香祈福，因此庙会还形成了一个热闹的集市。从功能主义的角度当然能总结出这种庙会的诸多种功能，不过对于吴庄的基督徒来说，这几天没有什么特别的意义，产生的变化可能就是大喇叭太吵了一些，村子里人太多了一些。他们认为祭拜伏羲是"崇拜偶像"，这是基督教教义所不允许的，没有基督徒会去参加庙会，他们称那些拜祭伏羲的人为"拜鬼的"，与自己"信主的"相区分开，同样，村子里非基督徒也把他们称之为"信洋教的"。两个群体都区分"我们"与"他们"，不光是在信仰上，更在日常实践上。比如说吴庄的信徒们不沾烟酒，而且也希望子女们挑选配偶时优先考虑"信主的"。

区分之后往往会产生冲突，比如说伏羲庙会时村子里会请戏班子来唱戏，唱戏的钱是所有村民均摊的，但是信徒们认为自己没有去参加，不需要交钱，而其他村民则认为自己交钱而信徒们不交钱这不公平，以致产生冲突。最终，这种冲突的解决是老书记把这种摊派放到其他的收费中，不再临时去每家收钱。这背后不单单是信仰的冲突，伏羲庙会的摊派很难讲只是出于一种单纯的信仰，背后还是社区多年沿袭而成的集体认同的一部分，而基督教信仰则是跨地域的，集体或社区的认同与宗教认同产生一种冲突。在政治运动中，伏羲信仰也受到很大的打压，作者认为将民间宗教视为迷信而不遗余力地清除，客观上为基督教的传播扫除了障碍。但是书中作者提到的一个细节没有得到足够的注意，对伏羲的民间祭祀"在形势紧张的政治运动时期，也有少数村民偷偷地进行。不过最紧张的时期，只能在家里进行祭祀而已"。这个情形和基督教很像，上述教会内部认为基督教复兴的原因是因为政治运动时期坚持信仰的信徒"为主受苦"，这个解释对伏羲信仰也是适用的。如果只是从宗教的外在发展轨迹来推测种种"原因"，一旦与另一种信仰比较，得到的共同点要比差异更多。

吴庄中在场的力量不只是基督教和伏羲，还有一个强大的力量——国家。国家的在场是多维的，哪怕是在基督教徒的对联上，"爱国""国富"等对国家美好祝愿和感激的话语，可以看作国家对村庄贯彻国家意志以及宗教管理的痕迹，也是通过表达对国家认同来体现自己的合法性。利用吴庄这个点来探讨政教关系问题未免有些牵强，不过吴庄作为多种力量正面交锋的场域还是提供了一个很好的切片。在吴庄中代表国家意志和力量的，是数量并不占优势的党员和村干部。与20世纪80年代之前不同，国家更多采取与"社区传统和乡村精英互动、协调或协商的方式"来界定相互的关系，作者认为在吴庄"代表国家符号的体制精英和代表村庄本土符号的非体制精英出现了重叠，彼此达成了一定的谅解"。这样产生的精英，在执行政策时"情境性"的因素就更多。例如吴庄的老书记对基督教一直有排斥的情绪，所以经常动用大喇嘛来干扰吴庄教会正常的活动。国家在场的另一种力量是"三自"教会和宗教管理部门，他们在人员配备，以及"什么该讲，什么不该讲"方面对吴庄产生着影响。不过基督教徒也与国家权力"互动、融合，甚至是共谋"，就像有着"爱国"字眼的基督教对联，承认了自己对国家符号的认同，同时也表达了自己的"无害性"，为自己争取到更多的空间。

三 变空的村子与变淡的爱心

这本书的前面给读者的感觉是吴庄的基督教目前热火朝天，势不可当，但是最后作者还是给出了新的动向。像中国大部分内陆农村一样，在市场经济体系下，固守着那点土地越来越难以满足吴庄人的生活需求，越来越多的吴庄人出去打工，村庄逐渐变空。劳动力的外流不仅造成了吴庄人口结构上的变化，也给吴庄教会留下来一群老少妇孺，但是对教会的影响要分情况来讨论。那些流动出去的人口是否是基督徒，在流入地是否会继续坚持信仰？流动出去的人还可能是非基督徒，而在流入地归信基督教。这种情况作者也作了一些交代，不过要更系统地了解流出去的那部分人的情况可能就不只是这本书、这一个田野点所能解决的问题了。[①]

吴庄教会的牧师认为现在"教会软弱了"，作者列举了吴庄教会四个世俗化的表现：信徒增长速度明显下降；信徒年龄结构的脱节，教会在结构上的失衡；实际参会人数远远少于教会声称的信徒人数；信仰与生活的脱节。其实除了最后一个表现之外，其余的三个表现都是值得再考察的，到底是人口流动的自然结果还是世俗化的表现。其实留在吴庄的信徒仍然不少，但是他们不来参加聚会，用牧师的话说就是"爱心变淡了"。世俗化曾经被认为是全世界不可阻挡的一种趋势，甚至被当作

---

① 黄剑波编著的另一本书《都市里的乡村教会》可以看作本书的姊妹篇，里面附了不同地区的报告。另外曹南来的 *Constructing China's Jerusalem* 也提到了这方面的问题。

现代化的一个指标，难道吴庄 20 多年的经历浓缩了西方社会曾经走过的道路，刚开始"宗教化"没多久就开始"祛魅"的过程了吗？现实似乎永远比简单的理论概括更加复杂，作者就发现了"世俗化"下的"逆流"，有很多吴庄信徒在家里只是受过一些影响，对基督教并没有深入的了解，流动到外面后却更加坚定了自己的信仰。世俗化是很复杂的命题，在宗教人类学和宗教社会学界一直都是争论不休的题目，笔者这里没有能力和篇幅梳理整个关于世俗化的理论脉络，但是却很同意作者的提法，如果我们承认有"世俗化"在发生，那"世俗化并不意味着宗教的消亡，而只是意味着会带来宗教的变化"。面对多样的现实，理论理应保持一份谨慎。

本书作为一部民族志，生动地展现了吴庄中各种力量之间的互动和教徒的生活。但是该书也有一些不足的地方，比如表述方式，作者说是借鉴了庄孔韶《银翅》的写法，在一个很有条理的结构框架下，却采用了略带"实验性"色彩的写作，有时像是随笔，偏向个人经验，有时却是大段的理论，给人以经验与理论结合不够密切的感觉。如果再吹毛求疵一下的话，还有一个缺点就是对近年来的理论吸收不足（毕竟本书的主体部分是在近十年前完成的），尤其是人类学界近年来对世俗化、个体主义等话题的重要理论颇多，作者如果能吸收一些进去，可能讨论会更加丰满。人类学家可能是社会科学家中最会讲故事或者最依赖讲故事来表达的群体了，民族志也以其材料的生动鲜活为特征，对一本书的评介难免会丢失掉其中很多有趣的地方，笔者在这里只是挑出了自己感兴趣的若干主题，而书中很多方面，比如教徒的日常实践，同样是很有价值的话题，可惜这里没展开。另外书中还有很多的议题可以延伸出来，促使我们进一步思考，如什么是宗教？什么是民间？不同信仰间如何互动？诸如此类。作者在别处曾经化用过格尔茨的一句话，大意是"我只是在乡村做研究，而不是做乡村研究"，同样，本书的宗教也只是一个透镜，借用宗教这个透镜去考察其背后的社会，这也就是宗教人类学不同于宗教学研究的地方。我们期待更多有这种抱负的宗教人类学学者的作品出现。

第二届宗教人类学学术论坛在北京召开

李金花

2012 年 5 月 11～12 日，"宗教的动力研究：第二届宗教人类学学术论坛"在京召开，论坛由中国社会科学院世界宗教研究所主办。本次论坛承接于 2010 年首届宗教人类学学术论坛，是两年之后对于中国社会科学院交叉学科宗教人类学研究（金泽、陈进国主持）的又一次深入探讨。来自加拿大、日本、新加坡、马来西亚和中国大陆、香港、台湾等国家和地区的 40 多位专家学者济济一堂，圆满召开了本次论坛。

论坛开幕式由中国社会科学院世界宗教研究所党委书记曹中建主持，中国社会科学院世界宗教研究所所长卓新平、中国社会科学院科研局韦莉莉处长出席了本次论坛并致辞。

本次论坛主要围绕于宗教人类学的理论反思、社区宗教传统与当代社会变迁、宗教仪式的结构与象征、基督教人类学与中国研究、香港当代道教的田野观察、宗教运动与社会变革、历史人类学视野中的地方宗教七个论题进行探讨，与会学者就相关主题进行了深入而热烈的讨论。

本次论坛围绕"宗教的动力研究"这一主题，既关注于国内宗教人类学的研究现状，同时也分享了国外宗教人类学的研究成果；既包含了宏观理论的探讨，也涵盖了微观个案的研究；既关注宗教人类学的历史视角，也关怀对当代社会的现实考察；既有宗教的静态研究，也有动态的研究视野。

总而言之，本次论坛以其广阔的视角、丰富的内涵为与会学者提供了一次相互了解与交流的机会，尤其为促进中国宗教人类学学科的多元发展提供了一次契机。

论坛闭幕式在 5 月 12 日下午举行，由中国社会科学院世界宗教研究所副所长金泽主持并致辞，在热烈的掌声中本次论坛圆满结束。

附录：   **宗教的动力研究**

——第二届宗教人类学学术论坛

日程安排

2012 年 5 月 10 日　星期四

全　天　京外学者报到入住（地点：北京国际大饭店）
18：00　晚宴（地点：渝信川菜）

2012 年 5 月 11 日　星期五

8：00~8：30　京内学者报到（中国社会科学院世界宗教研究所大会议室 843 房间）
论坛开幕式　8：30~8：50
主持人　曹中建（中国社会科学院世界宗教研究所书记）
致辞人　卓新平（中国社会科学院世界宗教研究所所长）
致辞人　韦莉莉（中国社会科学院科研局处长）
与会学者合影，自我介绍
第一场　宗教人类学的理论反思　8：50~10：40
　　　　　主持人：邱永辉　点评人：David A. Palmer（宗树人）
Jordan Paper（斐玄德）　Problems in the Anthropology of Prehistoric Religions：The Case of Catalhoyuk
方　文　中国宗教图景上的浮尘：双重东方学困境
张　珣　妈祖造像与"标准化"问题讨论
王建新　南方民族萨满教研究再议——从宗教学之功过谈起

卢云峰　从类型学到动态研究：兼论信仰的流动

10：40～10：50　茶歇

第二场　社区宗教传统与当代社会变迁　10：50～12：10

　　　　　主持人：Hirochika Nakamaki（中牧弘允）　点评人：黄剑波

戚常卉　State，Space，Ritual：The Goddess of Mercy and the Chinese Religious Landscape in Singapore

　王琛发　中华神道的信仰版图——以开漳圣王为讨论范例

　朱炳祥　民族宗教文化的现代化——以三个民族村庄神龛变迁为例的分析

　刘正爱　寺庙重生记——一座胡仙庙的人类学研究

12：10～14：00　午餐/休息

第三场　宗教仪式的结构与象征　14：00～16：00

　　　　　　　　　　　主持人：金泽　点评人：张珣

David A. Palmer（宗树人）　Ritual Conquests and Socialist Event Productions：An Exorcist Goddess and the Production of Sacrality in Contemporary China

　王霄冰　本土宗教研究的人类学视角——以儒家祭祀文化为例

　谢燕清　仪式创新与教团的形成——以临江净空派某居士道场为例

　郭淑云　汉军萨满祭祀仪式与象征功能初探——以吉林乌拉满族陈汉军张氏家族为例

　吴　乔　从平顺的宇宙到温和的人间——再论过渡仪式与社会结构

16：00～16：10　茶歇

第四场　基督教人类学与中国研究　16：10～17：50

　　　　　　　　　　　主持人：王宇洁　点评人：王建新

周伟驰　共同的"宗教基因"？——基督教、上帝教与民间宗教

黄剑波　合法性与地方基督教的生成

曹南来　Elite Christianity and Spiritual Nationalism

吴科萍　情感、身体与仪式：滇西北傈僳族基督教个案研究

17：50　晚餐

2012 年 5 月 12 日　星期六

第一场　香港当代道教的田野观察　8：30～10：10

主持人：范丽珠　点评人：卢云峰

罗　丹　　当代扶鸾团体的办善实践——以香港飞雁洞佛道社为例

韦锦新　安龙：香港新界客家社群的节日庆典与仪式流变

廖小菁　当鸾堂不再扶鸾：香港大埔省躬草堂的考察

马健行　叨承科范：香港当代全真道堂科仪变迁和策略

10：10～10：20　茶歇

第二场　宗教运动与社会变革　10：20～12：10

主持人：戚常卉　点评人：方文

Hirochika Nakamaki（中牧弘允）　Japanese New Religions Seen through Calendars（刘正爱翻译）

邱永辉　New Religious Movements in India—Case Study of Mata Amritanadamayi Math

王宇洁　巴哈伊教：从末世论宗派到世界宗教

范丽珠　描绘文化与宗教：文化符号、社会意向、意识形态

12：10～13：30　午餐/休息

第三场　历史人类学视野中的地方宗教（一）　13：30～15：20

主持人：张亚辉　点评人：梁永佳

谢晓辉　帝国之在苗疆：清代湘西的制度、礼仪与族群

陈　瑶　明清湘潭龙王信仰与宗族礼仪——以阳塘周氏为中心的考察

吕永升　礼仪的叠合：宋至清末湘中梅山地区宗教形态的演变

徐天基　村落间的仪式互助：以安国县庙会间的"讲礼"系统为例

15：20～15：30　茶歇

第四场　历史人类学视野中的地方宗教（二）　15：30～17：30

主持人：陈进国　点评人：王铭铭

梁永佳　"叠写"的限度：一个大理节庆的地方意义与非遗化

杨清媚　重建中的宗教体系与社会：对西双版纳的历史人类学考察

张亚辉　承德普宁寺重建略考：兼及对藏传佛教寺庙政教关系的历史人类学研究

陈　波　洛域的宗教：洞穴世界

张　原　嘉绒藏人的神山与家屋：在神圣历史中生成的社会结构

汤　芸　神判与官司：一个西南村庄降乩仪式中的讼争与教谕

17：10～17：20　茶歇

论坛闭幕式　17：20～17：50

发言人：金泽（中国社会科学院世界宗教研究所副所长）

17：50　晚餐

2012 年 5 月 13 日　星期日

与会学者离会

《宗教人类学》辑刊　稿约

1. 《宗教人类学》是中国社会科学院世界宗教研究所主办的学科建设平台，竭诚欢迎海内外专家、学者不吝赐稿。

2. 《宗教人类学》出版周期视稿源与资金而定，每年在中国北京正式出版。

3. 《宗教人类学》优先推介有志于宗教人类学的海内外中青年学者论著，以推动中国及周边的宗教人类学及宗教实证研究的整体进展。

4. 《宗教人类学》刊发与宗教人类学或宗教实证研究相关的田野报告、学术论著、理论前沿、思想评论、学术书评、译稿、综述等文章。

5. 论文稿件以中（华）文为主，字数以 20000 字以内为宜；学术书评稿件原则上不超过 6000 字。优者皆不受此限。

6. 来稿以电脑文件稿为主，敬请注明中、英文篇名，作者中英文姓名、所属机构、职位、地址、电话、传真或电子邮件，并附中英文摘要及关键词。

7. 来稿注释体例请参照本辑刊已发表文章，文责自负，敬勿一稿多投。

8. 来稿冗沓者不录，务请文字洗练，编者有权就此删繁就简。

9. 来稿实行匿名评审，一经采用刊登，著译者将获赠该辑期刊 2 册。

10. 本刊联系地址：中国北京建国门内大街 5 号，中国社会科学院世界宗教研究所，邮编：100732 。联系人：陈进国。电子信箱：jjydong @ hotmail. com。

图书在版编目（CIP）数据

宗教人类学. 第 4 辑/金泽，陈进国主编. —北京：
社会科学文献出版社，2013.9
（宗教学理论研究丛书）
ISBN 978 - 7 - 5097 - 4503 - 8

Ⅰ.①宗…　Ⅱ.①金…②陈…　Ⅲ.①宗教学 -
人类学 - 丛刊　Ⅳ.① B920 - 55

中国版本图书馆 CIP 数据核字（2013）第 067802 号

·宗教学理论研究丛书·
宗教人类学（第四辑）

主　编/金　泽　陈进国

出 版 人/谢寿光
出 版 者/社会科学文献出版社
地　　址/北京市西城区北三环中路甲29 号院 3 号楼华龙大厦
邮政编码/100029

责任部门/人文分社（010）59367215　　责任编辑/范　迎　王琛玚
电子信箱/renwen@ ssap. cn　　　　　　责任校对/谢 华 李 能
项目统筹/宋月华　范　迎　　　　　　　责任印制/岳　阳
经　　销/社会科学文献出版社市场营销中心（010）59367081　59367089
读者服务/读者服务中心（010）59367028

印　　装/北京季蜂印刷有限公司
开　　本/787mm×1092mm　1/16　　印　　张/29.5
版　　次/2013 年 9 月第 1 版　　　　　字　　数/456 千字
印　　次/2013 年 9 月第 1 次印刷
书　　号/ISBN 978 - 7 - 5097 - 4503 - 8
定　　价/89.00 元